中國社會科學院歷史研究所專刊

劉琴麗 編著

漢魏六朝隋碑誌索引

第三冊

中國社會科學出版社

吳

黃　龍

黃龍 001

吳家冢磚

黃龍三年（231）。出烏程，浙江歸安陸心源舊藏。長一尺，厚一寸二分。隸書，計9字。

著錄：

《千甓亭磚錄》1/15b，《歷代陶文研究資料選刊》上冊292頁。（文、跋）

《石刻名彙》11/187a，《新編》2/2/1121上。（目）

《再續寰宇訪碑錄》卷上，《羅振玉學術論著集》第五集，409頁。（目）

嘉　禾

嘉禾 001

吳立徐稚碑

又名：徐孺子墓碑。嘉禾中（232—238）太守謝景立。碑在南昌縣。隸書。

碑目題跋著錄：

《水經注碑錄》卷十編號268，《北山金石錄》上冊234—235頁。

《金石彙目分編》6/1b，《新編》1/27/20826上。

備考：徐稚，字孺子，《後漢書》卷五三有傳。

赤　烏

赤烏 001

孫策墓隧道碑

赤烏三年（240）。共12字，隸書。墓門外題云：大吳長沙桓王之墓赤烏三年。

　　著錄：

　　（民國）《吳縣志・金石考一》59/2a，《新編》3/6/3 下。（文、跋）

　　備考：孫策，《三國志》卷四六有傳，據史傳，"長沙桓王"指孫策。

赤烏 002

邵氏夫人墓磚

赤烏五年（242）七月。在吳江縣。

　　碑目題跋著錄：

　　（同治）《蘇州府志・金石三》142/13a，《新編》3/5/568 上。

赤烏 003

吳大帝孫權廟碑

皇象書，又名"吳赤烏碑"。赤烏五年（242）建廟。一說在湖州府，一說在安吉州，一說在松江府。

　　碑目題跋著錄：

　　《通志・金石略》卷上/24a，《新編》1/24/18031 上。

　　《輿地碑記目・安吉州碑記》1/4a，《新編》1/24/18524 下。

　　《墨華通考》卷 3，《新編》2/6/4328 上。

　　《古今碑帖考》10b，《新編》2/18/13167 下。

　　《佩文齋書畫譜・金石》62/2b 上，《新編》3/2/52 上。

　　《廣川書跋》6/1a–2a，《新編》3/38/725 上—下。

　　《金石備攷・松江府》，《新編》4/1/14 上。

　　《古今書刻》下編/5a，《新編》4/1/137 上。

　　《六藝之一錄》56/16b，《新編》4/5/43 下。

　　《墨池篇》6/5b，《新編》4/9/669 上。

　　《漢魏石刻文字繫年》173 頁。

　　《漢魏六朝碑刻校注・總目提要》編號 0911。

　　備考：孫權，《三國志》卷四七有傳。

泰（太）元

泰元 001

孟府君磚誌五種

泰（太）元元年（251）十二月十二日。1976年安徽馬鞍山湖東路小學出土。五磚內容相同，規格未詳。文3行，行7至12字不等，隸書。

錄文著錄：

《漢魏南北朝墓誌彙編》20頁。

論文：

安徽省文物工作隊：《安徽馬鞍山東晉墓清理》，《考古》1980年第6期。（圖、文）

五 鳳

五鳳 001

吳大帝孫權第三女孫魯育墓甎

五鳳年間（254—256）。在海寧覺皇寺後。篆書。

碑目題跋著錄：

（民國）《杭州府志·金石三》98/29b，《新編》3/7/203上。

（民國）《海寧州志·碑碣》18/32a，《新編》3/7/250下。

備考：孫魯育，其事見《三國志》卷五〇《孫權步夫人傳》、卷六四《孫峻傳》和《孫綝傳》。

太 平

太平 001

潘億墓記磚二種

太平二年（257）七月六日。1987年浙江嵊縣浦口鎮大塘嶺村出土。兩磚形制相同，高18、寬38、厚5釐米。文皆隸書，一磚6行，行2至7字不等；一磚6行，行4至7字不等。文字內容幾乎相同。

著錄：

《中國古代磚刻銘文集》上、下冊編號 0723、0724。（圖、文）

論文：

嵊縣文管會：《浙江嵊縣大塘嶺東吳墓》，《考古》1991 年第 3 期。

太平 002

胡氏墓磚

太平三年（258）七月。出烏程，浙江歸安陸心源舊藏。長一尺六分，厚一寸一分。分書，計 15 字。有"胡大君"三字。

著錄：

《千甓亭磚錄》1/19a－b，《歷代陶文研究資料選刊》上冊 299—300 頁。（文、跋）

《石刻名彙》11/187b，《新編》2/2/1121 上。（目）

永 安

永安 001

陳肅墓磚

永安七年（264）。出烏程，浙江歸安陸心源舊藏。長一尺一寸一分，厚一寸五分。計 11 字。

著錄：

《千甓亭磚續錄》1/12b－13a，《歷代陶文研究資料選刊》上冊 552—553 頁。（文、跋）

《石刻名彙》11/187b，《新編》2/2/1121 上。（目）

甘 露

甘露 001

郎中盛沖碑

甘露元年（265）十一月五日卒，甘露二年（266）三月葬。湖州長興縣出土。文 13 行，行 24 字，隸書；篆額 2 行，額題：吳故郎中盛君之碑。《石交錄》考證，《元和姓纂》載廣陵盛氏，吳有盛沖，殆即其人。

著錄：

《石交錄》1/31b-32a,《新編》4/6/445 上一下。(文、跋)

《蒿里遺文目錄》1 上/3a,《新編》2/20/14938 下。(目)

備考：盛沖，事見《三國志》卷四八《孫休傳》、卷六四《諸葛綽傳》"遂求之於石子岡"條注釋,《宋書》卷三二、三三《五行志》、《晉書》卷二七《五行上》等。

甘露 002

于何墓磚

甘露二年（266）八月十七日。出烏程，浙江歸安陸心源舊藏。長一尺，厚一寸三分。計 11 字。

著錄：

《千甓亭磚續錄》1/14a,《歷代陶文研究資料選刊》上冊 555 頁。(文、跋)

甘露 003

胡公輔墓磚

甘露二年（266）葬。浙江歸安陸心源舊藏。長一尺一寸五分，厚一寸五分。計 21 字。

著錄：

《千甓亭磚續錄》1/13b-14a,《歷代陶文研究資料選刊》上冊 554—555 頁。(文、跋)

寶　鼎

寶鼎 001

涂氏墓磚

寶鼎二年（267）。出烏程，浙江歸安陸心源舊藏。長九寸五分，厚一寸二分。隸書，計 11 字。

著錄：

《千甓亭磚錄》1/22b,《歷代陶文研究資料選刊》上冊 306 頁。(文、跋)

《石刻名彙》11/188a,《新編》2/2/1121 下。(目)

建　衡

建衡 001

孟有墓磚

建衡二年（270）。浙江歸安陸心源舊藏。長一尺一寸，厚二寸。隸書，計 17 字。

著錄：

《千甓亭磚續錄》1/15b，《歷代陶文研究資料選刊》上冊 558 頁。（文、跋）

《石刻名彙》11/188a，《新編》2/2/1121 下。（目）

鳳　皇

鳳皇 001

九真太守谷朗碑

鳳皇元年（272）四月卒。原在湖南耒陽縣北杜公祠，後遷蔡侯祠內保存。高 176、寬 72 釐米。文隸書，18 行，滿行 24 字。額隸書，額題：吳故九真太守谷府君之碑。

圖版著錄：

《二銘草堂金石聚》14/1a – 7b，《新編》2/3/2240 上—2243 上。

《北京圖書館藏中國歷代石刻拓本匯編》2 冊 35 頁。

《漢魏六朝碑刻校注》2 冊 239 頁。

錄文著錄：

《金石續編》1/17a – 18b，《新編》1/4/3015 上—下。

《八瓊室金石補正》8/13a – 14b，《新編》1/6/4127 上—下。

《兩漢金石記》18/15b – 16b，《新編》1/10/7458 上—下。

《續語堂碑錄》，《新編》2/1/97 上—下。

《平津館金石萃編》3/2a – 3b，《新編》2/4/2448 下—2449 上。

（光緒）《湖南通志·金石三》261/2a – b，《新編》2/11/7763 下。

《續古文苑》15/16a – 17a，《新編》4/2/232 下—233 上。

《全三國文》75/8b－9a，《全文》2 冊 1456 下—1457 上。

《魯迅輯校石刻手稿·碑銘》上冊 441—443 頁。

《漢魏石刻文學考釋》中冊 912—913 頁。

《漢魏六朝碑刻校注》2 冊 240 頁。

碑目題跋著錄：

《金石續編》1/22a－b，《新編》1/4/3017 下。

《八瓊室金石補正》8/19b－21a，《新編》1/6/4130 上—4131 上。

《兩漢金石記》1/41b、18/16b－17b，《新編》1/10/7225 上、7458 下—7459 上。

《集古求真》10/4a，《新編》1/11/8574 下。

《集古求真補正》3/37b，《新編》1/11/8681 上。

《金石錄》2/5a，《新編》1/12/8808 上。

《金石錄補》7/5b－6a，《新編》1/12/9023 上—下。

《集古錄跋尾》4/4b－5a，《新編》1/24/17865 下—17866 上。

《集古錄目》3/2b，《新編》1/24/17956 下。

《通志·金石略》卷上/24b，《新編》1/24/18031 上。

《輿地碑記目·衡州碑記》2/17a，《新編》1/24/18545 上。

《潛研堂金石文字目錄》1/7b，《新編》1/25/19010 上。

《鐵橋金石跋》1/11a，《新編》1/25/19310 上。

《平津讀碑記》2/3b－4a，《新編》1/26/19363 上—下。

《藝風堂金石文字目》1/17b，《新編》1/26/19531 上。

《寰宇訪碑錄》1/13b，《新編》1/26/19858 上。

《金石彙目分編》15/25b，《新編》1/28/21419 上。

《石刻題跋索引》26 頁右—27 頁左，《新編》1/30/22364－22365。

《古泉山館金石文編殘稿》1/5a－7b，《新編》2/3/1627 上—1628 上。

《二銘草堂金石聚》14/7b，《新編》2/3/2243 上。

《平津館金石萃編》3/4a－b，《新編》2/4/2447 下。附《四錄堂類集》。

《崇雅堂碑錄》1/8b，《新編》2/6/4487 下。

（光緒）《湖南通志·金石三》261/4a－6b，《新編》2/11/7764 下—7765 下。附瞿中溶《續漢金石文編》《嘉慶通志》。

《關中金石文字存逸考》12/38a,《新編》2/14/10655 下。
《石墨考異》卷上,《新編》2/16/11637 下。
《語石》1/3a、2/1b、2/25b、3/3a、8/26a,《新編》2/16/11860 上、11876 上、11888 上、11899 上、12006 下。
《古今碑帖考》11a,《新編》2/18/13168 上。
《平安館藏碑目》,《新編》2/18/13389 下。
《定庵題跋》51a-b,《新編》2/19/14311 上。
《寶鴨齋題跋》卷上/12a-b,《新編》2/19/14340 下。
《集古錄補目補》卷上/17b,《新編》2/20/14517 下。
《竹崦盦金石目錄》9b,《新編》2/20/14551 上。
《范氏天一閣碑目》3,《新編》2/20/14606 上。
《寰宇貞石圖目錄》卷上/4b、卷下/3a,《新編》2/20/14673 上、14678 下。
《蒿里遺文目錄》1 上/3a,《新編》2/20/14938 下。
《佩文齋書畫譜·金石》62/2b 下,《新編》3/2/52 上。
(同治)《桂陽直隸州志·藝文》24/18b,《新編》3/14/373 下。
《石目》,《新編》3/36/46 上。
《竹崦盦金石目錄》1/10b,《新編》3/37/344 下。
《金石萃編補目》1/2a,《新編》3/37/484 下。
《魏晉石存目》2a,《新編》3/37/533 下。
《漢石經室金石跋尾》,《新編》3/38/262 上一下。
《漢魏六朝志墓金石例》1/16a,《新編》3/40/403 下。
《漢魏六朝墓銘纂例》3/6b,《新編》3/40/452 下。
《金石備攷》附錄,《新編》4/1/87 上。
《激素飛清閣平碑記》卷 2,《新編》4/1/200 下。
《六藝之一錄》56/26a,《新編》4/5/48 下。
《雪堂所藏金石文字簿錄》55a-b,《新編》4/7/397 上。
《墨池篇》6/6a,《新編》4/9/669 下。
《魯迅輯校石刻手稿·碑銘》上冊 455—456 頁。附《思適齋集》。
《北山集古錄》卷一,《北山金石錄》上冊 377—378 頁。

《增補校碑隨筆》（修訂本）120 頁。

《碑帖鑒定》100 頁。

《碑帖敘錄》81 頁。

《善本碑帖錄》1/46。

《漢魏石刻文字繫年》174 頁。

《漢魏六朝碑刻校注·總目提要》編號 0917。

淑德大學《中國石刻拓本目錄》"碑碣等刻石"編號 299。

論文：

廖翠花、鄧昭輝：《千古名碑話〈谷朗〉》，《湖南省博物館館刊》第 10 輯，2014 年。

鳳皇 002

孟陳墓磚

鳳皇二年（273）八月三日。鄭遵造磚。浙江歸安陸心源舊藏。長一尺，厚一寸五分。正、側刻字，左側 12 字，右側 4 字，面 6 字，隸書。

著錄：

《千甓亭磚續錄》1/16a-b，《歷代陶文研究資料選刊》上冊 559—560 頁。（文、跋）

《石刻名彙》11/188a，《新編》2/2/1121 下。（目）

天　紀

天紀 001

吳氏葬磚二種

天紀元年（277）八月卅日。出烏程，浙江歸安陸心源舊藏。一磚長一尺三分，厚一寸一分；隸書，計 12 字。一磚長一尺一分，厚一寸四分；計 12 字。

著錄：

《千甓亭磚續錄》1/17a-18a、19a，《歷代陶文研究資料選刊》上冊 561—563、565 頁。（文、跋）

《石刻名彙》11/188b，《新編》2/2/1121 下。（目）

天紀 002
史立葬磚

天紀元年（277）。磚出烏程之郭西灣，浙江歸安陸心源舊藏。長一尺一寸，左側厚八分，右側厚一寸三分。隸書，計 12 字。

錄文著錄：

《千甓亭磚錄》1/26b – 27a,《歷代陶文研究資料選刊》上冊 314—315 頁。

碑目著錄：

《石刻名彙》11/188b,《新編》2/2/1121 下。

《再續寰宇訪碑錄》卷上,《羅振玉學術論著集》第五集，412 頁。

三國吳無年號

無年號 001
陶基墓碑

三國吳（222—280）。在太平府當塗縣當塗橫山。

碑目題跋著錄：

《安徽金石略》5/1a – b,《新編》1/16/11703 上。

《輿地碑記目·建康府碑記》1/23a,《新編》1/24/18534 上。

《金石彙目分編》5/29a,《新編》1/27/20804 上。

《佩文齋書畫譜·金石》62/3a 上,《新編》3/2/52 下。

《六藝之一錄》56/26b,《新編》4/5/48 下。

《漢魏石刻文字繫年》175 頁。

《漢魏六朝碑刻校注·總目提要》編號 0922。

備考：陶基，其事見《晉書》卷五七《陶璜傳》、卷七八《陶回傳》。

無年號 002
偏將軍凌統碑

三國吳（222—280）。在蘇州吳縣東北二十五里皋亭山東。

碑目題跋著錄：

《寶刻叢編》14/8b,《新編》1/24/18300 下。（節文）

《石刻題跋索引》29 頁右,《新編》1/30/22367。

（民國）《吳縣志·金石考一》59/2a，《新編》3/6/3 下。
《六藝之一錄》56/26b，《新編》4/5/48 下。
《太平寰宇記碑錄》編號 146，《北山金石錄》上冊 293 頁。（節文）
《漢魏石刻文字繫年》175 頁。
《漢魏六朝碑刻校注·總目提要》編號 0927。
備考：淩統，《三國志》卷五五有傳。

無年號 003

華亭吳泒北將軍□□碑

三國吳（222—280）。在嘉興府。

碑目題跋著錄：
《輿地碑記目·嘉興府碑記》1/3a，《新編》1/24/18524 上。
《漢魏石刻文字繫年》175 頁。
《漢魏六朝碑刻校注·總目提要》編號 0924。

無年號 004

吳鄧公墓題字

三國吳（222—280）。清光緒二年（1876）十月在臨海縣出土，今不詳所在。正書，云：吳朝鄧公之墓。

著錄：
《台州金石錄》1/2a–b，《新編》1/15/10978 上。（文、跋）
《漢魏石刻文學考釋》中冊 915 頁。（文、跋）
《漢魏石刻文字繫年》175 頁。（跋）
《石刻題跋索引》27 頁左，《新編》1/30/22365。（目）
《漢魏六朝碑刻校注·總目提要》編號 0923。（目）

無年號 005

葛祚碑額

三國吳（222—280）。清乾隆年間在江蘇句容縣西門外，1965 年入藏南京博物院。碑高 177、寬 74 釐米。3 行，行 4 字，正書。額題：吳故衡陽郡太守葛府君之碑。

圖版著錄：

《二銘草堂金石聚》14/83a－85b，《新編》2/3/2281 上—2282 上。
《古石抱守錄》，《新編》3/1/170。
《北京圖書館藏中國歷代石刻拓本匯編》2 冊 38 頁。
錄文著錄：
《金石萃編》24/45a，《新編》1/1/439 上。
《江蘇金石志》3/6a－b，《新編》1/13/9501 下。
《江寧金石記》1/7b，《新編》1/13/10064 上。
《句容金石記》1/1b，《新編》2/9/6422 上。
《碑版廣例》7/7a，《新編》3/40/317 上。
《魯迅輯校石刻手稿・碑銘》中冊 170 頁。
《漢魏石刻文學考釋》中冊 914 頁。
《全三國兩晉南朝文補遺》20 頁。
碑目題跋著錄：
《江蘇金石志》3/7a，《新編》1/13/9502 上。
《江寧金石記》1/7b－8a，《新編》1/13/10064 上—下。
《寶刻叢編》15/3a，《新編》1/24/18323 上。
《潛研堂金石文跋尾》2/6a－b，《新編》1/25/18752 下。
《潛研堂金石文字目錄》1/7b，《新編》1/25/19010 上。
《平津讀碑記》2/5a－b，《新編》1/26/19364 上。
《藝風堂金石文字目》1/20b、18/1a，《新編》1/26/19532 下、19814 上。
《寰宇訪碑錄》1/13b，《新編》1/26/19858 上。
《寰宇訪碑錄校勘記》1/7a，《新編》1/27/20105 上。
《金石彙目分編》4/6b，《新編》1/27/20762 下。
《石刻題跋索引》27 頁左，《新編》1/30/22365。
《二銘草堂金石聚》14/85b－86b，《新編》2/3/2282 上—下。
《平津館金石萃編》3/5a，《新編》2/4/2450 上。
《崇雅堂碑錄》1/8b，《新編》2/6/4487 下。
《句容金石記》1/1b－2a，《新編》2/9/6422 上—下。附孫星衍跋。
《語石》1/3a、3/2a，《新編》2/16/11860 上、11898 下。
《平安館藏碑目》，《新編》2/18/13389 上。

《竹崦盫金石目錄》9b，《新編》2/20/14551 上。

《蒿里遺文目錄》1 上/3a，《新編》2/20/14938 下。

《求恕齋碑錄》，《新編》3/2/525 上。

（嘉慶）《重刊江寧府志・金石》52/1b，《新編》3/5/15 上。

《竹崦盫金石目錄》1/10b，《新編》3/37/344 下。

《魏晉石存目》2a，《新編》3/37/533 下。

《中國金石學講義・正編》10a，《新編》3/39/137。

《魯迅輯校石刻手稿・碑銘》中冊 170 頁。附（光緒）《句容縣志》。

《碑帖鑒定》139 頁。

《碑帖敘錄》180 頁。

《漢魏石刻文學考釋》中冊 913 頁。

《漢魏六朝碑刻校注・總目提要》編號 0926。

《漢魏石刻文字繫年》175 頁。

淑德大學《中國石刻拓本目錄》"碑碣等刻石" 編號 301。

論文：

一芥：《三國東吳楷書鼻祖——〈葛祚碑〉》，《東南文化》2006 年第 2 期。

備考：《藝風堂金石文字目》等書認為，此碑當刻於南朝齊梁之間，今暫附三國吳。

無年號 006

臨海侯相谷府君碑

三國吳（222—280）。碑在湖南衡州府耒陽縣。谷朗之子。

錄文著錄：

（光緒）《湖南通志・金石三》261/7a–b，《新編》2/11/7766 上。

《漢魏石刻文學考釋》中冊 917 頁。

碑目題跋著錄：

《金石錄》2/5a，《新編》1/12/8808 上。

《集古錄目》3/3a，《新編》1/24/17957 上。

《通志・金石略》卷上/24b，《新編》1/24/18031 上。

《輿地碑記目・衡州碑記》2/17a，《新編》1/24/18545 上。

《金石彙目分編》15/26a，《新編》1/28/21419 下。

《石刻題跋索引》27 頁左，《新編》1/30/22365。

（光緒）《湖南通志・金石三》261/7b－9a，《新編》2/11/7766 上—7767 上。附《嘉慶通志》。

《集古錄補目補》卷上/17b，《新編》2/20/14517 下。

《六藝之一錄》56/26b，《新編》4/5/48 下。

《漢魏石刻文學考釋》中冊 914—915、916—917 頁。

《漢魏石刻文字繫年》174 頁。

《漢魏六朝碑刻校注・總目提要》編號 0928。

備考：《漢魏石刻文學考釋》等書所載《臨海谷侯碑》，實則"永寧侯相谷府君碑"，因為據碑文，谷府君"除臨海永寧侯相"，《金石錄》、《集古錄目》諸書在著錄時，略去"永寧"二字。

無年號 007

孫炎妻碑

三國吳（222—280）。在山東濟南長山縣西南三十里長白山東。

碑目題跋著錄：

《隸釋》27/7b 引《天下碑錄》，《新編》1/9/7039 上。

《寶刻叢編》1/44a，《新編》1/24/18101 下。

《金石彙目分編》10（1）/17a，《新編》1/28/21109 上。

《石刻題跋索引》26 頁左，《新編》1/30/22364。

《碑藪》，《新編》2/16/11832 上。

《寒山堂金石林時地玫》卷上/15b，《新編》3/34/496 上。

《金石備玫・濟南府》，《新編》4/1/45 上。

《漢魏石刻文學考釋》中冊 890 頁。

《漢魏石刻文字繫年》161 頁。

《漢魏六朝碑刻校注・總目提要》編號 0929。

無年號 008

魯子敬墓碑

三國吳（222—280）。在江寧上新河拖板橋側。

碑目題跋著錄：

《江寧金石待訪目》1/2a，《新編》1/13/10130 下。

（嘉慶）《重刊江寧府志・金石》53/1b，《新編》3/5/27 下。

無年號 009

賀齊冢記磚

三國吳（222—280）。正書，五行，行十至十餘字不等。

題跋著錄：

《唐風樓金石文字跋尾》，《新編》1/26/19841 上—下。（節文）

備考：賀齊，《三國志》卷六〇有傳。

無年號 010

陸遜墓碣

三國吳（222—280）。在東山白沙塢。凡 8 字。

碑目著錄：

（道光）《蘇州府志・金石二》130/30b，《新編》3/5/515 上。

備考：陸遜，《三國志》卷五八有傳。

無年號 011

尚書陳化墓碑

三國吳（222—280）。在臨海縣東一百三十里。

碑目著錄：

《台州金石甎文闕訪目》1/1a，《新編》1/15/11242 上。

（民國）《台州府志・金石考八》92/1a，《新編》3/9/310 上。

無年號 012

孫王（策）墓碑殘字

三國吳（222—280），《吳縣志》置於晉，暫置三國吳，有"中平年"三字。孫王指孫策。

題跋著錄：

（民國）《吳縣志・金石考一》59/2a，《新編》3/6/3 下。

備考：孫策，《三國志》卷四六有傳，

西　晉

泰　始

泰始 001
張光墓記磚

泰始元年（265）。磚高 31.5、寬 16.3 釐米。隸書，2 行，行 3 或 8 字。
著錄：
《北京圖書館藏中國歷代石刻拓本匯編》2 冊 39 頁。（圖）
《中國磚銘》圖版上冊 347 頁。（圖）
《俟堂專文雜集》143 頁。（圖、文）
《漢魏六朝碑刻校注》2 冊 253—254 頁。（圖、文）
《中國古代磚刻銘文集》上、下冊編號 0728。（圖、文）
《漢魏南北朝墓誌彙編》4 頁。（文）
《全三國兩晉南朝文補遺》81 頁。（文）
《北京大學圖書館藏歷代墓誌拓片目錄》編號 00010。（目）
《漢魏六朝碑刻校注·總目提要》編號 0931。（目）
論文：
張鴻亮、嚴輝：《略論洛陽新近出土的西晉銘文磚》，《文物》2012 年第 12 期。

泰始 002
官鮮卑婢少阜官奴富加墓記磚

泰始二年（266）正月廿六日。2008 年河南省洛陽市偃師、孟津間北邙南坡出土。磚長 25.3、寬 12.8、厚 6 釐米。文 4 行，凡 33 字，隸書。

碑目著錄：

《北京大學圖書館藏歷代墓誌拓片目錄》編號 00011。

論文：

王鶴松、王國玉：《晉泰始官奴婢磚銘十九題疏證》，《東方藝術》2009 年第 4 期。（圖、文）

泰始 003

官婢楊阿養婢□□墓記磚

泰始二年（266）二月廿六日亡。2008 年河南省洛陽市偃師、孟津間北邙南坡出土。磚長 25.5、寬 13.3、厚 6 釐米。文 4 行，凡 29 字。隸書。

碑目著錄：

《北京大學圖書館藏歷代墓誌拓片目錄》編號 00012。

論文：

王鶴松、王國玉：《晉泰始官奴婢磚銘十九題疏證》，《東方藝術》2009 年第 4 期。（圖、文）

泰始 004

隱士程沖碑

又名"程仲碑"。泰始二年（266）卒。程隱真書（一作程隱夫）。在開封封丘縣。

碑目題跋著錄：

《隸釋》27/1b 引《天下碑錄》，《新編》1/9/7036 上。

《中州金石考》1/11a-b，《新編》1/18/13674 上。

《通志·金石略》卷上/23a，《新編》1/24/18030 下。

《寶刻叢編》1/19b，《新編》1/24/18089 上。

《金石彙目分編》9（2）/36b，《新編》1/28/20971 下。

《石刻題跋索引》27 頁右，《新編》1/30/22365。

《天下金石志》5/2，《新編》2/2/823 下。

《墨華通考》卷 7，《新編》2/6/4368 下。

《河朔訪古隨筆》卷下/17a，《新編》2/12/8883 上。

《河朔金石待訪目》12b，《新編》2/12/9018 下。
《碑藪》，《新編》2/16/11827 下。
《中州金石目錄》1/9b，《新編》2/20/14690 上。
《佩文齋書畫譜·金石》62/2a 下，《新編》3/2/52 上。
《寒山堂金石林時地攷》卷上/21a，《新編》3/34/500 上。
《金石備攷·開封府》，《新編》4/1/55 下。
《古今書刻》下編/26a，《新編》4/1/147 下。
《六藝之一錄》56/6b，《新編》4/5/38 下。

泰始 005

夏氏銘磚

泰始二年（266）。計 9 字。

錄文著錄：

《全三國兩晉南朝文補遺》引（光緒）《增修登州府志》，81 頁。

泰始 006

官鮮卑婢延文墓記磚

泰始三年（267）六月廿八日。2008 年河南省洛陽市偃師、孟津間北邙南坡出土。磚長 25.5、寬 12.5、厚 6 釐米。文 3 行，行 9 字，凡 20 字。隸書。

碑目著錄：

《北京大學圖書館藏歷代墓誌拓片目錄》編號 00013。

論文：

王鶴松、王國玉：《晉泰始官奴婢磚銘十九題疏證》，《東方藝術》2009 年第 4 期。（圖、文）

泰始 007

征南大將軍宗均碑

泰始三年（267）十二月立。在洛陽。有誤以為"宋均"者。

碑目題跋著錄：

《中州金石考》6/5b，《新編》1/18/13709 上。

《金石彙目分編》9（3）/64b，《新編》1/28/21022 下。

《中州金石目錄》1/11a，《新編》2/20/14691 上。

（乾隆）《河南府志·金石志》111/4b，《新編》3/28/153 下。

《水經注碑錄》卷三編號 92，《北山金石錄》上冊 87—88 頁。

泰始 008

南鄉太守司馬整德政碑并陰

又名"晉南鄉太守頌"。泰始四年（268）正月立。碑在襄州穀城縣之陰城鎮。僅存碑陰文，陽文為節文。碑首題：宣威將軍南鄉太守司馬府君紀德頌。

錄文著錄：

《隸續》21/2a – 5a，《新編》1/10/7200 下—7202 上。

（民國）《湖北通志·金石志》3/2a – 4b，《新編》1/16/11974 下—11975 下。

（嘉慶）《湖北通志·金石一》88/19a – 22a，《新編》3/13/12 上—13 下。

（光緒）《襄陽府志·金石》18/7b – 9b，《新編》3/13/394 上—395 上。

碑目題跋著錄：

《兩漢金石記》19/5b – 6a，《新編》1/10/7469 上—下。

《金石錄》2/4b – 5a、20/4a – b，《新編》1/12/8807 下—8808 上、8917 下。

《集古錄跋尾》4/5b – 7a，《新編》1/24/17866 上—17867 上。

《集古錄目》3/4a，《新編》1/24/17957 下。

《通志·金石略》卷上/24b，《新編》1/24/18031 上。

《輿地碑記目》3/6b、11a，《新編》1/24/18550 下、18553 上。

《金石彙目分編》14/27a，《新編》1/28/21396 上。

《石刻題跋索引》27 頁右，《新編》1/30/22365。

《天下金石志》9/4，《新編》2/2/853 下。

《隸辨》8/40b – 41a，《新編》2/17/13094 下—13095 上。

《古今碑帖考》11a，《新編》2/18/13168 上。

《集古錄補目補》卷上/18a，《新編》2/20/14518 上。

《佩文齋書畫譜・金石》62/3a 上，《新編》3/2/52 下。

（嘉慶）《湖北通志・金石一》88/22a–b，《新編》3/13/13 下。

《廣川書跋》6/3a–b，《新編》3/38/726 上。

《金石備攷・襄陽府》，《新編》4/1/21 下。

《六藝之一錄》57/14a、16b，《新編》4/5/56 下、57 下。

《墨池篇》6/6a，《新編》4/9/669 下。

《漢隸字源》149 頁。

備考：司馬整，《晉書》卷三七有傳。

泰始 009

官虜婢文墓記磚

泰始四年（268）九月廿日亡。2008 年河南省洛陽市偃師、孟津間北邙南坡出土。磚長 26.5、寬 13.3、厚 6 釐米。文 3 行，凡 20 字。正書。

碑目著錄：

《北京大學圖書館藏歷代墓誌拓片目錄》編號 00015。

論文：

王鶴松、王國玉：《晉泰始官奴婢磚銘十九題疏證》，《東方藝術》2009 年第 4 期。（圖、文）

泰始 010

官羌婢虜女墓記磚

泰始五年（269）三月廿五日。2008 年河南省洛陽市偃師、孟津間北邙南坡出土。磚長 25、寬 12.5、厚 6 釐米。文 3 行，凡 20 字。

論文：

王鶴松、王國玉：《晉泰始官奴婢磚銘十九題疏證》，《東方藝術》2009 年第 4 期。（圖、文）

泰始 011

官羌婢子墓記磚

泰始五年（269）七月廿一日亡。2008 年河南省洛陽市偃師、孟津間北邙南坡出土。磚長 25、寬 12.5、厚 6 釐米。文 3 行，凡 16 字。

碑目著錄：

《北京大學圖書館藏歷代墓誌拓片目錄》編號00016。

論文：

王鶴松、王國玉：《晉泰始官奴婢磚銘十九題疏證》，《東方藝術》2009年第4期。（圖、文）

泰始012

官鮮卑婢金女墓記磚

泰始五年（269）八月十八日。2008年河南省洛陽市偃師、孟津間北邙南坡出土。磚長25、寬12.5、厚6釐米。文3行，凡20字。

碑目著錄：

《北京大學圖書館藏歷代墓誌拓片目錄》00017。

論文：

王鶴松、王國玉：《晉泰始官奴婢磚銘十九題疏證》，《東方藝術》2009年第4期。（圖、文）

泰始013

官晉婢郭南墓記磚

泰始五年（269）八月廿三日亡。2008年河南省洛陽市偃師、孟津間北邙南坡出土。磚長25、寬12.5、厚6釐米。文2行，行9至10字。

碑目著錄：

《北京大學圖書館藏歷代墓誌拓片目錄》編號00018。

論文：

王鶴松、王國玉：《晉泰始官奴婢磚銘十九題疏證》，《東方藝術》2009年第4期。（圖、文）

泰始014

官鮮卑婢富歸墓記磚

泰始五年（269）九月六日亡。2008年河南省洛陽市偃師、孟津間北邙南坡出土。磚長25.3、寬12.5、厚6釐米。文2行，行8至9字。

碑目著錄：

《北京大學圖書館藏歷代墓誌拓片目錄》編號00019。

論文：

王鶴松、王國玉：《晉泰始官奴婢磚銘十九題疏證》，《東方藝術》2009年第4期。（圖、文）

泰始015

官鮮卑婢益墓記磚

泰始五年（269）十月二日。2008年河南省洛陽市偃師、孟津間北邙南坡出土。磚長25.5、寬12.5、厚6釐米。文2行，凡15字。

碑目著錄：

《北京大學圖書館藏歷代墓誌拓片目錄》編號00020。

論文：

王鶴松、王國玉：《晉泰始官奴婢磚銘十九題疏證》，《東方藝術》2009年第4期。（圖、文）

泰始016

官虜婢興屈文墓記磚

泰始五年（269）十月四日。2008年河南省洛陽市偃師、孟津間北邙南坡出土。磚長24、寬12.5、厚6釐米。文3行，凡17字。

碑目著錄：

《北京大學圖書館藏歷代墓誌拓片目錄》編號00021。

論文：

王鶴松、王國玉：《晉泰始官奴婢磚銘十九題疏證》，《東方藝術》2009年第4期。（圖、文）

泰始017

官鮮卑婢宜墓記磚

泰始五年（269）十二月十三日。2008年河南省洛陽市偃師、孟津間北邙南坡出土。磚長25.5、寬12.5、厚6釐米。文2行，行7至10字。

碑目著錄：

《北京大學圖書館藏歷代墓誌拓片目錄》編號00022。

論文：

王鶴松、王國玉：《晉泰始官奴婢磚銘十九題疏證》，《東方藝術》2009年第4期。（圖、文）

泰始 018

官羌婢虜女墓記磚

泰始五年（269）十二月二十五日。2008 年 6 月河南洛陽偃師出土。拓片高 25.5、寬 12.5 釐米。正書，2 行，行字不等。

碑目著錄：

《北京大學圖書館藏歷代墓誌拓片目錄》編號 00023。

泰始 019

官婢樂墓記磚

泰始五年（269）廿八日亡。2008 年河南省洛陽市偃師、孟津間北邙南坡出土。磚長 12、寬 12.5、厚 6 釐米。文 2 行，行存 6 至 7 字。隸書。

碑目著錄：

《北京大學圖書館藏歷代墓誌拓片目錄》00032。

論文：

王鶴松、王國玉：《晉泰始官奴婢磚銘十九題疏證》，《東方藝術》2009 年第 4 期。（圖、文）

備考：諸家皆未著錄時間，據圖版有"泰始五"三字。

泰始 020

官婢遼夷墓記磚

泰始六年（270）正（或四）月廿□□。2008 年河南省洛陽市偃師、孟津間北邙南坡出土。磚長 24.2、寬 12.5、厚 6 釐米。文 2 行，凡 11 字。

碑目著錄：

《北京大學圖書館藏歷代墓誌拓片目錄》編號 00025。

論文：

王鶴松、王國玉：《晉泰始官奴婢磚銘十九題疏證》，《東方藝術》2009 年第 4 期。（圖、文）

泰始 021

南鄉太守郭休碑并陰

泰始五年（269）八月卒，泰始六年（270）正月造碑。清道光末年在山東掖縣出土，曾歸掖縣宋啟福、長白托活洛氏（端方）、柯昌泗舊藏，今藏故宮博物院。碑高233、寬93釐米。19行，行45字；又年月1行；隸書。額篆書，4行，行4字。額題：晉故明威將軍南鄉太守郛府君侯之碑。

圖版著錄：

《二銘草堂金石聚》15/1a–20b，《新編》2/3/2286上—2295下。

《北京圖書館藏中國歷代石刻拓本匯編》2冊40—41頁。

《漢魏六朝碑刻校注》2冊257—258頁。

錄文著錄：

《八瓊室金石補正》9/1a–4a，《新編》1/6/4132上—4133下。

《十二硯齋金石過眼錄》3/1a–5a，《新編》1/10/7814上—7816上。

《匋齋藏石記》4/1a–4b，《新編》1/11/8015上—8016下。

（宣統）《山東通志·藝文志》卷151，《新編》2/12/9304下—9306上。

《寶鴨齋題跋》卷上/13b–15a，《新編》2/19/14341上—14342上。（碑陽）

《魯迅輯校石刻手稿·碑銘》中冊1—7頁。

《漢魏六朝碑刻校注》2冊259—260頁。

《全三國兩晉南朝文補遺》66—68頁。

碑目題跋著錄：

《八瓊室金石補正》9/4b–6a，《新編》1/6/4133下—4134下。

《十二硯齋金石過眼錄》3/5a–6b，《新編》1/10/7816上—下。

《匋齋藏石記》4/6b–11b，《新編》1/11/8017下—8020上。附吳士鑒跋。

《集古求真》10/4a–b，《新編》1/11/8574下。

《藝風堂金石文字目》1/17b，《新編》1/26/19531上。

《補寰宇訪碑錄》1/13a，《新編》1/27/20201上。

《補寰宇訪碑錄刊誤》2a，《新編》1/27/20271下。

《補寰宇訪碑錄校勘記》1/3a，《新編》1/27/20287上。

《金石彙目分編》10（3）/57b，《新編》1/28/21207上。

《石刻題跋索引》27 頁右,《新編》1/30/22365。

《二銘草堂金石聚》15/20b – 22b,《新編》2/3/2295 下—2296 下。

《崇雅堂碑錄》1/9a,《新編》2/6/4488 上。

(宣統)《山東通志·藝文志》卷 151,《新編》2/12/9306 上。

《語石》 1/4a、2/6a、8/26a、10/22b,《新編》2/16/11860 下、11878 下、12006 下、12030 下。

《古今碑帖考》11a,《新編》2/18/13168 上。

《平安館藏碑目》,《新編》2/18/13390 下。

《寶鴨齋題跋》卷上/12b – 13a,《新編》2/19/14340 下—14341 上。

《寰宇貞石圖目錄》卷上/4b,《新編》2/20/14673 上。

《蒿里遺文目錄》1 上/3a,《新編》2/20/14938 下。

《石目》,《新編》3/36/46 上。

《魏晉石存目》2b,《新編》3/37/533 下。

《激素飛清閣平碑記》卷 2,《新編》4/1/201 上。

《雪堂所藏金石文字簿錄》57a – b,《新編》4/7/398 上。

《魯迅輯校石刻手稿·碑銘》中冊 7 頁。附《隸篇·再續金石目》。

《增補校碑隨筆》(修訂本)124 頁。

《碑帖鑒定》102 頁。

《碑帖敘錄》118 頁。

《漢魏六朝碑刻校注·總目提要》編號 0933。

《善本碑帖錄》2/49。

淑德大學《中國石刻拓本目錄》"碑碣等刻石" 編號 302—303。

論文：

唐長孺：《晉郛休碑跋》,《魏晉南北朝隋唐史資料》第 8 輯,1986 年。

泰始 022

盪寇將軍李苞墓磚

泰始六年(270)五月。正書,2 行,行 6 字。

圖版著錄:

《中國磚銘》圖版上冊 606 頁。

備考：《中國磚銘》歸為"南朝宋"，西晉有"李苞通閣道記"，可能為同一人，故暫置西晉。

泰始 023

城門校尉昌原恭侯鄭仲林碑

泰始六年（270）立。碑在河南省偃師縣延壽城西。

碑目題跋著錄：

《中州金石考》6/19a，《新編》1/18/13716 上。

《金石彙目分編》9（4）/7a，《新編》1/28/21039 上。

《石刻題跋索引》27 頁右，《新編》1/30/22365。

《偃師金石記》1/4b，《新編》2/14/10070 下。

《偃師金石遺文記》卷上/5b，《新編》2/14/10103 上。

《中州金石目錄》1/11a，《新編》2/20/14691 上。

（乾隆）《河南府志·金石志》109/3b，《新編》3/28/129 上。

《水經注碑錄》卷三編號 88，《北山金石錄》上冊 85—86 頁。

泰始 024

王泰墓記磚

泰始七年（271）。清末河南洛陽出土，曾歸端方，又歸南皮張仁蠡，後歸北京大學文科研究所，1952 年後藏故宮博物院。磚高 36.5、寬 17.5、厚 8.2 釐米。隸書，2 行，行 3 或 8 字。

圖版著錄：

《草隸存》卷 4，《新編》4/3/129。

《中國磚銘》圖版上冊 350 頁。

《中國古代磚刻銘文集》上冊編號 0730。

錄文著錄：

《匋齋藏甎記》卷下/17b–18a，《新編》1/11/8454 上—下。

《雪堂專錄·專誌徵存》2b，《羅雪堂先生全集》五編 3 冊 1268 頁。

《中國古代磚刻銘文集》下冊編號 0730。

《全三國兩晉南朝文補遺》100 頁。

碑目題跋著錄：

《匋齋藏甎記》卷下/18a，《新編》1/11/8454 下。

《續補寰宇訪碑錄》1/8a，《新編》1/27/20306 下。

《石刻名彙》11/188b，《新編》2/2/1121 下。

《崇雅堂碑錄補》1/3a，《新編》2/6/4552 上。

《蒿里遺文目錄》3 上/1b，《新編》2/20/14981 上。

《北京大學圖書館藏歷代墓誌拓片目錄》編號00026。

泰始 025

官婢桃支墓記磚

泰始八年（272）三月（下缺）。2008 年河南省洛陽市偃師、孟津間北邙南坡出土。磚長 15、寬 12.5、厚 6 釐米。文 3 行，凡 11 字。

碑目著錄：

《北京大學圖書館藏歷代墓誌拓片目錄》編號00027。

論文：

王鶴松、王國玉：《晉泰始官奴婢磚銘十九題疏證》，《東方藝術》2009 年第 4 期。（圖、文）

泰始 026

官婢桃支墓記磚

泰始八年（272）四月七日。2008 年河南省洛陽市偃師、孟津間北邙南坡出土。磚長 17.5、寬 12.5、厚 6 釐米。文 2 行，凡 12 字。

碑目著錄：

《北京大學圖書館藏歷代墓誌拓片目錄》編號00028。

論文：

王鶴松、王國玉：《晉泰始官奴婢磚銘十九題疏證》，《東方藝術》2009 年第 4 期。（圖、文）

泰始 027

官婢桃枝墓記磚

泰始八年（272）四月八日。2008 年河南省洛陽市偃師、孟津間北邙南坡出土。磚長 20、寬 13、厚 6 釐米。文 2 行，凡 15 字。

碑目著録：

《北京大學圖書館藏歷代墓誌拓片目録》編號00029。

論文：

王鶴松、王國玉：《晉泰始官奴婢磚銘十九題疏證》，《東方藝術》2009年第4期。（圖、文）

泰始 028

官鮮卑婢益斗墓記磚

泰始八年（272）五月廿一日。2008年河南省洛陽市偃師、孟津間北邙南坡出土。磚長17.8、寬12.5、厚6釐米。文2行，凡16字。

碑目著録：

《北京大學圖書館藏歷代墓誌拓片目録》編號00030。

論文：

王鶴松、王國玉：《晉泰始官奴婢磚銘十九題疏證》，《東方藝術》2009年第4期。（圖、文）

泰始 029

任城太守夫人孫氏碑

泰始八年（272）某月卒，十二月十五日刻。清乾隆五十八年在山東省新泰縣新甫山下張孫莊出土，今藏山東省泰安市岱廟。拓本額高38、寬32釐米；碑身高175、寬89釐米。文20行，行37字，隸書。額題：晉任城太守夫人孫氏之碑。

圖版著録：

《二銘草堂金石聚》15/26a–45a，《新編》2/3/2298下—2308上。

《金石索》石索五，下冊1609—1615頁。

《北京圖書館藏中國歷代石刻拓本匯編》2冊42頁。

《漢魏六朝碑刻校注》2冊263頁。

録文著録：

《金石萃編》25/1a–3b，《新編》1/1/440上—441上。

《山左金石志》8/26b–28a，《新編》1/19/14456下—14457下。

《授堂金石文字續跋》1/9a–10b，《新編》1/25/19171上—下

（宣統）《山東通志·藝文志》卷 149，《新編》2/12/9215 下—9216 上。

《碑版廣例》7/7b－8b，《新編》3/40/317 上—下。

《全晉文》146/8a－9a，《全文》3 冊 2304 下—2305 上。

《魯迅輯校石刻手稿·碑銘》中冊 22—25 頁。

《漢魏六朝碑刻校注》2 冊 264 頁。

碑目題跋著錄：

《八瓊室金石補正》9/6a、6b－7a，《新編》1/6/4134 下—4135 上。

《集古求真》10/4b，《新編》1/11/8574 下。

《集古求真補正》3/38a，《新編》1/11/8681 下。

《山左金石志》8/28a－30b，《新編》1/19/14457 下—14458 下。附黃易、桂馥等題跋。

《潛研堂金石文跋尾》2/6b－7a，《新編》1/25/18752 下—18753 上。

《潛研堂金石文字目錄》1/7b，《新編》1/25/19010 上。

《授堂金石文字續跋》1/10b－12a，《新編》1/25/19171 下—19172 下。

《平津讀碑記》2/5b－6a，《新編》1/26/19364 上—下。

《藝風堂金石文字目》1/18a，《新編》1/26/19531 下。

《寰宇訪碑錄》1/14a，《新編》1/26/19858 下。

《寰宇訪碑錄刊謬》2a，《新編》1/26/20085 下。

《金石彙目分編》10（1）/68b，《新編》1/28/21134 下。

《石刻題跋索引》27 頁右－28 頁左，《新編》1/30/22365－22366。

《二銘草堂金石聚》15/45a－b，《新編》2/3/2308 上。

《平津館金石萃編》4/1a，《新編》2/4/2463 上。

《崇雅堂碑錄》1/9a，《新編》2/6/4488 上。

《山左訪碑錄》3/16a，《新編》2/12/9079 上。

（宣統）《山東通志·藝文志》卷 149，《新編》2/12/9216 上—9217 上。

《關中金石文字存逸考》12/38a，《新編》2/14/10655 下。

《語石》1/4a、2/6a，《新編》2/16/11860 下、11878 下。

《金石萃編校字記》4a,《新編》2/17/12326 下。

《金石例補》2/10b－11b,《新編》2/17/12370 下—12371 上。

《平安館藏碑目》,《新編》2/18/13390 下。

《寰宇貞石圖目錄》卷上/4b、卷下/3a,《新編》2/20/14673 上、14678 下。

《山左碑目》1/35a,《新編》2/20/14834 下。

《蒿里遺文目錄》1 上/3a,《新編》2/20/14938 下。

《石目》,《新編》3/36/46 上。

《竹崦盦金石目錄》1/11b,《新編》3/37/345 上。

《魏晉石存目》2b,《新編》3/37/533 下。

《東洲草堂金石跋》3/19b－21b,《新編》3/38/96 下—97 下。

《碑帖跋》54 頁,《新編》3/38/202、4/7/428 上。

《漢石經室金石跋尾》,《新編》3/38/263 下。

《中國金石學講義·正編》4b,《新編》3/39/126。

《漢魏六朝志墓金石例》2/5b,《新編》3/40/406 上。

《漢魏六朝墓銘纂例》3/6b－7a,《新編》3/40/452 下—453 上。

《激素飛清閣平碑記》卷 2,《新編》4/1/201 上。

《雪堂所藏金石文字簿錄》57b－58b,《新編》4/7/398 上—下。

《金石索》石索五,下冊 1616 頁。

《增補校碑隨筆》（修訂本）125—126 頁。

《碑帖鑒定》103 頁。

《善本碑帖錄》2/49－50。

《碑帖敘錄》23 頁。

《漢魏六朝碑刻校注·總目提要》編號 0934。

淑德大學《中國石刻拓本目錄》"碑碣等刻石" 編號 304。

論文：

陶莉：《晉孫夫人碑》,載於陶莉：《岱廟碑刻研究》,第 23—27 頁。

郝志敏：《釋讀館藏拓本〈任城太守孫夫人碑〉》,《黑龍江史志》2013 年第 23 期。

泰始 030

無（烏）蘭氏墓磚

泰始八年（272）。隸書，1 行 8 字，反文。

圖版著錄：

《中國磚銘》圖版上冊 607 頁上。

碑目著錄：

《石刻名彙》11/188b，《新編》2/2/1121 下。

備考：《石刻名彙》著錄為"西晉"，而《中國磚銘》置南朝宋，南朝劉宋泰始僅七年，故置西晉。

泰始 031

樂生碑

泰始十一年（275）二月十七日。1944 年 11 月 7 日敦煌大方盤城東南土丘出土。石質，稍殘，未見拓本，尺寸、字體不詳。1 行，存 15 字。

錄文著錄：

《全三國兩晉南朝文補遺》引《魏晉南北朝敦煌文獻編年》，68 頁。

泰始 032

太原太守袁君殘碑并陰

又名：爰君殘碑、奚君殘碑、陳君殘碑，《石刻名彙》作"陳君殘墓誌"。泰始年間（265—274）。安徽建德周氏舊藏，今存北京故宮博物院。石四周殘，存高二尺四分，廣一尺三寸五分。文隸書，碑陽存 10 行，行 15、16 字不等；碑陰存 16 行，4 列。

錄文著錄：

《希古樓金石萃編》9/26b – 28a，《新編》1/5/3925 下—3926 下。

《循園金石文字跋尾》卷上/12a，《新編》2/20/14471 下。（碑陽）

《魯迅輯校石刻手稿·碑銘》中冊 50—52 頁。

《增補校碑隨筆》（修訂本）135—139 頁。

《全三國兩晉南朝文補遺》79—80 頁。

碑目題跋著錄：

《石刻題跋索引》28 頁右、29 頁右，《新編》1/30/22366、22367。

《石刻名彙》1/4b,《新編》2/2/1026 下。

《夢盧金石記》6b—7b,《新編》2/6/4285 下—4286 上。

《崇雅堂碑錄補》1/3b,《新編》2/6/4552 上。

《循園金石文字跋尾》卷上/12a－13a,《新編》2/20/14471 下—14472 上。

《蒿里遺文目錄》1 上/3a,《新編》2/20/14938 下。

《魏晉石存目》2b,《新編》3/37/533 下。

《增補校碑隨筆》(修訂本) 135、137 頁。

《碑帖鑒定》116—117 頁。

《善本碑帖錄》2/55。

《漢魏六朝碑刻校注・總目提要》編號 0935。

淑德大學《中國石刻拓本目錄》"碑碣等刻石"編號 320—321。

泰始 033

官鮮卑婢雅女墓記磚

西晉泰始年（265—274）十一月廿四日。2008 年河南省洛陽市偃師、孟津間北邙南坡出土。磚長 25、寬 13、厚 6 釐米。文 2 行，凡 18 字。隸書。

碑目著錄：

《北京大學圖書館藏歷代墓誌拓片目錄》編號 00031。

論文：

王鶴松、王國玉：《晉泰始官奴婢磚銘十九題疏證》,《東方藝術》2009 年第 4 期。(圖、文)

泰始 034

胡奮升定襄南山頌

又名：冠軍將軍碑。柯昌泗考證，此碑當立於晉泰始末年（273—274）。碑在山西定襄縣居士山道左峭壁上，約民國十年（1920）發現，多名"大晉殘碑"。碑文分上、下兩層，上層文 21 行，滿行 34 字；文後官屬題名 3 列，每列 9 行。下層亦為官屬題名，51 行。額題：□□使持節監并州諸軍□冠軍將軍□□□□□□。

著錄：

《定襄金石攷》1/1a-7a，《新編》2/13/9946上—9949上。（文、跋）

《碑帖鑒定》104頁。（跋）

《善本碑帖錄》2/54。（跋）

論文：

柯昌泗：《晉冠軍將軍監并州諸軍事胡奮升定襄南山頌拓本跋尾》，《語石異同評》，第92—94頁。

殷憲：《山西定襄居士山曹魏監并州諸軍事冠軍將軍碑考略》，《文史》2008年第4輯。

忻州市文物管理處等：《山西定襄居士山摩崖碑為西晉胡奮重陽登高紀功碑》，《文物》2017年第5期。

備考：胡奮，《晉書》卷五七有傳。

咸　寧

咸寧001

任氏墓磚

咸寧元年（275）八月。隸書。

碑目著錄：

《石刻名彙》11/189a，《新編》2/2/1122上。

咸寧002

魏節婦白氏碑

咸寧二年（276），《通志·金石略》作"咸熙"，暫從"咸寧"。河南封丘縣。白氏，程沖（仲）妻。

碑目題跋著錄：

《中州金石考》1/11b，《新編》1/18/13674上。

《通志·金石略》卷上/23a，《新編》1/24/18030下。

《寶刻叢編》1/19b，《新編》1/24/18089上。

《金石彙目分編》9（2）/36b，《新編》1/28/20971下。

《石刻題跋索引》28 頁左,《新編》1/30/22366。

《墨華通考》卷 7,《新編》2/6/4368 下。

《河朔訪古隨筆》卷下/17a,《新編》2/12/8883 上。

《河朔金石待訪目》12b,《新編》2/12/9018 下。

《中州金石目錄》1/9b,《新編》2/20/14690 上。

《佩文齋書畫譜・金石》62/1b 上、2a 下,《新編》3/2/41 上、52 上。

《六藝之一錄》56/6b,《新編》4/5/38 下。

咸寧 003

魏大長秋游述碑并陰

泰始十年（274）九月卒,咸寧三年（277）九月造。在河北永年縣,近年重新發現。碑殘,最高 37.5、最寬 60、厚 19 釐米。兩面刻字,隸書,陽面存字 11 行,行最多 7 字,最少 1 字；陰面存字 2 列,為人名,第一列殘存 21 行,最多 8 字,最少 2 字；第二列殘存 15 行,最多存 5 字,最少 1 字。

碑目題跋著錄：

《金石錄》2/5a、20/5a－b,《新編》1/12/8808 上、8918 上。

《通志・金石略》卷上/24b,《新編》1/24/18031 上。

《寶刻叢編》6/51b－52a,《新編》1/24/18189 上—下。

《金石彙目分編》3（2）/69a－b,《新編》1/27/20727 上。

《石刻題跋索引》28 頁左,《新編》1/30/22366。

（光緒）《畿輔通志・金石十一》148/16b、17a,《新編》2/11/8515 下、8516 上。

《京畿金石考》卷下/34a,《新編》2/12/8784 下。

《畿輔待訪碑目》卷上/2b,《新編》2/20/14801 下。

《佩文齋書畫譜・金石》62/3a 下,《新編》3/2/52 下。

（光緒）《重修廣平府志・金石略下》36/4a,《新編》3/25/131 下。

《六藝之一錄》57/12a、13a,《新編》4/5/55 下、56 上。

論文：

趙生泉：《疑西晉〈游述碑〉考述》，《中國書法》2016 年第 5 期。（圖、文）

咸寧 004

太傅羊祜墮淚碑

又名：墮淚碑、峴山碑。李興撰。西晉咸寧四年（278）十一月卒于京邑。在襄陽縣東九里峴山，故吏高文、奚廉等立。首題：晉故使持節侍中太傅鉅平成侯羊公碑。

錄文著錄：

（民國）《湖北通志·金石志》3/8b – 10a，《新編》1/16/11977 下—11978 下。

（嘉慶）《湖北通志·金石一》88/24b – 26b，《新編》3/13/14 下—15 下。

（光緒）《襄陽府治·金石》18/10b – 11b，《新編》3/13/395 下—396 上。

《續古文苑》15/17b – 19b，《新編》4/2/233 上—234 上。

《全晉文》70/12a – 13b，《全文》2 冊 1866 下—1867 上。

碑目題跋著錄：

《通志·金石略》卷上/26a，《新編》1/24/18032 上。

《輿地碑記目·襄陽府碑記》3/6b，《新編》1/24/18550 下。

《金石彙目分編》14/18a，《新編》1/28/21391 下。

《石刻題跋索引》502 頁左，《新編》1/30/22840。

《墨華通考》卷 6，《新編》2/6/4355 下。

《碑藪》，《新編》2/16/11847 下。

《佩文齋書畫譜·金石》62/3b 上，《新編》3/2/52 下。

（嘉慶）《湖北通志·金石一》88/26b – 28b，《新編》3/13/15 下—16 下。附《襄陽耆舊記》《圭齋集》《湖北金石存佚考》。

《寒山堂金石林時地攷》卷下/15b，《新編》3/34/509 上。

《諸史碑銘錄目·晉書》1a，《新編》3/37/311 上。

《漢魏六朝志墓金石例》2/2b，《新編》3/40/404 下。

《金石備攷·襄陽府》,《新編》4/1/21 下。

《古今書刻》下編/18a,《新編》4/1/143 下。

《六藝之一錄》57/7b,《新編》4/5/53 上。

《水經注碑錄》卷八編號 214,《北山金石錄》上冊 181—184 頁。

《太平寰宇記碑錄》編號 196、197,《北山金石錄》上冊 307、308 頁。

論文:

胡家全:《〈墮淚碑〉考》,《殷都學刊》2017 年第 4 期。

備考:羊祜,《晉書》卷三四有傳。

咸寧 005

合府君夫人梛甄

咸寧四年(278)。鳳臺縣北鄉顧家橋出土,舊藏南陸徐氏。拓本高一尺七寸,廣五寸三分,厚一寸五分。

著錄:

《全三國兩晉南朝文補遺》146 頁。(文)

(民國)《安徽通志稿·金石古物考一》77b–78a,《新編》3/11/64 上—下。(文、跋)

《石刻題跋索引》678 頁左,《新編》1/30/23016。(目)

咸寧 006

合氏墓磚

咸寧四年(278)。隸書。

碑目著錄:

《石刻名彙》11/189a,《新編》2/2/1122 上。

咸寧 007

龐泰磚誌

咸寧五年(279)三月三日葬。2006 年秋河南省洛陽市孟津市金村出土,旋歸洛陽豫深文博城唐氏。長 31、寬 16.5、厚 5.5 釐米。文正書,面 2 行,滿行 4 字,側面 1 行 6 字,底側 1 行 3 字。

圖版著錄:

《秦晉豫新出墓誌蒐佚》1 冊 3 頁。

《龍門區系石刻文萃》407 頁。

咸寧 008

郭市妻女墓記磚

咸寧五年（279）。尺寸不詳。文隸書，2 行，行 4 或 6 字。

著錄：

《中國磚銘》圖版上冊 360 頁。（圖）

《中國古代磚刻銘文集》上、下冊編號 0739。（圖、文）

咸寧 009

太尉楊駿墓誌

咸寧中（275—280）建。在趙州寧晉縣北十里。誌殘高 50、寬 53 釐米。殘存 16 行，行 1 至 14 字不等，隸書。有陰、佚，所記凡二百五十三人。

圖版著錄：

《洛陽出土歷代墓誌輯繩》10 頁。

碑目題跋著錄：

《寶刻叢編》6/59b - 60a，《新編》1/24/18193 上—下。

《金石彙目分編》3（2）/43a，《新編》1/27/20714 上。

《石刻題跋索引》130 頁左，《新編》1/30/22468。

《石刻名彙》1/3a，《新編》2/2/1026 上。

《崇雅堂碑錄補》1/3a，《新編》2/6/4552 上。

（光緒）《畿輔通志·金石十五》152/32b，《新編》2/11/8659 下。

《京畿金石考》卷下/18a - b，《新編》2/12/8776 下。

《畿輔待訪碑目》卷上/3a，《新編》2/20/14802 上。

《古誌彙目》1/2a，《新編》3/37/7。

《太平寰宇記碑錄》編號 110，《北山金石錄》上冊 284 頁。

《六朝墓誌檢要》（修訂本）17 頁。

《漢魏六朝碑刻校注·總目提要》編號 1035。

備考：自宋代以來，諸家皆未見拓本，亦未見具體時間著錄，《洛陽出土歷代墓誌輯繩》所見是否為真品，待考。楊駿，《晉書》卷四〇有傳。

太 康

太康 001

羊祜墓誌

太康元年（280）二月八日葬於洛之西北。河南洛陽出土。誌高 46、寬 14 釐米。文 5 行，滿行 13 字，隸書。

著錄：

《洛陽出土歷代墓誌輯繩》1 頁。（圖）

《漢魏六朝碑刻校注》2 冊 275—276 頁。（圖、文）

《漢魏六朝碑刻校注·總目提要》編號 0937。（目）

備考：羊祜，《晉書》卷三四有傳。

太康 002

張位妻□許墓記磚

《中國磚銘》作"張福妻□許"。太康元年（280）六月三日卒。清末河南洛陽出土，曾歸端方，又歸南皮張仁蠡，後歸北京大學文科研究所，1952 年後藏故宮博物院。隸書，3 行，行 6 至 7 字。

著錄：

《中國磚銘》圖版上冊 362 頁。（圖、文）

《中國古代磚刻銘文集》上、下冊編號 0740。（圖、文）

《全三國兩晉南朝文補遺》102 頁。（文）

《匋齋藏甎記》卷下/17a，《新編》1/11/8454 上。（文、跋）

《石刻名彙》11/189a，《新編》2/2/1122 上。（目）

《北京大學圖書館藏歷代墓誌拓片目錄》編號 00033。（目）

太康 003

鄒氏墓磚

太康元年（280）九月廿日。出烏程，浙江歸安陸心源舊藏。長一尺一寸一分，厚一寸三分。隸書，計 11 字。

著錄：

《千甓亭磚錄》2/1a－b，《歷代陶文研究資料選刊》上冊 319—320 頁。（文、跋）

《石刻名彙》11/189a，《新編》2/2/1122 上。（目）

太康 004

魯銓墓表

又作"魯詮"。太康元年（280）十月二日葬。石出土於甘肅武威縣。高 28、寬 30 釐米。隸書，6 行，滿行 6 字。

著錄：

《北京圖書館藏中國歷代石刻拓本匯編》2 冊 45 頁。（圖）

《中國西北地區歷代石刻匯編》1 冊 32 頁。（圖）

《漢魏六朝碑刻校注》2 冊 277—278 頁。（圖、文）

《全三國兩晉南朝文補遺》81 頁。（文）

《漢魏六朝碑刻校注·總目提要》編號 0938。（目）

論文：

王素：《西晉魯銓墓表跋》，《出土文獻研究》第六輯，第 271—278 頁。

太康 005

舍人涂氏墓磚

太康元年（280）。1987 年在湖北省新洲縣舊街鎮出土。形制未詳，銘文刻於不同的磚上，或 1 行 12 字，或 1 行 11 字，或 1 行 4 字，正書。

論文：

王善才、胡金豪：《湖北新洲舊街鎮發現兩座西晉墓》，《考古》1995 年第 4 期。（圖、文）

周曉陸：《西晉太康元年下邳淮浦磚銘跋》，《考古》1996 年第 5 期。

太康 006

施氏墓磚

太康二年（281）。出烏程道場山，陸心源舊藏。長九寸七分，厚一寸三分。計 11 字。

著錄：

《千甓亭磚錄》2/2b，《歷代陶文研究資料選刊》上冊 322 頁。（文）

《再續寰宇訪碑錄》卷上，《羅振玉學術論著集》第五集，413 頁。（目）

太康 007

馮恭冢中記

又名"馮恭石槨題字""馮恭墓門額上題記""馮恭壙門記""導官令馮恭墓記"。太康三年（282）二月三日刻。石於河北唐山出土，安徽建德周氏舊藏，今藏故宮博物院。石高 130、廣 10 釐米。橫書 1 行 28 字，右方 4 行行 3 字，隸書。

圖版著錄：

《古石抱守錄》，《新編》3/1/227。

《漢魏南北朝墓誌集釋》圖版五，《新編》3/3/276。

《六朝墓誌菁英二編》，《新編》4/3/200 上頁右。

《北京圖書館藏中國歷代石刻拓本匯編》2 冊 46 頁。

《漢魏六朝碑刻校注》2 冊 279 頁。

錄文著錄：

《石交錄》2/25a，《新編》4/6/458 上。

《魯迅輯校石刻手稿·墓誌》上冊 2 頁。

《漢魏南北朝墓誌彙編》4 頁。

《漢魏六朝碑刻校注》2 冊 280 頁。

《全三國兩晉南朝文補遺》81 頁。

碑目題跋著錄：

《續補寰宇訪碑錄》1/8a、b，《新編》1/27/20306 下。

《石刻題跋索引》129 頁左，《新編》1/30/22467。

《石刻名彙》1/3a，《新編》2/2/1026 上。

《崇雅堂碑錄補》1/3a，《新編》2/6/4552 上。

《古誌新目初編》1/1a，《新編》2/18/13692 上。

《蒿里遺文目錄》6/2b，《新編》2/20/14994 下。

《漢魏南北朝墓誌集釋》1/1b-2a,《新編》3/3/36-37。

《國立北平圖書館藏碑目》1a,《新編》3/36/249 上。

《循園古冢遺文跋尾》1/3a,《新編》3/38/8 上。

《碑帖鑒定》105 頁。

《善本碑帖錄》2/50。

《六朝墓誌檢要》（修訂本）7 頁。

《漢魏六朝碑刻校注·總目提要》編號 0939。

淑德大學《中國石刻拓本目錄》"碑碣等刻石"編號 307。

太康 008
張圭妻磚誌

太康三年（282）五月廿七日。1926 年在洛陽城東史家灣村出土。1 行 7 字，隸書。

碑目題跋著錄：

《六朝墓誌檢要》（修訂本）7 頁。

《漢魏六朝碑刻校注·總目提要》編號 0942。

《洛陽出土石刻時地記》西晉 002，7 頁。

論文：

張鴻亮、嚴輝：《略論洛陽新近出土的西晉銘文磚》,《文物》2012 年第 12 期。

太康 009
管晏冢槨磚三種

又名：管晏冢磚槨。太康三年（282）七月。出烏程，浙江歸安陸心源、山陰吳隱舊藏。一磚長一尺，厚一寸三分；隸書，計 18 字。一磚長一尺，厚一寸四分；計 18 字。一磚隸書，計 14 字，尺寸未詳。

著錄：

《邋盦古磚存》卷三,《歷代陶文研究資料選刊續編》中冊 589 頁。（圖、文）

《千甓亭磚續錄》2/3a、4a-5a,《歷代陶文研究資料選刊》上冊 571、573—575 頁。（文、跋）

《石刻名彙》11/189a,《新編》2/2/1122 上。（目）

備考：《遯盦古磚存》"管晏冢磚"著錄時間為"太康二年七月"，然"年"前字模糊，結合它書著錄，當為"三年"。

太康 010
龍章言墓磚

太康三年（282）八月廿八日卒。湖州鈕氏舊藏。長一尺二寸，厚一寸五分。凡 13 字。

著錄：

《浙江磚錄》2/2b,《歷代陶文研究資料選刊》上冊 62 頁。（文、跋）

太康 011
晉前軍磚誌

太康四年（283）正月五日葬。出土時地不詳，據云出土於河南省洛陽市。磚高 34、寬 17.5 釐米。2 行，滿行 6 字，正書。

圖版著錄：

《秦晉豫新出墓誌蒐佚續編》1 冊 25 頁。

太康 012
司馬馗妻王氏磚誌

又名："王太妃墓誌"。太康三年（282）十一月卒，四年（283）三月葬於皇考大常戴侯陵。1979 年河南孟州南莊鎮沇河村南冢洼出土，現藏孟州市博物館。磚高 48、寬 24.5、厚 10 釐米。正、背皆刻字，正面 6 行，行 12 至 13 字；背面 4 行，行 5 或 12 字；隸書。周錚考證，太妃王氏為司馬馗之妻。

著錄：

《中國金石集萃》第 7 函第 1 輯編號 1。（圖）

《中國古代磚刻銘文集》上、下冊編號 0743。（圖、文）

《漢魏六朝碑刻校注》2 冊 283—284 頁。（圖、文）

《新中國出土墓誌·河南〔壹〕》上冊 211 頁（圖）、下冊 201—202 頁。（文、跋）

《全三國兩晉南朝文補遺》82 頁。（文）

《新出魏晉南北朝墓誌疏證》（修訂本）3—4 頁。（文、跋）

《漢魏六朝碑刻校注·總目提要》編號 0943。（目）

論文：

梁永照：《西晉王氏磚誌》，《華夏考古》1996 年第 4 期。

周錚：《西晉王氏磚誌考釋》，《華夏考古》1999 年第 1 期。

太康 013

右軍將軍鄭烈碑

西晉太康二年（281）八月卒，太康四年（283）七月十日造碑。在河南省偃師縣出土。隸書額題：晉故右軍將軍平莞僖侯鄭府君之碑。

錄文著錄：

《隸續》4/7b–9b，《新編》1/10/7109 上—7110 上。

《全晉文》146/9b–10b，《全文》3 冊 2305 上—下。

碑目題跋著錄：

《隸續》4/9b–10a，《新編》1/10/7110 上—下。

《金石錄》2/5b、20/6b，《新編》1/12/8808 上、8918 下。

《中州金石考》6/19b，《新編》1/18/13716 上。

《集古錄目》3/3a，《新編》1/24/17957 上。

《通志·金石略》卷上/27a，《新編》1/24/18032 下。

《寶刻叢編》5/12a，《新編》1/24/18148 下。

《金石彙目分編》9（1）/23a、9（4）/7b，《新編》1/28/20935 上、21039 上。

《石刻題跋索引》28 頁左，《新編》1/30/22366。

《偃師金石記》1/6a–b，《新編》2/14/10071 下。

《偃師金石遺文記》卷上/9a，《新編》2/14/10105 上。

《金石例補》1/2a，《新編》2/17/12361 下。

《隸辨》8/41a–b，《新編》2/17/13095 上。

《古今碑帖考》11a，《新編》2/18/13168 上。

《中州金石目錄》1/11a，《新編》2/20/14691 上。

《佩文齋書畫譜·金石》62/3a 下,《新編》3/2/52 下。
(乾隆)《河南府志·金石志》109/3b,《新編》3/28/129 上。
《漢魏六朝志墓金石例》2/5b–6a,《新編》3/40/406 上—下。
《漢魏六朝墓銘纂例》3/7a,《新編》3/40/453 上。
《六藝之一錄》57/18b,《新編》4/5/58 下。
《墨池篇》6/6a,《新編》4/9/669 下。
《漢隸字源》118 頁。

太康 014

黃夫人墓磚

太康四年（283）十月。僅存 1 行 3 字"黃夫人",隸書。

圖版著錄:

《中國磚銘》圖版下冊 982 頁右上。

碑目著錄:

《石刻名彙》11/189a,《新編》2/2/1122 上。

太康 015

何武墓記磚

太康五年（284）八月二十日。河南出土。拓片長 36、寬 19 釐米。文隸書,2 行,行 9 字左右。

碑目著錄:

《北京大學圖書館藏歷代墓誌拓片目錄》編號 00035。

太康 016

廣野將軍和國仁墓碑

太康五年（284）十一月十九日葬。河北磁縣馬頭鎮出土,膠西柯氏舊藏,今存故宮博物院。拓本高 50、寬 23 釐米。文 4 行,滿行 8 字,隸書。

圖版著錄:

《北京圖書館藏中國歷代石刻拓本匯編》2 冊 49 頁。

《漢魏六朝碑刻校注》2 冊 287 頁。

錄文著錄:

《石交錄》2/25b,《新編》4/6/458 上。

《漢魏六朝碑刻校注》2 冊 288 頁。

《全三國兩晉南朝文補遺》74 頁。

碑目題跋著錄：

《古誌新目初編》1/1a,《新編》2/18/13692 上。

《墓誌徵存目錄》卷 1,《羅振玉學術論著集》第五集, 557 頁。

《碑帖鑒定》105—106 頁。

《六朝墓誌檢要》(修訂本) 8 頁。

《漢魏六朝碑刻校注·總目提要》編號 0945。

《北京大學圖書館藏歷代墓誌拓片目錄》編號 00036。

太康 017

郭氏葬磚

太康五年（284）十一月葬。浙江嘉興沈可培舊藏。長一尺, 厚一寸五分。計 10 字。

錄文著錄：

《兩浙金石志》1/19a,《新編》1/14/10202 上。

《浙江磚錄》2/3a–b,《歷代陶文研究資料選刊》上冊 63—64 頁。

《全三國兩晉南朝文補遺》103 頁。

太康 018

范陽□柳墓磚

別名：范陽人墓記磚。□（太）康五年（284）, 或作元康五年（295）, 暫附"太康"。端方舊藏。磚高 25.5、寬 17、厚 6.3 釐米。正、側面均刻字, 面 3 行, 行 3 至 4 字；側 1 行 3 字；均隸書。

著錄：

《中國古代磚刻銘文集》上、下冊編號 0755。(圖、文)

《全三國兩晉南朝文補遺》147 頁。(文)

《匋齋藏石記》4/13a–b,《新編》1/11/8021 上。(文、跋)

《石刻題跋索引》679 頁左,《新編》1/30/23017。(目)

《石刻名彙》11/189a,《新編》2/2/1122 上。(目)

《古誌彙目》1/2b,《新編》3/37/8。(目)

《北京大學圖書館藏歷代墓誌拓片目錄》編號00046。(目)

太康 019

何使君墓磚

太康五年(284)。杭州於潛縣南陽山出土。文10字,題云:太康五年甲辰何使君墓。

著錄:

(乾隆)《杭州府志·金石一》60/3b,《新編》3/7/114 上。(文)

(民國)《杭州府志·金石三》98/30a,《新編》3/7/203 下。(文)

《浙江磚錄》2/3a,《歷代陶文研究資料選刊》上冊63頁。(文、跋)

太康 020

長城陽王君墓神道

太康五年(284)。登州府福山。

碑目著錄:

(宣統)《山東通志·藝文志》卷152,《新編》2/12/9374 上。

太康 021

安丘長王君墓神道

太康五年(284)。光緒初山東省膠縣南牧馬城出土,滿洲托活洛氏、福山王廉生舊藏。雙闕,二石同文。高38.7、廣51.5釐米。5行,前4行行3字,篆書;末一行11字,正書。

圖版著錄:

《古石抱守錄》,《新編》3/1/223。

《北京圖書館藏中國歷代石刻拓本匯編》2冊50頁。

《洛陽出土歷代墓誌輯繩》2頁。

錄文著錄:

《匋齋藏石記》4/12b,《新編》1/11/8020 下。

《山左冢墓遺文補遺》1a,《新編》1/20/14924 上。

《增補校碑隨筆》(修訂本)126頁。

《魯迅輯校石刻手稿·碑銘》中冊27頁。

《全三國兩晉南朝文補遺》74 頁。

碑目題跋著錄：

《匋齋藏石記》4/12b – 13a，《新編》1/11/8020 下—8021 上。

《藝風堂金石文字目》1/18a、18/1a，《新編》1/26/19531 下、19814 上。

《再續寰宇訪碑錄校勘記》2a，《新編》1/27/20460 下。

《石刻題跋索引》28 頁左，《新編》1/30/22366。

《石刻名彙》1/3b，《新編》2/2/1026 上。

《崇雅堂碑錄補》1/3a，《新編》2/6/4552 上。

《語石》1/4b、5/22a – b，《新編》2/16/11860 下、11949 下。

《蒿里遺文目錄》6/1b，《新編》2/20/14994 上。

《古誌彙目》1/2b，《新編》3/37/8。

《魏晉石存目》2b，《新編》3/37/533 下。

《循園古冢遺文跋尾》1/8b，《新編》3/38/10 下。

《再續寰宇訪碑錄》卷上，《羅振玉學術論著集》第五集，413 頁。

《增補校碑隨筆》（修訂本）126—127 頁。

《碑帖鑒定》106 頁。

《六朝墓誌檢要》（修訂本）7 頁。

《善本碑帖錄》2/50 – 51。

《漢魏六朝碑刻校注·總目提要》編號 0946。

淑德大學《中國石刻拓本目錄》"碑碣等刻石" 編號 308—309。

太康 022

殷融墓磚

太康六年（285）八月。出長興，陸心源舊藏。磚長一尺二分，厚一寸四分。正書，10 字。陸心源考證墓主為晉太常卿殷融。

著錄：

《千甓亭磚錄》2/4b – 5a，《歷代陶文研究資料選刊》上冊 326—327 頁。（文、跋）

《再續寰宇訪碑錄》卷上，《羅振玉學術論著集》第五集，414 頁。

（目）

　　備考：殷融，事見《晉書》卷七七《殷浩傳》、卷八三《殷顗傳》、卷八四《殷仲堪傳》等。

太康 023
左興妻張氏墓磚三種

　　太康七年（286）十二月廿八日。2009 至 2010 年在河南省孟津縣平樂鎮朱倉村西出土。一磚長 36、寬 18.5、厚 8.5 釐米；兩面刻，正面 3 行，行 6 至 8 字；背面 1 行 3 字。一磚長 29、寬 19.5、厚 8 釐米；1 行 3 字"左興妻"。一磚長 29、寬 18.5、厚 7.5 釐米；1 行 3 字"左興妻"。

　　論文：

　　洛陽市文物考古研究院：《洛陽孟津朱倉西晉墓》，《文物》2012 年第 12 期。（圖、文）

　　張鴻亮、嚴輝：《略論洛陽新近出土的西晉銘文磚》，《文物》2012 年第 12 期。

太康 024
膠東令王君墓磚

　　西晉太康七年（286）。隸書，2 行，行 7 或 4 字。

　　圖版著錄：

　　《廣倉專錄》，《新編》4/10/746。

　　《中國磚銘》圖版上冊 527 頁右。

　　碑目著錄：

　　《石刻名彙》11/189b，《新編》2/2/1122 上。

太康 025
邱季承父墓磚

　　又名：季承父墓磚。太康七年（286）。出烏程，浙江山陰吳氏、歸安陸心源舊藏。長一尺二分，厚一寸三分。正書，計 11 字。

　　著錄：

　　《千甓亭磚錄》2/5a－b，《歷代陶文研究資料選刊》上冊 327—328 頁。（文、跋）

《石刻名彙》11/189b,《新編》2/2/1122 上。(目)

《再續寰宇訪碑錄》卷上,《羅振玉學術論著集》第五集,414 頁。(目)

太康 026
朱氏墓磚

太康七年(286)。出烏程,浙江吳興吳氏、歸安陸心源舊藏。長五寸八分,厚一寸一分。隸書,6 字。

錄文著錄:

《千甓亭磚錄》2/5b－6a,《歷代陶文研究資料選刊》上冊 328—329 頁。

碑目著錄:

《石刻名彙》11/189b,《新編》2/2/1122 上。

太康 027
檀君墓磚

太康八年(287)二月七日。高平縣(疑今鄒縣)。刻左右側,左側 9 字,右側 10 字,隸書。

著錄:

《金石索》石索六,下冊 1941 頁。(圖、文、跋)

(光緒)《鄒縣續志·金石志》10/5b,《新編》3/26/135 上。(文、跋)

太康 028
种美珠磚銘

太康八年(287)六月廿九日。2003 年 5 月河南省洛陽市出土,旋歸洛陽董氏。磚高 24.5、寬 13 釐米。文 3 行,滿行 10 字,隸書。

圖版著錄:

《河洛墓刻拾零》上冊 4 頁。

論文:

張鴻亮、嚴輝:《略論洛陽新近出土的西晉銘文磚》,《文物》2012 年第 12 期。

太康 029

僕家墓磚

太康八年（287）七月廿日。浙江歸安陸心源、山陰吳隱遞藏。長九寸三分，厚一寸三分。隸書，12 字。

著錄：

《遯盦古磚存》卷三，《歷代陶文研究資料選刊續編》中冊 597 頁。（圖、文）

《千甓亭磚錄》2/6b，《歷代陶文研究資料選刊》上冊 330 頁。（文、跋）

《石刻名彙》11/189b，《新編》2/2/1122 上。（目）

《古誌彙目》1/2b，《新編》3/37/8。（目）

《再續寰宇訪碑錄》卷上，《羅振玉學術論著集》第五集，414 頁。（目）

太康 030

王君殘墓誌

又名：王文伯殘誌。太康八年（287）閏八月一日葬。1953 年洛陽市老城北鐵路小學出土，今存洛陽博物館，一說現存河南省博物院。誌高 23.5、寬 16.7 釐米。隸書兼正書，存 5 行，行字不等，共 19 字。

著錄：

《北京圖書館藏中國歷代石刻拓本匯編》2 冊 51 頁。（圖）

《洛陽出土歷代墓誌輯繩》3 頁。（圖）

《河洛墓刻拾零》上冊 5 頁。（圖）

《漢魏六朝碑刻校注》2 冊 289—290 頁。（圖、文）

《漢魏南北朝墓誌彙編》4 頁。（文）

《全三國兩晉南朝文補遺》82 頁。（文）

《碑帖鑒定》106 頁。（文）

《漢魏六朝碑刻校注·總目提要》編號 0947、0949。（目）

論文：

河南省文化局文物工作隊第二隊：《洛陽晉墓的發掘》，《考古學報》1957 年第 1 期。

太康 031

吳桃初墓記磚

太康八年（287）正月五日卒，閏八月作。武康桐城吳氏舊藏。磚長一尺，厚一寸二分。正、側刻字，左側 12 字，右側 13 字，正面 25 字。

著錄：

《浙江磚錄》2/5b–6a，《歷代陶文研究資料選刊》上冊 68—69 頁。（文、跋）

太康 032

蘇華芝墓記磚二種

太康八年（287）九月四日。2003 年河南省洛陽市華欣加油站出土。一磚長 26.5、寬 12.8、厚 5.5 釐米；正面 2 行，行 4 字；背面 2 行，行 2 或 3 字。一磚長 24、寬 12、厚 4.8 釐米；正面 2 行，行 4 至 5 字；背面 2 行，行 1 或 3 字。隸書。

著錄：

《漢魏六朝碑刻校注》2 冊 291—292 頁。（圖、文）

《中國古代磚刻銘文集》上、下冊編號 0745、0746。（圖、文）

《漢魏六朝碑刻校注·總目提要》編號 0948。（目）

論文：

洛陽市文物工作隊：《西晉蘇華芝墓》，《文物》2005 年第 1 期。

張鴻亮、嚴輝：《略論洛陽新近出土的西晉銘文磚》，《文物》2012 年第 12 期。

太康 033

晉敕賜孚惠靈公廟碑

太康八年（287）立，或作"永建四年"，暫從前者。在四川省廣安縣東八十里晶然山。

碑目題跋著錄：

《金石彙目分編》16（1）/59b，《新編》1/28/21478 上。

《墨華通考》卷 11，《新編》2/6/4429 下。

（道光）《大竹縣志·金石》38/4b，《新編》3/15/44 下。

（光緒）《廣安州新志·金石志》39/45b，《新編》3/16/163 下。

《蜀碑記》4/3b，《新編》3/16/324 上。

《燕庭金石叢稿》，《新編》3/32/624 下。

太康 034

張儁妻劉氏墓記磚三種

太康九年（288）正月廿七日。一磚高 30.5、寬 16.5 釐米；隸書，3 行，行 5 至 7 字。一磚高 30.8、寬 15.5 釐米；隸書，1 行 3 字。一磚高 22、寬 10.5 釐米；隸書，1 行 4 字。

著錄：

《中國古代磚刻銘文集》上、下冊編號 0747—0749。（圖、文）

《循園古冢遺文跋尾》1/3b，《新編》3/38/8 上。（跋）

《石刻題跋索引》678 頁右，《新編》1/30/23016。（目）

《蒿里遺文目錄續編·甄誌徵存》12a，《新編》3/37/542 下。（目）

《北京大學圖書館藏歷代墓誌拓片目錄》編號 00037。（目）

太康 035

黃訓墓磚三種

又名：黃伯安墓磚。太康九年（288）八月十日。出長興，浙江山陰吳氏、歸安陸心源舊藏。一磚長一尺五分，厚一寸三分；左右兩側刻字，左側 12 字，右側 18 字，隸書。一磚長一尺，厚一寸三分；正、側刻字，左側 12 字，右側 18 字，正面 6 字。一磚長一尺，厚七分；17 字。

著錄：

《遯盦古磚存》卷三，《歷代陶文研究資料選刊續編》中冊 601—602 頁。（圖、文）

《千甓亭磚錄》2/8a – 9a，《歷代陶文研究資料選刊》上冊 333—335 頁。（文、跋）

《石刻名彙》11/190a，《新編》2/2/1122 下。（目）

《古誌彙目》1/2b，《新編》3/37/8。（目）

《再續寰宇訪碑錄》卷上，《羅振玉學術論著集》第五集，415 頁。（目）

太康 036
湯氏葬專文

太康九年（288）八月。寧波陽湖呂氏舊藏。長九寸，左側厚七分，右側厚一寸一分。15 字，八分書。

錄文著錄：

《浙江磚錄》2/7a，《歷代陶文研究資料選刊》上冊 71 頁。

碑目著錄：

《補寰宇訪碑錄》1/14a，《新編》1/27/20201 下。

太康 037
周褚磚誌

太康九年（288）十月二十五日。高 35、寬 17 釐米。5 行，行 4 至 9 字不等。

圖版著錄：

《洛陽新獲墓誌·二〇一五》，8 頁。

太康 038
夜國君墓磚

太康九年（288）。日本太田氏舊藏。磚長 26、寬 12.5、厚 5.5 釐米。圖版為二，均隸書，一圖 1 行 11 字，一圖 1 行 3 字，可能為磚的正、側刻字。

著錄：

《俟堂專文雜集》第四，112 頁（圖）、目錄編號 119（目）。

《石刻名彙》11/190a，《新編》2/2/1122 下。（目）

《海外貞珉錄》2b，《新編》4/1/243 下。（目）

《再續寰宇訪碑錄》卷上，《羅振玉學術論著集》第五集，414 頁。（目）

太康 039
晉梁王妃王棃碑二

西晉太康五年（285）卒，太康九年（288）立。碑在睢陽城內。

著錄：

《全晉文》146/10b,《全文》3 冊 2305 下。(文)

《水經注碑錄》卷六編號 169,《北山金石錄》上冊 141—142 頁。(文、跋)

《金石彙目分編》9（1）/50b - 51a,《新編》1/28/20948 下—20949 上。(目)

太康 040

錡強妻張氏墓記磚

太康十年（289）五月廿八日。端方舊藏。磚高 15.5、寬 17、厚 8 釐米。正、側面皆刻字,隸書,正面 2 行,行 2 字;一側 2 行,行 2 字;一側 1 行 4 字;下端 1 行 5 字。

著錄:

《廣倉專錄》,《新編》4/10/822。(圖)

《中國磚銘》圖版上冊 379 頁。(圖)

《中國古代磚刻銘文集》上、下冊編號 0750。(圖、文)

《匋齋藏甎記》卷下/17a - b,《新編》1/11/8454 上。(文、跋)

《雪堂專錄·專誌徵存》2b - 3a,《羅雪堂先生全集》五編 3 冊 1268—1269 頁。(文)

《全三國兩晉南朝文補遺》104 頁。(文)

《石刻名彙》11/190a,《新編》2/2/1122 下。(目)

《蒿里遺文目錄》3 上/1b,《新編》2/20/14981 上。(目)

《北京大學圖書館藏歷代墓誌拓片目錄》編號 00038。(目)

太康 041

吳氏墓磚

太康十年（289）八月十日。出烏程,浙江歸安陸心源舊藏。長一尺,左側厚九分,右側厚一寸一分。篆書,計 13 字。

錄文著錄:

《千甓亭磚錄》2/9b,《歷代陶文研究資料選刊》上冊 336 頁。

碑目著錄:

《石刻名彙》11/190a,《新編》2/2/1122 下。

太康 042

董小兒墓記磚

太康十年（289）八月二十三日。河南出土。拓片長 32、寬 17.5 釐米。隸書，2 行，行 9 字。

碑目著錄：

《北京大學圖書館藏歷代墓誌拓片目錄》編號 00039。

太康 043

都昌令樂陵劉遷墓誌

太康十四年（293）四月七日。分書。

碑目著錄：

《古誌新目初編》1/1a，《新編》2/18/13692 上。

太康 044

烈老穆神道

晉太康□年（280—289）。八分書。

碑目著錄：

《續補寰宇訪碑錄》1/8b，《新編》1/27/20306 下。

太康 045

西河繆王司馬子政廟碑

又名"西河繆王司馬斌碑"。咸寧四年（278）十二月卒，太康中（280—289）刻。索靖分書，唐賈耽刺汾州於古寺中掘得。

著錄：

《全晉文》146/9a－b，《全文》3 冊 2305 上。（文）

《水經注碑錄》卷一編號 26，《北山金石錄》上冊 43—44 頁。（文、跋）

（光緒）《山西通志·金石記二》90/11a，《新編》3/30/337 上。（跋）

《金石彙目分編》11/65a，《新編》1/28/21260 上。（目）

《山右訪碑記》2a，《新編》3/30/566 下。（目）

《六藝之一錄》55/25b，《新編》4/5/32 上。（目）

備考：司馬斌，字子政，《晉書》卷三七有傳。《山右訪碑記》誤作

"司馬子盛"。

太康 046
劉府君墓磚

晉太康年間（280—289）。隸書，1 行 14 字。

著錄：

《中國磚銘》圖版上冊 378 頁右。（圖、文）

太康 047
文貞先生范平碑

晉太康中（280—289）。

碑目著錄：

《諸史碑銘錄目·晉書》5a，《新編》3/37/313 上。

備考：范平，《晉書》卷九一有傳。

太 熙

太熙 001
杜謖墓門題記

泰（太）熙元年（290）二月十一日葬於成都萇樂鄉宜陽里。1939 年四川省成都市郊雙流縣出土。石高 132、寬 67 釐米。7 行，滿行 8 字，隸書。

著錄：

《四川歷代碑刻》81 頁。（圖、文）

《漢魏六朝碑刻校注》2 冊 296—297 頁。（圖、文）

《成都出土歷代墓銘券文圖錄綜釋》9—10 頁。（圖、文）

《碑帖鑒定》102 頁。（文、跋）

《善本碑帖錄》2/51。（目）

《漢魏六朝碑刻校注·總目提要》編號 0951。（目）

《北京大學圖書館藏歷代墓誌拓片目錄》編號 00040。（目）

淑德大學《中國石刻拓本目錄》"碑碣等刻石" 編號 312。

太熙 002

晉雲南太守碑

太熙元年（290）三月造。在大理府雲南縣。

碑目題跋著錄：

《金石錄》2/5b、20/8a，《新編》1/12/8808 上、8919 下。（節文）

《通志·金石略》卷上/27a，《新編》1/24/18032 下。

《金石彙目分編》19/5b，《新編》1/28/21583 上。

《石刻題跋索引》28 頁左，《新編》1/30/22366。

《佩文齋書畫譜·金石》62/3b 上，《新編》3/2/52 下。

（光緒）《雲南通志·藝文志》212/18a–b，《新編》3/23/57 下。

（光緒）《續雲南通志稿·藝文志》171/7b，《新編》3/23/110 上。

《六藝之一錄》57/21b，《新編》4/5/60 上。

永 熙

永熙 001

司馬大將軍紀功磚莂

又名：琅琊侯司馬鎮墓文。永熙元年（290）五月沒於王事。尺寸及出土地不詳。圖版為三，均隸書，圖一 1 行 12 字，當是首題：大晉永熙司馬六將軍紀功莂；圖二為正文，7 行，行 7 至 8 字；圖三 1 行 3 字。

著錄：

《中國磚銘》圖版上冊 380 頁。（圖）

《北山談藝錄續編》162—163 頁。（圖、文、跋）

《全三國兩晉南朝文補遺》105 頁。（文）

永熙 002

趙仲南妻衛氏磚誌

又名：趙衛夫人之碑。西晉太康九年（288）六月十日卒，永熙元年（290）九月十日造碑。2009 年河南省安陽市出土，旋歸鄭州王氏。正、反兩面拓本均長 81、寬 36 釐米。兩面刻字，正面 15 行，滿行 25 字，隸書；背面 2 行，首行 6 字，末行 18 字；皆隸書。額題：晉故趙衛夫人之碑。

圖版著錄：

《文化安豐》447—448 頁。

《秦晉豫新出墓誌蒐佚》1 冊 4—5 頁。

《北京大學圖書館新藏金石拓本菁華 1996—2012》59 頁。

碑目著錄：

《北京大學圖書館藏歷代墓誌拓片目錄》編號 00041。

永熙 003
趙始伯妻李婦碑并陰

咸寧二年（276）二月八日卒，永熙元年（290）九月十日造。河南安陽出土，石藏河北正定墨香閣。碑高 62、寬 21 釐米。碑陽 9 行，滿行 20 字；碑陰 7 行，滿行 19 字，隸書。篆書額題：晉故李婦之碑；首題：白衣趙君始伯之妻李新婦之誄文。

著錄：

《文化安豐》445—446 頁。（圖、文）。

《墨香閣藏北朝墓誌》284—285 頁。（圖、文）

《金石拓本題跋集萃》41 頁。（圖）

永熙 004
趙始伯妻東鄉婦碑并陰

太康七年（286）四日卒，永熙元年（290）九月丁亥（十日）造。石藏河北正定墨香閣。殘高 40、寬 23.5 釐米。碑陽 9 行，滿行 12 字；碑陰 6 行，滿行 12 字；隸書。篆書額題：晉故東鄉婦碑；首題：白衣趙君始伯之妻東鄉（下殘）。

著錄：

《文化安豐》443—444 頁。（圖、文）

《墨香閣藏北朝墓誌》286—287 頁。（圖、文）

《金石拓本題跋集萃》41 頁。（圖）

永 平

永平 001

劉阿如墓誌

永平元年（291）二月八日葬。2007年秋河南省洛陽市出土，旋歸洛陽常氏。石長35.5、寬18釐米。3行，滿行11字，正書。

圖版著錄：

《秦晉豫新出墓誌蒐佚》1冊6頁。

永平 002

徐君妻菅洛墓碑并陰

又名：管洛碑。西晉泰康十一年（290）五月廿七日亡，永平元年（291）二月十九日附葬于洛之西南。1930年河南省洛陽城北門外後坑村出土，陝西三原于右任鴛鴦七誌齋舊藏，今存西安碑林博物館。碑高59、廣25釐米。隸書，兩面刻字，碑陽文11行，滿行16字；碑陰7行，滿行10字。額題：晉待詔中郎將徐君夫人菅氏之墓碑。

圖版著錄：

《漢魏南北朝墓誌集釋》圖版六，《新編》3/3/276－277。

《北京圖書館藏中國歷代石刻拓本匯編》2冊54—55頁。

《鴛鴦七誌齋藏石》圖7。

《西安碑林全集》59/11－13。

《漢魏六朝碑刻校注》2冊298—299頁。

錄文著錄：

《漢魏南北朝墓誌彙編》4—5頁。

《漢魏六朝碑刻校注》2冊300頁。

《全三國兩晉南朝文補遺》74頁。

碑目題跋著錄：

《石刻題跋索引》129頁右，《新編》1/30/22467。

《古誌新目初編》1/1a，《新編》2/18/13692上。

《漢魏南北朝墓誌集釋》1/2a，《新編》3/3/37。

《國立北平圖書館藏碑目》1a，《新編》3/36/249 上。

《墓誌徵存目錄》卷 1，《羅振玉學術論著集》第五集，557 頁。

《碑帖鑒定》107 頁。

《六朝墓誌檢要》（修訂本）8 頁。

《善本碑帖錄》2/51。

《洛陽出土石刻時地》西晉 003，7 頁。

《漢魏六朝碑刻校注・總目提要》編號 0952。

《北京大學圖書館藏歷代墓誌拓片目錄》編號 00042。

元　康

元康 001

趙定磚誌

元康元年（291）五月三日。2005 年夏發現於西安市北郊漢長安城遺址西南郊。磚長 36、寬 18、厚 9 釐米。正、側刻字，正面文 2 行，行 10 或 4 字；側 1 行 6 字；隸書。

論文：

李朝陽：《陝西關中出土的西晉十六國時期磚誌考述》，《文博》2012 年第 6 期。（圖、文）

元康 002

蔣之神柩磚

元康元年（291）六月十一日，1961 年 8 月下旬在安徽省壽縣東門外出土。尺寸不詳。誌 2 行，行 6 至 7 字，隸書。

著錄：

《中國磚銘》圖版上冊 382 頁。（圖）

《中國古代磚刻銘文集》上、下冊編號 0751。（圖、文）

《漢魏南北朝墓誌彙編》5 頁。（文）

《全三國兩晉南朝文補遺》82 頁。（文）

《六朝墓誌檢要》（修訂本）8—9 頁。（目）

《漢魏六朝碑刻校注・總目提要》編號 0953。（目）

論文：

吳興漢：《壽縣東門外發現西漢水井及西晉墓》，《文物》1963 年第 7 期。

元康 003

處士成晃墓碑

晉元康元年（291）七月十六日卒。1925 年在洛陽鳳凰臺及莫家溝二村之東，距劉家坡村一里許出土，石藏河南新安縣千唐誌齋博物館。碑高 69.3、廣 28.8 釐米。隸書，11 行，滿行 16 字，末行 18 字。額篆書，額題：晉故處士成君之碑。

圖版著錄：

《漢魏南北朝墓誌集釋》圖版七，《新編》3/3/278。

《北京圖書館藏中國歷代石刻拓本匯編》2 冊 56 頁。

《中國金石集萃》8 函 1 輯編號 2。

《漢魏六朝碑刻校注》2 冊 301 頁。

錄文著錄：

《希古樓金石萃編》9/28a–b，《新編》1/5/3926 下。

《漢魏南北朝墓誌彙編》5 頁。

《漢魏六朝碑刻校注》2 冊 302 頁。

《全三國兩晉南朝文補遺》51 頁。

碑目題跋著錄：

《石刻題跋索引》28 頁左、129 頁右，《新編》1/30/22366、22467。

《崇雅堂碑錄》1/9a，《新編》2/6/4488 上。

《古誌新目初編》1/1a，《新編》2/18/13692 上。

《漢魏南北朝墓誌集釋》1/2a，《新編》3/3/37。

《國立北平圖書館藏碑目》1b，《新編》3/36/249 上。

《蒿里遺文目錄續編補遺・墓誌徵存》1a，《新編》3/37/545 上。

《墓誌徵存目錄》卷 1，《羅振玉學術論著集》第五集，557 頁。

《碑帖鑒定》107 頁。

《六朝墓誌檢要》（修訂本）9 頁。

《漢魏六朝碑刻校注·總目提要》編號0954。

《善本碑帖錄》2/51。

《洛陽出土石刻時地記》西晉004，7頁。

《北京大學圖書館藏歷代墓誌拓片目錄》編號00043。

元康 004

陳豨父墓磚

元康元年（291）七月十七日。出長興，浙江歸安陸心源舊藏。長九寸八分，厚一寸二分。隸書，計16字。

錄文著錄：

《千甓亭磚錄》2/11b，《歷代陶文研究資料選刊》上冊340頁。

碑目著錄：

《石刻名彙》11/190a，《新編》2/2/1122下。

《再續寰宇訪碑錄》卷上，《羅振玉學術論著集》第五集，415頁。

元康 005

魯綜墓磚文

又名："魯練墓磚"。元康元年（291）八月十日。出長興，浙江歸安陸心源舊藏。長一尺三分，厚一寸三分。隸書，計15字。

著錄：

《千甓亭磚錄》2/11b，《歷代陶文研究資料選刊》上冊340頁。（文、跋）

《古誌彙目》1/2b，《新編》3/37/8。（目）

《再續寰宇訪碑錄》卷上，《羅振玉學術論著集》第五集，415頁。（目）

元康 006

王長翁墓磚

元康元年（291）九月一日。隸書，2行，行8或10字。

著錄：

《中國磚銘》圖版上冊384頁右。（圖、文）

元康 007

崔苟磚銘

元康元年（291）九月廿三日葬。2003年河南省洛陽市孟津縣出土，旋歸洛陽某氏。磚長32、寬17釐米。文3行，滿行9字，隸書。

圖版著錄：

《河洛墓刻拾零》上冊6頁。

論文：

張鴻亮、嚴輝：《略論洛陽新近出土的西晉銘文磚》，《文物》2012年第12期。

元康 008

吳□晦磚誌

元康元年（291）十二月廿六日葬。出土時地不詳，據云出土於河南省洛陽市。磚高34.5、寬18釐米。3行，滿行8字，隸書。

圖版著錄：

《秦晉豫新出墓誌蒐佚續編》1冊26頁。

元康 009

樊景妻張男磚誌

元康元年（291）十二月二十六日葬。出土時地不詳，據云出土於河南省洛陽市偃師市韓旗屯。磚高32、寬16.5釐米。3行，滿行13字，隸書。

圖版著錄：

《秦晉豫新出墓誌蒐佚續編》1冊28頁。

元康 010

孫龍妻張勝墓磚

元康二年（292）正月十六日葬。2009至2010年在河南省孟津縣平樂鎮朱倉村西出土。磚長32、寬16、厚5.8釐米。兩面刻，正面3行，行6字；背面2行，行4至5字。隸書。

論文：

洛陽市文物考古研究院：《洛陽孟津朱倉西晉墓》，《文物》2012年

第 12 期。（圖、文）

　　張鴻亮、嚴輝：《略論洛陽新近出土的西晉銘文磚》，《文物》2012 年第 12 期。

元康 011

護羌校尉彭祈碑并陰

　　太康十年（289）卒，元康二年（292）三月立碑。在隴西縣。

著錄：

　　《全晉文》146/10b－11a，《全文》3 冊 2305 下—2306 上。（碑陽文）

　　《金石錄》2/5b、20/8a－9b，《新編》1/12/8808 上、8919 下—8920 上。（文、跋、目）

　　《隴右金石錄》1/28a，《新編》1/21/15966 下。（目）

　　《通志・金石略》卷上/27a，《新編》1/24/18032 下。（目）

　　《寶刻叢編》20/14b，《新編》1/24/18379 下。（目）

　　《石刻題跋索引》28 頁左，《新編》1/30/22366。（目）

　　《佩文齋書畫譜・金石》62/3b 上，《新編》3/2/52 下。（目）

　　《六藝之一錄》57/19b、21a，《新編》4/5/59 上、60 上。（目）

元康 012

周氏墓甎

　　元康二年（292）八月廿日。壽縣出土，拓本高一尺一寸，廣一寸五分。凡 16 字。

錄文著錄：

　　（民國）《安徽通志稿・金石古物考一》78a，《新編》3/11/64 下。

　　《全三國兩晉南朝文補遺》106 頁。

元康 013

議郎陳先生碑

　　元康二年（292）十二月，門生尹含等立。在長葛縣。額題：晉故議郎陳先生碑。

碑目題跋著錄：

　　《金石錄》2/5b，《新編》1/12/8808 上。

《中州金石考》2/10b,《新編》1/18/13682 下。

《集古錄目》3/3b,《新編》1/24/17957 上。

《通志·金石略》卷上/25b、27a,《新編》1/24/18031 下、18032 下。

《寶刻叢編》5/7b,《新編》1/24/18146 上。

《金石彙目分編》9（1）/49a,《新編》1/28/20948 上。

《石刻題跋索引》28 頁左,《新編》1/30/22366。

《天下金石志》5/3,《新編》2/2/824 上。

《古今碑帖考》11a,《新編》2/18/13168 上。

《中州金石目錄》1/11a,《新編》2/20/14691 上。

《佩文齋書畫譜·金石》62/3b 下,《新編》3/2/52 下。

《金石備攷·開封府》,《新編》4/1/56 上。

《六藝之一錄》57/22a,《新編》4/5/60 下。

《墨池篇》6/6a,《新編》4/9/669 下。

元康 014

元康二年□□殘碑

又名：無名氏墓誌。晉元康二年（292）。

著錄：

《全晉文》146/7b–8a,《全文》3 冊 2304 上—下。（文）

《全三國兩晉南朝文補遺》106 頁。（文）

《古刻叢鈔》40a,《新編》1/10/7611 下。（文）

《古誌石華》1/1b–2a,《新編》2/2/1157 上—下。（文、跋）

《金石錄》2/5b,《新編》1/12/8808 上。（目）

《古誌彙目》1/2b,《新編》3/37/8。（目）

元康 015

康王司馬遹神道碑

元康二年（292）。篆書題云：康王神道之碑。

錄文著錄：

《古刻叢鈔》39b–40a,《新編》1/10/7611 上—下。

碑目題跋著錄：

（嘉慶）《重刊江寧府志・金石下》53/4a，《新編》3/5/29 上。

《江寧金石待訪錄》1/7b，《新編》3/5/86 上。

（同治）《上江兩縣志・藝文下》12 下/4a，《新編》3/5/112 下。

備考：據《晉書・宗室傳》，西晉有兩康王，一是《晉書》卷三七記載的范陽康王司馬綏，一是《晉書》卷六四記載的清河康王司馬遐，司馬綏卒於咸寧五年（279），司馬遐卒於元康元年（291）。而此神道碑立於元康二年，故此康王可能是司馬遐。

元康 016

呂恪妻宋用磚誌

元康三年（293）正月十二日卒。出土時地不詳，據云出土於河南省洛陽市。磚高 35.5、寬 17 釐米。3 行，滿行 7 字，正書。

圖版著錄：

《秦晉豫新出墓誌蒐佚續編》1 冊 27 頁。

元康 017

梁君妻涂氏磚銘

元康三年（293）三月廿三日葬。2005 年冬河南省洛陽市孟津縣邙山出土，旋歸孫氏。磚長 28、寬 15 釐米。3 行，滿行 14 字。

圖版著錄：

《河洛墓刻拾零》上冊 7 頁。

論文：

張鴻亮、嚴輝：《略論洛陽新近出土的西晉銘文磚》，《文物》2012 年第 12 期。

元康 018

李泰墓記磚

元康三年（293）四月十三日。近年河南出土。磚高 33、寬 16 釐米。文隸書，3 行，行 6 至 8 字。

著錄：

《中國古代磚刻銘文集》上、下冊編號 0752。（圖、文）

《北京大學圖書館藏歷代墓誌拓片目錄》編號 00044。（目）

元康 019

樂生墓記附樂生柩銘磚

元康三年（293）八月十七日刻。一石一磚，1923 年同時於洛陽城東十五里陳家村東南出土。石高 12.3、寬 13.4 釐米；磚高 31.2、寬 13.4 釐米。石 4 行，滿行 5 字，隸書；磚 2 行，行 3 字，隸書。

圖版著錄：

《漢魏南北朝墓誌集釋》圖版八、九，《新編》3/3/279－280。

《中國碑銘》圖版上册 546 頁。（磚）

《中國古代磚刻銘文集》上册編號 0753。（磚）

《北京圖書館藏中國歷代石刻拓本匯編》2 册 57—58 頁。

《漢魏六朝碑刻校注》2 册 303 頁。

録文著録：

《漢魏南北朝墓誌彙編》5—6 頁。

《漢魏六朝碑刻校注》2 册 304 頁。

《中國古代磚刻銘文集》下册編號 0753。

《全三國兩晉南朝文補遺》83 頁。

碑目題跋著録：

《石刻題跋索引》129 頁右，《新編》1/30/22467。

《古誌新目初編》1/1b，《新編》2/18/13692 上。

《漢魏南北朝墓誌集釋》1/2a，《新編》3/3/37。

《國立北平圖書館藏碑目》1b，《新編》3/36/249 上。

《蒿里遺文目録續編·甎誌徵存》12b，《新編》3/37/542 下。

《墓誌徵存目録》卷 1，《羅振玉學術論著集》第五集，557 頁。

《碑帖鑒定》108 頁。

《六朝墓誌檢要》（修訂本）9 頁。

《洛陽出土石刻時地記》西晉 005，7 頁。

《漢魏六朝碑刻校注·總目提要》編號 0955。

元康 020

張保妻墓磚

元康三年（293）九月十一日。2009 至 2010 年在河南省孟津縣平樂鎮朱倉村西出土。磚長 26、寬 13、厚 4.5 釐米。2 行，行 5 或 9 字，隸書。

論文：

洛陽市文物考古研究院：《洛陽孟津朱倉西晉墓》，《文物》2012 年第 12 期。（圖、文）

張鴻亮、嚴輝：《略論洛陽新近出土的西晉銘文磚》，《文物》2012 年第 12 期。

元康 021

裴祇墓誌并陰

元康三年（293）七月四日卒，十月十一日安措。1936 年河南省洛陽周公廟外出土，今存河南洛陽古代石刻藝術館。誌石高 43、寬 20 釐米。文隸書，陽 6 行，陰 4 行，前 3 行行 12 字，後 7 行行 8、9 字不等。

著錄：

《中國金石集萃》8 函 1 輯編號 3。（圖）

《漢魏六朝碑刻校注》2 冊 305—306 頁。（圖、文）

《漢魏南北朝墓誌彙編》6 頁。（文）

《全三國兩晉南朝文補遺》83 頁。（文）

《洛陽市文物志》（內部資料）111—113 頁。（跋）

《碑帖鑒定》107—108 頁。（目）

《善本碑帖錄》2/51。（目）

《漢魏六朝碑刻校注·總目提要》編號 0956。（目）

淑德大學《中國石刻拓本目錄》"碑碣等刻石" 編號 313—314。（目）

論文：

黃明蘭：《西晉裴祇和北魏元暐兩墓拾零》，《文物》1982 年第 1 期。

周海燕：《裴祇墓誌疏證——兼論西晉時期的社會禮俗》，《中原文物》2016 年第 3 期。

元康 022

雲南郡主碑

元康三年（293）。在雲南楚雄府姚州東慈應山上。

碑目題跋著錄：

《金石彙目分編》19/7b，《新編》1/28/21584 上。

（光緒）《雲南通志・藝文志》212/18b，《新編》3/23/57 下。

（光緒）《續雲南通志稿・藝文志》171/7b－8a，《新編》3/23/110 上―下。

元康 023

李孝次墓記磚

元康四年（294）四月四日。磚高 36.5、寬 17.5 釐米。隸書，3 行，行 5 至 8 字不等。

著錄：

《中國古代磚刻銘文集》上、下冊編號 0754。（圖、文）

《北京大學圖書館藏歷代墓誌拓片目錄》編號 00045。（目）

元康 024

征北將軍建成鄉景侯劉靖碑

又名：晉立劉靖碑。元康四年（294）九月二十日刊石建碑。在宛平阜成門外。

碑目題跋著錄：

《金石彙目分編》1/6a，《新編》1/27/20660 下。

（光緒）《畿輔通志・金石一》138/25a，《新編》2/11/8187 上。

《京畿金石考》卷上/1a－b，《新編》2/12/8746 上。

（光緒）《順天府志・金石志二》128/5b－6a，《新編》2/12/8816 上―下。

《畿輔待訪碑目》卷上/2b，《新編》2/20/14801 下。

《水經注碑錄》卷三編號 81，《北山金石錄》上冊 81 頁。

備考：劉靖，《三國志》卷一五附《劉馥傳》。

元康 025

張慎墓磚

元康五年（295）七月。隸書。浙江吳興馬氏舊藏。

著錄：

《金石索》石索六，下冊 1951 頁。（圖、文、跋）

《石刻名彙》11/190b，《新編》2/2/1122 下。（目）

元康 026
劉弘紀勳碑

又名：劉靖戾陵堰碑、重修戾陵遏紀勳碑、魏建城鄉侯劉靖碑。元康五年（295）十月十一日刊石。《畿輔通志·金石志》認為，此碑實際上主要敘述劉弘修復水渠之功，因劉靖首建此渠，故碑文前面關於劉靖修渠之事為追述，且云：此碑已定其為劉弘紀勳立矣。

錄文著錄：

《金石古文》11/2b–4a，《新編》1/12/9421 下—9422 下。

《續古文苑》10/5b–7a，《新編》4/2/144 上—145 上。

《漢魏石刻文學考釋》上冊 477—478 頁。

碑目題跋著錄：

《石刻題跋索引》26 頁右，《新編》1/30/22364。

（光緒）《畿輔通志·金石一》138/24b–25b，《新編》2/11/8186 下—8187 上。

《京畿金石考》卷上/1a–b，《新編》2/12/8746 上。

（光緒）《順天府志·金石志二》128/6a–7a，《新編》2/12/8816 下—8817 上。

《畿輔待訪碑目》卷上/2b，《新編》2/20/14801 下。

《六藝之一錄》56/11a，《新編》4/5/41 上。

《水經注碑錄》卷三編號 83，《北山金石錄》上冊 82—83 頁。

《漢魏石刻文學考釋》上冊 476 頁。

《漢魏六朝碑刻校注·總目提要》編號 0959。

備考：劉靖，《三國志》卷一五附其父《劉馥傳》。劉弘，《晉書》卷六六有傳。《畿輔通志·金石志》所載"造戾陵遏表"、"重修戾陵遏紀勳碑"實則皆是"劉弘紀勳碑"。

元康 027
趙仲南殘碑

元康四年（294）卒，元康五年（295）□月四日造碑。2009 年河南安陽市出土，存民間。磚殘高 65、殘寬 36 釐米。14 行，滿行 19 字，隸書。

圖版著錄：

《秦晉豫新出墓誌蒐佚》1 冊 7 頁。

碑目著錄：

《北京大學圖書館藏歷代墓誌拓片目錄》編號 00048。

元康 028

侯氏墓磚

元康五年（295）。謝氏作。出武康，浙江吳興馬氏、歸安陸心源舊藏。長一尺二分，厚一寸六分。隸書，計 16 字。

著錄：

《千甓亭磚續錄》2/11a，《歷代陶文研究資料選刊》上冊 587 頁。（文、跋）

《石刻名彙》11/190b，《新編》2/2/1122 下。（目）

元康 029

潘公墓磚

元康五年（295）。光緒辛丑二月芙蓉山下樵者掘得之。磚長九寸五分，寬四寸六分，厚一寸六分。八分書，共 13 字。

著錄：

《全三國兩晉南朝文補遺》108 頁。（文）

《句容金石記》1/2a–b，《新編》2/9/6422 下。（文、跋）

元康 030

施晞年父墓磚

元康六年（296）八月十日。隸書。浙江歸安陸心源、山陰吳隱遞藏。長一尺一寸八分，厚一寸六分。圖版為二，一隸書，2 行，行 18 字；一篆書，1 行 6 字。

著錄：

《中國磚銘》圖版上冊 391 頁左、中。（圖、文）

《遯盦古磚存》卷 4，《歷代陶文研究資料選刊續編》中冊 610—611 頁。（圖、文、跋）

《千甓亭磚錄》2/16a–b,《歷代陶文研究資料選刊》上冊349—350頁。(文、跋)

《石刻名彙》11/190b,《新編》2/2/1122下。(目)

《古誌彙目》1/2b,《新編》3/37/8。(目)

《再續寰宇訪碑錄》卷上,《羅振玉學術論著集》第五集,418頁。(目)

元康 031

高綜墓磚

元康六年(296)八月十日。出長興,浙江歸安陸心源、山陰吳隱遞藏。磚長一尺一分,厚一寸五分。隸書,計15字。

著錄:

《遜盦古磚存》卷4,《歷代陶文研究資料選刊續編》中冊612頁。(圖、文)

《千甓亭磚錄》2/17a,《歷代陶文研究資料選刊》上冊351頁。(文)

《石刻名彙》11/190b,《新編》2/2/1122下。(目)

元康 032

晉殿中中郎將右衛飛員督安陽亭侯王□之碑并陰

又名:王君侯碑。元康六年(296)十月廿八日。1936年陰曆八月初二,洛陽城西北前樓村李汝珍地中出土,地在麻屯。碑系陶質,瓦形,厚寸許,裂為上、下兩段。拓片高64、寬21釐米。正面6行,行約15字;陰6行,行約18字,隸書。

圖版著錄:

《北京圖書館藏中國歷代石刻拓本匯編》2冊60—61頁。

錄文著錄:

《全三國兩晉南朝文補遺》74—75頁。

碑目著錄:

《洛陽出土石刻時地記》西晉007,7頁。

元康 033

賈充妻郭槐柩銘

元康六年(296)卒於第寢。1930年陰曆十二月在洛陽城東北平樂村出土，石藏國家圖書館。石高 76、廣 31.2 釐米。12 行，滿行 15 字，隸書。首題：夫人宜成宣君郭氏之柩。

圖版著錄：

《漢魏南北朝墓誌集釋》圖版十，《新編》3/3/281。

《北京圖書館藏中國歷代石刻拓本匯編》2 冊 62 頁。

《中國金石集萃》8 函 1 輯編號 5。

《漢魏六朝碑刻校注》2 冊 311 頁。

錄文著錄：

《漢魏南北朝墓誌彙編》7—8 頁。

《漢魏六朝碑刻校注》2 冊 312 頁。

《全三國兩晉南朝文補遺》83 頁。

碑目題跋著錄：

《石刻題跋索引》129 頁右，《新編》1/30/22467。

《漢魏南北朝墓誌集釋》1/2a，《新編》3/3/37。

《國立北平圖書館藏碑目》1b，《新編》3/36/249 上。

《遼居乙稿》42b–43b，《新編》3/38/355 下—356 上。

《墓誌徵存目錄》卷 1，《羅振玉學術論著集》第五集，558 頁。

《歷代墓誌銘拓片目錄》1 頁。

《碑帖鑒定》108 頁。

《六朝墓誌檢要》（修訂本）10 頁。

《洛陽出土石刻時地記》西晉 006，7 頁。

《漢魏六朝碑刻校注·總目提要》編號 0961。

《北京大學圖書館藏歷代墓誌拓片目錄》編號 00049。

淑德大學《中國石刻拓本目錄》"墓誌"編號 4。

備考：郭槐，《晉書》卷四〇附《賈充傳》、卷五三《愍懷太子遹傳》。

元康 034

王振建墓記磚

又名：烏夫墓磚、太原烏太等葬磚、烏丸歸義王瑕妻墓磚。西晉元康七年（297）二月十七日。曾歸浙江歸安陸心源、涇陽端方。磚高

32.5、寬 16 釐米。隸書，3 行，行 8 至 9 字。

著錄：

《中國磚銘》圖版上冊 394 頁。（圖、文）

《中國古代磚刻銘文集》上、下冊編號 0756。（圖、文）

《匋齋藏石記》4/14a，《新編》1/11/8021 下。（文、跋）

《全三國兩晉南朝文補遺》108 頁。（文）

《石刻題跋索引》679 頁左，《新編》1/30/23017。（目）

《石刻名彙》11/190b，《新編》2/2/1122 下。（目）

《古誌彙目》1/2b，《新編》3/37/8。（目）

《北京大學圖書館藏歷代墓誌拓片目錄》編號 00050。（目）

備考：《匋齋藏石記》著錄為"元康六年"，按圖版當為"七年"。

元康 035

顧錢世墓誌銘

元康七年（297）二月。先後存端方、北京達古齋。正書。

碑目著錄：

《石刻名彙》第一編"誌銘類補遺"1a，《新編》2/2/1136 上。

元康 036

鄧元女墓記磚

西晉元康七年（297）六月廿三日。湮陽端方舊藏，又歸南皮張仁蠡，後歸北京大學文科研究所，1952 年後藏故宮博物院。磚高 27、寬 12.5、厚 4.7 釐米。隸書。正、側面刻字，面 1 行 4 字，兩側各 1 行，行 5 或 9 字。

圖版、錄文著錄：

《廣倉專錄》，《新編》4/10/823。（圖）

《中國磚銘》圖版上冊 396 頁右上。（圖、文）

《中國古代磚刻銘文集》上、下冊編號 0758。（圖、文）

《匋齋藏石記》4/14a–b，《新編》1/11/8021 下。（文）

《全三國兩晉南朝文補遺》83 頁。（文）

碑目題跋著錄：

《石刻題跋索引》129 頁右，《新編》1/30/22467。
《石刻名彙》11/191a，《新編》2/2/1123 上。
《古誌彙目》1/2b，《新編》3/37/8。
《六朝墓誌檢要》（修訂本）10 頁。
《漢魏六朝碑刻校注·總目提要》編號 0962。
《北京大學圖書館藏歷代墓誌拓片目錄》編號 00051。

元康 037

齊蔥妻陳氏墓記磚（第一種）

又名：齊慈妻陳氏墓誌。西晉元康七年（297）十月廿二日。河南洛陽出土，今存河南省洛陽市。高 33.5、寬 18 釐米。隸書，3 行，行 5 至 9 字不等。

著錄：
《洛陽出土歷代墓誌輯繩》4 頁。（圖）
《中國磚銘》圖版上冊 400 頁。（圖、文）
《漢魏六朝碑刻校注》2 冊 313—314 頁。（圖、文）
《中國古代磚刻銘文集》上、下冊編號 0759。（圖、文）
《漢魏六朝碑刻校注·總目提要》編號 0963。（目）
《北京大學圖書館藏歷代墓誌拓片目錄》編號 00052。（目）

齊蔥妻陳氏墓記磚（第二種）

元康七年（297）十月。河南洛陽出土。磚高 32.5、寬 15.5 釐米。隸書，2 行，行 4 或 6 字。

著錄：
《中國古代磚刻銘文集》上、下冊編號 0760。（圖、文）
《北京大學圖書館藏歷代墓誌拓片目錄》編號 00053。（目）

元康 038

北海國王都督全君墓磚

元康七年（297）。隸書，1 行 13 字。

著錄：
《中國磚銘》圖版上冊 399 頁左。（圖、文）

《石刻名彙》11/191a,《新編》2/2/1123 上。(目)

元康 039

梁夫墓記磚

元康七年（297）。河南出土。拓片長 30.5、寬 17.5 釐米。文隸書，2 行，行 4 字左右。

碑目著錄：

《北京大學圖書館藏歷代墓誌拓片目錄》編號 00054。

元康 040

魏雛柩銘磚并陰

又名：魏鄒墓誌。元康八年（298）二月十日。清宣統元年（1909）在洛陽城東北呂家廟村東北半里許出土，海寧鄒氏、上虞羅振玉舊藏。陶質，形制為房屋。磚高 45.5、寬 21 釐米。文隸書，正面 8 行，行 12 字；磚陰 5 行，行 10 字。銘側有石柱兩根，柱高與磚同，廣 9 釐米，各刻文字相同的 19 字，隸書。隸書額題：晉故武威將軍魏君侯柩。

圖版著錄：

《古石抱守錄》,《新編》3/1/181－183。

《漢魏南北朝墓誌集釋》圖版一一,《新編》3/3/282－284。

《草隸存》卷 2,《新編》4/3/80。

《中國磚銘》圖版上冊 528 頁。

《中國古代磚刻銘文集》上冊編號 0761。

《漢魏六朝碑刻校注》2 冊 315—316 頁。

錄文著錄：

《漢魏南北朝墓誌彙編》8 頁。

《中國古代磚刻銘文集》下冊編號 0761。

《漢魏六朝碑刻校注》2 冊 317 頁。

《全三國兩晉南朝文補遺》84 頁。

碑目題跋著錄：

《續補寰宇訪碑錄》1/8b,《新編》1/27/20306 下。

《石刻題跋索引》129 頁右,《新編》1/30/22467。

《石刻名彙》1/3b，《新編》2/2/1026 上。

《崇雅堂碑錄補》1/3a，《新編》2/6/4552 上。

《古誌新目初編》1/1a，《新編》2/18/13692 上。

《蒿里遺文目錄》3 上/1b，《新編》2/20/14981 上。

《古石抱守錄》，《新編》3/1/184。

《漢魏南北朝墓誌集釋》1/2b，《新編》3/3/38。

《墓誌徵存目錄》卷 1，《羅振玉學術論著集》第五集，557 頁。

《碑帖鑒定》108、110 頁。

《六朝墓誌檢要》（修訂本）10 頁。

《善本碑帖錄》2/52。

《洛陽出土石刻時地記》西晉 008，8 頁。

《漢魏六朝碑刻校注·總目提要》編號 0964。

元康 041

吳金宛磚誌二種

元康八年（298）二月二十二日。2006 年秋，河南省洛陽市孟津縣平樂鎮北原出土，旋歸洛陽豫深文博城唐氏。長 34、寬 15.5 釐米。一磚 3 行，滿行 10 字，隸書。一磚正、背刻字，正面 1 行 6 字，背面 1 行 3 字，隸書。

圖版著錄：

《秦晉豫新出墓誌蒐佚》1 冊 9 頁。

《龍門區系石刻文萃》408 頁。

碑目著錄：

《北京大學圖書館藏歷代墓誌拓片目錄》編號 00055—00056。

元康 042

張嘯磚銘

元康八年（198）四月廿八日葬。2005 年河南洛陽市出土。磚長 37、寬 19 釐米。兩面刻，正面 2 行，首行 5 字，次行 4 字；背面 1 行 8 字。

圖版著錄：

《河洛墓刻拾零》上冊 8—9 頁。

論文：

張鴻亮、嚴輝：《略論洛陽新近出土的西晉銘文磚》，《文物》2012年第 12 期。

元康 043
劉長明妻石好磚誌

元康八年（198）五月十五日。2007 年在河南省洛陽市孟津縣送莊鎮三十里鋪村東南出土。磚殘長 33.5、寬 22.3、厚 12 釐米。3 行，行 5 至 7 字，隸書。

論文：

洛陽市第二文物工作隊：《河南洛陽市邙山'大漢冢'東漢陵區西晉紀年墓》，《考古》2010 年第 10 期。（圖、文）

張鴻亮、嚴輝：《略論洛陽新近出土的西晉銘文磚》，《文物》2012 年第 12 期。

元康 044
張世陵磚

元康八年（298）七月十八日。1974 年山東省鄒縣郭里鎮獨山村出土。磚高 26、寬 12 釐米。隸書，1 行 12 字。

著錄：

《中國古代磚刻銘文集》上、下冊編號 0762。（圖、文）

論文：

山東鄒城市文物局：《山東鄒城市西晉劉寶墓》，《文物》2005 年第 1 期。

元康 045
僕氏墓磚

元康八年（298）八月廿日。磚長 30、寬 14、厚 4 釐米。圖版為二，可能正側刻字，一圖 1 行 9 字，一圖 1 行 2 字，隸書。

著錄：

《俟堂專文雜集》第四，119 頁（圖）；目錄編號 127（目）。

元康 046
牛登墓誌

牛登西晉太康之初卒；夫人韓氏元康六年（296）卒，元康八年

（298）遷葬，元康八年十月十日造碑，部曲將尹君造。河南省洛陽市偃師市出土，出土時間不詳，石藏河北正定墨香閣。碑形墓誌，誌石長 95、寬 38 釐米。誌文 16 行，滿行 30 字，隸書。篆書額題：晉故騎部曲督魏郡牛君之柩。

著錄：

《秦晉豫新出墓誌蒐佚》1 冊 10 頁。（圖）

《墨香閣藏北朝墓誌》288—289 頁。（圖、文）

《漢魏六朝碑刻校注·總目提要》編號 0965。（目）

淑德大學《中國石刻拓本目錄》"墓誌"編號 5。（目）

元康 047

趙氾墓誌

卒後權葬，後遷葬，元康八年（298）十月廿一日造。出土於河南洛陽附近，現藏香港中文大學文物館。石高 84.5、寬 83.5 釐米。文隸書，15 行，滿行 23 字。額隸書，4 行，行 3 字，額題：晉故宣威將軍趙君墓中之表。

著錄：

《漢魏六朝碑刻校注》2 冊 318—320 頁。（圖、文）

《全三國兩晉南朝文補遺》84—85 頁。（文）

《新出魏晉南北朝墓誌疏證》（修訂本）5—6 頁。（文、跋）

《漢魏六朝碑刻校注·總目提要》編號 0966。（目）

元康 048

涂文□墓碣

元康八年（298）十月二十六日葬。民國十五年（1926）山東萊陽出土，膠西柯昌泗舊藏。拓片高 68、寬 33 釐米。隸書，5 行，行 12 字。

圖版著錄：

《北京圖書館藏中國歷代石刻拓本匯編》2 冊 63 頁。

《漢魏六朝碑刻校注》2 冊 322 頁。

錄文著錄：

《石交錄》2/26a–b，《新編》4/6/458 下。

《漢魏南北朝墓誌彙編》8頁。
《漢魏六朝碑刻校注》2冊323頁。
《碑帖鑒定》110頁。
《全三國兩晉南朝文補遺》84頁。
碑目題跋著錄：
《蒿里遺文目錄續編・墓誌徵存》2b，《新編》3/37/537下。
《墓誌徵存目錄》卷1，《羅振玉學術論著集》第五集，558頁。
《六朝墓誌檢要》（修訂本）11頁。
《善本碑帖錄》2/52。
《漢魏六朝碑刻校注・總目提要》編號0967。

元康 049

中散大夫胡均碑

元康八年（298）立。碑在鹿邑城南。
碑目題跋著錄：
《中州金石考》3/5b，《新編》1/18/13688上。
《金石彙目分編》9（1）/53b，《新編》1/28/20950上。
《中州金石目錄》1/11b，《新編》2/20/14691上。
（乾隆）《鹿邑縣志・藝文》12/7b，《新編》3/28/244上。
《水經注碑錄》卷五編號141，《北山金石錄》上冊124頁。

元康 050

陳子昂父墓磚

元康八年（298）。浙江歸安陸心源舊藏。隸書。
碑目著錄：
《石刻名彙》11/191a，《新編》2/2/1123上。

元康 051

賈皇后乳母徐義墓誌并陰

元康八年（298）四月廿四日卒，九年（299）二月五日葬，1953年洛陽老城北關鐵路小學出土。石存洛陽石刻藝術館。誌高90、寬51釐米。文隸書，碑陽22行，滿行33字；陰16行，滿行23字。首題：晉賈皇后乳母美人徐氏之銘。

圖版著錄：

《北京圖書館藏中國歷代石刻拓本匯編》2 冊 64—65 頁。

《洛陽出土歷代墓誌輯繩》5 頁。（碑陽）

《中國金石集萃》8 函 1 輯編號 4。

《漢魏六朝碑刻校注》2 冊 324—325 頁。

錄文著錄：

《漢魏南北朝墓誌彙編》9—10 頁。

《漢魏六朝碑刻校注》2 冊 326—327 頁。

《全三國兩晉南朝文補遺》85—86 頁。

碑目題跋著錄：

《碑帖鑒定》108 頁。

《善本碑帖錄》2/52。

《洛陽市文物志》（内部資料）111 頁。

《六朝墓誌檢要》（修訂本）10 頁。

《漢魏六朝碑刻校注·總目提要》編號 0968。

論文：

河南省文化局文物工作隊第二隊：《洛陽晉墓的發掘》，《考古學報》1957 年第 1 期。

湯淑君：《西晉賈皇后乳母徐美人墓誌》，《中原文物》1994 年第 1 期。

陳直：《晉徐美人墓石考釋》，陳直：《文史考古論叢》，第 477—482 頁。

元康 052

秦德信墓記磚

元康九年（299）四月七日。河南出土。拓片長 34.5、寬 18 釐米。隸書，2 行，行字不等。

碑目著錄：

《北京大學圖書館藏歷代墓誌拓片目錄》編號 00057。

元康 053

青（或作"菁"）里錢冢專文二種

元康九年（299）八月十日。浙江歸安陸心源舊藏。二磚尺寸相同，長一尺五分，厚一寸四分。隸書。一磚計 15 字，一磚計 11 字。"菁里"為地名，則當為錢氏冢磚。

著錄：

《遯盦古磚存》卷四，《歷代陶文研究資料選刊續編》中冊 621 頁。（圖、文、跋）

《千甓亭磚錄》2/19b，《歷代陶文研究資料選刊》上冊 356 頁。（文、跋）

《石刻名彙》11/191a，《新編》2/2/1123 上。（目）

《古誌彙目》1/2b，《新編》3/37/8。（目）

《再續寰宇訪碑錄》卷上，《羅振玉學術論著集》第五集，419 頁。（目）

元康 054

李遷墓磚

元康九年（299）八月十日葬。2006 年夏河南省洛陽市孟津縣平樂鎮北出土，旋歸洛陽趙氏。磚長 20、寬 15.5 釐米。3 行，行 5 至 6 字不等。

圖版著錄：

《河洛墓刻拾零》上冊 10 頁。

論文：

張鴻亮、嚴輝：《略論洛陽新近出土的西晉銘文磚》，《文物》2012 年第 12 期。

元康 055

楊若首墓瓴

元康九年（299）八月。出浙江海鹽，張燕昌舊藏。磚長九寸四分，厚一寸五分。計 19 字。

著錄：

（光緒）《嘉興府志·金石》86/70a，《新編》3/7/435 下。（文、跋）

《浙江磚錄》2/14b – 15a,《歷代陶文研究資料選刊》上冊 86—87 頁。(文、跋)

元康 056
魏君妻張氏墓記磚

又名：中山將魏妻張甄。元康九年（299）十月九日。陝西西安出土，曾歸藍田閻甘園，藏中國歷史博物館。磚高 33.5、寬 16.8、厚 7.8 釐米。隸書，3 行，前 2 行行 5 或 8 字，末行 1 字。

著錄：

《中國磚銘》圖版上冊 407 頁中。(圖、文)

《中國古代磚刻銘文集》上、下冊編號 0763。(圖、文)

《蒿里遺文目錄》3 上/1b,《新編》2/20/14981 上。(目)

《北京大學圖書館藏歷代墓誌拓片目錄》編號 00058。(目)

論文：

中國歷史博物館保管部資料組：《介紹幾件晉代的行草書磚刻》,《文物》1965 年第 12 期。

元康 057
趙敞妻李鄰磚誌

元康九年（299）十月二十六日葬。據云出土於河南省洛陽市孟津縣。磚高 34、寬 17 釐米。兩面刻，正面 3 行，滿行 6 字；背面 2 行，滿行 4 字；正書。

圖版著錄：

《秦晉豫新出墓誌蒐佚續編》1 冊 30 頁。

元康 058
劉詢墓記磚

元康九年（299）十一月廿一日。磚出洛陽，藍田閻甘園舊藏。磚高 28、寬 14 釐米。隸書，4 行，行 5 至 11 字不等。

著錄：

《中國古代磚刻銘文集》上、下冊編號 0764。(圖、文)

《雪堂專錄·專誌徵存》3a,《羅雪堂先生全集》五編 3 冊 1269 頁。

（文）

《循園古冢遺文跋尾》1/3b－4a，《新編》3/38/8 上一下。（跋）
《石刻題跋索引》679 頁左，《新編》1/30/23017。（目）
《石刻名彙》11/191a，《新編》2/2/1123 上。（目）
《蒿里遺文目錄》3 上/2a，《新編》2/20/14981 下。（目）
《北京大學圖書館藏歷代墓誌拓片目錄》編號00059。（目）

元康 059

張業妻衛左磚誌

元康九年（299）十一月二十八日葬。據云出土於河南省洛陽市。磚高 36、寬 18 釐米。3 行，滿行 9 字，正書。

圖版著錄：

《秦晉豫新出墓誌蒐佚續編》1 冊 29 頁。

元康 060

馬榮妻張阿㜮磚銘

元康九年（299）十二月廿三日葬。2009 年於河南省安陽市出土，存民間。磚長 44.5、寬 21 釐米。磚文 3 行，滿行 9 字，正書。

圖版著錄：

《洛陽新獲七朝墓誌》8 頁。

《秦晉豫新出墓誌蒐佚》1 冊 11 頁。

元康 061

太子詹事裴權碑

元康九年（299）十二月。有碑陰。在河南府洛陽縣。

碑目題跋著錄：

《金石錄》2/5b，《新編》1/12/8808 上。
《通志·金石略》卷上/27a，《新編》1/24/18032 下。
《金石彙目分編》9（3）/65a，《新編》1/28/21023 上。
《墨華通考》卷 7，《新編》2/6/4372 上。
《佩文齋書畫譜·金石》62/3b 下，《新編》3/2/52 下。
《六藝之一錄》57/23a，《新編》4/5/61 上。

附：裴楷後碑

晉代（265—420）。有碑陰。在河南府洛陽縣。

碑目題跋著錄：

《金石錄》2/6a，《新編》1/12/8808 下。

《通志・金石略》卷上/27a，《新編》1/24/18032 下。

《金石彙目分編》9（3）/65a，《新編》1/28/21023 上。

《佩文齋書畫譜・金石》62/3b 下，《新編》3/2/52 下。

《六藝之一錄》57/23a，《新編》4/5/61 上。

元康 062

裴雄碑

元康九年（299）。

碑目題跋著錄：

《古今碑帖考》11a，《新編》2/18/13168 上。

《墨池篇》6/6a，《新編》4/9/669 下。

元康 063

杜改墓磚

元康九年（299）。隸書，8 字。題云：元康九年杜氏改墓。

著錄：

《漢魏六朝塼文》，《歷代陶文研究資料選刊續編》下冊 48 頁。（圖、文）

永　康

永康 001

支伯姬墓磚（安文明妻）

永康元年（300）二月廿一日卒。2003 年冬至 2004 年春在河南省偃師市西部首陽山鎮羊二莊村和白村之北的邙山出土。磚扇形，上寬 30.5、下寬 17 釐米，高 20.5、厚 7.3 釐米。3 行，前 2 行行 7 或 8 字，末行 2 字。

論文：

洛陽市第二文物工作隊等：《河南偃師西晉支伯姬墓發掘簡報》，《文物》2009 年第 3 期。（圖、文）

張鴻亮、嚴輝：《略論洛陽新近出土的西晉銘文磚》，《文物》2012年第12期。

永康002

晉武帝貴人左棻磚誌并陰

永康元年（300）三月十八日卒，四月廿五日葬峻陽陵西徼道内。民國十九年（1930）陰曆十二月，在河南省偃師縣城西北十五里蔡莊村鮑姓地中出土，曾歸新安張鈁、三原于右任，今存陝西省博物館。磚高27.3、廣14.3釐米。正、背兩面刻字，隸書，正面4行，行10字；背面7行，行12字。

圖版著錄：

《漢魏南北朝墓誌集釋》圖版一二，《新編》3/3/285－286。

《北京圖書館藏中國歷代石刻拓本匯編》2冊66頁。

《漢魏六朝碑刻校注》2冊328頁。

《古石刻零拾》219—220頁。

《中國古代磚刻銘文集》上冊編號0765。

錄文著錄：

《漢魏南北朝墓誌彙編》10—11頁。

《漢魏六朝碑刻校注》2冊329頁。

《古石刻零拾》221頁。

《中國古代磚刻銘文集》下冊編號0765。

《全三國兩晉南朝文補遺》86頁。

碑目題跋著錄：

《石刻題跋索引》129頁右，《新編》1/30/22467。

《古誌新目初編》1/1b，《新編》2/18/13692上。

《漢魏南北朝墓誌集釋》1/2b，《新編》3/3/38。附蒲江清《左棻墓誌銘跋》。

《國立北平圖書館藏碑目》1b，《新編》3/36/249上。

《遼居乙稿》41a－42a，《新編》3/38/355上—下。

《石交錄》2/26a，《新編》4/6/458下。

《墓誌徵存目錄》卷1，《羅振玉學術論著集》第五集，558頁。

《古石刻零拾》221—224 頁。

《洛陽出土石刻時地記》西晉 009，8 頁。

《歷代墓誌銘拓片目錄》1 頁。

《碑帖鑒定》111 頁。

《六朝墓誌檢要》（修訂本）11 頁。

《善本碑帖錄》2/52。

《碑帖敘錄》44 頁。

《漢魏六朝碑刻校注·總目提要》編號 0969。

《北京大學圖書館藏歷代墓誌拓片目錄》編號 00060。

論文：

周肇祥：《晉左棻墓誌偽刻》，《藝林月刊》1932 年第 25 期，第 11 頁。

蔣若是：《從"荀岳""左棻"兩墓誌中得到的晉陵纜索和其他》，《文物》1961 年第 10 期。

徐傳武：《〈左棻墓誌〉及其價值》，《漢學研究》第 13 卷第 2 期，1995 年 12 月。

劉燦輝：《洛陽北魏墓誌的作偽、考辨與鑒別》，《中國書法》2017 年第 20 期。

備考：左棻，《晉書》卷三一有傳，史傳作"左芬"。劉燦輝指出，周肇祥將真品誤入偽誌。

永康 003

陳布墓誌磚

又名：陳希磚銘。永康元年（300）七月卅日。出長興，浙江山陰吳氏、歸安陸心源舊藏。長一尺一寸，厚一寸八分。隸書，1 行 10 字。

著錄：

《中國磚銘》圖版上冊 409 頁左。（圖、文）

《遜遜古磚存》卷五，《歷代陶文研究資料選刊續編》中冊 624 頁。（圖、文）

《千甓亭磚錄》2/21a，《歷代陶文研究資料選刊》上冊 359 頁。（文）

《石刻名彙》11/191a,《新編》2/2/1123 上。(目)

《再續寰宇訪碑錄》卷上,《羅振玉學術論著集》第五集,419 頁。(目)

永康 004

俞張墓磚

永康元年(300)八月十一日。出烏程,浙江歸安陸心源舊藏。長九寸八分,厚一寸六分。隸書,計 15 字。

著錄:

《千甓亭磚續錄》2/14b,《歷代陶文研究資料選刊》上冊 594 頁。(文、跋)

《石刻名彙》11/191b,《新編》2/2/1123 上。(目)

《再續寰宇訪碑錄》卷上,《羅振玉學術論著集》第五集,419 頁。(目)

永康 005

楊彥□墓磚

永康元年(300)八月。湖南武陵趙氏舊藏。隸書。

碑目著錄:

《石刻名彙》11/191b,《新編》2/2/1123 上。

《再續寰宇訪碑錄》卷上,《羅振玉學術論著集》第五集,419 頁。

永康 006

趙韜妻陳氏磚誌

永康元年(300)九月葬。據云出土於河南省洛陽市。磚高 32、寬 16 釐米。2 行,滿行 6 字,正書。

圖版著錄:

《秦晉豫新出墓誌蒐佚續編》1 冊 31 頁。

永康 007

張朗墓誌并陰

又名:沛國相張朗碑。西晉永康元年(300)三月卒,十一月十五日葬;夫人元康元年(291)十二月卒。1916 年在洛陽城東北二十里後營村西北出土，藏日本太倉院集古館，1924 年毀於地震。碑形墓誌，高 53、廣 27 釐米。隸書，正文 19 行，滿行 19 字；陰刻銘，6 行，行 10 字。額題：晉故沛國相張君之碑。

圖版著錄：

《古石抱守錄》，《新編》3/1/154 – 155。

《漢魏南北朝墓誌集釋》圖版一三，《新編》3/3/287 – 288。

《草隸存》卷 2，《新編》4/3/82 – 83。

《北京圖書館藏中國歷代石刻拓本匯編》2 冊 67—68 頁。

《漢魏六朝碑刻校注》2 冊 330—331 頁。

錄文著錄：

《希古樓金石萃編》10/16a – 17a，《新編》1/5/3938 下—3939 上。

《魯迅輯校石刻手稿·碑銘》中冊 35—37 頁。

《漢魏南北朝墓誌彙編》11—12 頁。

《漢魏六朝碑刻校注》2 冊 332 頁。

《全三國兩晉南朝文補遺》75 頁。

碑目題跋著錄：

《希古樓金石萃編》10/17a，《新編》1/5/3939 上。

《石刻題跋索引》129 頁右，《新編》1/30/22467。

《石刻名彙》1/3b，《新編》2/2/1026 上。

《崇雅堂碑錄補》1/3a，《新編》2/6/4552 上。

《古誌新目初編》1/1b，《新編》2/18/13692 上。

《蒿里遺文目錄》2（1）/1a，《新編》2/20/14944 上。

《漢魏南北朝墓誌集釋》1/3a，《新編》3/3/39。

《國立北平圖書館藏碑目》1b，《新編》3/36/249 上。

《循園古冢遺文跋尾》1/4a – b，《新編》3/38/8 下。

《北山集古錄》卷一，《北山金石錄》上冊 379 頁。

《墓誌徵存目錄》卷 1，《羅振玉學術論著集》第五集，558 頁。

《增補校碑隨筆》（修訂本）128 頁。

《碑帖鑒定》110—111 頁。

《六朝墓誌檢要》（修訂本）11 頁。

《善本碑帖錄》2/52。

《洛陽出土石刻時地記》西晉 010，8 頁。

《漢魏六朝碑刻校注‧總目提要》編號 0970。

《北京大學圖書館藏歷代墓誌拓片目錄》編號 00061。

淑德大學《中國石刻拓本目錄》"墓誌"編號 6—7。

永康 008

晉光祿勳向凱碑

又名：光祿勳尚凱碑。元康九年（299）四月卒，永康元年（300）十二月立。在懷州。

碑目題跋著錄：

《金石錄》2/6a、20/10a，《新編》1/12/8808 下、8920 下。

《通志‧金石略》卷上/27a，《新編》1/24/18032 下。

《寶刻叢編》6/42a，《新編》1/24/18184 下。

《金石彙目分編》9（2）/62b，《新編》1/28/20984 下。

《石刻題跋索引》28 頁右，《新編》1/30/22366。

《河朔金石待訪目》13a，《新編》2/12/9019 上。

《中州金石目錄》1/11b，《新編》2/20/14691 上。

《佩文齋書畫譜‧金石》62/4a 上，《新編》3/2/53 上。

《六藝之一錄》57/23b，《新編》4/5/61 上。

永康 009

劉寶墓誌

永康二年（301）正月廿九日。1974 年 6 月出土於山東省鄒縣郭里鎮獨山村。高 44、寬 22、厚 5.5 釐米。隸書，7 行，行 9 字。額題"晉故"兩字。

著錄：

《漢魏六朝碑刻校注》2 冊 334—335 頁。（圖、文）

《濟寧歷代墓誌銘》圖版 2、21 頁。（圖、文）

《山東石刻分類全集‧歷代墓誌》2 頁。（圖、文）

《全三國兩晉南朝文補遺》86 頁。（文）

《新出魏晉南北朝墓誌疏證》（修訂本）7—9 頁。（文、跋）

《齊魯碑刻墓誌研究》284—287、363 頁。（跋、目）

《漢魏六朝碑刻校注·總目提要》編號 0971。（目）

論文：

佟柱臣：《喜見中國出土的第一塊烏丸石刻》，《遼海文物學刊》1996 年第 2 期。

山東鄒城市文物局：《山東鄒城西晉劉寶墓》，《文物》2005 年第 1 期。

備考：劉寶，《三國志》卷三五、卷五九有載。

建　始

建始 001

晉馮婢磚誌

建始元年（301）閏三月三日亡。據云近年出土於河南省洛陽市。磚高 34.5、寬 17 釐米。3 行，滿行 7 字，正書。

圖版著錄：

《秦晉豫新出墓誌蒐佚續編》1 冊 32 頁。

永　寧

永寧 001

高平太守侯君墓磚

永寧元年（301）七月十七日。2013 年在南京市板橋新凹子出土。磚長 34—35、寬 16、厚 5.5 釐米。墓磚兩側刻字，一側 1 行 13 字，一側 1 行 16 字，隸書。

論文：

南京市考古研究所：《南京板橋新凹子兩座西晉紀年墓》，《中國國家博物館館刊》2015 年第 12 期。（圖、文）

永寧 002

黃宗息女來墓記磚

永寧元年（301）八（或"九"）月十二日。2005 年河南洛陽出土。

磚高 31.5、寬 16 釐米。隸書，3 行，行 4 至 9 字不等。

著錄：

《河洛墓刻拾零》上冊 11 頁。（圖）

《中國古代磚刻銘文集》上、下冊編號 0768。（圖、文）

《北京大學圖書館藏歷代墓誌拓片目錄》編號 00062。（目）

論文：

張鴻亮、嚴輝：《略論洛陽新近出土的西晉銘文磚》，《文物》2012 年第 12 期。

永寧 003

驃騎將軍韓壽墓碣

又名：韓壽神道闕、晉故驃騎將軍韓壽墓道表、散騎常侍驃騎將軍南陽堵陽韓府君墓神道闕。永寧元年（301）刻。本無年代著錄，清王頌蔚考為永寧元年。清道光二十一年（1841）河南洛陽出土，石曾存洛陽存古閣，現藏洛陽古代石刻藝術館。高 47，寬 29。闕石為圓柱形，字刻上端方斗旁，4 行，行 5 字，旁兩行字泐損，隸書。神道題云：晉故散騎常侍驃騎將軍南陽堵陽韓府君墓神道。

圖版著錄：

《二銘草堂金石聚》15/75a–77a，《新編》2/3/2323 上—2324 上。

《古石抱守錄》，《新編》3/1/264。

《北京圖書館藏中國歷代石刻拓本匯編》2 冊 69 頁、5 冊 210 頁。

《洛陽出土歷代墓誌輯繩》9 頁。

錄文著錄：

《八瓊室金石補正》9/14a，《新編》1/6/4138 下。

《十二硯齋金石過眼錄》3/11b，《新編》1/10/7819 上。

《芒洛冢墓遺文補遺》1a，《新編》1/19/14042 上。

《魯迅輯校石刻手稿·碑銘》中冊 48 頁。

《全三國兩晉南朝文補遺》75 頁。

碑目題跋著錄：

《八瓊室金石補正》9/14a–b，《新編》1/6/4138 下。

《十二硯齋金石過眼錄》3/11b－12a，《新編》1/10/7819 上—下。

《平津讀碑記》2/7a，《新編》1/26/19365 上。

《藝風堂金石文字目》1/18b、18/1a，《新編》1/26/19531 下、19814 上。

《寰宇訪碑錄》1/17a，《新編》1/26/19860 上。

《續補寰宇訪碑錄》8/2a，《新編》1/27/20345 下。

《洛陽石刻錄》1a，《新編》1/27/20635 上。

《金石彙目分編》9（3）/1a，《新編》1/28/20991 上。

《石刻題跋索引》28 頁左—右，《新編》1/30/22366。

《績語堂碑錄》，《新編》2/1/98 上。附劉位坦跋。

《石刻名彙》1/4a，《新編》2/2/1026 下。

《二銘草堂金石聚》15/77b，《新編》2/3/2324 上。

《崇雅堂碑錄補》1/3b，《新編》2/6/4552 上。

《語石》1/4b，《新編》2/16/11860 下。

《平安館藏碑目》，《新編》2/18/13392 下。

《求是齋碑跋》1/16b－18a，《新編》2/19/14008 下—14009 下。

《竹崦盦金石目錄》10b，《新編》2/20/14551 下。

《蒿里遺文目錄》6/1b，《新編》2/20/14994 上。

《兩浙金石別錄》卷上/9a，《新編》3/10/457 下。

《洛陽存古閣藏石目》1b，《新編》3/36/119 上。

《古誌彙目》1/3a－b，《新編》3/37/9－10。

《竹崦盦金石目錄》1/12a，《新編》3/37/345 下。

《魏晉石存目》3a，《新編》3/37/534 上。

《循園古冢遺文跋尾》1/7b－8a，《新編》3/38/10 上—下。

《寫禮廎讀碑記》5b，《新編》3/40/547 上。

《碑帖鑒定》115 頁。

《六朝墓誌檢要》（修訂本）11—12 頁。

《洛陽出土石刻時地記》西晉 017，9—10 頁。

《善本碑帖錄》2/53。

《漢魏六朝碑刻校注·總目提要》編號 0972。

淑德大學《中國石刻拓本目錄》"碑碣等刻石"編號 315。

論文：

黃明蘭：《西晉散騎常侍韓壽墓表跋》，《文物》1982 年第 1 期；又載於李獻奇、黃明蘭主編《畫像磚石刻墓誌研究》，第 196—203 頁。

湯淑君：《晉故驃騎將軍韓壽墓道表》，《中原文物》1994 年第 2 期。

趙振華：《西晉〈韓壽墓表〉拓本鑒賞》，《洛陽古代銘刻文獻研究》，第 765—767 頁。

備考：韓壽，其事見《晉書》卷三一《惠賈皇后傳》、卷四〇《賈謐傳》、卷四四《華廙傳》、卷五三《愍懷太子司馬遹傳》。

永寧 004

李君墓記磚

永寧元年（301）□月廿日卒。磚高 17.5、寬 13.5 釐米。隸書，存 3 行，行存 3 至 4 字。

著錄：

《中國古代磚刻銘文集》上、下冊編號 0769。（圖、文）

《石刻名彙》11/192a，《新編》2/2/1123 下。（目）

《蒿里遺文目錄》3 上/2a，《新編》2/20/14981 下。（目）

《北京大學圖書館藏歷代墓誌拓片目錄》編號 00063。（目）

永寧 005

晉鴻臚成公重墓刻

永寧二年（302）四月十五日。

碑目題跋著錄：

《金石錄》2/6a、20/10b，《新編》1/12/8808 下、8920 下。

《通志·金石略》卷上/27b，《新編》1/24/18032 下。

《寶刻叢編》20/15b，《新編》1/24/18380 上。

《石刻題跋索引》28 頁右，《新編》1/30/22366。

《佩文齋書畫譜·金石》62/4a 上，《新編》3/2/53 上。

《六藝之一錄》57/24a，《新編》4/5/61 下。

永寧 006
俞家墓磚

永寧二年（302）八月七日。出烏程，浙江歸安陸心源舊藏。長一尺，厚一寸四分。隸書，計 13 字。

著錄：

《千甓亭磚錄》3/3b－4a，《歷代陶文研究資料選刊》上冊 366—367 頁。（文、跋）

《石刻名彙》11/192a，《新編》2/2/1123 下。（目）

《古誌彙目》1/2b，《新編》3/37/8。（目）

《再續寰宇訪碑錄》卷上，《羅振玉學術論著集》第五集，417 頁。（目）

永寧 007
盛家墓磚

永寧二年（302）八月。浙江歸安陸心源舊藏。隸書。

碑目著錄：

《石刻名彙》11/192a，《新編》2/2/1123 下。

永寧 008
傅宣妻孫□墓誌

又名：孫松女墓誌。永寧二年（302）六月卒，九月葬。1954 年洛陽澗西出土，河南博物館藏石。石高 44、寬 35 釐米。隸書，11 行，滿行 14 字。

著錄：

《洛陽出土歷代墓誌輯繩》6 頁。（圖）

《漢魏六朝碑刻校注》2 冊 336—337 頁。（圖、文）

《漢魏南北朝墓誌彙編》12 頁。（文）

《全三國兩晉南朝文補遺》87 頁。（文）

《碑帖鑒定》112 頁。（跋）

《漢魏六朝碑刻校注·總目提要》編號 0973。（目）

論文：

河南省文化局文物工作隊第二隊：《洛陽晉墓的發掘》，《考古學報》1957 年第 1 期。

饒宗頤：《永寧二年傅宣婦士孫松女墓誌跋》，載於《選堂序跋集》，第 396—397 頁。

備考：《三國志》卷五一有《孫松傳》，是否誌主之父，待考。

永寧 009

白仲理碑

又名：晉真人白君表、帛仲理墓碑。永寧二年（302）十一月立，河南府洛陽縣。石碑題曰：真人白君之表。施蟄存《水經注碑錄》考證，帛仲理者，"魏晉間道家之事燒練尤者"。

碑目題跋著錄：

《金石彙目分編》9（3）/65b，《新編》1/28/21023 上。

《六藝之一錄》57/5a，《新編》4/5/52 上。

《水經注碑錄》卷三編號 96，《北山金石錄》上冊 89—90 頁。

《太平寰宇記碑錄》編號 6，《北山金石錄》上冊 256 頁。

永寧 010

朱氏墓磚

永寧二年（302）。浙江仁和皋亭山達受舊藏。磚長一尺，厚一寸四分。計 15 字。

錄文著錄：

《浙江磚錄》2/19a，《歷代陶文研究資料選刊》上冊 95 頁。

太　安

太安 001

侍中嵇侯（嵇紹）碑

太安元年（302）卒於蕩陰。裴希聲撰。

錄文著錄：

《藝文類聚》卷 48，上冊 866 頁。

《續古文苑》15/21a–b，《新編》4/2/235 上。

《全晉文》33/9b－10a，《全文》2 冊 1649 上—下。

碑目題跋著錄：

《諸史碑銘錄目·晉書》4b，《新編》3/37/312 下。

《漢魏六朝志墓金石例》2/2b－3a，《新編》3/40/404 下—405 上。

《金石備攷·彰德府》，《新編》4/1/57 下。

《古今書刻》下編/23b，《新編》4/1/146 上。

備考：嵇紹，《晉書》卷八九有傳。

太安 002

王表磚銘

太安元年（302）葬。2003 年河南省洛陽市孟津縣平樂鎮出土，旋歸邱氏。磚長 35、寬 18 釐米。文 3 行，滿行 7 字，隸書。

圖版著錄：

《河洛墓刻拾零》上冊 12 頁。

論文：

張鴻亮、嚴輝：《略論洛陽新近出土的西晉銘文磚》，《文物》2012 年第 12 期。

太安 003

呂通息女磚誌

太安二年（303）五月二日葬。據云出土於河南省洛陽市。高 25、寬 12.5 釐米。文 2 行，滿行 9 字，隸書。

圖版著錄：

《秦晉豫新出墓誌蒐佚續編》1 冊 33 頁。

太安 004

施氏墓磚

太安二年（303）。浙江湖州出土，浙江歸安陸心源舊藏。長九寸七分，厚一寸三分。隸書，計 16 字。

錄文著錄：

《千甓亭磚錄》3/5b，《歷代陶文研究資料選刊》上冊 370 頁。

《浙江磚錄》2/19b－20a，《歷代陶文研究資料選刊》上冊 96—97 頁。

碑目著錄：

《石刻名彙》11/192b，《新編》2/2/1123 下。

備考：《浙江磚錄》與《石刻名彙》所載"施氏墓磚"同在"太安二年"，又同歸浙人收藏，可能為同一磚文，故合併著錄。

太安 005

張嬰墓記磚

大（太）安三年（304）四月一日。高一尺一寸，廣五寸八分。隸書，3 行，行 7 至 8 字。

著錄：

《中國磚銘》圖版上冊 424 頁。（圖、文）

《中國古代磚刻銘文集》上、下冊編號 0770。（圖、文）

《雪堂專錄·專誌徵存》3b，《羅雪堂先生全集》五編 3 冊 1270 頁。（文）

《石刻名彙》12/204a，《新編》2/2/1130 上。（目）

《蒿里遺文目錄》3 上/2b，《新編》2/20/14951 下。（目）

太安 006

李錢妻侯氏磚誌

太安三年（304）四月四日葬。據云出土於河南省洛陽市。高 37、寬 33 釐米。文 4 行，行 10 字，正書。

圖版著錄：

《秦晉豫新出墓誌蒐佚續編》1 冊 34 頁。

永　安

永安 001

荀岳暨妻劉簡訓墓誌并陰及左右側

元康五年（295）七月八日卒，其年十月廿二日葬於河南洛陽縣之東，陪附晉文帝陵道之右；夫人劉氏，永安元年（304）三月十六日卒，四月十八日附葬。1917 年陰曆六月河南省偃師縣西南蔡莊鄉潘屯和墳莊之間出土，鮑氏、偃師縣文管會舊藏，今存河南省偃師商城博物館。石高 75、廣 42、厚 9 釐米。四面刻字，碑陽 17 行，陰 18 行，左側 2 行，右側 3 行，行均 21 字，分書。首題：晉故中書侍郎潁川潁陰荀君之墓。

圖版著錄：

《漢魏南北朝墓誌集釋》圖版一四，《新編》3/3/289－290。

《六朝墓誌菁英二編》，《新編》4/3/200 上左—202 上右。

《北京圖書館藏中國歷代石刻拓本匯編》2 冊 59 頁。

《漢魏六朝碑刻校注》2 冊 307—308 頁。

錄文著錄：

《希古樓金石萃編》9/28b－30b，《新編》1/5/3926 下—3927 下。

《芒洛冢墓遺文三編》1a－2b，《新編》1/19/14108 上—下。

《夢碧簃石言》2/3a－4b，《新編》3/2/175 上—下。

《魯迅輯校石刻手稿·墓誌》上冊 6—10 頁。

《漢魏南北朝墓誌彙編》6—7 頁。

《漢魏六朝碑刻校注》2 冊 309—310 頁。

《全三國兩晉南朝文補遺》87—88 頁。

碑目題跋著錄：

《集古求真》1/14b－15b，《新編》1/11/8484 下—8485 上。（疑偽）

《集古求真補正》1/7b－8a，《新編》1/11/8635 上—下。（疑偽）

《石刻題跋索引》129 頁右—130 頁左，《新編》1/30/22467－22468。

《石刻名彙》1/3b，《新編》2/2/1026 上。

《崇雅堂碑錄》1/9a，《新編》2/6/4488 上。

《古誌新目初編》1/1b，《新編》2/18/13692 上。

《蒿里遺文目錄》2（1）/1a，《新編》2/20/14944 上。

《夢碧簃石言》2/3a－6a，《新編》3/2/175 上—176 下。

《漢魏南北朝墓誌集釋》1/3a－b，《新編》3/3/39－40。附《九鍾精舍金石跋尾乙編》。

《國立北平圖書館藏碑目》1b，《新編》3/36/249 上。

《循園古冢遺文跋尾》1/3b，《新編》3/38/8 上。

《雪堂金石文字跋尾》2/8b－9b，《新編》3/38/291 下—292 上。

《石交錄》2/25b－26a，《新編》4/6/458 上—下。

《墓誌徵存目錄》卷1，《羅振玉學術論著集》第五集，557頁。

《歷代墓誌銘拓片目錄》1頁。

《增補校碑隨筆》（修訂本）129頁。

《碑帖鑒定》108頁。

《碑帖敘錄》110頁。

《六朝墓誌檢要》（修訂本）12頁。

《洛陽出土石刻時地記》西晉011，8—9頁。

《漢魏六朝碑刻校注·總目提要》編號0960。

《北京大學圖書館藏歷代墓誌拓片目錄》編號00047。

淑德大學《中國石刻拓本目錄》"墓誌"編號3、8。

論文：

馬衡：《晉荀岳墓誌跋》，《馬衡講金石學》，112—114頁；又載於《凡將齋金石叢稿》，第186—189頁。

蔣若是：《從"荀岳""左棻"兩墓誌中得到的晉陵纜索和其他》，《文物》1961年第10期。

張敏波、劉鋒：《以〈晉故中書侍郎荀岳墓誌〉為中心考析西晉社會禮俗》，《貴州大學學報》2010年第5期。

張敏波：《從〈荀岳墓誌〉探析西晉君臣之間喪葬禮俗》，《渭南師範學院學報》2011年第3期。

王莉娜：《荀岳墓誌銘考——兼論西晉時期潁川荀氏家族》，《中原文物》2015年第3期。

備考：《集古求真》、《集古求真續編》疑其偽刻，然絕大多數皆云其真，故附此。

永安002

崇祐廟申宏頌碑

晉永安間（304）。濟寧州嘉祥縣。

碑目著錄：

《金石彙目分編》10（2）/63b，《新編》1/28/21172上。

《山左碑目》2/28a，《新編》2/20/14852下。

永 興

永興 001
盛冢墓磚

永興二年（305）。出烏程，浙江歸安陸心源舊藏。長三寸三分，厚一寸四分。隸書，計 6 字。

錄文著錄：

《千甓亭磚錄》3/7b，《歷代陶文研究資料選刊》上册 374 頁。

碑目著錄：

《石刻名彙》11/192b，《新編》2/2/1123 下。

永 嘉

永嘉 001
肇忠葬甎

永嘉元年（307）三月十六日。洛陽出土，未詳所在。甎高九寸，廣四寸。文 3 行，字數不等，分書。

碑目題跋著錄：

《石刻題跋索引》679 頁右，《新編》1/30/23017。

《循園古冢遺文跋尾》1/4b，《新編》3/38/8 下。

永嘉 002
張纂墓誌并陰

永嘉元年（307）三月十八日刻。河南洛陽出土。碑形墓誌，高 39、寬 14、厚 11 釐米。文隸書，碑陽 3 行，行 8 至 10 字不等；陰 3 行，行 8 至 10 字不等。隸書額題：晉張君碑。

著錄：

《洛陽出土歷代墓誌輯繩》11 頁。（碑陽圖）

《漢魏六朝碑刻校注》3 册 64—65 頁。（碑陽圖、文）

《碑帖鑒定》112—113 頁。（文）

《六朝墓誌檢要》（修訂本）12 頁。（目）

《漢魏六朝碑刻校注·總目提要》編號 1037。（目）

論文：

宮萬瑜：《洛陽西晉鴛鴦誌考辨》，《河洛文化論叢》第 3 輯，第 187—191 頁。

永嘉 003

夫人劉氏（劉安之女）墓誌

永嘉元年（307）三月十八日造。河南洛陽出土。高 38.5、寬 11 釐米。隸書，3 行，行字不等。

著錄：

《洛陽出土歷代墓誌輯繩》7 頁。（圖）

《漢魏六朝碑刻校注》2 冊 338—339 頁。（圖、文）

《漢魏六朝碑刻校注·總目提要》編號 0974。（目）

論文：

宮萬瑜：《洛陽西晉鴛鴦誌考辨》，《河洛文化論叢》第 3 輯，第 187—191 頁。

永嘉 004

王浚妻華芳墓誌并陰及兩側

永嘉元年（307）二月廿九日卒於府舍，假葬於燕國薊城西廿里，永嘉元年四月十九日造。1965 年 7 月在北京西郊八寶山公墓之西半里許出土，藏首都博物館。誌高 131.2、廣 57 釐米。文隸書，碑陽 18 行，滿行 42 字；側 4 行，滿行 42 字；陰 21 行，滿行 49 字。首題：晉使持節侍中都督幽州諸軍事領護烏丸校尉幽州刺史驃騎大將軍博陵公太原晉陽王公故夫人平原華氏之銘。

著錄：

《北京圖書館藏中國歷代石刻拓本匯編》2 冊 70—71 頁。（圖）

《漢魏六朝碑刻校注》2 冊 340—343 頁。（圖、文）

《漢魏南北朝墓誌彙編》12—15 頁。（文）

《全三國兩晉南朝文補遺》88—90 頁。（文）

《碑帖鑒定》113 頁。（跋）

《碑帖敘錄》130—131 頁。（目）

《六朝墓誌檢要》（修訂本）13 頁。（目）

《漢魏六朝碑刻校注·總目提要》編號 0975。（目）

論文：

北京市文物工作隊：《北京西郊西晉王俊妻華芳墓清理簡報》，《文物》1965 年第 12 期。

邵茗生：《晉王浚妻華芳墓誌銘釋文》，《文物》1966 年第 2 期。

川合安：《西晉王浚妻華芳墓誌について》，《唐代史研究》第 4 號，2001 年。

胡志佳：《西晉王浚家族的興衰及其人際網絡——由華芳墓誌銘觀察》，《逢甲人文社會學報》2003 年第 7 期。

范兆飛：《〈華芳墓誌〉與王氏婚姻圈》，載於范兆飛《中古太原士族群體研究》，中華書局 2014 年版，第 62—69 頁。

馬英豪：《補述館藏華芳墓誌》，《首都博物館論叢》第 30 輯，2016 年。

備考：王浚，《晉書》卷三九有傳。華芳，曾祖華歆，《三國志》卷一三有傳。

永嘉 005

李旅磚誌

永嘉二年（308）三月十一日葬。據云出土於河南省洛陽市。磚高 28、寬 13.5 釐米。文 3 行，滿行 12 字，隸書。

圖版著錄：

《秦晉豫新出墓誌蒐佚續編》35 頁。

永嘉 006

石尠墓誌并陰及兩側

永嘉元年（307）九月七日卒，永嘉二年（308）七月十九日葬。1919 年洛陽城北五里馬坡村東出土，天津周進（字季木）舊藏，今石存北京故宮博物院。石高 46、廣 22.5、厚 9.7 釐米。文 10 行，陰 9 行，滿行 20 字；左右側各 4 行，行 20 至 21 字不等，隸書。

圖版著錄：

《漢魏南北朝墓誌集釋》圖版一五，《新編》3/3/291－293。

《北京圖書館藏中國歷代石刻拓本匯編》2冊73頁。

《漢魏六朝碑刻校注》2冊346頁。

《故宮博物院藏歷代墓誌彙編》1冊47—49頁。

錄文著錄：

《希古樓金石萃編》10/8a－9b，《新編》1/5/3934下—3935上。

《芒洛冢墓遺文四編補遺》1b－2b，《新編》1/19/14308上—下。

《漢魏南北朝墓誌彙編》15—16頁。

《漢魏六朝碑刻校注》2冊347頁。

《故宮博物院藏歷代墓誌彙編》1冊46頁。

《全三國兩晉南朝文補遺》90—91頁。

碑目題跋著錄：

《希古樓金石萃編》10/9b－11b，《新編》1/5/3935上—3936上。附吳士鑒跋。

《石刻題跋索引》130頁左，《新編》1/30/22468。

《石刻名彙》1/3b，《新編》2/2/1026上。

《崇雅堂碑錄補》1/3a，《新編》2/6/4552上。

《古誌新目初編》1/1b，《新編》2/18/13692上。

《蒿里遺文目錄》2（1）/1a，《新編》2/20/14944上。

《漢魏南北朝墓誌集釋》1/3b－4a，《新編》3/3/40－41。附《九鍾精舍金石跋尾乙編》。

《國立北平圖書館藏碑目》1b，《新編》3/36/249上。

《循園古冢遺文跋尾》1/4b－5b，《新編》3/38/8下—9上。

《石交錄》2/26a，《新編》4/6/458下。

《墓誌徵存目錄》卷1，《羅振玉學術論著集》第五集，558頁。

《歷代墓誌銘拓片目錄》1頁。

《增補校碑隨筆》（修訂本）130頁。

《碑帖鑒定》113頁。

《六朝墓誌檢要》（修訂本）13頁。

《洛陽出土石刻時地記》西晉012，9頁。

《漢魏六朝碑刻校注·總目提要》編號0976。

《北京大學圖書館藏歷代墓誌拓片目錄》編號00065。

淑德大學《中國石刻拓本目錄》"墓誌"編號10。

論文：

葉其峰：《晉石尠墓誌——兼談墓誌制度之演變》，《故宮博物院院刊》1991年第2期；又載於《古代銘刻論叢》，第308—314頁。

王玉來：《故宮博物院藏西晉石尠、石定墓誌的出土時地與流傳》，《中國國家博物館館刊》2015年第10期。

備考：《晉書》卷一〇一《劉元海傳》有"石鮮"，古代"尠"同"鮮"，是否誌主，待考。

永嘉007

晉處士石定墓誌

永嘉元年（307）九月七日卒，永嘉二年（308）七月十九日葬。1919年洛陽城東北五里馬坡村東出土，曾歸天津周進（字季木），現存北京故宮博物院。石高47、廣23釐米。文10行，滿行20字，隸書。

圖版著錄：

《漢魏南北朝墓誌集釋》圖版一六，《新編》3/3/294。

《北京圖書館藏中國歷代石刻拓本匯編》2冊72頁。

《漢魏六朝碑刻校注》2冊349頁。

《故宮博物院藏歷代墓誌彙編》1冊51頁。

錄文著錄：

《希古樓金石萃編》10/11b–12a，《新编》1/5/3936上—下。

《芒洛冢墓遺文四編補遺》2b–3a，《新編》1/19/14308下—14309上。

《漢魏南北朝墓誌彙編》17頁。

《故宮博物院藏歷代墓誌彙編》1冊50頁。

《漢魏六朝碑刻校注》2冊350頁。

《全三國兩晉南朝文補遺》91頁。

碑目題跋著錄：

《石刻題跋索引》130 頁左，《新編》1/30/22468。

《石刻名彙》1/3b，《新編》2/2/1026 上。

《崇雅堂碑錄》1/9a，《新編》2/6/4488 上。

《古誌新目初編》1/1b，《新編》2/18/13692 上。

《蒿里遺文目錄》2（1）/1a，《新編》2/20/14944 上。

《漢魏南北朝墓誌集釋》1/4a，《新編》3/3/41。

《國立北平圖書館藏碑目》1b，《新編》3/36/249 上。

《循園古冢遺文跋尾》1/5b－6a，《新編》3/38/9 上—下。

《墓誌徵存目錄》卷 1，《羅振玉學術論著集》第五集，558 頁。

《洛陽出土石刻時地記》西晉 013，9 頁。

《歷代墓誌銘拓片目錄》1 頁。

《增補校碑隨筆》（修訂本）129 頁。

《碑帖鑒定》114 頁。

《六朝墓誌檢要》（修訂本）13 頁。

《漢魏六朝碑刻校注‧總目提要》編號 0977。

《北京大學圖書館藏歷代墓誌拓片目錄》編號 00064。

淑德大學《中國石刻拓本目錄》"墓誌"編號 9。

論文：

王玉來《故宮博物院藏西晉石尠、石定墓誌的出土時地與流傳》，《中國國家博物館館刊》2015 年第 10 期。

永嘉 008

趙氏妻公孫倍喪柩磚

永嘉二年（308）八月十日。磚高 28.5、寬 23 釐米。文隸書，5 行，前 4 行行 7 至 8 字，末行 1 字。

著錄：

《中國磚銘》圖版上冊 432 頁。（圖、文）

《中國古代磚刻銘文集》上、下冊編號 0771。（圖、文）

《北京大學圖書館藏歷代墓誌拓片目錄》編號 00066。（目）

永嘉 009
西戎令范君墓碑

永嘉二年（308）立。碑在岳州府華容縣。碑題云：故西戎令范君之墓碑。

碑目題跋著錄：

（民國）《湖北通志·金石志》3/10b，《新編》1/16/11978 下。

《金石彙目分編》14/18a－b、15/9a，《新編》1/28/21391 下、21411 上。

《石刻題跋索引》28 頁右，《新編》1/30/22366。

（光緒）《湖南通志·金石三》261/12a－b，《新編》2/11/7768 下。

（嘉慶）《湖北通志·金石一》88/29b，《新編》3/13/17 上。

《六藝之一錄》51/14b，《新編》4/4/759 下。

《水經注碑錄》卷九編號 250，《北山金石錄》上冊 211—212 頁。

永嘉 010
陳奉車墓記磚

永嘉二年（308）卒。磚長不可計，寬五寸，厚一寸半。可識者 12 字。

著錄：

（光緒）《壽州志》附錄《鳳臺縣志金石刻》32/9a，《新編》3/12/155。（文、跋）

永嘉 011
黃侯墓磚文

永嘉三年（309）八月廿四日。出烏程，浙江歸安陸心源舊藏。長八寸八分，厚一寸一分。正、側刻字，計 11 字。

著錄：

《千甓亭磚錄》3/11b，《歷代陶文研究資料選刊》上冊 382 頁。（文）

《再續寰宇訪碑錄》卷上，《羅振玉學術論著集》第五集，421 頁。（目）

永嘉 012
孟□妻趙令芝磚誌

永嘉三年（309）十一月廿一日。1998 年於河南省洛陽市孟津縣平樂村北出土，洛陽王木鐸藏誌。磚高 31.5、寬 16、厚 4.5 釐米。隸書，3 行，行 7 至 12 字不等。

著錄：

《邙洛碑誌三百種》9 頁。（圖）

《中國古代磚刻銘文集》上、下冊編號 0772。（圖、文）

《洛陽新獲墓誌續編》2 頁（圖）、309 頁（文）。

《新出魏晉南北朝墓誌疏證》（修訂本）10 頁。（文、跋）

《全三國兩晉南朝文補遺》91 頁。（文）

《漢魏六朝碑刻校注·總目提要》編號 0978。（目）

論文：

王木鐸：《洛陽新獲磚誌說略》，《中國書法》2001 年第 4 期。

張鴻亮、嚴輝：《略論洛陽新近出土的西晉銘文磚》，《文物》2012 年第 12 期。

永嘉 013

司馬士會碑

又名：司馬公墓神道碑、譙定王墓碑、司馬隨墓碑。永嘉三年（309）立。碑在亳州譙縣。有兩石柱，題云：晉故使持節散騎常侍都督揚州江州諸軍事安東大將軍譙定王河內溫司馬公墓之神道。

碑目題跋著錄：

《安徽金石略》8/8b，《新編》1/16/11748 下。

《通志·金石略》卷上/26a，《新編》1/24/18032 上。

《金石彙目分編》5/50a，《新編》1/27/20814 下。

《墨華通考》2/30b，《新編》2/6/4317 下。

《佩文齋書畫譜·金石》62/5a 下，《新編》3/2/53 下。

（光緒）《亳州志·藝文志》16/20b，《新編》3/12/165 下。

《六藝之一錄》57/5b，《新編》4/5/52 上。

《水經注碑錄》卷五編號 155，《北山金石錄》上冊 132—133 頁。

永嘉 014

滿君墓磚

又名：王官滿君墓專文、五官蒲君磚銘、管滿君墓磚。永嘉四年

（310）。隸書，1 行 11 字。

著錄：

《中國磚銘》圖版上冊 434 頁左。（圖、文）

《石刻名彙》11/193a，《新編》2/2/1124 上。（目）

《古誌彙目》1/3a，《新編》3/37/9。（目）

《再續寰宇訪碑錄》卷上，《羅振玉學術論著集》第五集，421 頁。（目）

備考：據圖版，更似"永嘉四年晉世五官滿君墓"數字，故著錄為"滿君墓磚"。

永嘉 015

黃詹墓專文

永嘉四年（310）。分書，浙江歸安陸氏舊藏。

碑目著錄：

《古誌彙目》1/3a，《新編》3/37/9。

永嘉 016

司馬遷碑

永嘉四年（310）漢陽太守殷濟立。碑在絳州河津縣。

碑目題跋著錄：

《隸釋》20/1a，《新編》1/9/6947 上。（節文）

《金石彙目分編》12（2）/9a，《新編》1/28/21340 上。

《墨華通考》卷 10，《新編》2/6/4412 上。

《隸辨》8/46a，《新編》2/17/13097 下。

《佩文齋書畫譜·金石》61/5a 下，《新編》3/2/32 上。

《山右訪碑記》1b，《新編》3/30/566 上。

《紅藕齋漢碑彙鈔集跋》，《新編》3/38/469 下。

《六藝之一錄》51/1a–b，《新編》4/4/753 上。

《水經注碑錄》卷一編號 4，《北山金石錄》上冊 27 頁。

《全後漢文》106/8b，《全文》1 冊 1045 下。（節文）

《漢魏石刻文學考釋》上冊 103 頁。（節文）

《漢魏六朝碑刻校注·總目提要》編號0182。

備考：司馬遷，《漢書》卷六二有傳。《漢魏六朝碑刻校注·總目提要》著錄為東漢永嘉四年，殷濟為晉代人，且東漢永嘉無四年，當為晉代。

永嘉017

陽武亭侯淳于□墓甎文（淳于康父）

永嘉六年（312）六月。世子淳于康作。磚長九寸九分，厚一寸四分。浙江海鹽吳東發、歸安陸氏舊藏。八分書。

著錄：

（光緒）《嘉興府志·金石》86/70b，《新編》3/7/435下。（文、跋）

《浙江磚錄》2/23b-24a，《歷代陶文研究資料選刊》上冊104—105頁。（文、跋）

《全三國兩晉南朝文補遺》116頁。（文）

《寰宇訪碑錄》1/15b，《新編》1/26/19859上。（目）

《石刻名彙》2/193a，《新編》2/2/1124上。（目）

《古誌彙目》1/3a，《新編》3/37/9。（目）

建　興

建興001

秦賜墓磚

建興二年（314）八月。隸書。

著錄：

《甄文考略》21a-b，《新編》4/2/782上。（文、跋）

《石刻名彙》11/193a，《新編》2/2/1124上。（目）

建興002

屠玉墓誌磚

建興四年（316）八月六日。出烏程，浙江歸安陸心源舊藏。長九寸六分，厚一寸三分。隸書，計13字。

著錄：

《千甓亭磚錄》3/15a,《歷代陶文研究資料選刊》上冊 389 頁。(文)
《石刻名彙》11/193b,《新編》2/2/1124 上。(目)
《再續寰宇訪碑錄》卷上,《羅振玉學術論著集》第五集,422 頁。(目)

建興 003

許氏墓磚

建興四年（316）九月十二日。隸書,1 行 12 字。

著錄：

《中國磚銘》圖版上冊 446 頁左。(圖、文)

建興 004

彭夫人李氏磚誌

建興五年（317）三月二十七日。高 38、寬 19 釐米。文 7 行,滿行 12 字,隸書。

圖版著錄：

《洛陽新獲墓誌·二〇一五》,9 頁。

西晉無年號

無年號 001

□□墓誌并陰

西晉（265—316）。1984 年河南省洛陽城東偃師縣杏園村出土。殘高 44、寬 45 釐米。隸書,陽存 8 行,陰存 5 行,行存字不等。

著錄：

《漢魏六朝碑刻校注》2 冊 353—354 頁。(圖、文)

《漢魏六朝碑刻校注·總目提要》編號 0980。(目)

論文：

中國社會科學院考古研究所河南第二工作隊：《河南偃師杏園村的兩座魏晉墓》,《考古》1985 年第 8 期。

無年號 002

李進玄孫墓記磚

西晉（265—316）。1973 年河北邯鄲趙都故城出土。尺寸不詳,正書，2 行，行 4 字。

著錄：

《中國古代磚刻銘文集》上、下冊編號 0780。（圖、文）

論文：

河北省文物管理處等：《趙都邯鄲故城調查報告》，《考古學集刊》第 4 集，1984 年。

無年號 003

孟敞墓記磚

西晉（265—316）。河南洛陽出土。磚高 36、寬 18.5 釐米。隸書，2 行，行 5 字。

著錄：

《中國磚銘》圖版下冊 966 頁。（圖）

《中國古代磚刻銘文集》上、下冊編號 0782。（圖、文）

《俟堂專文雜集》146 頁（圖）、目錄編號 160（目）。

《蒿里遺文目錄》3 下/7a，《新編》2/20/14987 下。（目）

無年號 004

王初墓記磚

西晉（265—316）。河南洛陽出土。磚高 30、寬 19 釐米。隸書，2 行，行 4 字。

著錄：

《中國磚銘》圖版下冊 971 頁右。（圖）

《中國古代磚刻銘文集》上、下冊編號 0783。（圖、文）

無年號 005

貫泰柩銘磚

西晉（265—316）。2001 年河南洛陽出土。磚高 28、寬 16.5 釐米。文 3 行，行 2 至 5 字不等，隸書。

著錄：

《邙洛碑誌三百種》6 頁。（圖）

《中國古代磚刻銘文集》上、下冊編號 0784。（圖、文）

無年號 006

晉太傅羊祜碑

又名：襄陽城南門道東三碑（之一）。西晉（265—316）。孫楚撰。在襄陽城南門道東，學生所立。

錄文著錄：

《藝文類聚》卷46，上冊825頁。

《全晉文》60/9b–10a，《全文》2冊1804上—下。

《孫馮翊集》13a–b，《漢魏六朝百三名家集》2冊452上。

碑目題跋著錄：

（民國）《湖北通志·金石志》3/6a，《新編》1/16/11976下。

《金石彙目分編》10（1）/69a，《新編》1/28/21135上。

《金石彙目分編》14/18a，《新編》1/28/21391下。

《古今碑帖考》11a，《新編》2/18/13168上。

《山左碑目》1/35b，《新編》2/20/14834下。

（嘉慶）《湖北通志·金石一》88/28b，《新編》3/13/16下。

（光緒）《襄陽府治·金石》18/12b，《新編》3/13/396下。

《漢魏六朝志墓金石例》2/1a，《新編》3/40/404上。

《漢魏六朝墓銘纂例》3/7b，《新編》3/40/453上。

《六藝之一錄》57/7a，《新編》4/5/53上。

《墨池篇》6/6a，《新編》4/9/669下。

《水經注碑錄》卷八編號209，《北山金石錄》上冊180頁。

論文：

黃惠賢：《有關襄陽〈羊祜碑〉的幾個問題》，《魏晉南北朝隋唐史資料》第八輯，1986年。

備考：羊祜，《晉書》卷三四有傳。

無年號 007

羊祜碑

又名：羊叔子碑。西晉（265—316），李興撰。

碑目著錄：

《諸史碑銘錄目·晉書》4a，《新編》3/37/312 下。

備考：羊祜，《晉書》卷三四有傳。

無年號 008

諸葛亮碑

西晉（265—316）。李興撰。

碑目著錄：

《諸史碑銘錄目·晉書》4a，《新編》3/37/312 下。

備考：諸葛亮，《三國志》卷三五有傳。

無年號 009

趙君墓東西闕

西晉（265—316）。嘉慶初河南孟縣出土，孟縣保存所舊藏。隸書，4 行，行 5 字，二闕文同。

題跋著錄：

《善本碑帖錄》2/55。

無年號 010

何楨神道闕

西晉（265—316）。1992 年秋偃師文管會在河南省洛陽市偃師市首陽山鎮南蔡莊村搶救性發掘出土，現藏偃師市商城博物館。石高 41、寬 43、厚 7 釐米。隸書，4 行，滿行 4 字。題云：晉故光祿大夫婁侯廬江何公墓之神道。

圖版著錄：

《北京大學圖書館新藏金石拓本菁華 1996—2012》60 頁。

論文：

趙振華、王竹林：《西晉〈何楨墓表〉研究》，《洛陽古代銘刻文獻研究》，第 262—266 頁；又載於《紀念西安碑林九百二十周年華誕學術研討會論文集》，第 330—340 頁。（圖、文）

備考：何楨，《三國志·魏書》卷一一《胡昭傳》注釋四有傳。其事又見《晉書》卷二《太祖文帝本紀》、卷三《世祖武帝本紀》、卷九七《匈奴傳》等。

無年號 011

羊瑾神道碑并陰

西晉（265—316）。20世紀90年代徵集於偃師市首陽山鎮溝口頭村薛旭亞磚廠，今存偃師商城博物館。殘碑長92、寬38、厚16釐米。兩面刻。碑陽殘留12行，行字數不等；碑陰分段橫列，殘存5段，每段24人；均隸書。碑額題記殘留5行，隸書，額題：□□□將軍特進高陽元侯羊府君之碑。

論文：

趙振華、王竹林：《西晉〈羊瑾神道碑〉研究》，《洛陽古代銘刻文獻研究》，第267—271頁；又載於《紀念西安碑林九百二十周年華誕學術研討會論文集》，第330—340頁。（圖、文）

備考：羊瑾，其事見《晉書》卷三一《惠羊皇后傳》、卷九三《羊琇傳》和《羊玄之傳》。

無年號 012

上谷太守高原碑

西晉（265—316）。在薊中。

碑目題跋著錄：

《金石彙目分編》1/6b，《新編》1/27/20660下。

（光緒）《畿輔通志·金石一》138/26a，《新編》2/11/8187下。

（光緒）《順天府志·金石志二》128/7a，《新編》2/12/8817上。

《佩文齋書畫譜·金石》62/5a上，《新編》3/2/53下。

《諸史碑銘錄目·魏書金石》，《新編》3/37/327上。

《六藝之一錄》57/31a，《新編》4/5/65上。

備考：高原，其事見《北史》卷三四《高閭傳》。

無年號 013

金鄉長薛詣頌碑

西晉（265—316）。在濟州金鄉縣。額題：故金鄉長汝南薛君之頌。

碑目題跋著錄：

《金石錄》2/6a、20/11b–12a，《新編》1/12/8808下、8921上—下。

《通志・金石略》卷上/27b，《新編》1/24/18032 下。
《金石彙目分編》10（2）/57a，《新編》1/28/21169 上。
《石刻題跋索引》29 頁右，《新編》1/30/22367。
《濟州金石志》6/12b，《新編》2/13/9626 下。
《佩文齋書畫譜・金石》62/3b 下，《新編》3/2/52 下。
《金石備攷・兗州府》，《新編》4/1/47 下。
《六藝之一錄》57/22b，《新編》4/5/60 下。

無年號 014

安邑令涂君碑

西晉（265—316）。

碑目題跋著錄：

《金石錄》2/6b，《新編》1/12/8808 下。
《通志・金石略》卷上/27b，《新編》1/24/18032 下。
《佩文齋書畫譜・金石》62/5b 下，《新編》3/2/53 下。
（光緒）《山西通志・金石記十》98/6b，《新編》3/30/538 下。
《六藝之一錄》57/33a，《新編》4/5/66 上。

無年號 015

李續妻張氏墓記磚

西晉（265—316）。河南出土。拓片高 20、寬 18.5 釐米。隸書，3 行，行 3 字左右。

碑目著錄：

《北京大學圖書館藏歷代墓誌拓片目錄》編號 00068。

無年號 016

益州刺史楊恭侯碑

西晉（265—316）。潘尼撰。

錄文著錄：

《藝文類聚》卷 50，上冊 896 頁。
《全晉文》95/5a–b，《全文》2 冊 2005 上。
《潘太常集》24a–b，《漢魏六朝百三名家集》2 冊 617 頁。

碑目題跋著錄：

《漢魏六朝墓銘纂例》3/8b，《新編》3/40/453 下。

無年號 017

太醫兒朱公信墓磚四種

西晉（265—316）。2009 至 2010 年在河南省孟津縣平樂鎮朱倉村西出土。一磚長 35、寬 24、厚 9 釐米；3 行，行 3 至 4 字。一磚長 30、寬 22、厚 9 釐米；2 行，行 2 或 3 字。一磚長 38、寬 23、厚 11.5 釐米；1 行 2 字。一磚長 18、寬 16、厚 6 釐米；1 行 2 字。隸書。

論文：

洛陽市文物考古研究院：《洛陽孟津朱倉西晉墓》，《文物》2012 年第 12 期。（圖、文）

張鴻亮、嚴輝：《略論洛陽新近出土的西晉銘文磚》，《文物》2012 年第 12 期。

無年號 018

裴氏女墓磚

西晉（265—316）。洛陽衡山路發現。磚長 29、寬 14.5、厚 5.2 釐米。2 行，行 3 或 6 字。

論文：

洛陽市第二文物工作隊：《洛陽新發現的兩座西晉墓發掘簡報》，《文物》2009 年第 3 期。（圖、文）

張鴻亮、嚴輝：《略論洛陽新近出土的西晉銘文磚》，《文物》2012 年第 12 期。

無年號 019

裴道文墓磚

西晉（265—316）。洛陽衡山路發掘出土。磚長 46、寬 23、厚 10 釐米。2 行，行 3 或 6 字。

論文：

洛陽市第二文物工作隊：《洛陽新發現的兩座西晉墓發掘簡報》，《文物》2009 年第 3 期。（圖、文）

張鴻亮、嚴輝：《略論洛陽新近出土的西晉銘文磚》，《文物》2012年第 12 期。

無年號 020
馮孫妻墓磚

西晉（265—316）。2009 至 2010 年在河南省孟津縣平樂鎮朱倉村西出土。磚長 36、寬 18、厚 9 釐米。文 2 行，行 10 或 7 字，隸書。

論文：

洛陽市文物考古研究院：《洛陽孟津朱倉西晉墓》，《文物》2012 年第 12 期。（圖、文）

張鴻亮、嚴輝：《略論洛陽新近出土的西晉銘文磚》，《文物》2012年第 12 期。

無年號 021
雁門太守牽招碑

孫楚撰。西晉（265—316）。

錄文著錄：

《藝文類聚》卷 50，上冊 904 頁。

《全晉文》60/10a – b，《全文》2 冊 1804 下。

《孫馮翊集》13b – 14a，《漢魏六朝百三名家集》2 冊 452 上—下。

碑目題跋著錄：

《漢魏六朝志墓金石例》2/1a – b，《新編》3/40/404 上。

《漢魏六朝墓銘纂例》3/7b，《新編》3/40/453 上。

備考：牽招，《三國志》卷二六有傳，又《晉書》卷六〇附《牽秀傳》。

無年號 022
杜預碑二

又名：杜元凱碑、杜預南征紀功碑。西晉（265—316）。杜預撰。在襄州襄陽縣。

碑目題跋著錄：

（民國）《湖北通志·金石志》3/6b，《新編》1/16/11976 下。

《通志・金石略》卷上/26a，《新編》1/24/18032 上。

《寶刻叢編》3/5a，《新編》1/24/18116 上。

《金石彙目分編》14/18a，《新編》1/28/21391 下。

《石刻題跋索引》29 頁右，《新編》1/30/22367。

《墨華通考》卷6，《新編》2/6/4356 上。

（嘉慶）《湖北通志・金石一》88/29a，《新編》3/13/17 上。

（光緒）《襄陽府治・金石》18/13a，《新編》3/13/397 上。

《諸史碑銘錄目・晉書》1a－b，《新編》3/37/311 上。

《金石備攷・襄陽府》，《新編》4/1/21 上。

《六藝之一錄》57/6b，《新編》4/5/52 下。

《水經注碑錄》卷八編號208，《北山金石錄》上冊179—180 頁。

《太平寰宇記碑錄》編號200，《北山金石錄》上冊308 頁。

備考：杜預，《晉書》卷三四有傳。

無年號 023

征南將軍杜預碑

又名：襄陽城南門道東三碑（之一）。西晉（265—316）。碑在襄陽城南門道東，學生所立。

碑目題跋著錄：

（民國）《湖北通志・金石志》3/6a，《新編》1/16/11976 下。

《金石彙目分編》14/18a，《新編》1/28/21391 下。

《墨華通考》卷6，《新編》2/6/4355 下。

（嘉慶）《湖北通志・金石一》88/28b，《新編》3/13/16 下。

（光緒）《襄陽府治・金石》18/12b，《新編》3/13/396 下。

《六藝之一錄》57/7a，《新編》4/5/53 上。

《水經注碑錄》卷八編號210，《北山金石錄》上冊180 頁。

備考：杜預，《晉書》卷三四有傳。

無年號 024

大將軍宛陵侯諸葛瑾墓碑

西晉（265—316）。

碑目著錄：

（嘉慶）《松江府志・藝文志》73/1a，《新編》3/5/259 上。

備考：諸葛瑾，《三國志》卷五二有傳。

無年號 025

黃門侍郎潘岳墓碑

西晉（265—316）。潘尼撰。在中牟縣西北七里平秩鄉墓側。額題：給事黃門侍郎潘君之碑。

錄文著錄：

《水經注碑錄》卷三編號 91，《北山金石錄》上冊 87 頁。

《全晉文》95/5b，《全文》2 冊 2005 上。

《潘太常集》25a，《漢魏六朝百三名家集》2 冊 618 上。

碑目題跋著錄：

《中州金石考》1/16a－b，《新編》1/18/13676 下。

《通志・金石略》卷上/25a，《新編》1/24/18031 下。

《寶刻叢編》1/20b，《新編》1/24/18089 下。

《金石彙目分編》9（1）/15b，《新編》1/28/20931 上。

《石刻題跋索引》29 頁右，《新編》1/30/22367。

《墨華通考》卷 7，《新編》2/6/4368 下。

《中州金石目錄》1/11b，《新編》2/20/14691 上。

《佩文齋書畫譜・金石》62/4b 上，《新編》3/2/53 上。

（乾隆）《河南府志・金石志》109/9b，《新編》3/28/132 上。

（乾隆）《鞏縣志・金石志》17/45b，《新編》3/30/3 下。

（民國）《鞏縣志・金石一》16/9b，《新編》3/30/15 上。

《漢魏六朝志墓金石例》2/1b－2a，《新編》3/40/404 上—下。

《漢魏六朝墓銘纂例》3/8b－9a，《新編》3/40/453 下—454 上。

《六藝之一錄》57/6a，《新編》4/5/52 下。

《水經注碑錄》卷三編號 91，《北山金石錄》上冊 87 頁。

附：潘岳碣

西晉（265—316）。潘尼撰。僅 9 字。

錄文著錄：

《全晉文》95/5b，《全文》2 冊 2005 上。

備考：潘岳，《晉書》卷五五有傳。

無年號 026

琅邪太守潘芘碑

西晉（265—316）。碑在鞏縣西南。

碑目題跋著錄：

《中州金石考》1/16a–b，《新編》1/18/13676 下。

《中州金石目錄》1/11b，《新編》2/20/14691 上。

（乾隆）《河南府志·金石志》109/9b，《新編》3/28/132 上。

（乾隆）《鞏縣志·金石志》17/45b，《新編》3/30/3 下。

（民國）《鞏縣志·金石一》16/9b，《新編》3/30/15 上。

《水經注碑錄》卷三編號 91，《北山金石錄》上冊 87 頁。

備考：潘芘，潘岳之父，事見《晉書》卷五五《潘岳傳》，史傳作"潘芘"。

無年號 027

太尉石鑒碑

西晉（265—316）。繆世應撰。

錄文著錄：

《全晉文》107/11a，《全文》2 冊 2077 上。

備考：石鑒，《晉書》卷四四有傳。

無年號 028

衛公碑

西晉（265—316）。羊秀撰。僅節錄銘文 8 字。

錄文著錄：

《全晉文》41/8a，《全文》2 冊 1696 下。

無年號 029

江夏太守任條墓誌銘

西晉（265—316）。傅玄撰。

錄文著錄：

《藝文類聚》卷 50，906 頁。

《全晉文》46/13a-b，《全文》2 冊 1726 上。

《傅鶉觚集》22a，《漢魏六朝百三名家集》2 冊 372 上。

碑目題跋著錄：

《漢魏六朝志墓金石例》2/4b，《新編》3/40/405 下。

《漢魏六朝墓銘纂例》3/7b-8a，《新編》3/40/453 上—下。

無年號 030

中郎將曹府君碑

西晉（265—316）。傅咸撰。《全晉文》僅節錄銘文 16 字。

錄文著錄：

《全晉文》52/12b，《全文》2 冊 1761 下。

《傅中丞集》45a，《漢魏六朝百三名家集》2 冊 597 下。

碑目題跋著錄：

《漢魏六朝墓銘纂例》3/8b，《新編》3/40/453 下。

無年號 031

□□殘碑陰

無年代，《碑帖鑒定》以書法特徵定為西晉（265—316）。出土時地不詳。文隸書，4 列，35 行，行 5 至 9 字不等，每行為"故吏京兆□□□□"與"故吏始平□□□□"。未見拓本。

題跋著錄：

《碑帖鑒定》117 頁。

無年號 032

荊州刺史東武戴侯楊肇碑

西晉（265—316）。潘岳撰。

錄文著錄：

《藝文類聚》卷 50，上冊 896 頁。（節文）

《全晉文》93/4a-b，《全文》1 冊 1996 下。

《潘黃門集》48b-49a，《漢魏六朝百三名家集》2 冊 552 上—下。

《潘岳集校注》（修訂版）149 頁。

《潘黃門集校注》167 頁。

碑目題跋著錄：

《漢魏六朝志墓金石例》2/1b，《新編》3/40/404 上。

《漢魏六朝墓銘纂例》3/8a–b，《新編》3/40/453 下。

備考：《全晉文》根據《藝文類聚》卷五〇、《文選·楊荊州誄》注、《文選·懷舊賦》注對碑文進行了補正，較它書所載碑文多出八十餘字，且碑文前後順序也不盡一致。楊肇，《晉書》卷三《世祖武帝炎紀》、卷三四《羊祜傳》有載。

東　晉

大（太）興

大興 001

晉平西將軍周處碑

又名：周孝侯碑、晉平西將軍墓銘。西晉元康九年（299）卒，太興二年（319）正月葬。陸機文，王右軍書。在宜興縣本廟，唐元和六年（810）十一月十五日重樹原石。拓本高七尺三寸五分，廣三尺九寸六分。文正書，28 行，行約 59 字。

錄文著錄：

《江蘇金石志》5/14b–18a，《新編》1/13/9553 下—9555 下。

《金石文鈔》2/9a–13b，《新編》2/7/5108 上—5110 上。

《全晉文》146/11a–13b，《全文》3 冊 2306 上—2307 上。

《陸平原集》2/19a–23b，《漢魏六朝百三名家集》2 冊 668 上—670 上。

《陸機集》10/141–144。

《陸士衡文集校注》10/1074–1100。

《陸士衡文集》10/12b－16a,《四部叢刊初編》第 99 冊。

碑目題跋著錄：

《集古求真續編》5/4a－b,《新編》1/11/8753 下。

《通志·金石略》卷上/25b、26b,《新編》1/24/18031 下、18032 上。

《寶刻類編》1/13a,《新編》1/24/18413 上。

《石墨鐫華》1/12b－13a,《新編》1/25/18598 下—18599 上。

《曝書亭金石文字跋尾》3/4b,《新編》1/25/18692 下。

《天下金石志》2/8,《新編》2/2/809 下。

《石刻名彙》1/4b,《新編》2/2/1026 下。

《蒼潤軒玄牘記》1/7a－b,《新編》2/2/1596 上。

《墨華通考》2/19a,《新編》2/6/4312 上。

《金石文鈔》2/13b－15a,《新編》2/7/5110 上—5111 上。

《來齋金石刻考略》卷上/31a－32b,《新編》2/8/5980 上—下。

《碑藪》,《新編》2/16/11835 下。（偽作）

《語石》9/9b,《新編》2/16/12015 上。

《蒼潤軒碑跋紀》10b－11b,《新編》2/18/13125 下—13126 上。

《古今碑帖考》11a,《新編》2/18/13168 上。

《古墨齋金石跋》2/1b－3a,《新編》2/19/14082 上—14083 上。

《愛吾廬題跋》19b,《新編》2/20/14383 上。

《寶鐵齋金石文跋尾》卷上/9a－9b,《新編》2/20/14404 上。

《竹崦盦金石目錄》10a,《新編》2/20/14551 下。

《古林金石表》8a,《新編》2/20/14897 下。

《佩文齋書畫譜·金石》62/5a 上、11a 下,《新編》3/2/43 上、56 下。

（嘉慶）《重刊宜興縣舊志·古蹟志》9/61a－b,《新編》3/6/154 上。

（光緒）《宜興荊谿縣新志·藝文》10/17a,《新編》3/6/169 上。

《金石文考略》3/7a、10b－11b,《新編》3/34/250 上、251 下—252 上。

《寒山堂金石林時地攷》卷上/4b,《新編》3/34/491 下。

《寒山金石林部目》1b,《新編》3/36/499 上。

《古誌彙目》1/3b，《新編》3/37/10。

《含經堂碑目》，《新編》3/37/253 下。

《竹崦盦金石目錄》1/11b，《新編》3/37/345 上。

《漢魏六朝志墓金石例》2/2a，《新編》3/40/404 下。

《漢魏六朝墓銘纂例》3/8a，《新編》3/40/453 下。

《玄牘記》，《新編》3/40/591 上。

《金石備攷·常州府》，《新編》4/1/14 下。

《六藝之一錄》57/27a，《新編》4/5/63 上。

《弇州山人四部稿·墨刻跋》134/14b – 15b，《新編》4/6/579 上—下。

《金石筆識》5b – 6a，《新編》4/7/226 上—下。

《墨池篇》6/6a，《新編》4/9/669 下。

《讀碑小箋》，《羅振玉學術論著集》第三集，59—60 頁。

《碑帖敘錄》99—100 頁。

備考：周處，《晉書》卷五八有傳。《全晉文》據碑拓本抄錄，故撰者缺；而它本則歸為陸機作。關於此碑是否為陸機所撰，爭議較大。《碑藪》云"後人偽作"，然該碑文收入文集較早，故附此。

太（泰）寧

太寧001

豫章內史謝鯤墓誌

泰寧元年（323）十一月廿八日葬於建康縣石子罡。1964 年九月十日，南京市雨花臺區戚家山北麓半坡上 3 號墓出土，現藏南京市博物館。誌長 60、寬 16.5、厚 11 釐米。隸書，4 行，滿行 17 字。

著錄：

《新中國出土墓誌·江蘇〔貳〕》（南京）上冊 1 頁（圖）、下冊 1 頁（文）。

《漢魏六朝碑刻校注》2 冊 355—356 頁。（圖、文）

《漢魏南北朝墓誌彙編》18 頁。（文）

《全三國兩晉南朝文補遺》92 頁。（文）

《碑帖鑒定》117 頁。（跋）

《碑帖敘錄》245 頁。（跋）

《六朝墓誌檢要》（修訂本）14 頁。（目）

《漢魏六朝碑刻校注·總目提要》編號 0981。（目）

論文：

南京市文物保管委員會：《南京戚家山東晉謝鯤墓簡報》，《文物》1965 年第 6 期。

郭沫若《由王謝墓誌的出土論到蘭亭序的真偽》，《文物》1965 年第 6 期。

王去非、趙超：《南京出土六朝墓誌綜考》，《考古》1990 年第 10 期。

南京市博物館：《南京市博物館藏六朝墓誌》，《東南文化》1992 年第 5 期。

羅宗真：《從考古資料看六朝謝氏家族的興衰》，《東南文化》1997 年第 4 期。

備考：謝鯤，《晉書》卷四九有傳。

太寧 002

張鎮及妻郭氏墓誌并陰

太寧三年（325）卒。1977 年江蘇省吳縣張陵山出土。碑通高 68.1、碑身高 45.6、寬 29.5 釐米。隸書，誌陰、陽各 7 行，行各 7 字。

著錄：

《漢魏六朝碑刻校注》2 冊 357—358 頁。（誌陽圖、文）

《漢魏南北朝墓誌彙編》18 頁。（文）

《全三國兩晉南朝文補遺》92 頁。（文）

《漢魏六朝碑刻校注·總目提要》編號 0983。（目）

論文：

鄒厚本：《東晉張鎮碑誌考釋》，《文博通訊》1979 年第 10 期。

陳俊維：《江蘇吳縣出土東晉張鎮墓誌的若干問題》，《宜春學院學報》2017 年第 10 期。

備考：張鎮，《世说新語·排调篇》載"字苍梧"，与墓誌載"字義遠"有別。

太寧 003

征北將軍海鹽侯陸褘碑

泰寧三年（325）立。在秀州。

碑目題跋著錄：

《集古錄目》3/3b，《新編》1/24/17957 上。

《元豐題跋》1/4b–5a，《新編》1/24/18011 下—18012 上。（節文）

《通志·金石略》卷上/24a，《新編》1/24/18031 上。

《寶刻叢編》14/47a–b，《新編》1/24/18320 上。

《石刻題跋索引》28 頁右，《新編》1/30/22366。

《石墨考異》卷上，《新編》2/16/11637 下—11638 上。

《古今碑帖考》10b，《新編》2/18/13167 下。

《佩文齋書畫譜·金石》62/3a 上，《新編》3/2/52 下。

（嘉慶）《松江府志·藝文志》73/1a，《新編》3/5/259 上。

（光緒）《嘉興府志·金石》86/53b–54a，《新編》3/7/427 上—下。

《元豐類藁金石錄跋》，《新編》3/38/150 上。

《金石備攷·襄陽府》，《新編》4/1/20 下。

《六藝之一錄》57/13a，《新編》4/5/56 上。

《墨池篇》6/5b，《新編》4/9/669 上。

備考：陸褘，《三國志》卷六一附《陸凱傳》。

咸　和

咸和 001

宜侯王司馬氏墓甎

咸和元年（326）八月十五日作。明崇禎壬申年（1632）在嘉興觀山西麓青龍觀出土。磚徑長可尺。計 14 字。

著錄：

（光緒）《嘉興府志・金石》86/82b－83a，《新編》3/7/441 下—442上。（文、跋）

咸和 002

趙悌墓甎

咸和二年（327）九月。在浙江於潛縣。計 14 字。

著錄：

（乾隆）《杭州府志・金石一》60/3b，《新編》3/7/114 上。（文）

（民國）《杭州府志・金石三》98/30a，《新編》3/7/203 下。（文）

《浙江磚錄》2/31a－b，《歷代陶文研究資料選刊》上冊 119—120 頁。（文、跋）

咸和 003

是戌墓磚

咸和四年（329）八月立。乾隆初武康人蔡方逸於屋後掊土時發現。計 9 字。

著錄：

《潛研堂金石文跋尾》2/9b－10a，《新編》1/25/18754 上—下。（文、跋）

咸和 004

溫嶠磚誌

咸和四年（329）卒。2001 年 2 月出土於江蘇省南京市下關區郭家山西端南坡 9 號墓，現藏南京市博物館。誌長 45、寬 44、厚 6 釐米。隸書兼正書，10 行，滿行 13 字。

著錄：

《新中國出土墓誌・江蘇〔貳〕南京》上冊 2 頁（圖）、下冊 1 頁（文）。

《漢魏六朝碑刻校注》2 冊 359—360 頁。（圖、文）

《中國古代磚刻銘文集》上、下冊編號 0785。（圖、文）

《新出魏晉南北朝墓誌疏證》（修訂本）13—14 頁。（文、跋）

《全三國兩晉南朝文補遺》92 頁。（文）

《漢魏六朝碑刻校注・總目提要》編號 0984。（目）

論文：

南京市博物館：《南京北郊東晉溫嶠墓》，《文物》2002 年第 7 期。

韋正：《南京東晉溫嶠家族墓地的墓主問題》，《考古》2010 年第 9 期。

備考：溫嶠，《晉書》卷六七有傳。

咸和 005

咸和六年墓記磚

咸和六年（331）八月。1985 年廣東德慶縣馬圩區大較村出土。尺寸不詳。隸書，5 行，滿行 9 字。

著錄：

《中國古代磚刻銘文集》上、下冊編號 0786。（圖、文）

咸和 006

宣城內史陸喈碑

建武元年（317）卒，咸和七年（332）六月立。在秀州。

碑目題跋著錄：

《金石錄》2/6b，《新編》1/12/8808 下。

《金石錄補》25/17b，《新編》1/12/9123 上。

《集古錄跋尾》4/7a，《新編》1/24/17867 上。

《集古錄目》3/3b，《新編》1/24/17957 上。

《通志·金石略》卷上/25a，《新編》1/24/18031 下。

《寶刻叢編》14/47b，《新編》1/24/18320 上。

《石刻題跋索引》28 頁右，《新編》1/30/22366。

《古今碑帖考》11a，《新編》2/18/13168 上。

《佩文齋書畫譜·金石》62/4a 上，《新編》3/2/53 上。

（光緒）《嘉興府志·金石》86/54a，《新編》3/7/427 下。

《六藝之一錄》57/24b，《新編》4/5/61 下。

《墨池篇》6/6a，《新編》4/9/669 下。

備考：陸喈，陸褘之子，其事見《晉書》卷七六《顧衆傳》。

咸和 007

喻褿墓記

孫吳天紀二年（278）卒，葬於本縣舊墓，晉咸和七年（332）十一月廿四日改葬南昌縣南廿里。出土于江西省南昌市青雲譜區梅湖。銘文磚共2塊，長32.3—32.5、寬15—15.2、厚5釐米。文7行，共92字，隸書。

論文：

江西省文物考古研究所等：《南昌青雲譜梅湖東晉紀年墓發掘簡報》，《文物》2008年第12期。（圖、文）

王上海、李國利：《試析南昌青雲譜梅湖東晉紀年墓銘文磚》，《文物》2008年第12期。（文）

咸和 008

晉關內侯廣昌長曁遜碣

咸和年間（326—334）立碑。湖州刺史孔彭立。在杭州。

碑目題跋著錄：

《通志·金石略》卷上/25a，《新編》1/24/18031下。

《寶刻叢編》14/1b–2a，《新編》1/24/18297上—下。

《石刻題跋索引》28頁右，《新編》1/30/22366。

《墨華通考》卷3，《新編》2/6/4323上。

《古今碑帖考》11a，《新編》2/18/13168上。

《佩文齋書畫譜·金石》62/4a上，《新編》3/2/53上。

（乾隆）《杭州府志·金石二》61/1a，《新編》3/7/124上。

（民國）《杭州府志·金石二》97/28a，《新編》3/7/184下。

（嘉慶）《餘杭縣志·碑碣》36/1a–b，《新編》3/7/375上。附《嘉靖縣志》。

《六藝之一錄》57/32a，《新編》4/5/65下。

《墨池篇》6/6a，《新編》4/9/669下。

咸和 009

隱士郭文碑

咸和中（326—334）。湖州刺史孔彭立。在浙江杭州。

碑目題跋著錄：

《通志·金石略》卷上/25a，《新編》1/24/18031 下。

《寶刻叢編》14/2a，《新編》1/24/18297 下。

《輿地碑記目·臨安府碑記》1/1a，《新編》1/24/18523 上。

《石刻題跋索引》28 頁右，《新編》1/30/22366。

《墨華通考》卷 3，《新編》2/6/4323 上。

《佩文齋書畫譜·金石》62/4a 下，《新編》3/2/53 上。

（雍正）《敕修浙江通志·碑碣一》255/25b，《新編》3/7/69 上。

（乾隆）《杭州府志·金石二》61/1a，《新編》3/7/124 上。

（民國）《杭州府志·金石二》97/28a，《新編》3/7/184 下。

《六藝之一錄》57/31b，《新編》4/5/65 上。

備考：郭文，《晉書》卷九四有傳。

咸　康

咸康 001

楊國佐墓磚

咸康元年（335）。出烏程，浙江歸安陸心源舊藏。長一尺，厚一寸三分。隸書，計 7 字。

著錄：

《千甓亭磚錄》4/3b，《歷代陶文研究資料選刊》上冊 406 頁。（文）

《石刻名彙》11/194b，《新編》2/2/1124 下。（目）

《再續寰宇訪碑錄》卷上，《羅振玉學術論著集》第五集，424 頁。（目）

咸康 002

郡守任俟墓磚

咸康三年（337）八月六日。吳中郎作。出烏程，浙江歸安陸心源舊藏。長一尺一寸六分，厚一寸七分。計 16 字。

著錄：

《千甓亭磚續錄》3/12a–b，《歷代陶文研究資料選刊》上冊 625—

626 頁。（文、跋）

咸康 003
孝婦嚴氏碣

咸康六年（340）立，《通志》作"咸康五年"。在浙江杭州。

碑目題跋著錄：

《通志・金石略》卷上/25a，《新編》1/24/18031 下。

《寶刻叢編》14/2a，《新編》1/24/18297 下。

《石刻題跋索引》28 頁右，《新編》1/30/22366。

《墨華通考》卷 3，《新編》2/6/4323 上。

《佩文齋書畫譜・金石》62/2a 下，《新編》3/2/41 下。

《佩文齋書畫譜・金石》62/4a 下，《新編》3/2/53 上。

（雍正）《敕修浙江通志・碑碣一》255/25a，《新編》3/7/69 上。

（乾隆）《杭州府志・金石二》61/1a，《新編》3/7/124 上。

（民國）《杭州府志・金石二》97/31b，《新編》3/7/186 上。

（嘉慶）《餘杭縣志・碑碣》36/1b，《新編》3/7/375 上。附《嘉靖縣志》。

《六藝之一錄》57/32b、33a，《新編》4/5/65 下、66 上。

備考：《通志・金石略》、《墨華通考》著錄為"老婦嚴氏碑"，"老""孝"形似，此兩碑當為一碑。

咸康 004
右將軍曹橫墓碑

咸康八年（342）。在晉陵縣東三十五里，五代時期亂盜發曹橫墓而發現。

碑目題跋著錄：

《輿地碑記目・常州碑記》1/8b，《新編》1/24/18526 下。

《佩文齋書畫譜・金石》62/4b 下，《新編》3/2/53 上。

（道光）《武進陽湖縣合志・金石志》34/22b，《新編》3/6/89 下。

（光緒）《武進陽湖縣志・藝文》28/49a，《新編》3/6/135 下。

《六藝之一錄》57/32a，《新編》4/5/65 下。

咸康 005

中大夫劉造墓誌

咸康年間（335—342）。原在浙江湖州。

碑目題跋著錄：

《吳興金石記》2/19a，《新編》1/14/10700 上。（節文）

《石刻題跋索引》130 頁左，《新編》1/30/22468。

《石刻名彙》1/4a，《新編》2/2/1026 下。

（同治）《湖州府志·烏程縣》48/1a，《新編》3/8/48 上。

（乾隆）《烏程縣志·碑碣雜刻》14/16a，《新編》3/8/224 上。

（光緒）《烏程縣志·金石》30/3a，《新編》3/8/230 上。

《六藝之一錄》57/32a，《新編》4/5/65 下。

《六朝墓誌檢要》（修訂本）14 頁。

《漢魏六朝碑刻校注·總目提要》編號 0986。

咸康 006

晉陶侃碑

咸康間（335—342）立。在武昌府。

碑目題跋著錄：

《金石彙目分編》14/3a，《新編》1/28/21384 上。

《天下金石志》9/1，《新編》2/2/852 上。

《墨華通考》卷 6，《新編》2/6/4353 上。

《佩文齋書畫譜·金石》62/4a 上，《新編》3/2/53 上。

《諸史碑銘錄目·晉書》4a，《新編》3/37/312 下。

《金石備攷·武昌府》，《新編》4/1/20 上。

《古今書刻》下編/17a，《新編》4/1/143 上。

《六藝之一錄》57/31a，《新編》4/5/65 上。

《太平寰宇記碑錄》編號 166，《北山金石錄》上冊 300 頁。

備考：陶侃，《晉書》卷六六有傳。《晉書·陶侃傳》：咸和中，故吏刊石碑畫像於武昌西。但據碑文，當立於咸康間。

建　元

建元 001
廣信令羅君墓磚

建元二年（344）八月。出烏程，浙江歸安陸心源舊藏。長一尺八分，厚一寸四分。隸書，12 字。

著錄：

《千甓亭磚錄》4/5b，《歷代陶文研究資料選刊》上冊 410 頁。（文、跋）

《石刻名彙》11/195a，《新編》2/2/1125 上。（目）

《再續寰宇訪碑錄》卷上，《羅振玉學術論著集》第五集，425 頁。（目）

建元 002
司空庾冰碑

建元二年（344）十一月九日卒。孫綽撰。

錄文著錄：

《藝文類聚》卷 47，上冊 842—843 頁。（節文）

《全晉文》62/8a–b，《全文》2 冊 1814 下。（節文）

《孫廷尉集》21b–22b，《漢魏六朝百三名家集》3 冊 218 下—219 上。（節文）

《全三國兩晉南朝文補遺》引《日藏弘仁本文館詞林校證》，56—57 頁。

碑目著錄：

《漢魏六朝墓銘纂例》3/9b，《新編》3/40/454 上。

備考：庾冰，《晉書》卷七三有傳。

建元 003
車渚墓磚

建元二年（344）。湖北宜都出土，浙江山陰劉氏舊藏。隸書。

碑目著錄：

《石刻名彙》11/195a,《新編》2/2/1125 上。

永　和

永和 001
江州都督庾翼碑銘并序

永和元年（345）七月卒。張望撰。

錄文著錄：

《全三國兩晉南朝文補遺》引《日藏弘仁本文館詞林校證》，59—61 頁。

備考：庾翼,《晉書》卷七三有傳。

永和 002
顏謙婦劉氏磚誌

永和元年（345）七月廿日亡，九月葬。1958 年在南京挹江門外老虎山南麓出土，現藏南京市博物館。磚長 32、寬 14.5、厚 4.5 釐米。隸書，3 行，行 7 至 9 字不等。

圖版、錄文著錄：

《中國磚銘》圖版上冊 456 頁。（圖）

《新中國出土墓誌·江蘇〔貳〕》（南京）上冊 4 頁（圖）、下冊 2 頁（文）。

《漢魏六朝碑刻校注》2 冊 363—364 頁。（圖、文）

《中國古代磚刻銘文集》上、下冊編號 0788。（圖、文）

《漢魏南北朝墓誌彙編》19 頁。（文）

《全三國兩晉南朝文補遺》93 頁。（文）

碑目題跋著錄：

《碑帖鑒定》118 頁。

《碑帖敘錄》255—256 頁。

《六朝墓誌檢要》（修訂本）14—15 頁。

《善本碑帖錄》2/53。

《漢魏六朝碑刻校注·總目提要》編號 0987。

論文：

南京市文物保管委員會：《南京老虎山晉墓》，《考古》1959 年第 6 期。

南京市博物館：《南京市博物館藏六朝墓誌》，《東南文化》1992 年第 5 期。

永和 003

路君墓石闕文

永和元年（345）。在濟州。

碑目題跋著錄：

《通志・金石略》卷上/26a，《新編》1/24/18032 上。

《佩文齋書畫譜・金石》62/4a 下，《新編》3/2/53 上。

《六藝之一錄》57/33b，《新編》4/5/66 上。

永和 004

尹氏冢磚

永和元年（345）。湖北宜都朱氏舊藏。隸書。

著錄：

《荊南萃古編》，《新編》2/10/7635 – 7636。（圖、文）

《中國磚銘》圖版上冊 458 頁右、中。（圖、文）

《兩浙金石志》3/11b，《新編》1/16/11979 上。（文）

《全三國兩晉南朝文補遺》128 頁。（文）

《石刻名彙》11/195a，《新編》2/2/1125 上。（目）

永和 005

包咸墓磚

永和二年（346）。出烏程，浙江歸安陸心源舊藏。長九寸四分，厚一寸二分。隸書，計 9 字。

著錄：

《千甓亭磚錄》4/6b，《歷代陶文研究資料選刊》上冊 412 頁。（文、跋）

《石刻名彙》11/195a，《新編》2/2/1125 上。（目）

永和 006

王惠平墓磚

永和三年（347）八月。出烏程，浙江歸安陸氏舊藏。長六寸，厚一寸四分。隸書，計 11 字。

著錄：

《千甓亭磚錄》4/6b，《歷代陶文研究資料選刊》上冊 412 頁。（文）

《石刻名彙》11/195a，《新編》2/2/1125 上。（目）

《再續寰宇訪碑錄》卷上，《羅振玉學術論著集》第五集 426 頁。（目）

永和 007

龍氏墓磚

永和四年（348）八月一日。出烏程，浙江歸安陸心源舊藏。長九寸五分，厚一寸三分。隸書，計 9 字。

著錄：

《千甓亭磚錄》4/7b，《歷代陶文研究資料選刊》上冊 414 頁。（文、跋）

《石刻名彙》11/195b，《新編》2/2/1125 上。（目）

永和 008

王興之及妻宋和之墓誌并陰

王興之咸康六年（340）十月十八日卒，咸康七年（341）七月廿六日葬於丹楊建康之白石；夫人宋和之，永和四年（348）十月三日卒，以其月廿二日合葬。1965 年 1 月在南京燕子磯區人臺山正中之南麓半坡山上出土，現藏南京市博物館。誌長 28.5、寬 37.3、厚 1.1 釐米。正書兼隸書，碑陽 13 行，碑陰 11 行，行字不等。

著錄：

《漢魏六朝碑刻校注》2 冊 365—366 頁。（圖、文）

《新中國出土墓誌·江蘇〔貳〕》（南京）上冊 3、5 頁（圖）、下冊 1—2（文）。

《漢魏南北朝墓誌彙編》18—19 頁。（文）

《全三國兩晉南朝文補遺》93 頁。（文）

《碑帖鑒定》118 頁。（跋）

《碑帖敘錄》28 頁。（跋）

《六朝墓誌檢要》（修訂本）15 頁。（目）

《漢魏六朝碑刻校注·總目提要》編號 0988。（目）

論文：

南京市文物保管委員會：《南京人臺山東晉興之夫婦墓發掘報告》，《文物》1965 年第 6 期。

郭沫若：《由王謝墓誌的出土論到蘭亭序的真偽》，《文物》1965 年第 6 期。

王去非、趙超：《南京出土六朝墓誌綜考》，《考古》1990 年第 10 期。

南京市博物館：《南京市博物館藏六朝墓誌》，《東南文化》1992 年第 5 期。

陳直：《東晉王興之墓誌跋兼論及蘭亭序問題》，陳直：《文史考古論叢》，第 483—487 頁。

備考：《新中國出土墓誌》將之王興之夫婦墓誌分開著錄，似乎不妥，畢竟其在同一塊石頭上。

永和 009

西部都尉西城令隱昌亭侯旬陽□□磚誌

永和五年（349）八月十日造。分刻於三磚：一磚長 35.5、寬 16.8、厚 5.3 釐米，側面模印，隸書，1 行 22 字。一磚長 35.5、寬 16.8、厚 5.5 釐米，側面模印，隸書，1 行 17 字。一磚長 35、寬 17、厚 5.4 釐米，側面模印，隸書，1 行 13 字。

論文：

旬陽縣文物管理所、旬陽縣博物館：《陝西省旬陽縣大河南東晉墓清理簡報》，《文博》2009 年第 2 期。（圖、文）

永和 010

留府君墓磚

永和五年（349）。出土於湖北宜都城東，宜都朱氏舊藏。隸書。

著錄：

《荊南萃古編》，《新編》2/10/7637－7638。（圖、文、跋）

（民國）《湖北通志·金石志》3/12a，《新編》1/16/11979 下。（文）

《全三國兩晉南朝文補遺》129 頁。（文）

《石刻名彙》11/195b，《新編》2/2/1125 上。（目）

永和 011

莫龍編侯墓磚

永和六年（350）刻。清乾隆年間在廣西蒼梧縣多賢鄉鳳凰山出土，曾歸新城楊氏、浙江歸安陸心源。長 31.5、寬 5.5 釐米。隸書，1 行 14 字。

圖版著錄：

《金石文字集拓》，《新編》3/1/85。

《俟堂專文雜集》第四，123 頁左。

《北京圖書館藏中國歷代石刻拓本匯編》2 冊 74 頁。

《中國磚銘》圖版上冊 461 頁左。

錄文著錄：

《八瓊室金石補正》9/27a，《新編》1/6/4145 上。

《粵西金石略》1/1a，《新編》1/17/12471 上。

《粵西得碑記》1b，《新編》2/15/11439 上。

《中國磚銘》圖版上冊 461 頁左。

《漢魏南北朝墓誌彙編》19 頁。

《全三國兩晉南朝文補遺》93 頁。

碑目題跋著錄：

《八瓊室金石補正》9/27b，《新編》1/6/4145 上。

《粵西金石略》1/1a－b，《新編》1/17/12471 上。

《補寰宇訪碑錄》1/15b，《新編》1/27/20202 上。

《補寰宇訪碑錄刊誤》2a，《新編》1/27/20271 下。

《金石彙目分編》18/35a，《新編》1/28/21576 上。

《石刻題跋索引》681 頁左—右，《新編》1/30/23019。

《石刻名彙》11/195b,《新編》2/2/1125 上。

《粵西得碑記》1b–3b,《新編》2/15/11439 上—11440 上。

《俟堂專文雜集》目錄編號 133。

《漢魏六朝碑刻校注·總目提要》編號 0989。

永和 012

沙門支遁葬衣冠誌石

永和六年（350）。在華山。凡 16 字。

碑目題跋著錄：

（道光）《蘇州府志·金石二》130/30b,《新編》3/5/515 上。

（同治）《蘇州府志·金石二》141/1b,《新編》3/5/537 上。

（民國）《吳縣志·金石考一》59/2b,《新編》3/6/3 下。

備考：沙門支遁,《晉書》卷五六《孫綽傳》、《晉書》卷六七《郗超傳》、《晉書》卷七九《謝安傳》、《謝朗傳》等有載。

永和 013

郗氏墓磚

永和七年（351）八月廿日。出烏程,浙江歸安陸心源舊藏。長六寸八分,厚一寸二分。計 9 字。

錄文著錄：

《千甓亭磚錄》4/7b,《歷代陶文研究資料選刊》上冊 414 頁。

永和 014

大中大夫黃氏墓磚

永和八年（352）八月廿日作。出烏程,浙江歸安陸心源舊藏。長九寸七分,厚一寸六分。正、側刻字,左側 9 字,右側 6 字,面 3 字,隸書。

著錄：

《千甓亭磚錄》4/8a,《歷代陶文研究資料選刊》上冊 415 頁。（文、跋）

《石刻名彙》11/195b,《新編》2/2/1125 上。（目）

永和 015

史司空碑

又名：溧陽侯史公神道碑。晉永和八年（352）立,唐貞觀十四年重立。首題：後漢司空驃騎將軍史公神道碑。

碑目題跋著錄：

《江寧金石待訪目》1/2b，《新編》1/13/10130 下。

《寶刻叢編》15/11a，《新編》1/24/18327 上。

《輿地碑記目·建康府碑記》1/21b，《新編》1/24/18533 上。

（至正）《金陵新志·碑碣》72/79a，《新編》3/5/6 上。

（嘉慶）《重刊江寧府志·金石》53/1b，《新編》3/5/27 下。

永和016
高崧妻謝氏磚誌

永和十一年（355）十二月七日卒，十二年（356）三月廿四日葬。1998 年出土於南京市棲霞區仙鶴觀南京師範大學仙林新校區工地東晉高崧家族墓地 2 號墓，現藏南京市博物館。誌長 50、寬 25、厚 6 釐米。文 4 行，滿行 10 字，字體隸正之間。

著錄：

《漢魏六朝碑刻校注》2 冊 367—368 頁。（圖、文）

《中國古代磚刻銘文集》上、下冊編號 0790。（圖、文）

《新中國出土墓誌·江蘇〔貳〕》（南京）上冊 6 頁（圖）、下冊 2 頁（文）。

《全三國兩晉南朝文補遺》93 頁。（文）

《新出魏晉南北朝墓誌疏證》（修訂本）17—18 頁。（文、跋）

《漢魏六朝碑刻校注·總目提要》編號 0990。（目）

論文：

南京市博物館：《江蘇南京仙鶴觀東晉墓》，《文物》2001 年第 3 期。

王志高、周裕興等：《南京仙鶴觀東晉墓出土文物的初步認識》，《文物》2001 年第 3 期。

潘彬彬：《高崧及夫人謝氏墓誌考釋》，《檔案與建設》2017 年第 2 期。

備考：高崧，《晉書》卷七一有傳。

永和 017

典倉令黃氏墓磚

永和十二年（356）七月廿九日。隸書，1 行 21 字。

著錄：

《中國磚銘》圖版上冊 464 頁左。（圖、文）

永和 018

王康之磚誌

永和十二年（356）十月十七日卒，其年十一月十日葬於白石。2000 年出土於江蘇省南京市棲霞區象山 11 號墓東晉王氏家族墓地，今藏南京市博物館。誌長 50、寬 25、厚 7 釐米。文 4 行，滿行 11 字，字體隸正之間。

著錄：

《漢魏六朝碑刻校注》2 冊 371—372 頁。（圖、文）

《中國古代磚刻銘文集》上、下冊編號 0791。（圖、文）

《新中國出土墓誌·江蘇〔貳〕》（南京）上冊 7 頁（圖）、下冊 3 頁（文）。

《新出魏晉南北朝墓誌疏證》（修訂本）15—16 頁。（文、跋）

《全三國兩晉南朝文補遺》94 頁。（文）

《漢魏六朝碑刻校注·總目提要》編號 0992。（目）

論文：

南京市博物館：《南京象山 11 號墓清理簡報》，《文物》2002 年第 7 期。

永和 019

王重光神道碑

永和年間（345—356）正月。王羲之撰并書。

碑目題跋著錄：

《石刻題跋索引》28 頁右，《新編》1/30/22366。

《金石文考略》3/11b–12a，《新編》3/34/252 上—下。（節文）

升 平

升平 001

劉尅磚誌二種

又作"劉尅墓誌"。升平元年（357）十二月七日卒。1962 年 12 月於江蘇鎮江賈家灣村西南土山南阜出土，藏鎮江市博物館。兩磚同時出土，誌文相同。正、背兩面刻字。一磚長 27、寬 15.5、厚 3.5 釐米；正面 3 行，行 6 字；背面 3 行，行 4 字。一磚長 28、寬 15.5、厚 4.5 釐米；正面 3 行，行 6 字；背面 2 行，行 6 字。皆隸書。

著錄：

《中國磚銘》圖版上冊 466、468、470、472 頁。（圖）

《漢魏六朝碑刻校注》2 冊 373—374 頁。（圖、文）

《中國古代磚刻銘文集》上、下冊編號 0792、0793。（圖、文）

《六朝墓誌檢要》（修訂本）15 頁。（文）

《碑帖鑒定》119 頁。（文）

《碑帖敘錄》227 頁。（目）

《漢魏六朝碑刻校注·總目提要》編號 0993。（目）

淑德大學《中國石刻拓本目錄》"墓誌"編號 12。（目）

論文：

鎮江市博物館：《鎮江市東晉劉尅墓的清理》，《考古》1964 年第 5 期。

升平 002

李纂磚誌并蓋

升平元年（357）十二月廿日。1998 年出土於南京市棲霞區呂家山西南麓的三座東晉墓 3 號墓中，現藏南京市博物館。誌長 31.1、寬 14.8、厚 5.6 釐米；蓋長 31.2、寬 15.1、厚 5.6 釐米。隸書，正面 3 行，滿行 8 字；側面 1 行 11 字。蓋正面中央刻二"晉"字。

著錄：

《漢魏六朝碑刻校注》2 冊 379—380 頁。（圖、文）

《中國古代磚刻銘文集》上、下冊編號 0796。（圖、文）

《新中國出土墓誌·江蘇〔貳〕》（南京）上冊 9 頁（圖）、下冊 3 頁（文）。

《全三國兩晉南朝文補遺》94—95 頁。（文）

《新出魏晉南北朝墓誌疏證》（修訂本）25—26 頁。（文、跋）

《漢魏六朝碑刻校注·總目提要》編號 0994。（目）

論文：

王志高、胡舜慶：《南京出土東晉李氏家族墓》，《書法叢刊》2000 年第 4 期。

南京市博物館：《南京呂家山東晉李氏家族墓》，《文物》2000 年第 7 期。

升平 003

李緝磚誌

升平元年（357）十二月廿日。1998 年出土於南京市棲霞區呂家山西南麓的三座東晉墓 1 號墓中，現藏南京市博物館。誌長 31.4、寬 14.9、厚 5.4 釐米。正、背兩面刻字，隸書，正面 4 行，行 8 字；側面 1 行，行 11 字。

著錄：

《漢魏六朝碑刻校注》2 冊 375—376 頁。（圖、文）

《中國古代磚刻銘文集》上、下冊編號 0794。（圖、文）

《新中國出土墓誌·江蘇〔貳〕》（南京）上冊 8 頁（圖）、下冊 3 頁（文）。

《全三國兩晉南朝文補遺》94 頁。（文）

《新出魏晉南北朝墓誌疏證》（修訂本）25—26 頁。（文、跋）

《漢魏六朝碑刻校注·總目提要》編號 0996。（目）

論文：

南京市博物館：《南京呂家山東晉李氏家族墓》，《文物》2000 年第 7 期。

王志高、胡舜慶：《南京出土東晉李氏家族墓》，《書法叢刊》2000

年第 4 期。

升平 004

李纂妻武氏磚誌

升平元年（357）十二月廿日。1998 年出土於南京市棲霞區呂家山西南麓的三座東晉墓 2 號墓中，現藏南京市博物館。長 30.7、寬 15.1、厚 5.1 釐米。正、背兩面刻字，隸書，正面 3 行，行 8 字，側面 1 行 11 字。

著錄：

《漢魏六朝碑刻校注》2 冊 377—378 頁。（圖、文）

《中國古代磚刻銘文集》上、下冊編號 0795。（圖、文）

《新中國出土墓誌·江蘇〔貳〕》（南京）上冊 10 頁（圖）、下冊 4 頁（文）。

《全三國兩晉南朝文補遺》94 頁。（文）

《新出魏晉南北朝墓誌疏證》（修訂本）25—26 頁。（文、跋）

《漢魏六朝碑刻校注·總目提要》編號 0995。（目）

論文：

南京市博物館：《南京呂家山東晉李氏家族墓》，《文物》2000 年第 7 期。

王志高、胡舜慶：《南京出土東晉李氏家族墓》，《書法叢刊》2000 年第 4 期。

升平 005

王閩之磚誌并陰

升平二年（358）三月九日卒。1965 年南京市下關區象山 5 號墓出土，現藏南京市博物館。高 42.3、寬 19.9、厚 6.2 釐米。正、背兩面刻字，隸書，正面 5 行，行 12 字；背面 3 行，行 7 至 9 字不等。

著錄：

《中國磚銘》圖版上冊 474、476 頁。（圖）

《漢魏六朝碑刻校注》3 冊 1—3 頁。（圖、文）

《中國古代磚刻銘文集》上、下冊編號 0797。（圖、文）

《新中國出土墓誌·江蘇〔貳〕》（南京）上冊 11 頁（圖）、下冊 4

頁（文）。

《漢魏南北朝墓誌彙編》19 頁。（文）

《全三國兩晉南朝文補遺》95 頁。（文）

《碑帖鑒定》119 頁。（跋）

《碑帖敘錄》27 頁。（目）

《六朝墓誌檢要》（修訂本）15 頁。（目）

《漢魏六朝碑刻校注·總目提要》編號 0997。（目）

論文：

南京市博物館：《南京象山 5 號、6 號、7 號墓清理簡報》，《文物》1972 年第 11 期。

王去非、趙超：《南京出土六朝墓誌綜考》，《考古》1990 年第 10 期。

南京市博物館：《南京市博物館藏六朝墓誌》，《東南文化》1992 年第 5 期。

升平 006

都鄉侯斷碑

升平二年（358）三月上旬立。在夔州奉節縣。

碑目題跋著錄：

《寶刻叢編》19/3a，《新編》1/24/18353 上。

《金石彙目分編》16（2）/17b，《新編》1/28/21491 上。

《石刻題跋索引》28 頁右，《新編》1/30/22366。

《燕庭金石叢稿》，奉節縣，《新編》3/32/538 上。

《六藝之一錄》57/27a，《新編》4/5/63 上。

升平 007

潘氏墓磚

升平二年（358）九月十七日。出浙江永嘉，達受舊藏。磚長一尺，厚一寸二分。計 16 字，分書，上端二篆書。

著錄：

《浙江磚錄》2/41a－b，《歷代陶文研究資料選刊》上冊 139—140 頁。（文、跋）

升平 008

王丹虎磚誌

升平三年（359）七月廿八日卒，其年九月卅日葬於白石。1965 年五月江蘇省南京市下關區象山 3 號墓出土，現藏南京市博物館。高 48、寬 24.8、厚 5.4 釐米。隸書，5 行，行 14 字。

著錄：

《中國磚銘》圖版上冊 478 頁。（圖）

《漢魏六朝碑刻校注》3 冊 4—5 頁。（圖、文）

《中國古代磚刻銘文集》上、下冊編號 0798。（圖、文）

《新中國出土墓誌·江蘇〔貳〕》（南京）上冊 12 頁（圖）、下冊 4 頁（文）。

《漢魏南北朝墓誌彙編》19 頁。（文）

《全三國兩晉南朝文補遺》95 頁。（文）

《碑帖敘錄》24 頁。（跋）

《碑帖鑒定》119 頁。（目）

《六朝墓誌檢要》（修訂本）15—16 頁。（目）

《漢魏六朝碑刻校注·總目提要》編號 0998。（目）

論文：

郭沫若《由王謝墓誌的出土論到蘭亭序的真偽》，《文物》1965 年第 6 期。

南京市文物保管委員會：《南京象山東晉王丹虎墓和二、四號墓發掘簡報》，《文物》1965 年第 10 期。

王去非、趙超：《南京出土六朝墓誌綜考》，《考古》1990 年第 10 期。

南京市博物館：《南京市博物館藏六朝墓誌》，《東南文化》1992 年第 5 期。

升平 009

郗氏墓磚

升平三年（359）。出烏程，浙江歸安陸心源舊藏。長八寸七分，厚一寸二分。計 6 字。

著錄：

《千甓亭磚錄》4/9a,《歷代陶文研究資料選刊》上冊 417 頁。（文、跋）

升平 010

周闡妻柏氏墓磚文

又名：太學博士周闡碑，太學博士周道舒碑。升平四年（360）三月四日。宋紹興十六年出土於法華山古塚。甎已磨成研，其高、廣均四寸。

錄文著錄：

《全晉文》146/14a,《全文》3 冊 2307 下。

碑目題跋著錄：

《吳興金石記》2/19a–b,《新編》1/14/10700 上。

《石刻題跋索引》682 頁左,《新編》1/30/23020。

《石刻名彙》11/196a,《新編》2/2/1125 下。

（同治）《湖州府志·金石略三》48/1a–b,《新編》3/8/48 上。

（乾隆）《烏程縣志·碑碣雜刻》14/16a,《新編》3/8/224 上。

（光緒）《烏程縣志·金石》30/3a,《新編》3/8/230 上。

《石墨餘馨》,《新編》3/35/339–340。

《循園古冢遺文跋尾》1/7a–b,《新編》3/38/10 上。

升平 011

周芳命妻潘氏墓誌

又名：潘氏衣物券。升平五年（361）六月廿九日卒。1954 年 5 月湖南長沙北門桂花園出土，湖南省博物館藏石。高 24、寬 12.8、厚 0.9 釐米。文隸書，8 行，行 3 至 20 字不等；後面 4 列。

著錄：

《漢魏六朝碑刻校注》3 冊 6—8 頁。（圖、文）

《全三國兩晉南朝文補遺》134 頁。（文）

《碑帖鑒定》119—120 頁。（文、跋）

論文：

李正光：《長沙北門桂花園發現晉墓》,《文物參考資料》1955 年第

11 期。

史樹青：《晉周芳命妻潘氏衣物券考釋》，《考古通訊》1956 年第 2 期。

湖南省博物館：《長沙兩晉南朝隋墓發掘報告》，《考古學報》1959 年第 3 期。

升平 012

趙家馭墓記磚

升平九年（365）二月廿二日。2009 年於甘肅省玉門市清泉鄉白土良村金雞梁出土。墨書文字磚，長 33、寬 16、厚 4 釐米。文 5 行，行 9 至 14 字不等。

論文：

甘肅省文物考古研究所：《甘肅玉門金雞梁十六國墓葬發掘簡報》，《文物》2011 年第 2 期。（圖、文）

備考："升平"無九年，僅五年。

興　寧

興寧 001

褚君墓磚

興寧二年（364）。1960 年在浙江杭州老和山東麓發掘出土。文 1 行 22 字，隸書。尺寸不詳。

論文：

浙江省文物管理委員會：《杭州晉興寧二年墓發掘簡報》，《考古》1961 年第 7 期。（圖、文）

興寧 002

袁慶磚誌

興寧三年（365）五月十二日卒。1949 年後出土，現藏南京市博物館。磚長 32、寬 16、厚 5 釐米。《中國磚銘》與《新中國出土墓誌》兩書拓本行文格式不一致，《中國磚銘》、《中國古代磚刻銘文集》首行 7 字，次行 6 字，末行 7 字；《新中國出土墓誌》首行 8 字，次行 6 字，末行5字。《新中國出土墓誌》背面文2行,行6至8字不等;《中國磚銘》《中國古代磚刻銘文集》無背面磚文。

著錄:

《中國磚銘》圖版下冊916頁。(碑陽圖)

《中國古代磚刻銘文集》上、下冊編號0913。(碑陽圖、文)

《新中國出土墓誌·江蘇〔貳〕》(南京)上冊13頁(圖)、下冊4頁(文)。

備考:《新中國出土墓誌》正面磚文拓本少"會稽"的"稽"字,為"會郎令袁慶",行文不通;磚主"字泰同"。而《中國磚銘》、《中國古代磚刻銘文集》拓本"會稽郎令袁慶"顯得行文流暢,載磚主"字太同"。"泰""太"二字不統一。必有一偽。

興寧003

王獻之保母李氏磚誌

興寧三年(365)二月六日卒,其年仲冬(十一月)葬會稽山陰之黃閌岡下。王獻之撰并書。南宋嘉泰二年六月在浙江省山陰縣出土。高一尺一寸,廣一尺一寸。文10行,滿行12字,行書。

圖版著錄:

《中國磚銘》圖版上冊482頁。

錄文著錄:

《金石萃編》25/14b-15a,《新編》1/1/446下—447上。

《古誌石華》1/2a-b,《新編》2/2/1157下。

《越中金石記》1/11a,《新編》2/10/7111上。

《夢碧簃石言》6/9a-b,《新編》3/2/229上。

《碑版廣例》7/9a-b,《新編》3/40/318上。

《王大令集》26a,《漢魏六朝百三名家集》3冊201下。

《全晉文》27/11b,《全文》2冊1617上。

碑目題跋著錄:

《金石萃編》25/22a-b,《新編》1/1/450下。

《集古求真》1/13a-14b,《新編》1/11/8484上—下。(偽刻)

《集古求真補正》1/6a－7a，《新編》1/11/8634 下—8635 上。（偽刻）

《曝書亭金石文字跋尾》3/9a－10a，《新編》1/25/18695 上—下。

《石刻題跋索引》130 頁左，《新編》1/30/22468。

《古誌石華》1/2b－3a，《新編》2/2/1157 下—1158 上。

《來齋金石刻考略》卷上/33a，《新編》2/8/5981 上。

《越中金石目》卷上/1b，《新編》2/10/7072 下。

《越中金石記》1/11a－13b，《新編》2/10/7111 上—7112 上。

《古林金石表》9a，《新編》2/20/14898 上。

《夢碧簃石言》6/9b－10a，《新編》3/2/229 上—下。

（乾隆）《紹興府志·金石志一》75/44b－53b，《新編》3/9/24 下—29 上。

《話雨樓碑帖目錄》1/11a，《新編》3/36/547。

《古誌彙目》1/3a，《新編》3/37/9。

《漢魏六朝墓銘纂例》3/10a－b，《新編》3/40/454 下。

《碑版廣例》7/9a－b，《新編》3/40/318 上。

《漢魏六朝志墓金石例》2/5a－b，《新編》3/40/406 上。

《善本碑帖錄》2/53。

《碑帖敘錄》116 頁。

《漢魏六朝碑刻校注·總目提要》編號 1000。

備考：王獻之，《晉書》卷八〇有傳。《集古求真》卷一、《集古求真補正》卷一認為其偽作，因《王大令集》收錄有該碑文，故暫存。

太（泰）和

太和 001

卞氏王夫人墓誌磚

太和元年（366）八月。1955 年江蘇南京光華門外趙士崗出土，藏南京市博物館。磚高 31、寬 17、厚 4.5 釐米。兩面刻，隸書，面 1 行 5 字，側有年款。

著錄：

《中國磚銘》圖版下冊950頁右。（圖）

《中國古代磚刻銘文集》上、下冊編號0799。（圖、文）

《漢魏南北朝墓誌彙編》21頁。（文）

《全三國兩晉南朝文補遺》147頁。（文）

論文：

南京市博物館：《南京市博物館藏六朝墓誌》，《東南文化》1992年第5期。

太和002

高崧磚誌

泰（太）和元年（366）八月廿二日卒，十一月十二日葬。1998年出土於南京市棲霞區仙鶴觀南京師範大學仙林西校區工地東晉高崧家族墓地2號墓，現藏南京市博物館。誌長48.1、寬24.8、厚5.7釐米。隸書，4行，行8字。

著錄：

《漢魏六朝碑刻校注》3冊9—10頁。（圖、文）

《中國古代磚刻銘文集》上、下冊編號0800。（圖、文）

《新中國出土墓誌·江蘇〔貳〕》（南京）上冊14頁（圖）、下冊5頁（文）。

《新出魏晉南北朝墓誌疏證》（修訂本）17—18頁。（文、跋）

《漢魏六朝碑刻校注·總目提要》編號1001。（目）

論文：

施博：《記南京東晉高崧家族墓出土文物》，《文物天地》2000年第1期。

沈國儀、陶冠群：《高崧墓誌與〈蘭亭序〉》，《書友》總145期，1999年4月。

南京市博物館：《江蘇南京仙鶴觀東晉墓》，《文物》2001年第3期。

王志高、周裕興等：《南京仙鶴觀東晉墓出土文物的初步認識》，《文物》2001年第3期。

潘彬彬：《高崧及夫人謝氏墓誌考釋》，《檔案與建設》2017 年第 2 期。

備考：高崧，《晉書》卷七一有傳。

太和 003

□君磚誌

泰和二年（367）□月六日。2009 年在浙江省溫州市甌海區南白象街道金竹村莊頭山出土。磚長 41、寬 16、厚 6 釐米。誌文分刻於三磚：一磚正面、一側刻字，共 43 字；一磚正面和兩側刻字，共 73 字；一磚側面刻字，計 31 字；隸書。

論文：

施成哲：《浙江溫州市甌海區發現東晉紀年墓》，《考古》2010 年第 6 期。（圖、文）

太和 004

王企之磚誌

又名：王企之墓誌。泰和二年（367）十二月廿一日卒，三年（368）初月廿八日葬於丹陽建康之白石。1998 年出土於江蘇省南京市下關區象山東晉琅邪王氏家族墓地 8 號墓，現藏南京市博物館。磚高 51、寬 26、厚 7 釐米。隸書，8 行，行 3 至 16 字不等。

著錄：

《漢魏六朝碑刻校注》3 冊 11—12 頁。（圖、文）

《新中國出土墓誌·江蘇〔貳〕》（南京）上冊 15 頁（圖）、下冊 5 頁（文）。

《中國古代磚刻銘文集》上、下冊編號 0801。（圖、文）

《全三國兩晉南朝文補遺》95 頁。（文）

《新出魏晉南北朝墓誌疏證》（修訂本）20—21 頁。（文、跋）

《漢魏六朝碑刻校注·總目提要》編號 1002。（目）

論文：

南京市博物館：《南京象山 8 號、9 號、10 號墓發掘簡報》，《文物》2000 年第 7 期。

太和 005
莫氏墓磚

泰和四年（369）七月廿九日。出長興，浙江歸安陸心源舊藏。長九寸，厚一寸一分。隸書，計 15 字。

著錄：

《千甓亭磚錄》4/11b，《歷代陶文研究資料選刊》上冊 422 頁。（文、跋）

《石刻名彙》11/196b，《新編》2/2/1125 下。（目）

太和 006
□君妻張永男墓磚

泰和四年（369）八月。1953 年 2 月在江蘇省南京市建寧磚瓦廠發掘出土。形制不詳，或 1 行 8 字，或 1 行 5 字，隸書。

論文：

葛治功：《南京西善橋東晉泰和四年墓清理簡報》，《考古通訊》1958 年第 4 期。（圖、文）

太和 007
爨龍驤墓內刻石

太和五年（370）正月八日。1965 年 1 月在雲南省陸良縣南壩崖上古墓中出土，現藏陸良縣文化館。高 30、寬 48 釐米。隸書，4 行，行 4 至 6 字。據孫太初考證，太和五年為庚午，太和六年為辛未，此石稱太和五年辛未，或年錯，或甲子錯。

著錄：

《中國西南地區歷代石刻匯編》（雲南省博物館卷）14 冊 5 頁。（圖）

《雲南考古》圖版陸叁，111—112 頁。（圖、文、跋）

《漢魏六朝碑刻校注》3 冊 13—14 頁。（圖、文）

《漢魏六朝碑刻校注·總目提要》編號 1003。（目）

太和 008
溫式之墓誌并陰

泰和六年（371）四月廿九日葬於琅耶郡華縣白石崗。2001 年江蘇省南京市北郊郭家山西端下關區大廟村十二號墓出土，今存南京博物院。通高55.2、寬30.4釐米。隸書兼楷法，誌陽10行，行18字；陰10行，行字不等。

著錄：

《漢魏六朝碑刻校注》3冊15—16頁。（圖、文）

《漢魏六朝碑刻校注·總目提要》編號1004。（目）

論文：

南京博物館：《南京市郭家山東晉溫氏家族墓》，《考古》2008年第6期。

備考：溫式之，《晉書》卷六七附《溫放之傳》。

太和009

王建之妻劉媚子墓誌

泰和六年（371）六月十四日卒於郡官舍，其年十月三日喪還都，十一月八日葬於丹陽建康之白石。1998年出土於南京市下關區象山東晉琅邪王氏家族墓地9號墓，今存南京市博物館。墓誌為兩方，一石質，一磚質，文字內容同。石質墓誌長45、寬35、厚2.5釐米；正書，13行，滿行13字。磚質墓誌長51、寬26、厚7釐米；隸書，14行，行10至12字不等。

著錄：

《漢魏六朝碑刻校注》3冊18—20頁。（圖、文）

《中國古代磚刻銘文集》上、下冊編號0802。（圖、文）

《新中國出土墓誌·江蘇〔貳〕》（南京）上冊16—17頁（圖）、下冊5—6頁（文）。

《全三國兩晉南朝文補遺》95—96頁。（文）

《新出魏晉南北朝墓誌疏證》（修訂本）22頁。（文、跋）

《漢魏六朝碑刻校注·總目提要》編號1005。（目）

論文：

南京市博物館：《南京象山8號、9號、10號墓發掘簡報》，《文物》2000年第7期。

劉濤：《〈王建之妻劉媚子墓誌〉中的"涅陽"》，《文物》2002年第7期。

咸 安

咸安 001
王建之墓誌并陰

泰和六年（371）閏月十二日卒於郡官舍，咸安二年（372）四月廿六日合葬丹楊建康之白石。1998年出土於南京市下關區象山東晉瑯邪王氏家族墓地9號墓，今存南京市博物館。長26、寬46、厚5釐米。兩面刻文，正面誌文18行，背面11行，滿行均10字，隸書。

著錄：

《漢魏六朝碑刻校注》3冊21—23頁。（圖、文）

《新中國出土墓誌·江蘇〔貳〕》（南京）上冊18頁（圖）、下冊6頁（文）。

《全三國兩晉南朝文補遺》96頁。（文）

《新出魏晉南北朝墓誌疏證》（修訂本）23—24頁。（文、跋）

《漢魏六朝碑刻校注·總目提要》編號1006。（目）

論文：

南京市博物館：《南京象山8號、9號、10號墓發掘簡報》，《文物》2000年第7期。

寧 康

寧康 001
桂氏墓記磚

寧康二年（374）九月五日。20世紀六十年代在江西省清江縣洋湖鎮發掘出土。磚長36、寬18釐米。磚正、側刻字，正面3字"桂氏墓"，側面11字，未見圖版。

論文：

秦光杰：《清江洋湖晉墓發掘報告》，《文物工作資料》1964年第2

期。（文）

寧康 002

宜都太守李墓磚誌

又稱"李纂墓誌"。寧康三年（375）十月廿六日。1999年出土於南京市棲霞區呂家山西南麓的三座東晉墓2號墓中，現藏南京市博物館。磚長29.7、寬14.5、厚4.8釐米。隸書兼楷法，3行，首、尾行9字，中間行3字。

著錄：

《漢魏六朝碑刻校注》3冊24—25頁。（圖、文）

《中國古代磚刻銘文集》上、下冊編號0803。（圖、文）

《新中國出土墓誌·江蘇〔貳〕》（南京）上冊19頁（圖）、下冊6頁（文）。

《全三國兩晉南朝文補遺》96頁。（文）

《新出魏晉南北朝墓誌疏證》（修訂本）25—26頁。（文、跋）

《漢魏六朝碑刻校注·總目提要》編號1007。（目）

論文：

南京市博物館：《南京呂家山東晉李氏家族墓》，《文物》2000年第7期。

太（泰）元

太元 001

孟府君磚誌五種

泰元元年（376）十二月十二日。1976年安徽省馬鞍山市區南佳山路出土，藏安徽省博物館。五磚尺寸、文字完全相同。高35、寬17釐米。一、二、三磚行款相同，隸書，3行，行8至12字不等。四、五磚隸書，3行，行7至12字不等。

著錄：

《中國磚銘》圖版上冊488、490、492、494、496頁。（圖）

《中國古代磚刻銘文集》上、下冊編號0804—0808。（圖、文）

《漢魏六朝碑刻校注》3冊28頁（兩磚圖）、29頁（文）

《漢魏南北朝墓誌彙編》20 頁。（文）

《全三國兩晉南朝文補遺》97 頁。（文）

《漢魏六朝碑刻校注·總目提要》編號 1009。（目）

論文：

安徽省文物工作隊：《安徽馬鞍山東晉墓清理》，《考古》1980 年第 6 期。

太元 002

嚴君墓磚

太元二年（377）。浙江寧海陳氏舊藏。八分書。

碑目著錄：

《補寰宇訪碑錄》1/16b，《新編》1/27/20202 下。

《石刻名彙》11/197a，《新編》2/2/1126 上。

《古誌彙目》1/3a，《新編》3/37/9。

太元 003

建威將軍竺瑤碑二

泰元三年（378）卒。在金陵鄉張陣湖。竺瑤二碑：一碑故吏張顧之等立，隸額，額題：晉故建威將軍益州刺史領建平太守平恩縣侯竺使君之碑；一碑主簿費敷等立，無額，作兩段；皆佚。

碑目題跋著錄：

《江寧金石待訪目》1/3a，《新編》1/13/10131 上。

《寶刻叢編》15/3a，《新編》1/24/18323 上。

《石刻題跋索引》29 頁左，《新編》1/30/22367。

《天下金石志》2/1，《新編》2/2/806 上。

《碑藪》，《新編》2/16/11840 下。

《佩文齋書畫譜·金石》62/5b 上，《新編》3/2/53 下。

（至正）《金陵新志·碑碣》72/78b，《新編》3/5/5 下。

（嘉慶）《重刊江寧府志·金石》53/1b – 2a，《新編》3/5/27 下—28 上。

《江寧金石待訪錄》1/3a – b，《新編》3/5/84 上。

（同治）《上江兩縣志·藝文下》12下/2b，《新編》3/5/111下。

《金陵古金石考目》2a，《新編》3/35/501下。

《金石備攷·江南江寧府》，《新編》4/1/10下。

《六藝之一錄》57/25a，《新編》4/5/62上。

備考：竺瑤，事見《晉書》卷八《廢帝司馬奕本紀》、卷七四《桓豁傳》、卷九八《桓溫傳》、卷一一三《苻堅載記上》等。《江寧金石待訪目》、《重刊江寧金石志》在竺瑤碑後都還著錄有"竺使君頌"，按同治《上江兩縣志·藝文下》也著錄有"建威將軍思平縣侯竺瑤頌銘"二碑。可見，竺瑤碑二，當是一為故吏張顧之等立"竺使君碑"，一為費敷等立"竺使君頌"。

太元 004

紀德冢墓記

泰元四年（379）五月十一日。2006年在南京市花神大道以西、寧丹公路以東、燕西路以南、寧南大道以北發掘出土。磚長28、寬14、厚4釐米。隸書，3行，行8至10字。

論文：

南京市博物館、南京市雨花臺區文化局：《南京雨花臺東晉紀年墓發掘簡報》，《文物》2008年第12期。（圖、文）

太元 005

孫放墓誌

太元十年（385）。山西絳縣出土。隸書。

碑目題跋著錄：

《石刻名彙》1/4a，《新編》2/2/1026下。

《崇雅堂碑錄補》1/3a，《新編》2/6/4552上。

《六朝墓誌檢要》（修訂本）16頁。

備考：《晉書》卷八二有《孫放傳》，因未見錄文，是否誌主，待考。

太元 006

王康之妻何法登磚誌

泰（太）元十四年（389）正月廿五日卒，其年三月六日附葬處士君墓於白石。2000 年出土於江蘇省南京市下關區象山 11 號墓東晉王氏家族墓地，石藏南京市博物館。磚高 49、寬 23.5、厚 7 釐米。正書，7 行，行 6 至 14 字不等。

著錄：

《漢魏六朝碑刻校注》3 冊 30—31 頁。（圖、文）

《新中國出土墓誌·江蘇〔貳〕》（南京）上冊 21 頁（圖）、下冊 7 頁（文）。

《中國古代磚刻銘文集》上、下冊編號 0810。（圖、文）

《新出魏晉南北朝墓誌疏證》（修訂本）27 頁。（文、跋）

《全三國兩晉南朝文補遺》97 頁。（文）

《漢魏六朝碑刻校注·總目提要》編號 1010。（目）

論文：

南京市博物館：《南京象山 11 號墓清理簡報》，《文物》2002 年第 7 期。

太元 007

王彬繼室夏金虎磚誌

太元十七年（392）正月廿二日卒。1966 年南京市下關區象山 6 號墓出土，藏南京市博物館。磚高 50.8、寬 23.7、厚 5.8 釐米。正書，6 行，行 7 至 19 字不等。

圖版、錄文著錄：

《中國磚銘》圖版上冊 506 頁。（圖）

《漢魏六朝碑刻校注》3 冊 32—33 頁。（圖、文）

《中國古代磚刻銘文集》上、下冊編號 0811。（圖、文）

《新中國出土墓誌·江蘇〔貳〕》（南京）上冊 22 頁（圖）、下冊 7 頁（文）。

《全三國兩晉南朝文補遺》97 頁。（文）

碑目題跋著錄：

《碑帖鑒定》120 頁。

《六朝墓誌檢要》（修訂本）16 頁。

《善本碑帖錄》2/53 - 54。

《碑帖敘錄》134 頁。

《漢魏六朝碑刻校注·總目提要》編號 1011。

論文：

南京市博物館：《南京 5 號、6 號、7 號墓清理簡報》，《文物》1972 年第 11 期。

王去非、趙超：《南京出土六朝墓誌綜考》，《考古》1990 年第 10 期。

南京市博物館：《南京市博物館藏六朝墓誌》，《東南文化》1992 年第 5 期。

太元 008
涂君冢磚

太元十七年（392）。長九寸二分，厚一寸四分。出寧波鄞山，呂氏舊藏。正、側刻字，正面 12 字，右側 12 字，磚上、下端皆"徐西曹君冢" 5 字。

著錄：

《浙江磚錄》2/49a－b，《歷代陶文研究資料選刊》上冊 155—156 頁。（文、跋）

太元 009
霍□墓誌

先葬蜀郡，以東晉太元十□年（385—394）二月五日改葬朱提。1963 年出土於雲南省昭通縣。正書雜行書，8 行，行字不等。首題：晉故使持節都督江南交寧二州諸軍事建寧越巂興古三郡太守南夷校尉交寧二州刺史成都縣侯霍使君之像。

著錄：

《漢魏六朝碑刻校注》3 冊 34—35 頁。（圖、文）

《漢魏南北朝墓誌彙編》20 頁。（文）

《全三國兩晉南朝文補遺》97 頁。（文）

《漢魏六朝碑刻校注·總目提要》編號 1012。（目）

論文：

雲南省文物工作隊：《雲南省昭通後海子東晉壁畫墓清理簡報》，《文物》1963 年第 12 期。

太元 010

謝琰墓誌磚

太元廿一年（396）七月十四日。1972 年江蘇省溧陽縣上興鄉新源村出土，藏南京博物院。磚高 32、寬 24.5、厚 6 釐米。正書，7 行，行 4 至 14 字不等。

著錄：

《中國磚銘》圖版上冊 509。（圖）

《漢魏六朝碑刻校注》3 冊 36—37 頁。（圖、文）

《中國古代磚刻銘文集》上、下冊編號 0812。（圖、文）

《漢魏南北朝墓誌彙編》20 頁。（文）

《全三國兩晉南朝文補遺》98 頁。（文）

《碑帖鑒定》120—121 頁。（文、跋）

《漢魏六朝碑刻校注·總目提要》編號 1013。（目）

論文：

曉光：《江蘇溧陽發現東晉墓誌》，《考古》1973 年第 3 期。

南京博物院：《江蘇溧陽果園東晉墓》，《考古》1973 年第 4 期。

羅宗真：《從考古資料看六朝謝氏家族的興衰》，《東南文化》1997 年第 4 期。

備考：謝琰，《晉書》卷七九有傳。

太元 011

卜氏榔磚文

太元二十二年（397）。浙江歸安陸氏舊藏。文隸書，2 行，行 3 或 8 字。

著錄：

《金石索》石索六，下冊 1963—1964 頁。（圖、文、跋）

《補寰宇訪碑錄》1/17a，《新編》1/27/20203 上。（目）

《石刻名彙》11/197a，《新編》2/2/1126 上。（目）

《古誌彙目》1/3a，《新編》3/37/9。（目）

太元 012

嚴堅墓甎

太元二十二年（397）建。在山陰蘭渚山，清嘉慶四年（1799）土人掘地得之，共五甎，藏山陰人何蘭馥家。甎長二尺，厚二寸許，寬一尺一寸。正書，計 22 字。

著錄：

《越中金石目》卷下/2b，《新編》2/10/7085 上。（文）

（嘉慶）《山陰縣志·碑刻》27/5b－6a，《新編》3/9/63 上—下。（文、跋）

《浙江磚錄》2/50a，《歷代陶文研究資料選刊》上冊 157 頁。（文、跋）

太元 013

徵士龔（龔）玄之墓銘

又名：龔元之墓銘。太元中（376—397）車武子立，或云車武子書銘。碑在臨沅縣，一說常德府武陵縣。施蟄存《水經注碑錄》考證，《水經注》中的"襲玄之"，"殆傳抄之誤"，當作"龔玄之"。

碑目題跋著錄：

《金石彙目分編》15/30b，《新編》1/28/21421 下。

（光緒）《湖南通志·金石三》261/12b－13a，《新編》2/11/7768 下—7769 上。附《名勝志》、楊嗣昌《臨沅縣詩序》、《嘉慶通志》。

《佩文齋書畫譜·金石》62/4b 下，《新編》3/2/53 上。

《水經注碑錄》卷 10 編號 261，《北山金石錄》上冊 228—229 頁。

《太平寰宇記碑錄》編號 182，《北山金石錄》上冊 304 頁。

備考：龔玄之，《晉書》卷九四有傳。

太元 014

張明婦侯氏專誌

太元年（376—397）四月十三日。隸書。

碑目著錄：

《蒿里遺文目錄補遺》11a，《新編》2/20/15001 上。

隆 安

隆安 001

龔明墓磚

又作：龔期墓專文。隆安二年（398），一作"三年"（399），暫從二年。浙江太倉錢氏舊藏。隸書。

碑目著錄：

《石刻名彙》11/197a，《新編》2/2/1126 上。

《古誌彙目》1/3a，《新編》3/37/9。

《再續寰宇訪碑錄》卷上，《羅振玉學術論著集》第五集，429 頁。

隆安 002

豫州長史謝重墓誌

隆安三年（399）六月二十二日卒，七月九日葬。在建康府。隸書。

碑目題跋著錄：

《江寧金石待訪目》1/3b，《新編》1/13/10131 上。

《寶刻叢編》15/3b，《新編》1/24/18323 上。

《石刻題跋索引》130 頁左，《新編》1/30/22468。

（嘉慶）《重刊江寧府志·金石》53/2a，《新編》3/5/28 上。

《江寧金石待訪錄》1/3b，《新編》3/5/84 上。

《古誌彙目》1/3a，《新編》3/37/9。

《六藝之一錄》57/25b，《新編》4/5/62 上。

《六朝墓誌檢要》（修訂本）17 頁。

《漢魏六朝碑刻校注·總目提要》編號 1014。

備考：謝重，《晉書》卷七九附《謝朗傳》。

隆安 003

楊陽神道闕

又名：巴郡察孝騎都尉枳楊府君之神道。隆安三年（399）十月十一日立。在四川巴縣出土，舊在巴縣鄉間，先為歸安姚方伯（字彥侍）所得，後曾歸滿洲托活洛氏（端方）、建德周進，現藏故宮博物院。高

36.5、廣 41.5 釐米。7 行，滿行 7 字，正書。首題：晉故巴郡察孝騎都尉枳楊府君之神道。

圖版著錄：

《二銘草堂金石聚》15/73a – 74a，《新編》2/3/2322 上—下。

《古石抱守錄》，《新編》3/1/226。

《北京圖書館藏中國歷代石刻拓本匯編》2 冊 91 頁。

《四川歷代碑刻》82 頁。

《碑帖鑒定》121 頁。

《漢魏六朝碑刻校注》3 冊 38 頁。

錄文著錄：

《希古樓金石萃編》9/32a，《新編》1/5/3928 下。

《八瓊室金石補正》9/33b，《新編》1/6/4148 上。

《匋齋藏石記》4/14b，《新編》1/11/8021 下。

（民國）《巴縣志·金石上》20 上/13b，《新編》3/15/243 上。

《增補校碑隨筆》（修訂本）130 頁。

《魯迅輯校石刻手稿·碑銘》中冊 38 頁。

《四川歷代碑刻》82 頁。

《漢魏六朝碑刻校注》3 冊 39 頁。

《全三國兩晉南朝文補遺》76 頁。

碑目題跋著錄：

《希古樓金石萃編》9/33a – 34a，《新編》1/5/3929 上—下。附《十二硯齋金石經眼續錄》。

《八瓊室金石補正》9/33b – 34a，《新編》1/6/4148 上—下。

《匋齋藏石記》4/16b – 17a，《新編》1/11/8022 下—8023 上。

《藝風堂金石文字目》1/18a，《新編》1/26/19531 下。

《再續寰宇訪碑錄校勘記》2a，《新編》1/27/20460 下。

《石刻題跋索引》29 頁左，《新編》1/30/22367。

《石刻名彙》1/4a，《新編》2/2/1026 下。

《二銘草堂金石聚》15/74a – b，《新編》2/3/2322 下。

《崇雅堂碑錄》1/9b，《新編》2/6/4488 上。

《語石》1/4b、2/16b、5/22a，《新編》2/16/11860 下、11883 下、11949 下。

《定庵題跋》36b，《新編》2/19/14303 下。

《寰宇貞石圖目錄》卷上/5a，《新編》2/20/14673 下。

《蒿里遺文目錄》6/1b，《新編》2/20/14994 上。

《求恕齋碑錄》，《新編》3/2/524 上。

（民國）《巴縣志·金石上》20 上/13b－14a，《新編》3/15/243 上－下。

《石目》，《新編》3/36/53 下。

《古誌彙目》1/3a，《新編》3/37/9。

《魏晉石存目》3a，《新編》3/37/534 上。

《再續寰宇訪碑錄》卷上，《羅振玉學術論著集》第五集，429 頁。

《增補校碑隨筆》（修訂本）130—131 頁。

《碑帖鑒定》121 頁。

《碑帖敘錄》107 頁。

《六朝墓誌檢要》（修訂本）16—17 頁。

《善本碑帖錄》2/55。

《漢魏六朝碑刻校注·總目提要》編號 1015。

淑德大學《中國石刻拓本目錄》"碑碣等刻石" 編號 317。

隆安 004

夜郎太守母穉碑并陰

隆安三年（399）十月十五日主簿張熊等立。在重慶巴縣。碑隸書額題：晉故寧遠將軍綏蠻護軍夜郎太守母府君之神碑。

碑目題跋著錄：

《金石錄》2/6b，《新編》1/12/8808 下。

《通志·金石略》卷上/27b，《新編》1/24/18032 下。

《寶刻叢編》19/12a－b、20/16a，《新編》1/24/18357 下、18380 下。（節文）

《金石彙目分編》16（2）/1b－2a、19/10b，《新編》1/28/21483

上一下、21585下。

《石刻題跋索引》29頁左,《新編》1/30/22367。

《佩文齋書畫譜·金石》62/4b上,《新編》3/2/53上。

(民國)《巴縣志·金石》20上/14a,《新編》3/15/243下。

(光緒)《雲南通志·藝文志》212/18b,《新編》3/23/57下。

(光緒)《續雲南通志稿·藝文志》171/8a,《新編》3/23/110下。

《燕庭金石叢稿》,《新編》3/32/514上。

《六藝之一錄》57/26b,《新編》4/5/62下。

隆安005

周氏墓磚

隆安五年(401)。出浙江海鹽,馮氏舊藏。磚長八寸,厚二寸。字在正、隸之間,計16字。

著錄:

《兩浙金石志》1/26a–b,《新編》1/14/10205下。(文)

《浙江磚錄》2/50b,《歷代陶文研究資料選刊》上冊158頁。(文、跋)

《全三國兩晉南朝文補遺》143頁。(文)

太(大)亨

太亨001

振威將軍建寧太守爨寶子碑

俗稱:小爨碑。大亨四年(405)四月刻。清乾隆四十三年(1778)於雲南曲靖縣南揚旗田出土,現藏曲靖縣第一中學碑亭。碑高190釐米,寬71、厚21釐米。文正書,13行,滿行30字。下題名13行,行4字。額題:晉故振威將軍建寧太守爨府君之墓。

圖版著錄:

《二銘草堂金石聚》15/62a–71b,《新編》2/3/2316下—2321上。

《北京圖書館藏中國歷代石刻拓本匯編》2冊92頁。

《中國西南地區歷代石刻匯編》第14冊"雲南省博物館卷",6頁。

《漢魏六朝碑刻校注》3 冊 40 頁。

錄文著錄：

《八瓊室金石補正》9/34a – 35b，《新編》1/6/4148 下—4149 上。

《十二硯齋金石過眼錄》3/7b – 9b，《新編》1/10/7817 上—7818 上。

《續語堂碑錄》，《新編》2/1/101 上—下。

（光緒）《雲南通志·藝文志》212/20b – 22b，《新編》3/23/58 下—59 下。

（光緒）《續雲南通志稿·藝文志》171/8b – 10b，《新編》3/23/110 下—111 下。

《魯迅輯校石刻手稿·碑銘》中冊 44—46 頁。

《雲南考古》112—114 頁。

《漢魏六朝碑刻校注》3 冊 41 頁。

《全三國兩晉南朝文補遺》76 頁。

碑目題跋著錄：

《八瓊室金石補正》9/35b – 36a，《新編》1/6/4149 上—下。附鄧爾恒識。

《十二硯齋金石過眼錄》3/9b – 10b，《新編》1/10/7818 上—下。

《集古求真》3/1a – 2a，《新編》1/11/8502 上—下。

《藝風堂金石文字目》1/18a – b，《新編》1/26/19531 下。

《補寰宇訪碑錄》1/17a，《新編》1/27/20203 上。

《補寰宇訪碑錄校勘記》1/3a – b，《新編》1/27/20287 上。

《金石彙目分編》19/9b，《新編》1/28/21585 上。

《石刻題跋索引》29 頁左，《新編》1/30/22367。

《二銘草堂金石聚》15/71b – 72b，《新編》2/3/2321 上—下。

《崇雅堂碑錄》1/9b，《新編》2/6/4488 上。

《語石》1/4a、2/31a，《新編》2/16/11860 下、11891 上。

《定庵題跋》38b – 39a，《新編》2/19/14304 下—14305 上。

《寰宇貞石圖目錄》卷上/5a、卷下/3a，《新編》2/20/14673 下、14678 下。

《蒿里遺文目錄》1 上/3a，《新編》2/20/14938 下。

（光緒）《雲南通志・藝文志》212/18b–20b，《新編》3/23/57 下—58 下。

（光緒）《續雲南通志稿・藝文志》171/8a–b，《新編》3/23/110 下。

《石目》，《新編》3/36/46 上。

《魏晉石存目》3a，《新編》3/37/534 上。

《漢石經室金石跋尾》，《新編》3/38/263 下。

《激素飛清閣平碑記》卷 2，《新編》4/1/201 下。

《越縵堂讀書記》下冊 1072—1073 頁。

《雲南考古》112、114 頁。

《增補校碑隨筆》（修訂本）131 頁。

《碑帖鑒定》122—123 頁。

《碑帖敘錄》270 頁。

《善本碑帖錄》2/54。

《漢魏六朝碑刻校注・總目提要》編號 1016。

淑德大學《中國石刻拓本目錄》"碑碣等刻石" 編號 318。

論文：

楊玠：《爨寶子碑和爨龍顏碑》，《文物》1977 年第 4 期。

馬喜梅：《爨氏統治時期雲南民族關係的演變——基於"二爨"碑的研究》，《學術探索》2016 年第 1 期。

王航：《從"二爨碑"管窺魏晉南北朝時期南中地區發展及與中原王朝關係》，《哈爾濱師範大學社會科學學報》2016 年第 2 期。

郭頤揚：《〈爨寶子碑〉研究》，文物出版社編：《第五屆中國書法史論國際研討會論文集》，第 195—201 頁。

備考："大亨" 僅元年，大亨四年相當於義熙元年（405）。

義　熙

義熙 001

謝溫磚誌

義熙二年（406）九月卒，十一月廿八日葬丹楊郡江寧縣牛頭山。

1986 年六月南京市雨花臺區鐵心橋鄉司家山 5 號墓謝溫墓出土，今存南京市博物館。長 46.4、寬 23、厚 6.5 釐米。正書兼隸書，8 行，行 12 至 21 字不等。

著錄：

《中國磚銘》圖版上冊 515 頁。（圖）

《漢魏六朝碑刻校注》3 冊 43—44 頁。（圖、文）

《新中國出土墓誌・江蘇〔貳〕》（南京）上冊 23 頁（圖）、下冊 8 頁（文）。

《中國古代磚刻銘文集》上、下冊編號 0813。（圖、文）

《全三國兩晉南朝文補遺》98 頁。（文）

《新出魏晉南北朝墓誌疏證》（修訂本）31—32 頁。（文、跋）

《漢魏六朝碑刻校注・總目提要》編號 1017 頁。（目）

論文：

南京市博物館、雨花區文化局：《南京南郊六朝謝溫墓》，《文物》1998 年第 5 期。

川合安：《六朝〈謝氏家族墓誌〉について》，《古代文化》2002 年第 2 號。

義熙 002

謝球磚誌

義熙三年（407）三月廿六日亡，其年七月廿四日安厝丹楊郡秣陵縣賴鄉石泉里牛頭山。1986 年三月南京市雨花臺區鐵心橋鄉司家山 4 號墓謝球、王德光夫婦合葬墓出土，現藏南京市博物館。高 45、寬 23、厚 6 釐米。正書兼隸書，正側兩面刻字，面 9 行，行 17 至 28 字不等，側 1 行 18 字。

著錄：

《中國磚銘》圖版上冊 516 頁。（圖）

《漢魏六朝碑刻校注》3 冊 45—46 頁。（圖、文）

《新中國出土墓誌・江蘇〔貳〕》（南京）上冊 24 頁（圖）、下冊 8 頁（文）。

《中國古代磚刻銘文集》上、下冊編號 0814。(圖、文)

《漢魏六朝碑刻校注・總目提要》編號 1018。(目)

論文：

羅宗真：《從考古資料看六朝謝氏家族的興衰》，《東南文化》1997年第 4 期。

南京市博物館、雨花區文化局：《南京司家山東晉、南朝謝氏家族墓》，《文物》2000 年第 7 期。

川合安：《六朝〈謝氏家族墓誌〉について》，《古代文化》2002 年第 2 號。

義熙 003

張西陵墓磚

義熙五年（409）。湖北襄陽宜都城東出土，宜都李氏、浙江山陰劉氏舊藏。隸書，1 行 10 字。

著錄：

《中國磚銘》圖版上冊 518 頁。(圖、文)

（民國）《湖北通志・金石志》3/14a，《新編》1/16/11980 下。(文)

《全三國兩晉南朝文補遺》143 頁。(文)

《石刻名彙》11/197b，《新編》2/2/1126 上。(目)

義熙 004

莫上計墓磚

義熙六年（410）。出長興，浙江歸安陸心源舊藏。長一尺七分，厚一寸五分。隸書，計 9 字。

著錄：

《北山集古錄》卷四，《北山金石錄》上冊 449 頁。(文、跋)

《千甓亭磚錄》4/16a，《歷代陶文研究資料選刊》上冊 431 頁。(文、跋)

《石刻名彙》11/197b，《新編》2/2/1126 上。(目)

《再續寰宇訪碑錄》卷上，《羅振玉學術論著集》第五集，429 頁。(目)

義熙 005

高句麗好太王（高談德）碑

又名：好大王碑。義熙十年（414）九月廿九日造。在吉林省集安市城東太王鄉好太王陵東側出土，今仍存原地。高 639 釐米，第一面寬 148、第二面寬 135、第三面寬 200、第四面寬 146 釐米。隸書，第一、第二兩面各 11 行，第三面 13 行，第四面 9 行，滿行 41 字。

圖版著錄：

《高句麗好太王碑》，《新編》4/2/561－767。

《漢魏六朝碑刻校注》3 冊 47—50 頁。

錄文著錄：

《希古樓金石萃編》10/1a－5a，《新編》1/5/3931 上—3933 上。

《滿洲金石志》1/4a－7a，《新編》1/23/17236 下—17238 上。

《海東金石苑補遺》1/1b－6a，《新編》1/23/17678 上—17680 下。

《寶鴨齋題跋》卷上/15b－19a，《新編》2/19/14342 上—14344 上。

《高句麗好太王碑》，《新編》4/2/557 下—560 上。

《漢魏六朝碑刻校注》3 冊 51—53 頁。

《全三國兩晉南朝文補遺》77—79 頁。

碑目題跋著錄：

《希古樓金石萃編》10/5a－8a，《新編》1/5/3933 上—3934 下。

《集古求真》3/2a－3b，《新編》1/11/8502 下—8503 上。

《滿洲金石志》1/7a－16a，《新編》1/23/17238 上—17242 下。附高麗國《永樂好太王碑釋文》、鄭文焯《好太王碑考釋》。

《滿洲金石志校記》1b，《新編》1/23/17516 上。

《海東金石苑補遺》1/20b－22a，《新編》1/23/17687 下—17688 下。

《金石彙目分編》2（補遺）/1a，《新編》1/27/20685 上。

《石刻題跋索引》29 頁左—右，《新編》1/30/22367。

《崇雅堂碑錄》1/9b，《新編》2/6/4488 上。

《語石》2/34b－35a、39a，《新編》2/16/11892 下—11893 上、11895 上。

《蒿里遺文目錄》1 上/3a，《新編》2/20/14938 下。

《夢碧簃石言》1/15a – b，《新編》3/2/161 下。

《魏晉石存目》3b，《新編》3/37/534 上。

《雪堂金石文字跋尾》2/9b – 11b，《新編》3/38/292 上—293 上。

《俑廬日札》，《羅振玉學術論著集》第三集，134—135 頁。

《再續寰宇訪碑錄》卷上，《羅振玉學術論著集》第五集，430 頁。

《增補校碑隨筆》（修訂本）131—132 頁。

《碑帖鑒定》123—124 頁。

《碑帖敘錄》66 頁。

《善本碑帖錄》2/54 – 55。

《漢魏六朝碑刻校注·總目提要》編號 1019。

淑德大學《中國石刻拓本目錄》"碑碣等刻石" 編號 319。

論文及相關著作：

劉節：《好太王碑考釋》，《國學論叢》第 2 卷第 1 號，1935 年 10 月。

［韓國］林基中：《廣開土王碑原石初期拓本集成》，（首爾）東國大學出版社 1959 年版。

［日］李進熙：《廣開土王陵碑研究》，（東京）吉川弘文館，1974 年。

高明士：《台灣所藏的高句麗好太王碑拓本》，《韓國學報》1983 年第 3 期。

王健群：《好太王碑研究》，吉林人民出版社 1984 年版。

傅仁義：《好太王碑》，載於《東北古文化》，第 192—193 頁。

王仲殊：《再論好太王碑文辛卯年條的釋讀》，《考古》1991 年第 12 期。

王培真、徐建新：《好太王碑原石拓本的新發現及其研究》，《世界歷史》1993 年第 2 期。

耿鐵華：《好太王碑新考》，吉林人民出版社 1994 年版。

徐建新：《關於北京大學圖書館所藏好太王碑原石拓本》，《世界歷史》1995 年第 2 期。

樸真奭：《高麗好太王碑研究》，延邊大學出版社 1999 年版。

朴真奭：《好太王碑拓本研究》，黑龍江民族出版社 2001 年版。

孫麗萍、王萍：《黑龍江省博物館館藏〈好太王碑〉碑拓賞析》，《北方文物》2002 年第 2 期。

徐建新：《高句麗好太王碑早期墨本的新發現——對 1884 年潘祖蔭藏本的初步調查》，《中國史研究》2005 年第 1 期。

耿鐵華：《好太王碑一千五百九十年祭》，《中國邊疆史地研究》2005 年第 3 期。

陸麗華：《好太王碑證史與補史作用》，《通化師範學院學報》2010 年第 6 期。

李德山：《再論好太王碑之"倭"》，《社會科學戰線》2011 年第 5 期。

耿鐵華：《好太王碑辛卯年條與相關問題》，《社會科學戰線》2011 年 11 期。

羅新：《好太王碑與高句麗王號》，《中華文史論叢》2013 年第 3 期。

韓辰飛：《大連圖書館館藏〈好太王碑〉拓本釋讀與鑒定》，《圖書館學刊》2013 年第 5 期。

耿鐵華：《通化師範學院藏好太王碑拓本：紀念好太王碑建立 1600 年》，吉林大學出版社 2014 年版。

耿鐵華：《好太王碑與東北亞古代國家關係》，《東北史地》2015 年第 4 期。

姜維公：《好太王碑及其"始祖傳說"模式的意義——以高句麗早期王系為中心》，《東北史地》2016 年第 1 期。

李大龍：《黃龍與高句麗早期歷史——以〈好太王碑〉所載鄒牟、儒留王事跡為中心》，《青海民族大學學報》2015 年第 1 期。

耿鐵華：《日本〈會餘錄〉對好太王碑發現的誤記》，《北方文物》2017 年第 1 期。

耿鐵華：《關於新發現的兩種好太王碑拓本》，《通化師範學院學報》2017 年第 3 期。

耿鐵華：《好太王碑發現 140 周年的捶拓與研究》，《東北師範大學學報》2018 年第 1 期。

義熙 006

謝球妻王德光磚誌

義熙十二年（416）六月四日亡，其年七月廿五日合葬。1986 年江蘇省南京市雨花臺區鐵心橋鄉司家山 4 號墓謝球、王德光夫婦合葬墓出土，今藏南京市博物館。高 30、寬 15、厚 4 釐米。正書 3 行，前 2 行行 14 字，末行 2 字。

著錄：

《中國磚銘》圖版上冊 520 頁。（圖、文）

《漢魏六朝碑刻校注》3 冊 56—57 頁。（圖、文）

《新中國出土墓誌·江蘇〔貳〕》（南京）上冊 25 頁（圖）、下冊 8—9 頁（文）。

《中國古代磚刻銘文集》上、下冊編號 0815。（圖、文）

《漢魏六朝碑刻校注·總目提要》編號 1021。（目）

論文：

南京市博物館、雨花區文化局：《南京司家山東晉、南朝謝氏家族墓》，《文物》2000 年第 7 期。

［日］川合安：《六朝〈謝氏家族墓誌〉について》，《古代文化》2002 年第 2 號。

元　熙

元熙 001

韓氏墓磚

元熙元年（419）。出烏程，浙江歸安陸心源舊藏。長七寸九分，厚一寸二分。計 9 字，隸書，反文。

著錄：

《千甓亭磚錄》4/16b，《歷代陶文研究資料選刊》上冊 432 頁。（文）

《石刻名彙》11/197b，《新編》2/2/1126 上。（目）

東晉無年號

無年號 001

劉庚墓記磚三種

東晉（317—420）。1984 年江蘇鎮江市諫壁鎮出土。三磚內容、形制全同，行文格式稍異。磚高 32.5、寬 15.5、厚 4.5 釐米。隸書，2 行，兩磚行 6 字，一磚行 5 或 7 字。

著錄：

《中國磚銘》圖版上冊 542—544 頁右。（圖）

《中國古代磚刻銘文集》上、下冊編號 0819—0821。（圖、文）

《全三國兩晉南朝文補遺》99 頁。（文）

《新出魏晉南北朝墓誌疏證》（修訂本）39—40 頁。（文、跋）

《漢魏六朝碑刻校注·總目提要》編號 1029。（目）

論文：

鎮江博物館：《江蘇鎮江諫壁磚瓦廠東晉墓》，《考古》1988 年第 7 期，第 621—635 頁。

備考：《全三國兩晉南朝文補遺》誤作"劉庚"。

無年號 002

涂司馬墓記磚

東晉（317—420）。1949 年後江蘇鎮江出土，藏鎮江博物館。磚高 30、寬 15.5、厚 4 釐米。隸書，1 行 3 字。

著錄：

《中國古代磚刻銘文集》上、下冊編號 0825。（圖、文）

論文：

劉建國：《鎮江東晉墓》，《文物資料叢刊》第 8 集，1983 年。

無年號 003

謝氏墓記磚

東晉（317—420）。1949 年後江蘇鎮江出土，藏鎮江博物館。磚高 28、寬 14.5、厚 4 釐米。隸書，1 行 4 字，"臨淮謝氏"。

著錄：

《中國古代磚刻銘文集》上、下冊編號0826。（圖、文）

《石刻名彙》11/198a，《新編》2/2/1126下。（目）

論文：

劉建國：《鎮江東晉墓》，《文物資料叢刊》第8集，1983年。

無年號 004

甄君妻解夫人墓記磚

東晉（317—420）。1989年廣東廣州下塘獅帶崗出土。磚長35、寬16、厚4.5釐米。隸書，正、背兩面刻字，各1行4字。

著錄：

《中國古代磚刻銘文集》上、下冊編號0827。（圖、文）

論文：

廣州市文物管理委員會：《廣州市下塘獅帶崗晉墓發掘簡報》，《考古》1996年第1期。

無年號 005

建安太守史府君墓誌

東晉（317—420）。在建康府。

碑目題跋著錄：

《江寧金石待訪目》1/3b，《新編》1/13/10131上。

《寶刻叢編》15/3a，《新編》1/24/18323上。

《石刻題跋索引》130頁左，《新編》1/30/22468。

（嘉慶）《重刊江寧府志·金石》53/2a，《新編》3/5/28上。

《古誌彙目》1/16a，《新編》3/37/35。

《六藝之一錄》57/33b，《新編》4/5/66上。

《六朝墓誌檢要》（修訂本）17頁。

《漢魏六朝碑刻校注·總目提要》編號1023。

無年號 006

鄭舒妻劉氏墓誌

東晉（317—420）。1919年河南省偃師縣西南扒頭村寨壕內出土。曾歸紹興周氏。誌高 35.4、廣 15.3 釐米。隸書，殘存 5 行，行 11 字。

  圖版著錄：

  《古石抱守錄》，《新編》3/1/326－327。

  《漢魏南北朝墓誌集釋》圖版一八，《新編》3/3/296。

  《六朝墓誌菁英二編》，《新編》4/3/202 上左。

  《北京圖書館藏中國歷代石刻拓本匯編》2 冊 107 頁。

  《中國金石集萃》第 7 函第 1 輯編號 2。

  《漢魏六朝碑刻校注》3 冊 60 頁。

  錄文著錄：

  《魯迅輯校石刻手稿·墓誌》上冊 11 頁。

  《漢魏南北朝墓誌彙編》17 頁。

  《漢魏六朝碑刻校注》3 冊 61 頁。

  《全三國兩晉南朝文補遺》98 頁。

  碑目題跋著錄：

  《石刻題跋索引》130 頁右，《新編》1/30/22468。

  《石刻名彙》1/4b，《新編》2/2/1026 下。

  《古誌新目初編》1/1b，《新編》2/18/13692 上。

  《蒿里遺文目錄》2（1）/1a，《新編》2/20/14944 上。

  《古石抱守錄》，《新編》3/1/328－329。

  《漢魏南北朝墓誌集釋》1/4b，《新編》3/3/42。附《九鐘精舍金石跋尾乙編》。

  《國立北平圖書館藏碑目》1b，《新編》3/36/249 上。

  《循園古冢遺文跋尾》1/6b－7a，《新編》3/38/9 下—10 上。

  《石交錄》2/26a，《新編》4/6/458 下。

  《墓誌徵存目錄》卷 1，《羅振玉學術論著集》第五集，558 頁。

  《碑帖鑒定》115—116 頁。

  《六朝墓誌檢要》（修訂本）18—19 頁。

  《洛陽出土石刻時地記》西晉 016，9 頁。

  《漢魏六朝碑刻校注·總目提要》編號 1024。

  《北京大學圖書館藏歷代墓誌拓片目錄》編號 00074。

無年號 007

樂安令程氏墓甎二

東晉（317—420）。出土於浙江臨海縣南十五里小溪附近，近人耕地得之，臨海洪氏舊藏。一甎厚一寸六分，廣六寸，高一尺二寸五分；一甎厚一寸三分，廣四寸六分，高存七寸八分。兩甎文字相同，隸書，11字。題云：晉故樂安令鉅鹿程氏之墓。

著錄：

《全三國兩晉南朝文補遺》145 頁。（文）

《浙江磚錄》3/11a，《歷代陶文研究資料選刊》上冊 191 頁。（文）

《台州甎錄》4/16b－18a，《新編》1/15/11227 上—11228 上。附《台州札記》。（文、跋）

（光緒）《僊居志》22/35b－37a，《新編》3/9/445 下—446 下。（文、跋）

（民國）《台州府志·金石考》85/3b－4a，《新編》3/9/246 上—下。（跋）

無年號 008

卞氏黃夫人墓磚

東晉（317—420）。正書，1 行 5 字。

碑目著錄：

《漢魏六朝碑刻校注·總目提要》編號 1027。

備考：《漢魏六朝碑刻校注》將《寶刻叢編》等諸書所著錄的"侍中成陽卞公墓誌"著錄為"侍中程陽卞公夫人墓誌"，"夫人"二字不知從何而來？其云"卞氏黃夫人"墓磚拓片來自《南京出土六朝墓誌》，而諸書所著錄的《侍中成陽卞公墓誌》皆云"未見拓本"，後者墓誌首題為"晉尚書令假節領軍將軍贈侍中成陽卞公墓誌"，由此推斷，《卞氏墓誌》和《卞氏黃夫人墓磚》恐非一石，故單獨著錄。

無年號 009

丞相王導碑

東晉（317—420）。孫綽撰。

錄文著錄：

《藝文類聚》卷45，上冊813頁。

《全晉文》62/6a－b，《全文》2冊1813下。

《孫廷尉集》20a－21a，《漢魏六朝百三名家集》3冊217上—下。

碑目題跋著錄：

《漢魏六朝志墓金石例》2/4a，《新編》3/40/405下。

《漢魏六朝墓銘纂例》3/9a，《新編》3/40/454上。

備考：王導，《晉書》卷六五有傳。

無年號010

王述碑

東晉（317—420）。韓伯撰。

錄文著錄：

《全晉文》132/11a，《全文》3冊2222上。

備考：王述，《晉書》卷七五有傳。

無年號011

謝安墓碑

又名：謝文靖公安白碑。東晉（317—420）立。在江寧梅嶺崗。

碑目題跋著錄：

《江寧金石待訪目》1/2b－3a，《新編》1/13/10130下—10131上。

《輿地碑記目·建康府碑記》1/20a，《新編》1/24/18532下。

（至正）《金陵新志·碑碣》72/78a，《新編》3/5/5下。

（嘉慶）《重刊江寧府志·金石》53/1b，《新編》3/5/27下。

《江寧金石待訪錄》1/2b，《新編》3/5/83下。

（乾隆）《長興縣志·碑版》12/29a，《新編》3/8/245上。

《墨妙亭碑目考》卷下之下/13a－14a，《新編》3/35/434上—下。

備考：謝安，《晉書》卷七九有傳。

無年號012

征虜將軍楊亮碑

東晉（317—420）。兩方，一在泊山，一在河澗，碑陰各有巴蜀故吏姓名，後徙置郡學，在當塗縣，今佚。

碑目題跋著錄：

《安徽金石略》5/2a，《新編》1/16/11703 下。

《通志·金石略》卷上/26b，《新編》1/24/18032 上。

《輿地碑記目·太平州碑記》1/23a–b，《新編》1/24/18534 上。

《金石彙目分編》5/29a，《新編》1/27/20804 上。

《天下金石志》2/12，《新編》2/2/811 下。

《佩文齋書畫譜·金石》62/5a 上、5b 下，《新編》3/2/53 下。

《六藝之一錄》57/32b，《新編》4/5/65 下。

無年號 013
大將軍墓碑

東晉（317—420）。在蕪湖縣，浙江海鹽陳氏舊藏。隸書。"大將軍"或疑為"王敦。"

碑目題跋著錄：

《安徽金石略》5/2a，《新編》1/16/11703 下。附趙紹祖識。

《石刻名彙》11/197b，《新編》2/2/1126 上。

《古誌彙目》1/3b，《新編》3/37/10。

備考：王敦，《晉書》卷九八有傳。

無年號 014
杜子恭墓碑

東晉（317—420）。在蘇州西郭門外。

碑目題跋著錄：

《寶刻叢編》14/8b，《新編》1/24/18300 下。

《石刻題跋索引》29 頁右，《新編》1/30/22367。

（民國）《吳縣志·金石考一》59/1b，《新編》3/6/3 上。

《太平寰宇記碑錄》編號 145，《北山金石錄》上冊 293 頁。

備考：杜子恭，事見《晉書》卷一〇〇《孫恩傳》，《宋書》卷一〇〇《沈穆夫傳》，《南史》卷四九《孔珪傳》、卷五七《沈璞傳》等。

無年號 015

丞相桓溫碑銘

又名：晉桓溫墓碑。東晉（317—420）。袁宏撰。在當塗縣。

錄文著錄：

《藝文類聚》卷45，上冊812—813頁。

《續古文苑》15/24b－25a，《新編》4/2/236下—237上。

《全晉文》57/7b－8a，《全文》2冊1788上—下。

碑目題跋著錄：

《安徽金石略》5/2b。《新編》1/16/11703下。

《金石彙目分編》5/29a，《新編》1/27/20804上。

《天下金石志》2/12，《新編》2/2/811下。

《佩文齋書畫譜・金石》62/5b上，《新編》3/2/53下。

《漢魏六朝志墓金石例》2/3b，《新編》3/40/405上。

《金石備攷・太平府》，《新編》4/1/17上。

《六藝之一錄》57/34a，《新編》4/5/66下。

備考：桓溫，《晉書》卷九八有傳。

無年號 016

范寧碑

東晉（317—420）。在餘杭新縣。

碑目著錄：

《水經注碑錄》卷十編號271，《北山金石錄》上冊236—237頁。

備考：范寧，《晉書》卷七五附其父《范汪傳》。

無年號 017

陶侃碑

東晉（317—420）。在邕州樂昌縣。

碑目著錄：

《太平寰宇記碑錄》編號209，《北山金石錄》上冊311頁。

備考：陶侃，《晉書》卷六六有傳。

無年號 018

東晉殘碑（爨文碑）

又名：祥光碑、爨君殘碑。東晉（317—420）。光緒三十四年（1908）春於雲南陸良縣三仁里戛古村出土，後移至陸良迪村殷平西家保存，現藏陸良縣文化館。殘碑高 133 釐米，寬 73 釐米。文 14 行，滿行 32 字，漫漶甚，存 150 餘字。施蟄存《北山集古錄》考證，"此乃爨文碑也"。

圖版著錄：

《中國西南地區歷代石刻匯編》第 14 冊"雲南省博物館卷"，7 頁。

碑目題跋著錄：

《北山集古錄》卷一，《北山金石錄》上冊 379—380 頁。（節文）

《碑帖鑒定》122 頁。

《善本碑帖錄》2/54。

無年號 019

李𦯀妻何氏磚誌

東晉（317—420）。1999 年出土於南京市棲霞區呂家山西南麓的三座東晉墓 2 號墓中，石藏南京市博物館。長 29.4、寬 14.5、厚 4.7 釐米。隸書兼楷法，1 行 8 字。

著錄：

《漢魏六朝碑刻校注》3 冊 26—27 頁。（圖、文）

《中國古代磚刻銘文集》上、下冊編號 0816。（圖、文）

《新中國出土墓誌·江蘇〔貳〕》（南京）上冊 20 頁（圖）、下冊 7 頁（文）。

《全三國兩晉南朝文補遺》94 頁。（文）

《新出魏晉南北朝墓誌疏證》（修訂本）25—26 頁。（文、跋）

《漢魏六朝碑刻校注·總目提要》編號 1008。（目）

論文：

南京市博物館：《南京呂家山東晉李氏家族墓》，《文物》2000 年第 7 期。

王志高、胡舜慶：《南京出土東晉李氏家族墓》，《書法叢刊》2000

年第 4 期。

無年號 020

劉顗妻涂氏墓記磚二種

東晉（317—420）。1984 年江蘇省鎮江市諫壁鎮磚瓦廠黑山灣 26 號墓出土。二磚形制、內容相同，行文格式稍異。磚高 32.5、寬 15.5、厚 4.5 釐米。隸書，2 行，一磚行 4 或 7 字，一磚行 5 或 6 字。

著錄：

《中國磚銘》圖版上冊 544 頁左—545 頁。（圖）

《中國古代磚刻銘文集》上、下冊編號 0817、0818。（圖、文）

《新出魏晉南北朝墓誌疏證》（修訂本）39—40 頁。（文、跋）

《全三國兩晉南朝文補遺》99 頁。（文）

《漢魏六朝碑刻校注·總目提要》編號 1028。（目）

論文：

鎮江博物館：《江蘇鎮江諫壁磚瓦廠東晉墓》，《考古》1988 年第 7 期。

無年號 021

太尉庾亮碑

東晉（317—420）立。孫綽撰。

錄文著錄：

《藝文類聚》卷 46，上冊 820—821 頁。

《全晉文》62/7a–b，《全文》2 冊 1814 上。

《孫廷尉集》18a–19a，《漢魏六朝百三名家集》3 冊 216 上—下。

碑目題跋著錄：

《漢魏六朝志墓金石例》2/3b–4a，《新編》3/40/405 上—下。

《漢魏六朝墓銘纂例》3/9a，《新編》3/40/454 上。

備考：庾亮，《晉書》卷七三有傳。《全晉文》所載碑文較《漢魏六朝百三名家集》本《孫廷尉集》多出三十余字。

無年號 022

好太王高談德陵磚三種

東晉（317—420）。《北山談藝錄續編》認為，此磚當從集安縣好太王陵得來。一磚長 27、寬 2 釐米；隸書，1 行 10 字。一磚長 24，寬 3 釐米；隸書，1 行 5 字。一磚長 29、寬 2 釐米；隸書，1 行 10 字，文字與第一磚同。

著錄：

《北山談藝錄續編》166—167 頁。（圖、文、跋）

《中國磚銘》圖版下冊 976 頁。（圖）

《俟堂專文雜集》目錄編號 137（目），126—127 頁（圖）。

無年號 023

謝臨川（靈運）碑

東晉（317—420）立。

碑目題跋著錄：

《江寧金石待訪目》1/3a，《新編》1/13/10131 上。

（嘉慶）《重刊江寧府志·金石》53/2a，《新編》3/5/28 上。

備考：謝臨川指謝靈運，《宋書》卷六七、《南史》卷一九有傳；《晉書》卷七九附《謝玄傳》。

無年號 024

西平侯顏含碑

東晉（317—420）。李闡撰。碑在建康府。

錄文著錄：

《續古文苑》15/21b – 24b，《新編》4/2/235 上—236 下。

《全晉文》133/5a – 6a，《全文》3 冊 2225 上—下。

碑目題跋著錄：

《通志·金石略》卷上/26a，《新編》1/24/18032 上。

《墨華通考》卷 5，《新編》2/6/4349 上。

（同治）《上江兩縣志·藝文下》12 下/2b，《新編》3/5/111 下。

《漢魏六朝志墓金石例》2/3a – b，《新編》3/40/405 上。

《六藝之一錄》57/33b，《新編》4/5/66 上。

備考：顏含，《晉書》卷八八有傳。

無年號 025

桓宣碑

東晉（317—420）。任昉撰。碑在襄陽府襄陽縣峴山。

錄文著錄：

《藝文類聚》卷50，上冊905—906頁。

《任中丞集》59b，《漢魏六朝百三名家集》4冊650上。

《全梁文》44/5a，《全文》3冊3204上。

碑目題跋著錄：

（民國）《湖北通志·金石志》3/15a，《新編》1/16/11981上。

《金石彙目分編》14/18b，《新編》1/28/21391下。

《石刻題跋索引》29頁右，《新編》1/30/22367。

（嘉慶）《湖北通志·金石一》88/31b–32a，《新編》3/13/18上—下。

（光緒）《襄陽府治·金石》18/13b，《新編》3/13/397上。

《漢魏六朝墓銘纂例》3/13a，《新編》3/40/456上。

《水經注碑錄》卷八編號213，《北山金石錄》上冊181—182、184頁。

備考：桓宣，《晉書》卷八一有傳。

無年號 026

郗恢碑

又名：鄒恢碑。東晉（317—420）。魯宗立，在襄陽府襄陽縣萬山北。施蟄存在《水經注碑錄》卷八《晉鄒恢碑》題跋中認為，鄒恢蓋郗恢之誤。

碑目題跋著錄：

（民國）《湖北通志·金石志》3/15b，《新編》1/16/11981上。

《金石彙目分編》14/18b，《新編》1/28/21391下。

《石刻題跋索引》29頁右，《新編》1/30/22367。

（嘉慶）《湖北通志·金石一》88/32b–33a，《新編》3/13/18下—19上。

（光緒）《襄陽府治·金石》18/13b，《新編》3/13/397上。

《水經注碑錄》卷八編號 207，《北山金石錄》上冊 179 頁。

備考：郗恢，《晉書》卷六七有傳。

無年號 027

晉周撫碑

又名：桓溫隸字碑。東晉（317—420）。在夔州府巫山縣。《輿地碑記目》引黃太史《跋》考證，此碑當爲"晉周撫墓碑"。

碑目題跋著錄：

《輿地碑記目·夔州碑記》4/20b，《新編》1/24/18569 下。

《金石彙目分編》16（2）/21a，《新編》1/28/21493 上。

《墨華通考》卷 11，《新編》2/6/4433 下。

（嘉慶）《四川通志·輿地志》59/9b，《新編》3/14/500 上。

（道光）《夔州府志·金石》34/19a，《新編》3/15/402 上。

《蜀碑記》5/2b，《新編》3/16/326 下。

《燕庭金石叢稿》，《新編》3/32/540 下。

備考：周撫，《晉書》卷五八有傳。

無年號 028

太宰郗鑒碑

東晉（317—420）。孫綽撰。濟寧州金鄉縣。

錄文著錄：

《藝文類聚》卷 45，上冊 816 頁。

《全晉文》62/6b-7a，《全文》2 冊 1813 下—1814 上。

《孫廷尉集》21a-b，《漢魏六朝百三名家集》3 冊 217 下。

碑目題跋著錄：

《金石彙目分編》10（2）/57a，《新編》1/28/21169 上。

《山左碑目》2/23a，《新編》2/20/14850 上。

（民國）《濟寧直隸州續志·藝文志》19/67a，《新編》3/26/80 上。

（光緒）《嘉祥縣志·方輿》1/20a，《新編》3/26/161 下。

《漢魏六朝志墓金石例》2/4a，《新編》3/40/405 下。

《漢魏六朝墓銘纂例》3/9a，《新編》3/40/454 上。

備考：郗鑒，《晉書》卷六七有傳。

無年號 029

王羲之墓碑

又名：王右軍墓碑。東晉（317—420）。孫綽文，王獻之書。在紹興府諸暨縣苧蘿山。

碑目題跋著錄：

《天下金石志》10/9，《新編》2/2/861 上。

《墨華通考》3/16b，《新編》2/6/4330 下。

《越中金石目》卷下/2b，《新編》2/10/7085 上。

（乾隆）《紹興府志·金石志一》75/44b，《新編》3/9/24 下。

（光緒）《諸暨縣志·金石志下》45/1a，《新編》3/9/132 上。

《寒山堂金石林時地攷》卷下/11b，《新編》3/34/507 上。

《金石備攷·紹興府》，《新編》4/1/43 下。

備考：王羲之，《晉書》卷八〇有傳。

無年號 030

聘士徐君墓頌

東晉（317—420）。孫綽撰。

錄文著錄：

《藝文類聚》卷 36，上冊 648—649 頁。

《全晉文》61/6b – 7a，《全文》2 冊 1808 下—1809 上。

《孫廷尉集》26a – b，《漢魏六朝百三名家集》3 冊 220 上。

碑目題跋著錄：

《漢魏六朝志墓金石例》2/4a – b，《新編》3/40/405 下。

無年號 031

太傅褚裒碑

東晉（317—420）。孫綽撰。

錄文著錄：

《藝文類聚》卷 46，上冊 824—825 頁。

《全晉文》62/7b – 8a，《全文》2 冊 1814 上—下。

《孫廷尉集》19a – 20a,《漢魏六朝百三名家集》3 冊 216 下—217 上。

碑目題跋著錄：

《漢魏六朝墓銘纂例》3/9a,《新編》3/40/454 上。

備考：褚裒,《晉書》卷九三有傳。

無年號 032

祖逖碑

東晉（317—420）。袁宏撰。

錄文著錄：

《全晉文》57/7b,《全文》2 冊 1788 上。

備考：祖逖,《晉書》卷六二有傳。

無年號 033

桓玄城碑

東晉（317—420）。孫綽撰。僅節錄碑文中的 12 個字。

錄文著錄：

《全晉文》62/9a,《全文》2 冊 1815 上。

無年號 034

潁州府君碑

東晉（317—420）。孫綽撰。

錄文著錄：

《藝文類聚》卷 50，上冊 904 頁。

《全晉文》62/8b – 9a,《全文》2 冊 1814 下—1815 上。

《孫廷尉集》22b – 23a,《漢魏六朝百三名家集》3 冊 218 上—下。

碑目題跋著錄：

《漢魏六朝墓銘纂例》3/9b,《新編》3/40/454 上。

無年號 035

瞿硎先生墓磚

東晉（317—420），葬東陵武丘寺重岡之原。在直塘出土。

著錄：

（民國）《重修常昭合志·金石志》19/2a,《新編》3/5/605 下。

（文、跋）

　　附：瞿硎先生銘

東晉（317—420）。伏滔撰。

碑目著錄：

《諸史碑銘錄目·晉書》5b，《新編》3/37/313 上。

　　備考：瞿硎，《晉書》卷九四有傳。

無年號 036

　　徐州都督王坦之碑銘并序

東晉（317—420）。伏滔撰。

錄文著錄：

《全三國兩晉南朝文補遺》引《日藏弘仁本文館詞林校證》，62—64 頁。

　　備考：王坦之，《晉書》卷七五有傳，附《王湛傳》。

無年號 037

　　平固令□□墓記磚

東晉（317—420）。1981 至 1982 年在江西興國縣發掘出土。磚長 35、寬 15 釐米，大頭厚 6.5、小頭厚 5.5 釐米。磚側刻字，或 1 行 3 字 "平固令"，或 1 行 9 字 "壽六十歲功臣平固令"，或 "府君" "度支" 等字。正書。

論文：

興國縣革命歷史博物館等：《興國縣發現東晉墓和南朝紀年墓》，《江西歷史文物》1984 年第 2 期。（圖、文）

晉代無年號

無年號 001

　　董府君神道表

晉（265—420）。2008 年偃師市出土，旋歸張氏。長 39.5、寬 42 釐米。文 6 行，滿行 4 字，篆書。

圖版著錄：

《秦晉豫新出墓誌蒐佚》1 冊 8 頁。

無年號 002
廬陵太守呂游神道碑

晉（265—420）。在溧陽縣。題"晉故尚書起部郎廬陵太守呂府君之神道碑"。

碑目題跋著錄：

《輿地碑記目·建康府碑記》1/22a，《新編》1/24/18533 下。

《佩文齋書畫譜·金石》62/5a 上，《新編》3/2/53 下。

（至正）《金陵新志·碑碣》72/79a，《新編》3/5/6 上。

（嘉慶）《溧陽縣志·輿地志》3/12a，《新編》3/5/239 下。

無年號 003
呂府君墓誌

晉（265—420）。在溧陽。正書。首題：晉故尚書起居郎廬陵太守呂府君之墓誌。《寶刻叢編》引《復齋碑錄》云：恐是唐人所立。從《六朝墓誌檢要》，暫附晉代。

碑目題跋著錄：

《寶刻叢編》15/4a–b，《新編》1/24/18323 下。

《石刻題跋索引》130 頁左，《新編》1/30/22468。

《六藝之一錄》57/26b，《新編》4/5/62 下。

《六朝墓誌檢要》（修訂本）17 頁。

《漢魏六朝碑刻校注·總目提要》編號 1022。

無年號 004
安西將軍南蔡州刺史呂員墓碑

晉（265—420）。

碑目著錄：

（嘉慶）《溧陽縣志·輿地志》3/12a，《新編》3/5/239 下。

無年號 005
張衡（字平子）碑

又名：張平子碑、張平子碑陰頌。東漢永和四年（139）卒，晉代

（265—420）刻，夏侯湛撰。宋代出土於河南南陽宛縣南。隸書。

錄文著錄：

《隸釋》19/18b–21a，《新編》1/9/6944 下—6946 上。

《六藝之一錄》57/8b–10b，《新編》4/5/53 下—54 下。

《全晉文》69/8a–9a，《全文》2 冊 1858 下—1859 上。

《漢魏石刻文學考釋》中冊 519—521 頁。

碑目題跋著錄：

《隸釋》19/21a–b，《新編》1/9/6946 上。

《隸釋刊誤》74b，《新編》1/9/7081 下。

《金石錄》2/6a、20/12a，《新編》1/12/8808 下、8921 下。

《集古錄目》3/4b，《新編》1/24/17957 下。

《通志・金石略》卷上/27b，《新編》1/24/18032 下。

《寶刻叢編》3/29a，《新編》1/24/18128 上。

《金石彙目分編》9（4）/61b，《新編》1/28/21066 上。

《石刻題跋索引》29 頁右，《新編》1/30/22367。

《隸辨》8/41b–43a，《新編》2/17/13095 上—13096 上。

《中州金石目錄》1/12a，《新編》2/20/14691 下。

（民國）《吳縣志・金石考一》59/2b，《新編》3/6/3 下。

（光緒）《南陽縣志・藝文下》10/25a，《新編》3/30/199 上。

《汪本隸釋刊誤》74b，《新編》3/37/587 上。

《漢隸字源》103 頁。

《漢魏石刻文學考釋》中冊 516—518 頁。

《漢魏六朝碑刻校注・總目提要》編號 1030。

備考：張衡，字平子，《後漢書》卷五九有傳，永和四年卒。《通志・金石略》作"張子平碑"，誤。

無年號 006

平陽賈榮磚誌

晉（265—420）。1928 年河南洛陽東北劉家坡村東地出土，郭玉堂舊藏。

碑目題跋著錄：

《六朝墓誌檢要》（修訂本）19 頁。

《洛陽出土石刻時地記》西晉 019，10 頁。

《漢魏六朝碑刻校注·總目提要》編號 1031。

無年號 007

虎牙將軍王君墓表

晉（265—420）。1926 年陰曆十一月洛陽城北小梁村南高家嶺村北地出土。柯燕舲舊藏，今藏北京故宮博物院。二石，銘文相同，一石高 11、寬 12 釐米；一石高 11.3、寬 12.4 釐米。文隸書，均 3 行，滿行 3 字。題云：晉故虎牙將軍王君表。

圖版著錄：

《北京圖書館藏中國歷代石刻拓本匯編》2 冊 93 頁。

《洛陽出土歷代墓誌輯繩》12 頁。

《故宮博物院藏歷代墓誌彙編》1 冊 53 頁。

錄文著錄：

《故宮博物院藏歷代墓誌彙編》1 冊 52 頁。

《全三國兩晉南朝文補遺》99 頁。

碑目題跋著錄：

《古誌新目初編》1/1b，《新編》2/18/13692 上。

《國立北平圖書館藏碑目》1b，《新編》3/36/249 上。

《石交錄》2/26b，《新編》4/6/458 下。

《洛陽出土石刻時地記》西晉 014，9 頁。

《碑帖鑒定》115 頁。

《六朝墓誌檢要》（修訂本）18 頁。

《善本碑帖錄》2/53。

《漢魏六朝碑刻校注·總目提要》編號 1032。

《北京大學圖書館藏歷代墓誌拓片目錄》編號 00071。

無年號 008

征東將軍軍司劉韜墓誌

晉（265—420）。清乾隆年間在河南省偃師西、洛陽東出土，曾歸偃師武億、介休馬氏、武進費氏，原石已佚。碑圭形，高 58.4、廣 16.4 釐米。隸書，5 行，滿行 13 字。首題：晉故使持節都督青徐諸軍事征東將軍軍司關中侯劉府君之墓。

圖版著錄：

《二銘草堂金石聚》15/78a，《新編》2/3/2324 下。

《古石抱守錄》，《新編》3/1/275、311。

《漢魏南北朝墓誌集釋》圖版一七，《新編》3/3/295。

《吳愙齋尺牘》，《新編》4/9/838 下。

《金石索》石索五，下冊 1623 頁。

《北京圖書館藏中國歷代石刻拓本匯編》2 冊 108 頁。

《中國金石集萃》8 函 1 輯編號 6。

《漢魏六朝碑刻校注》3 冊 58 頁。

錄文著錄：

《金石萃編》25/12a，《新編》1/1/445 下。

《中州金石記》1/11b，《新編》1/18/13754 上。

《東都冢墓遺文》1a，《新編》1/18/13950 上。

《古誌石華》1/3a，《新編》2/2/1158 上。

《宜祿堂收藏金石記》卷 10，《新編》2/5/3408 下。

《偃師金石遺文記》卷上/7b，《新編》2/14/10104 上。

《中國金石學講義·正編》20a－b，《新編》3/39/157－158。

《碑版廣例》7/8b，《新編》3/40/317 下。

《全晉文》146/7b，《全文》3 冊 2304 上。

《漢魏南北朝墓誌彙編》17 頁。

《漢魏六朝碑刻校注》3 冊 59 頁。

《全三國兩晉南朝文補遺》98 頁。

碑目題跋著錄：

《集古求真續編》6/20b－21a，《新編》1/11/8770 下—8771 上。

《中州金石記》1/11b，《新編》1/18/13754 上。

《潛研堂金石文跋尾》2/8b－9b，《新編》1/25/18753 下—18754 上。

《潛研堂金石文字目錄》1/8a，《新編》1/25/19010 下。

《平津讀碑記》2/6b，《新編》1/26/19364 下。

《藝風堂金石文字目》1/18b、18/1a，《新編》1/26/19531 下、19814 上。

《寰宇訪碑錄》1/17a，《新編》1/26/19860 上。

《寰宇訪碑錄校勘記》1/7b，《新編》1/27/20105 上。

《金石彙目分編》9（4）/1a，《新編》1/28/21036 上。

《石刻題跋索引》130 頁右，《新編》1/30/22468。

《石刻名彙》1/4b，《新編》2/2/1026 下。

《古誌石華》1/3a–b，《新編》2/2/1158 上。

《二銘草堂金石聚》15/78b–79b，《新編》2/3/2324 下—2325 上。

《平津館金石萃編》4/2a，《新編》2/4/2463 下。

《宜祿堂金石記》2/4b，《新編》2/6/4219 下。

《崇雅堂碑錄》1/9b，《新編》2/6/4488 上。

《偃師金石記》1/6b–8a，《新編》2/14/10071 下—10072 下。

《偃師金石遺文記》卷上/7b–8b，《新編》2/14/10104 上—下。

《語石》1/4b、2/15a、4/2a，《新編》2/16/11860 下、11883 上、11918 下。

《平安館藏碑目》，《新編》2/18/13392 下。

《竹崦盦金石目錄》10a–b，《新編》2/20/14551 下。

《寰宇貞石圖目錄》卷上/5a、卷下/3a，《新編》2/20/14673 下、14678 下。

《中州金石目錄》1/11b，《新編》2/20/14691 上。

《蒿里遺文目錄》2（1）/1a，《新編》2/20/14944 上。

《古石抱守錄》，《新編》3/1/275、311。

《漢魏南北朝墓誌集釋》1/4a，《新編》3/3/41。

《題嵩洛訪碑圖》4a，《新編》3/29/592 下。

《嵩洛訪碑日記》8b，《新編》3/29/600 下。

《石目》，《新編》3/36/73 上。

《中州金石目》4/1a，《新編》3/36/172 上。

《國立北平圖書館藏碑目》1b，《新編》3/36/249 上。

《古誌彙目》1/3a，《新編》3/37/9。

《竹崦盦金石目錄》1/11b，《新編》3/37/345 上。

《魏晉石存目》3a，《新編》3/37/534 上。

《碑版廣例》7/8b－9a，《新編》3/40/317 下—318 上。

《漢魏六朝志墓金石例》2/6a－b，《新編》3/40/406 下。

《漢魏六朝墓銘纂例》3/9b，《新編》3/40/454 上。

《激素飛清閣平碑記》卷 2，《新編》4/1/201 上。

《石交錄》2/1a－b，《新編》4/6/446 上。

《雪堂所藏金石文字簿錄》59b－60b，《新編》4/7/399 上—下。

《墓誌徵存目錄》卷 1，《羅振玉學術論著集》第五集，558 頁。

《歷代墓誌銘拓片目錄》2 頁。

《增補校碑隨筆》（修訂本）132—134 頁。

《碑帖鑒定》113 頁。

《碑帖敘錄》230 頁。

《六朝墓誌檢要》（修訂本）18 頁。

《善本碑帖錄》2/49。

《洛陽出土石刻時地記》西晉 015，9 頁。

《漢魏六朝碑刻校注·總目提要》編號 1033。

《北京大學圖書館藏歷代墓誌拓片目錄》編號 00069。

淑德大學《中國石刻拓本目錄》"墓誌"編號 11。

無年號009

趙府君墓闕

又名"鬱林太守河內趙府君墓道表"、"鬱林太守趙府君神道"。晉（265—420）。清嘉慶年間在河南孟縣城東田寺村出土，曾歸村人馬氏，1916 年入孟縣金石保存所。石闕凡二方，高 45、寬均 45 釐米。凡 4 行，行 5 字，二石同文，均隸書。

圖版著錄：

《北京圖書館藏中國歷代石刻拓本匯編》2 冊 106 頁。

《洛陽出土歷代墓誌輯繩》13 頁。

《漢魏六朝碑刻校注》3 冊 62 頁。
錄文著錄：
《希古樓金石萃編》10/15a－b，《新編》1/5/3938 上。
《循園金石文字跋尾》卷上/13a，《新編》2/20/14472 上。
《中州冢墓遺文》1a，《新編》3/30/269 上。
《魯迅輯校石刻手稿·碑銘》中冊 49 頁。
《漢魏六朝碑刻校注》3 冊 63 頁。
《全三國兩晉南朝文補遺》81 頁。
碑目題跋著錄：
《希古樓金石萃編》10/15b－16a，《新編》1/5/3938 上—下。
《石刻題跋索引》30 頁左、130 頁右，《新編》1/30/22368、22468。
《石刻名彙》1/4a，《新編》2/2/1026 下。
《崇雅堂碑錄》1/9b，《新編》2/6/4488 上。
《崇雅堂碑錄補》1/3b，《新編》2/6/4552 上。
《河朔訪古新錄》13/3b，《新編》2/12/8944 上。
《河朔金石目》10/1a，《新編》2/12/9008 上。
《古誌新目初編》1/1b，《新編》2/18/13692 上。
《定庵題跋》36a－b，《新編》2/19/14303 下。
《循園金石文字跋尾》卷上/13a－b，《新編》2/20/14472 上。
《蒿里遺文目錄》6/1b，《新編》2/20/14994 上。
（民國）《孟縣志·金石》9/2b，《新編》3/29/449 下。
《河朔新碑目》上卷/1a、下卷/20a，《新編》3/35/556 上、590 下。
《循園古冢遺文跋尾》1/8a，《新編》3/38/10 下。
《碑帖鑒定》114 頁。
《六朝墓誌檢要》（修訂本）19 頁。
《漢魏六朝碑刻校注·總目提要》編號 1034。

無年號 010

趙君神道

晉（265—420）。2004 年河南省偃師市出土，先歸洛陽古玩城李氏，旋歸中國軍事博物館李氏。石長40、寬43釐米。5行，滿行4字，隸書。

圖版著錄：

《河洛墓刻拾零》上冊13頁。

無年號 011

孫模喪柩磚

晉（265—420）。曾歸湧陽端方，又歸南皮張仁蠡，後歸北京大學文科研究所，1952年後藏故宮博物院。磚高31.5、寬16、厚5.9釐米。隸書，2行，行6字。

著錄：

《草隸存》卷4，《新編》4/3/139。（圖）

《中國磚銘》圖版下冊948頁。（圖）

《中國古代磚刻銘文集》上、下冊編號0828。（圖、文）

《匋齋藏甎記》卷下/18a，《新編》1/11/8454下。（文、跋）

《全三國兩晉南朝文補遺》146頁。（文）

《蒿里遺文目錄》3上/4a，《新編》2/20/14982下。（目）

《北京大學圖書館藏歷代墓誌拓片目錄》編號00075。（目）

無年號 012

張軍磚銘

晉（265—420）。2004年12月下旬，河南省洛陽市孟津縣平樂鎮金村東北出土，旋歸洛陽師氏。磚長33、寬17.5釐米。1行7字，隸書。

圖版著錄：

《河洛墓刻拾零》上冊14頁。

論文：

張鴻亮、嚴輝：《略論洛陽新近出土的西晉銘文磚》，《文物》2012年第12期。

無年號 013

羅君婦張武墓記磚

晉（265—420）。尺寸不詳。隸書，2行，行3字。

著錄：

《中國磚銘》圖版下冊 755 頁。（圖）

《中國古代磚刻銘文集》上、下冊編號 0841。（圖、文）

無年號 014

韓弘墓記磚

晉（265—420）。磚高 35、寬 17 釐米。隸書，1 行 4 字。

著錄：

《中國磚銘》圖版下冊 965 頁左上。（圖）

《中國古代磚刻銘文集》上、下冊編號 0843。（圖、文）

《北山談藝錄續編》153 頁。（圖、文、跋）

《蒿里遺文目錄》3 上/2a,《新編》2/20/14981 下。（目）

無年號 015

邗集墓記磚

晉（265—420）。1972 年江蘇揚州出土。尺寸不詳。隸書，1 行 4 字。

著錄：

《中國古代磚刻銘文集》上、下冊編號 0844。（圖、文）

論文：

揚州博物館：《江蘇邗江發現兩座南朝畫像磚墓》,《考古》1984 年第 3 期。

無年號 016

邗□墓記磚

又名：□祁墓記磚。晉（265—420）。1972 年江蘇揚州出土。尺寸不詳。隸書，1 行 5 字。

著錄：

《中國磚銘》圖版下冊 965 頁左下。（圖）

《中國古代磚刻銘文集》上、下冊編號 0845。（圖、文）

論文：

揚州博物館：《江蘇邗江發現兩座南朝畫像磚墓》,《考古》1984 年第 3 期。

無年號 017

夫人荀煒墓誌殘石

又名：夫人黃氏殘碑、黃煒殘碑。晉（265—420）。清末河南洛陽出土，石曾藏于右任鴛鴦七誌齋。拓片一長、寬均 18 釐米，一長 17、寬 18 釐米。隸書，各存 7 行，行存 4 至 7 字不等。《北山集古錄》、《碑帖鑒定》皆認為，方若誤"荀"為"黃"字。

著錄：

《增補校碑隨筆》（修訂本）134 頁。（文）

《北山集古錄》卷三"殘石題跋"，《北山金石錄》上冊 426 頁。（跋）

《碑帖鑒定》115 頁。（跋）

《漢魏六朝碑刻校注·總目提要》編號 1037。（目）

《北京大學圖書館藏歷代墓誌拓片目錄》編號 00067。（目）

無年號 018

張愷碑

晉（265—420）。在陝州。

碑目題跋著錄：

《中州金石考》7/27a，《新編》1/18/13732 上。

《通志·金石略》卷上/26b，《新編》1/24/18032 上。

《金石彙目分編》9（4）/53b，《新編》1/28/21062 上。

《中州金石目錄》1/12a，《新編》2/20/14691 下。

《佩文齋書畫譜·金石》62/5b 上，《新編》3/2/53 下。

（民國）《陝縣志·金石》21/1a，《新編》3/29/515 上。

《六藝之一錄》57/33b，《新編》4/5/66 上。

《漢魏石刻文字繫年》166 頁。

《漢魏六朝碑刻校注·總目提要》編號 0868。

備考：諸書作晉碑，而《漢魏石刻文字繫年》作三國魏碑，不知何據？

無年號 019

司空鄭袤碑

晉（265—420）。潘岳撰。碑在偃師縣延壽城西。

錄文著錄：
《藝文類聚》卷47，上冊842頁。
《潘黃門集》48a–b，《漢魏六朝百三名家集》2冊552上。
《潘岳集校注》（修訂版）147頁。
《潘黃門集校注》164頁。
《全晉文》93/4a，《全文》2冊1996下。
碑目題跋著錄：
《中州金石考》6/19a，《新編》1/18/13716上。
《金石彙目分編》9（4）/7a，《新編》1/28/21039上。
《石刻題跋索引》25頁左，《新編》1/30/22363。
《偃師金石記》1/4b，《新編》2/14/10070下。
《偃師金石遺文記》卷上/5a，《新編》2/14/10103上。
《中州金石目錄》1/8a，《新編》2/20/14689下。
《河南府志·金石志》109/3b，《新編》3/28/129上。
《漢魏六朝墓銘纂例》3/8a，《新編》3/40/453下。
《水經注碑錄》卷三編號87，《北山金石錄》上冊85—86頁。
《漢魏石刻文學考釋》上冊359頁。
《漢魏六朝碑刻校注·總目提要》編號0791。
備考：鄭袤，《晉書》卷四四有傳。《漢魏石刻文學考釋》將之歸入漢代，誤。

無年號020
恬漠先生翼神碑

晉（265—420）。翼神，施蟄存先生認為翼神或姓翼名神，或姓翼而失其名，或名翼而失其姓。暫作"翼神"。

碑目題跋著錄：
《水經注碑錄》卷一編號8，《北山金石錄》上冊28—29頁。
《六藝之一錄》57/4b，《新編》4/5/51下。

無年號021
漢京兆尹司馬文預碑

晉（265—420）。施蟄存《水經注碑錄》考證，"此碑為晉時所立"，暫從。在灞陵昆明故渠北。

　　碑目題跋著錄：

　　《隸釋》20/11a 引《水經注》，《新編》1/9/6952 上。

　　《金石彙目分編》12（1）/21a，《新編》1/28/21287 上。

　　《隸辨》8/58a，《新編》2/17/13103 下。

　　《佩文齋書畫譜·金石》61/17a 上，《新編》3/2/38 上。

　　《紅藕齋漢碑彙鈔集跋》，《新編》3/38/470 上。

　　《六藝之一錄》51/15a，《新編》4/4/760 上。

　　《水經注碑錄》卷四編號 117，《北山金石錄》上冊 104 頁。

　　無年號 022

　　高騫墓磚

　　晉（265—420）。出長興，浙江歸安陸心源舊藏。長一尺四分，厚一寸一分。隸書，計 6 字。

　　著錄：

　　《千甓亭磚錄》5/9a，《歷代陶文研究資料選刊》上冊 461 頁。（文、跋）

　　《石刻名彙》11/198a，《新編》2/2/1126 下。（目）

　　無年號 023

　　尚書令贈侍中戌陽卞壺墓誌

　　晉（265—420）。在建康府。諸書作晉代，《輿地碑記目》云："南唐徐鍇書"，是否重刻，待考。暫置晉。

　　碑目題跋著錄：

　　《江寧金石待訪目》1/3b，《新編》1/13/10131 上。

　　《寶刻叢編》15/3a，《新編》1/24/18323 上。

　　《輿地碑記目·建康府碑記》1/20a，《新編》1/24/18532 下。

　　《石刻題跋索引》130 頁左，《新編》1/30/22468。

　　《竹崦盦金石目錄》10b，《新編》2/20/14551 下。

　　（嘉慶）《重刊江寧府志·金石》53/2a，《新編》3/5/28 上。

　　《江寧金石待訪錄》1/3a，《新編》3/5/84 上。

（同治）《上江兩縣志·藝文下》12下/2b，《新編》3/5/111下。

《古誌彙目》1/16a，《新編》3/37/35。

《六藝之一錄》57/33b，《新編》4/5/66上。

《六朝墓誌檢要》（修訂本）17頁。

《歷代墓誌銘拓片目錄》2頁。

備考：卞壺，《晉書》卷七〇有傳。

無年號024

庾兗碑

晉（265—420）。

碑目題跋著錄：

《諸史碑銘錄目·晉書》4b，《新編》3/37/312下。

備考：庾兗，《晉書》卷八八有傳。

無年號025

王祥墓碑

晉（265—420）。在江寧縣之城西南，化城寺之北。

碑目題跋著錄：

《江寧金石待訪目》1/3a，《新編》1/13/10131上。

《輿地碑記目·建康府碑記》1/20a，《新編》1/24/18532下。

《佩文齋書畫譜·金石》62/5a上，《新編》3/2/53下。

（嘉慶）《重刊江寧府志·金石》53/1b，《新編》3/5/27下。

《江寧金石待訪錄》1/2b，《新編》3/5/83下。

（同治）《上江兩縣志·藝文下》12下/2b，《新編》3/5/111下。

《金陵古金石考目》1b，《新編》3/35/501上。

《六藝之一錄》57/32a，《新編》4/5/65下。

備考：王祥，《晉書》卷三三有傳。

無年號026

晉將軍□□墓碑

晉（265—420）。夔州府巫山縣。

碑目題跋著錄：

《金石彙目分編》16（2）/21a，《新編》1/28/21493 上。

《燕庭金石叢稿》，《新編》3/32/540 下。

無年號 027

紀瞻碑

又名：紀穆碑、紀穆侯碑、僕射紀穆侯瞻碑。晉（265—420）。在句容縣治。

錄文著錄：

《句容金石記》1/3a，《新編》2/9/6423 上。

《全三國兩晉南朝文補遺》79 頁。

碑目題跋著錄：

《江寧金石待訪目》1/3a，《新編》1/13/10131 上。

《集古錄目》3/4a，《新編》1/24/17957 下。

《通志·金石略》卷上/25b，《新編》1/24/18031 下。

《寶刻叢編》15/3b–4a，《新編》1/24/18323 上—下。

《石刻題跋索引》29 頁右，《新編》1/30/22367。

《墨華通考》卷 5，《新編》2/6/4349 上。

《句容金石記》1/3b，《新編》2/9/6423 上。

《佩文齋書畫譜·金石》62/5a 下，《新編》3/2/53 下。

（至正）《金陵新志·碑碣》72/78b，《新編》3/5/5 下。

（嘉慶）《重刊江寧府志·金石》53/2a，《新編》3/5/28 上。

《江寧金石待訪錄》1/3b，《新編》3/5/84 上。

《六藝之一錄》57/26a，《新編》4/5/62 下。

備考：紀瞻，《晉書》卷六八有傳。

無年號 028

平西將軍廣漢侯葛府君碑

晉（265—420）。在句容縣縣西七里岡山。《金陵碑碣志》疑其為葛仙公碑陰。

碑目題跋著錄：

《江寧金石待訪目》1/3b，《新編》1/13/10131 上。

《通志·金石略》卷上/25b，《新編》1/24/18031 下。

《寶刻叢編》15/4a，《新編》1/24/18323 下。

《石刻題跋索引》29 頁右，《新編》1/30/22367。

《墨華通考》卷5，《新編》2/6/4349 上。

《佩文齋書畫譜·金石》62/5a 下，《新編》3/2/53 下。

（至正）《金陵新志·碑碣》72/79a–b，《新編》3/5/6 上。

（嘉慶）《重刊江寧府志·金石》53/2a，《新編》3/5/28 上。

《江寧金石待訪錄》1/3a，《新編》3/5/84 上。

《六藝之一錄》57/26a，《新編》4/5/62 下。

《太平寰宇記碑錄》編號143，《北山金石錄》上冊293 頁。

無年號029

冠軍將軍史爽墓石柱刻

又名：冠軍將軍史侯墓石柱。晉（265—420）。在溧陽。

碑目題跋著錄：

《寶刻叢編》15/4a，《新編》1/24/18323 下。

《輿地碑記目·建康府碑記》1/22a，《新編》1/24/18533 下。

《石刻題跋索引》29 頁右，《新編》1/30/22367。

《佩文齋書畫譜·金石》62/5a 上，《新編》3/2/53 下。

（至正）《金陵新志·碑碣》72/79a，《新編》3/5/6 上。

（嘉慶）《溧陽縣志·輿地志》3/12a，《新編》3/5/239 下。

《六藝之一錄》57/26a、34a，《新編》4/5/62 下、66 下。

無年號030

盤白真人李儇公碑

晉（265—420）。

碑目題跋著錄：

《江寧金石待訪目》1/3b，《新編》1/13/10131 上。

（至正）《金陵新志·碑碣》72/79b，《新編》3/5/6 上。

（嘉慶）《重刊江寧府志·金石》53/2a，《新編》3/5/28 上。

（嘉慶）《溧陽縣志·輿地志》3/12a，《新編》3/5/239 下。

無年號 031

都督謝公廟碑

晉（265—420）。

碑目題跋著錄：

《江寧金石待訪目》1/3b，《新編》1/13/10131 上。

（嘉慶）《重刊江寧府志·金石》53/2a，《新編》3/5/28 上。

無年號 032

諸葛始豐墓磚

晉（265—420）。出上虞，浙江歸安陸心源舊藏。長六寸五分，厚一寸。隸書，計 11 字。文曰：瑯琊陽城諸葛始豐君之墓。

著錄：

《千甓亭磚續錄》4/7a – b，《歷代陶文研究資料選刊》上冊 655—656 頁。（文、跋）

《石刻名彙》11/200b，《新編》2/2/1127 下。（目）

無年號 033

順陽王司馬暢碑

晉（265—420）。在襄陽府穀城縣固王古城。

碑目題跋著錄：

（民國）《湖北通志·金石志》3/5a，《新編》1/16/11976 上。

《輿地碑記目·光化軍碑記》3/11a，《新編》1/24/18553 上。

《金石彙目分編》14/26a – b，《新編》1/28/21395 下。

《石刻題跋索引》29 頁右，《新編》1/30/22367。

《佩文齋書畫譜·金石》62/4b 下，《新編》3/2/53 上。

《六藝之一錄》57/34a，《新編》4/5/66 下。

《太平寰宇記碑錄》編號 203，《北山金石錄》上冊 309 頁。

備考：碑目無人名，據《晉書》卷三八，順陽王為司馬暢。

無年號 034

安南將軍劉儀碑

又名：襄陽城南門道東三碑（之一）。晉（265—420）。在襄陽城南門道東。

　　碑目題跋著錄：

　　（民國）《湖北通志·金石志》3/6b,《新編》1/16/11976 下。

　　《金石彙目分編》14/18a,《新編》1/28/21391 下。

　　（嘉慶）《湖北通志·金石一》88/28b,《新編》3/13/16 下。

　　（光緒）《襄陽府治·金石》18/12b,《新編》3/13/396 下。

　　《六藝之一錄》57/7a,《新編》4/5/53 上。

　　《水經注碑錄》卷八編號 211,《北山金石錄》上冊 180 頁。

無年號 035

征南將軍胡羆碑

　　晉（265—420）。碑在襄陽府襄陽縣峴山。

　　碑目題跋著錄：

　　（民國）《湖北通志·金石志》3/10b,《新編》1/16/11978 下。

　　《金石彙目分編》14/18b,《新編》1/28/21391 下。

　　《石刻題跋索引》29 頁右,《新編》1/30/22367。

　　（嘉慶）《湖北通志·金石一》88/29a,《新編》3/13/17 上。

　　（光緒）《襄陽府治·金石》18/13a,《新編》3/13/397 上。

　　《水經注碑錄》卷八編號 215,《北山金石錄》上冊 181、183 頁。

　　備考：胡羆，事見《晉書》卷九〇《胡威傳》。

無年號 036

征南將軍胡奮碑

　　晉（265—420）。碑在江夏城中。

　　碑目題跋著錄：

　　（民國）《湖北通志·金石志》3/11a,《新編》1/16/11979 上。

　　《中州金石考》8/23b,《新編》1/18/13746 上。

　　《輿地碑記目·漢陽軍碑記》3/5b,《新編》1/24/18550 上。

　　《金石彙目分編》14/9a,《新編》1/28/21387 上。

　　《石刻題跋索引》29 頁右,《新編》1/30/22367。

　　《中州金石目錄》1/12a,《新編》2/20/14691 下。

《佩文齋書畫譜·金石》62/5a 上，《新編》3/2/53 下。
（嘉慶）《湖北通志·金石一》88/29a–b，《新編》3/13/17 上。
（同治）《江夏縣志·藝文》8/17b，《新編》3/13/235 上。
《六藝之一錄》57/34a，《新編》4/5/66 下。
《水經注碑錄》卷十編號 258，《北山金石錄》上冊 226 頁。
《太平寰宇記碑錄》編號 187，《北山金石錄》上冊 305 頁。
備考：胡奮，《晉書》卷五七有傳。

無年號 037

征西將軍周訪碑

晉（265—420）。碑在襄陽府襄陽縣峴山。

碑目題跋著錄：

（民國）《湖北通志·金石志》3/11a，《新編》1/16/11979 上。
《金石彙目分編》14/18b，《新編》1/28/21391 下。
《石刻題跋索引》29 頁右，《新編》1/30/22367。
（嘉慶）《湖北通志·金石一》88/30b，《新編》3/13/17 下。
（光緒）《襄陽府治·金石》18/13b，《新編》3/13/397 上。
《諸史碑銘錄目·晉書》3b，《新編》3/37/312 上。
《水經注碑錄》卷八編號 216，《北山金石錄》上冊 181、183—184 頁。

備考：周訪，《晉書》卷五八有傳，太興三年卒。

無年號 038

周胙墓石柱題

又名：周祚墓石柱題。晉（265—420）。在曹州府單縣。

碑目題跋著錄：

《通志·金石略》卷上/25b，《新編》1/24/18031 下。
《金石彙目分編》10（3）/8b，《新編》1/28/21182 下。
《墨華通考》卷 8，《新編》2/6/4390 下。
《佩文齋書畫譜·金石》62/2b 下、5a 下、5b 下，《新編》3/2/41 下、53 下。

《六藝之一錄》57/33a,《新編》4/5/66 上。

備考：周胙、周祚，由碑所在地點、時間皆相同來看，當是一人。

無年號 039

平南將軍王世將紀功刻石

晉（265—420）。在江夏城。《輿地碑記目》作"黃廣之"。

碑目題跋著錄：

（民國）《湖北通志·金石志》3/14b,《新編》1/16/11980 下。

《中州金石考》8/23b,《新編》1/18/13746 上。

《輿地碑記目》3/5b,《新編》1/24/18550 上。

《金石彙目分編》14/9a,《新編》1/28/21387 上。

《石刻題跋索引》503 頁左,《新編》1/30/22841。

《中州金石目錄》1/12a,《新編》2/20/14691 下。

（嘉慶）《湖北通志·金石一》88/30b－31a,《新編》3/13/17 下—18 上。

（同治）《江夏縣志·藝文》8/17b,《新編》3/13/235 上。

《水經注碑錄》卷十編號 259,《北山金石錄》上冊 226—227 頁。

《太平寰宇記碑錄》編號 187,《北山金石錄》上冊 305 頁。

備考：王廙，字世將，《晉書》卷七六有傳。

無年號 040

魏興郡太守覃毅德政碑

又作"譚毅""譚義"。晉（265—420）。在均州。

碑目題跋著錄：

（民國）《湖北通志·金石志》3/16a,《新編》1/16/11981 下。

《通志·金石略》卷上/26a,《新編》1/24/18032 上。

《輿地碑記目·均州碑記》3/9b、10a,《新編》1/24/18552 上、下。

《金石彙目分編》14/28b,《新編》1/28/21396 下。

《墨華通考》卷 7,《新編》2/6/4369 上。

《佩文齋書畫譜·金石》62/5a 下,《新編》3/2/53 下。

（嘉慶）《湖北通志·金石一》88/33a,《新編》3/13/19 上。

（光緒）《襄陽府治・金石》18/14a，《新編》3/13/397 下。
（光緒）《續輯均州志・藝文志》15/4b，《新編》3/13/510 下。
《六藝之一錄》57/33b，《新編》4/5/66 上。
備考：《六藝之一錄》作"單毅"，"單"當是誤著。

無年號 041

雲南太守段宗仲德政碑

晉（265—420）。墓在通泉縣，碑在墓下，一說在潼川府射洪縣。
碑目題跋著錄：
《輿地碑記目・潼川府碑記》4/11b，《新編》1/24/18565 上。
《金石彙目分編》16（2）/35a，《新編》1/28/21500 上。
《佩文齋書畫譜・金石》62/4b 下，《新編》3/2/53 上。
（嘉慶）《四川通志・輿地志》59/34b，《新編》3/14/512 下。
（光緒）《潼川府志・輿地志》9/18a，《新編》3/16/183 下。
（嘉慶）《射洪縣志・輿地志》5/7a，《新編》3/16/213 上。
（光緒）《射洪縣志・輿地志》3/22a，《新編》3/16/217 上。
《蜀碑記》8/2a，《新編》3/16/333 下。
《燕庭金石叢稿》，《新編》3/32/561 上。
《六藝之一錄》57/32b，《新編》4/5/65 下。
備考：《金石彙目分編》認為，《金石錄》所載《雲南太守碑》即此碑，但地點不同，《雲南太守碑》有明確的時間紀年，而《段宗仲碑》無，故分列。

無年號 042

董黯墓碑

晉（265—420）。在孝感縣北一百三十里。
碑目題跋著錄：
（民國）《湖北通志・金石志》3/16a，《新編》1/16/11981 下。
《輿地碑記目・德安府碑記》3/4b，《新編》1/24/18549 下。
《金石彙目分編》14/9b，《新編》1/28/21387 上。
《石刻題跋索引》29 頁右，《新編》1/30/22367。

《天下金石志》9/4，《新編》2/2/853 下。

《金石備攷·襄陽府》，《新編》4/1/21 下。

備考：董黯，其事見《三國志》卷五七《虞翻傳》"妻子得還"條注。據《天下金石志》，墓碑為唐徐浩書，是否為唐代重刻，待考。

無年號 043

都□墓磚

晉（265—420）。宜都城東出土，宜都李氏舊藏。正書。

著錄：

（民國）《湖北通志·金石志》3/16b，《新編》1/16/11981 下。（文、跋）

無年號 044

尉氏令陳單碑

又名：尉氏令陳道藏碑。晉（265—420）。在許州長葛縣。額題：晉尉氏令陳君碑。

碑目題跋著錄：

《中州金石考》2/10b，《新編》1/18/13682 下。

《集古錄目》3/4a–b，《新編》1/24/17957 下。

《通志·金石略》卷上/25b，《新編》1/24/18031 下。

《寶刻叢編》5/3a，《新編》1/24/18146 上。

《金石彙目分編》9（1）/49a，《新編》1/28/20948 上。

《石刻題跋索引》29 頁右，《新編》1/30/22367。

《天下金石志》5/3，《新編》2/2/824 上。

《墨華通考》卷 7，《新編》2/6/4369 下。

《古今碑帖考》11a，《新編》2/18/13168 上。

《中州金石目錄》1/11b，《新編》2/20/14691 上。

《佩文齋書畫譜·金石》62/5b 上，《新編》3/2/53 下。

《金石備攷·開封府》，《新編》4/1/56 上。

《六藝之一錄》57/22b，《新編》4/5/60 下。

《墨池篇》6/6a,《新編》4/9/669 下。

無年號 045

王戎墓銘

晉（265—420）。在河南府洛陽縣,隋大業中洛陽人發地窖酒,得之土中,在舊殖業坊。惟存數十字。

錄文著錄：

《全晉文》146/7b,《全文》3 冊 2304 上。

《太平寰宇記碑錄》編號 8,《北山金石錄》上冊 257 頁。

碑目題跋著錄：

《中州金石考》6/6a,《新編》1/18/13709 下。

《通志・金石略》卷上/25a,《新編》1/24/18031 下。

《金石彙目分編》9（3）/65b,《新編》1/28/21023 上。

《天下金石志》5/8,《新編》2/2/826 下。

《墨華通考》卷 7,《新編》2/6/4372 上。

《語石》4/2a,《新編》2/16/11918 下。

《中州金石目錄》1/11b,《新編》2/20/14691 上。

《佩文齋書畫譜・金石》62/4b 上,《新編》3/2/53 上。

（乾隆）《河南府志・金石志》108/8b,《新編》3/28/118 下。

《金石備攷・河南府》,《新編》4/1/59 上。

《古今書刻》下編/24b,《新編》4/1/146 下。

《六藝之一錄》57/31b,《新編》4/5/65 上。

備考：王戎,《晉書》卷四三有傳。

無年號 046

晉裴楷墓碑

晉（265—420）。在河南府洛陽縣修義坊十字街北。

碑目題跋著錄：

《金石彙目分編》9（3）/66a,《新編》1/28/21023 下。

《太平寰宇記碑錄》編號 9,《北山金石錄》上冊 257 頁。

備考：裴楷,《晉書》卷三五有傳。

無年號 047

晉中書令裴楷碑

晉（265—420）。在山西絳縣西南。碑已剝落。

碑目題跋著錄：

《金石彙目分編》11/51b,《新編》1/28/21253 上。

（光緒）《山西通志·金石記二》90/11b,《新編》3/30/337 上。

（光緒）《絳縣志·碑》17/5,《新編》3/31/411。

備考：裴楷,《晉書》卷三五有傳。

無年號 048

陳武王碑

晉（265—420）。索靖書。在汾州。

碑目題跋著錄：

《通志·金石略》卷上/25a,《新編》1/24/18031 下。

《寶刻類編》1/13b,《新編》1/24/18413 上。

《金石彙目分編》11/65b,《新編》1/28/21260 上。

《墨華通考》卷 9,《新編》2/6/4401 下。

《六藝之一錄》57/33a,《新編》4/5/66 上。

無年號 049

巴西太守盧茂碑

晉（265—420）。在綿州。

碑目題跋著錄：

《通志·金石略》卷上/25b,《新編》1/24/18031 下。

《金石彙目分編》16（1）/37a,《新編》1/28/21467 上。

《墨華通考》卷 11,《新編》2/6/4422 上。

《佩文齋書畫譜·金石》62/5a 下,《新編》3/2/53 下。

（嘉慶）《四川通志·輿地志》60/21b,《新編》3/14/529 上。

（民國）《縣陽縣志·藝文志》9/2a,《新編》3/15/167 下。

《燕庭金石叢稿》,《新編》3/32/503 下。

《六藝之一錄》57/33a,《新編》4/5/66 上。

無年號 050

遂州刺史李豪碑

晉（265—420）。在綿州。

碑目題跋著錄：

《通志·金石略》卷上/25b，《新編》1/24/18031 下。

《金石彙目分編》16（1）/37a，《新編》1/28/21467 上。

《墨華通考》卷11，《新編》2/6/4422 上。

《佩文齋書畫譜·金石》62/5a 下，《新編》3/2/53 下。

（嘉慶）《四川通志·輿地志》60/21b，《新編》3/14/529 上。

（民國）《緜陽縣志·藝文志》9/2a，《新編》3/15/167 下。

《燕庭金石叢稿》，《新編》3/32/503 下。

《六藝之一錄》57/33b，《新編》4/5/66 上。

無年號 051

陳壽墓碑

晉（265—420）。在果州（今南充）。

碑目題跋著錄：

《通志·金石略》卷上/25b，《新編》1/24/18031 下。

《金石彙目分編》16（1）/56a，《新編》1/28/21476 下。

《佩文齋書畫譜·金石》62/5a 下，《新編》3/2/53 下。

（嘉慶）《四川通志·輿地志》58/41a，《新編》3/14/493 上。

（民國）《南充縣志·藝文志》15/42a，《新編》3/16/125 下。

《燕庭金石叢稿》，《新編》3/32/618 下。

《六藝之一錄》57/33a，《新編》4/5/66 上。

備考：陳壽，《晉書》卷八二有傳。

無年號 052

王猛碑

晉（265—420）。在華陰縣東八十里。

碑目題跋著錄：

《寶刻叢編》10/33b，《新編》1/24/18266 上。

《金石彙目分編》12（2）/27b，《新編》1/28/21349 上。

《石刻題跋索引》29 頁右，《新編》1/30/22367。

《六藝之一錄》57/32b，《新編》4/5/65 下。

備考：王猛，字景略，《晉書》卷一一四有傳。《金石彙目分編》將王猛歸入前秦，蓋指其為前秦官員，今暫從《寶刻叢編》，附晉代。

無年號 053

益州刺史羅君碑

晉（265—420）。成都府華陽縣。

碑目題跋著錄：

《輿地碑記目・成都府碑記》4/2b，《新編》1/24/18560 下。

《金石彙目分編》16（1）/3b，《新編》1/28/21450 上。

《墨華通考》卷 11，《新編》2/6/4422 下。

《佩文齋書畫譜・金石》62/4b 下，《新編》3/2/53 上。

（嘉慶）《四川通志・輿地志》58/9a，《新編》3/14/477 上。

（同治）《重修成都縣志・輿地志》2/6a，《新編》3/14/551 下。

（嘉慶）《華陽縣志・金石》41/3b–4a，《新編》3/14/566 上—下。

《蜀碑記》1/2a，《新編》3/16/312 下。

《燕庭金石叢稿》，《新編》3/32/472 下。

《六藝之一錄》57/34a，《新編》4/5/66 下。

無年號 054

張麟夫人墓表

晉（265—420）。在慶符縣南一百六十里。

碑目題跋著錄：

《輿地碑記目・敘州碑記》4/18a，《新編》1/24/18568 下。

《金石彙目分編》16（1）/62b，《新編》1/28/21479 下。

《墨華通考》卷 11，《新編》2/6/4430 下。

《佩文齋書畫譜・金石》62/4b 下，《新編》3/2/53 上。

（嘉慶）《四川通志・輿地志》59/2a，《新編》3/14/496 下。

（光緒）《敘州府志・金石》16/5b，《新編》3/15/633 下。

《蜀碑記》4/5b，《新編》3/16/325 上。

《燕庭金石叢稿》，《新編》3/32/629 上。

無年號 055

晉康王司馬綏碑

晉（265—420）。碑在涿縣故城內東北角。

碑目題跋著錄：

《金石彙目分編》1/18a，《新編》1/27/20666 下。

（光緒）《畿輔通志·金石三》140/45b，《新編》2/11/8267 上。

《京畿金石考》卷上/22b，《新編》2/12/8756 下。

（光緒）《順天府志·金石志二》128/7a，《新編》2/12/8817 上。

《畿輔待訪碑目》卷上/3a，《新編》2/20/14802 上。

《水經注碑錄》卷三編號 72，《北山金石錄》上冊 75 頁。

備考：康王司馬綏，《晉書》卷三七有傳。

無年號 056

晉范陽王司馬虓廟碑

晉（265—420）。碑在涿縣故城東。

碑目題跋著錄：

《金石彙目分編》1/18a，《新編》1/27/20666 下。

（光緒）《畿輔通志·金石三》140/45b，《新編》2/11/8267 上。

《京畿金石考》卷上/22b，《新編》2/12/8756 下。

（光緒）《順天府志·金石志二》128/7a，《新編》2/12/8817 上。

《畿輔待訪碑目》卷上/3a，《新編》2/20/14802 上。

《水經注碑錄》卷三編號 73，《北山金石錄》上冊 75 頁。

備考：司馬虓，《晉書》卷三七有傳。《畿輔待訪碑目》誤作司馬彪。

無年號 057

蔣縣長魯國孔明碑

又名：蔣縣令魯國孔翊清德碑、晉脩令孔詡清德頌、脩令孔栩清德頌。晉（265—420）。碑在景州邸閣城東。

碑目題跋著錄：

《金石彙目分編》3（2）/4a，《新編》1/27/20694 下。

《天下金石志》1/4，《新編》2/2/803 上。

（光緒）《畿輔通志·金石六》143/44b – 45a，《新編》2/11/8365 下—8366 上。附《明一統志》。

《京畿金石考》卷上/41b – 42a，《新編》2/12/8766 上—下。

《佩文齋書畫譜·金石》62/5b 上，《新編》3/2/53 下。

《金石備攷·河間府》，《新編》4/1/6 下。

《古今書刻》下編/2a，《新編》4/1/135 下。

《六藝之一錄》51/6b、57/34a，《新編》4/4/755 下、4/5/66 下。

《水經注碑錄》卷二編號 52，《北山金石錄》上冊 64 頁。

《太平寰宇記碑錄》編號 116，《北山金石錄》上冊 285 頁。

備考：碑主孔君之名或作明，或作栩、詡、翊，不知孰是，暫從《水經注》作"明"。

無年號 058

晉傅祗碑頌

又名：沈萊堰碑。晉（265—420）。在鄭州滎陽縣。

碑目題跋著錄：

《金石彙目分編》9（1）/23a，《新編》1/28/20935 上。

《諸史碑銘錄目·晉書》3a，《新編》3/37/312 上。

備考：傅祗，《晉書》卷四七有傳。

無年號 059

裴氏墓塋碑

又名：晉裴氏塋碑闕。晉（265—420）。碑在河南穀城縣北梓澤北對原阜，一說在河南府孟津縣。

碑目題跋著錄：

《金石彙目分編》9（4）/20b，《新編》1/28/21045 下。

（乾隆）《河南府志·金石志》109/11b，《新編》3/28/133 上。

《水經注碑錄》卷三編號九五，《北山金石錄》上冊 89 頁。

無年號 060

晉順陽太守丁穆碑

晉（265—420）。碑在南鄉縣故城東北，郡民范寧立之。

碑目題跋著錄：

《金石彙目分編》9（4）/68b，《新編》1/28/21069 下。

《六藝之一錄》57/6a，《新編》4/5/52 下。

《水經注碑錄》卷四編號 124，《北山金石錄》上冊 111—112 頁。

備考：丁穆，《晉書》卷八九有傳。

無年號 061

晉女九歲殘碑

晉（265—420）。在河南府洛陽縣。八分書，存 3 行。

碑目題跋著錄：

《金石彙目分編》9（補遺）/5a，《新編》1/28/21084 上。

《魏晉石存目》2b，《新編》3/37/533 下。

無年號 062

晉邢邵碑

晉（265—420）。在兗州府滋陽縣。

碑目題跋著錄：

《金石彙目分編》10（2）/3b，《新編》1/28/21142 上。

《天下金石志》3/3，《新編》2/2/815 上。

《佩文齋書畫譜·金石》62/5b 上，《新編》3/2/53 下。

《金石備攷·兗州府》，《新編》4/1/46 上。

《古今書刻》下編/27b，《新編》4/1/148 上。

無年號 063

汝南周府君碑殘額

晉（265—420），趙之謙《補寰宇訪碑錄》列入唐碑，而馮雲鵬定為漢刻，今暫從晉代。在曲阜縣。有碑陰。僅存碑額"故汝南周府君"六字。

錄文著錄：

《續語堂碑錄》，《新編》2/1/90 上。

碑目題跋：

《金石彙目分編》10（2）/5a，《新編》1/28/21143 上。

《續語堂碑錄》，《新編》2/1/90 上。

《崇雅堂碑錄》1/7b，《新編》2/6/4487 上。

《曲阜碑碣考》1/3a，《新編》2/13/9748 上。

《語石》3/2a，《新編》2/16/11898 下。

《平安館藏碑目》，《新編》2/18/13384 下。

《蒿里遺文目錄》1 上/3b，《新編》2/20/14938 下。

《魏晉石存目》3b，《新編》3/37/534 上。

《紅藕齋漢碑彙鈔集跋》，《新編》3/38/492 下。

《金石備攷》附錄，《新編》4/1/98 上。

無年號 064

苟晞子婦司馬氏墓誌（司馬越之女）

又名：古冢銘。晉（265—420）。在青州府益都縣。

錄文著錄：

《全晉文》146/7b，《全文》3 冊 2304 上。

碑目著錄：

《金石彙目分編》10（3）/33a，《新編》1/28/21195 上。

無年號 065

太原成王司馬輔碑

又名：晉太原成王碑。晉（265—420）。在太原府太原縣。

碑目題跋著錄：

《金石彙目分編》11/4b，《新編》1/28/21229 下。

（光緒）《山西通志·金石記二》90/11b，《新編》3/30/337 上。

《水經注碑錄》卷一編號 19，《北山金石錄》上冊 36—37 頁。

備考：司馬輔，《晉書》卷三七有傳。

無年號 066

榆次令荀虪碑

晉（265—420）。在太原府榆次縣。僅 20 字。

錄文著錄：

《全晉文》146/8a，《全文》3 冊 2304 下。

碑目題跋著錄：

《金石彙目分編》11/7a，《新編》1/28/21231 上。

《天下金石志》4/1，《新編》2/2/820 上。

《墨華通考》9/1a，《新編》2/6/4398 上。

《碑藪》，《新編》2/16/11833 下。

《佩文齋書畫譜・金石》62/5b 上，《新編》3/2/53 下。

（光緒）《山西通志・金石記二》90/11b，《新編》3/30/337 上。

《寒山堂金石林時地攷》卷上/10b，《新編》3/34/494 下。

《金石備攷・太原府》，《新編》4/1/51 上。

《古今書刻》下編/36a，《新編》4/1/152 下。

《六藝之一錄》57/34a，《新編》4/5/66 下。

備考：《古今書刻》和《墨華通考》著錄有太原府榆次縣"徐邈碑"，疑其誤將"荀藐"誤錄為"徐邈"，故合併著錄。

無年號 067

晉司馬懿碑

晉（265—420）。澤州府鳳臺縣。

碑目著錄：

《金石彙目分編》11/75b，《新編》1/28/21265 上。

《金石備攷・汾州府》，《新編》4/1/54 上。

備考：司馬懿，《晉書》卷一有本紀。

無年號 068

扶風王司馬駿碑

晉（265—420）。在西安。

碑目題跋著錄：

《金石彙目分編》12（1）/21b，《新編》1/28/21287 上。

《佩文齋書畫譜・金石》62/3b 上，《新編》3/2/52 下。

《諸史碑銘錄目・晉書》2b，《新編》3/37/311 下。

《六藝之一錄》57/30b,《新編》4/5/64 下。

備考：司馬駿,《晉書》卷三八有傳。

無年號 069

晉竇滔墓碑

晉（265—420）。鳳翔府扶風縣。

碑目著錄：

《金石彙目分編》12（2）/43a,《新編》1/28/21357 上。

備考：《晉書》卷九六有《竇滔妻蘇氏傳》,載有竇滔事跡,是否碑主,待考。

無年號 070

晉尚書歐陽啟墓碑

晉（265—420）。

碑目題跋著錄：

《金石彙目分編》15/28a,《新編》1/28/21420 下。

（光緒）《湖南通志·金石三》261/11a,《新編》2/11/7768 上。

無年號 071

晉楊修墓石闕

晉（265—420）。在綿州梓潼縣。

碑目題跋著錄：

《金石彙目分編》16（1）/41a,《新編》1/28/21469 上。

《燕庭金石叢稿》,《新編》3/32/509 上。

無年號 072

方城侯鄧艾墓石闕

晉（265—420）。在綿州梓潼縣西南五里。

碑目題跋著錄：

《金石彙目分編》16（1）/41a,《新編》1/28/21469 上。

《墨華通考》11/13a,《新編》2/6/4428 上。

《燕庭金石叢稿》,《新編》3/32/509 上。

備考：鄧艾,《三國志》卷二八有傳。

無年號 073

安邑令涂君碑

晉（265—420）。

碑目著錄：

《佩文齋書畫譜・金石》62/2b 下，《新編》3/2/41 下。

無年號 074

晉許真君墓碑

晉（265—420）。在潼川府中江縣。

碑目題跋著錄：

《金石彙目分編》16（2）/38a，《新編》1/28/21501 下。

《燕庭金石叢稿》，《新編》3/32/563 下。

無年號 075

晉興古太守爨琛（深）碑

晉（265—420）。在曲靖府南寧縣南十餘里。

碑目題跋著錄：

《金石彙目分編》19/10a，《新編》1/28/21585 下。

《天下金石志》14/2，《新編》2/2/869 上。

《金石備玫・曲靖府》，《新編》4/1/84 下。

備考：爨琛，事見《晉書》卷八一《王遜傳》。

無年號 076

鄭夫人蘇氏墓版

晉（265—420）。舊藏浙江紹興周氏。八分書。

碑目著錄：

《崇雅堂碑錄補》1/3b，《新編》2/6/4552 上。

無年號 077

衛夫人碑

晉（265—420）。在剡縣。

碑目題跋著錄：

《越中金石目》卷下/1b－2a,《新編》2/10/7084下—7085上。

(乾隆)《紹興府志·金石志一》75/44a,《新編》3/9/24下。

(同治)《嵊縣志·金石》26/19a,《新編》3/9/227上。

無年號078

楊參軍墓磚

晉（265—420）。據《荊南萃古編》題跋，宜都城西一穴同出五磚，五磚內容實則為一人之墓磚。湖北宜都朱氏舊藏。隸書，1行19字。

著錄：

《荊南萃古編》,《新編》2/10/7649－7654。（圖、文、跋）

《中國磚銘》圖版上冊525頁左。（圖、文）

《漢魏六朝磚文》,《歷代陶文研究資料選刊續編》下冊70頁。（圖、文）

《石刻名彙》11/197b,《新編》2/2/1126上。（目）

無年號079

姚平元冢磚

晉（265—420）。荊南出土，浙江歸安陸心源舊藏。隸書，1行4字。

著錄：

《荊南萃古編》,《新編》2/10/7689－7691。（圖、文、跋）

《中國磚銘》圖版下冊920頁。（圖、文）

《全三國兩晉南朝文補遺》309頁。（文）

《石刻名彙》11/200a,《新編》2/2/1127下。（目）

無年號080

左將軍唐彬功德頌

晉（265—420）。在幽州。

碑目題跋著錄：

(光緒)《畿輔通志·金石一》138/24b－25a,《新編》2/11/8186下—8187上。

《佩文齋書畫譜·金石》62/3b下,《新編》3/2/52下。

《諸史碑銘錄目‧晉書》2b-3a，《新編》3/37/311下—312上。
《六藝之一錄》57/30b，《新編》4/5/64下。
備考：唐彬，《晉書》卷四二有傳。

無年號 081

尚書郎束晳碑

又名：佐著作郎束晳碑。晉（265—420）。在元城縣。

碑目題跋著錄：

（光緒）《畿輔通志‧金石十二》149/1a，《新編》2/11/8548上。

（民國）《大名縣志‧金石》21/9a，《新編》3/25/624上。

《諸史碑銘錄目‧晉書》3a-b，《新編》3/37/312上。

備考：束晳，《晉書》卷五一有傳。

無年號 082

晉太中大夫包府君神道碑

又名：晉執事左中郎將守大中大夫包君墓碣。晉（265—420）。

碑目題跋著錄：

《古今碑帖考》11a，《新編》2/18/13168上。

《佩文齋書畫譜‧金石》62/5b上，《新編》3/2/53下。

（民國）《丹陽縣續志‧藝文》22/2a，《新編》3/5/227下。

《金石備攷》附錄，《新編》4/1/98下。

《六藝之一錄》57/34a，《新編》4/5/66下。

《墨池篇》6/6a，《新編》4/9/669下。

無年號 083

散騎常侍贈太尉周府君墓碣

晉（265—420）。在延陵西北六里。

題跋著錄：

（民國）《丹陽縣續志‧藝文》22/2a-b，《新編》3/5/227下。

無年號 084

趙府君之神墓甎

或以為漢，或以為晉，待考，暫從晉（265—420）。荊南出土。朱氏舊藏。計 15 字，隸書。

著錄：

《荊南萃古編》，《新編》2/10/7695 - 7696。（圖、文、跋）

《漢魏六朝磚文》，《歷代陶文研究資料選刊續編》下冊 71 頁。（圖、文）

無年號 085

晉司徒王渾碑

晉（265—420）。碑在下邳縣故城。

碑目題跋著錄：

《中州金石目錄》1/11b，《新編》2/20/14691 上。

（同治）《徐州府志·碑碣攷》20/9b，《新編》3/6/553 上。

（咸豐）《邳州志·古蹟》19/15a，《新編》3/6/576 上。

《水經注碑錄》卷七編號 186，《北山金石錄》上冊 162—163 頁。

備考：王渾，《晉書》卷四二有傳。

無年號 086

閻德碑

晉（265—420）。門生唐彬立。

碑目題跋著錄：

《佩文齋書畫譜·金石》62/3b 下，《新編》3/2/52 下。

《諸史碑銘錄目·晉書》2b - 3a，《新編》3/37/311 下—312 上。

《六藝之一錄》57/30b，《新編》4/5/64 下。

備考：閻德，其事見《晉書》卷四二《唐彬傳》。

無年號 087

陸雲墓碑

晉（265—420）。據《晉書·陸雲傳》，門生故吏修墓立碑。

碑目題跋著錄：

《佩文齋書畫譜·金石》62/4b 上，《新編》3/2/53 上。

（光緒）《重修廣平府志·金石略下》36/4a，《新編》3/25/131 下。

備考：陸雲，《晉書》卷五四有傳。

無年號 088

孫大壽碑額

漢晉間，暫附晉（265—420）。傳在河南省洛陽市出土。篆書 4 字。

著錄：

《漢碑全集》6 冊 2204—2205 頁。（圖、文）

《碑帖鑒定》79 頁。（跋）

《蒿里遺文目錄》1 上/3b，《新編》2/20/14938 下。（目）

《魏晉石存目》3b，《新編》3/37/534 上。（目）

《石交錄》1/23b，《新編》4/6/441 上。（目）

無年號 089

魏高陽侯母邱輿碑

晉（265—420）追立。李嗣真書，舊在聞喜縣。八分書。

題跋著錄：

（光緒）《山西通志·金石記十》98/6b，《新編》3/30/538 下。

無年號 090

廣平太守丁紹碑

晉（265—420），南陽王司馬模立，生為立碑。

題跋著錄：

《諸史碑銘錄目·晉書》2a、5a，《新編》3/37/311 下、313 上。

備考：丁紹，《晉書》卷九〇有傳。

無年號 091

項伯墓磚銘

晉（265—420）。南朝宋元嘉六年（429）出土。

著錄：

《水經注碑錄》卷七編號 199，《北山金石錄》上冊 173 頁。（文、跋）

無年號 092

皇甫陶碑

晉（265—420）。張載撰。引《文選》注，僅 8 字。

錄文著錄：

《全晉文》84/7b，《全文》2 冊 1946 上。

備考：皇甫陶，其事見《晉書》卷三《世祖武帝炎本紀》、卷四五《侯史光傳》、卷四七《傅玄傳》。

無年號 093

陳君妻涂夫人碑

又名"陳夫人碑"。晉（265—420）。張林撰。

錄文著錄：

《藝文類聚》卷 18，上冊 338 頁。

《全晉文》109/6a – b，《全文》2 冊 2086 下。

碑目題跋著錄：

（道光）《蘇州府志·金石二》130/32b，《新編》3/5/516 上。

（光緒）《嘉興府志·金石》86/15a，《新編》3/7/408 上。

備考：諸書皆著錄為"陳夫人碑"，然碑文云："夫人姓徐"，疑陳君妻徐夫人。《蘇州府志》著錄為"張林妻徐夫人墓碑"，然據《藝文類聚》，"張林"為撰者，非碑主之夫。

無年號 094

太中大夫施氏神室磚

晉（265—420）。出烏程，浙江歸安陸心源舊藏。長八寸七分，厚一寸二分。隸書，1 行 10 字。

著錄：

《中國磚銘》圖版上冊 524 頁右。（圖）

《千甓亭磚錄》5/8b – 9a，《歷代陶文研究資料選刊》上冊 460—461 頁。（文、跋）

《石刻名彙》11/197b，《新編》2/2/1126 上。（目）

無年號 095

倉梧太守□□墓磚

晉（265—420）。隸書，1 行 11 字。

著錄：

《中國磚銘》圖版上冊 524 頁左。（圖、文）

無年號 096

梁州刺史甘卓墓碑

晉（265—420）。在小丹陽甘村。

碑目著錄：

（同治）《上江兩縣志·藝文下》12 下/3a，《新編》3/5/112 上。

備考：甘卓，《晉書》卷七〇有傳。

無年號 097

金城長侯君神道

晉（265—420）。2003 年山西省芮城縣博物館徵集。誌方形，高、寬均 35、厚 5 釐米。文 4 行，行 3 字，隸書。題為：晉故金城長河東侯君之神道。

論文：

衛文革：《山西芮城發現一方晉代墓誌》，《文物世界》2008 年第 1 期。（圖、文）

無年號 098

驃騎將軍王□暨夫人丁氏墓碣

晉（265—420）。葬婁縣之南。清雍正四年（1726）發現於營獄，在馬鞍山陽。

題跋著錄：

（同治）《蘇州府志·金石三》142/1a，《新編》3/5/562 上。（節文）

無年號 099

夏侯湛碑

晉（265—420）。

碑目著錄：

（民國）《吳縣志·金石考一》59/2b，《新編》3/6/3 下。

備考：夏侯湛，《晉書》卷五五有傳。

無年號 100

晉司馬石苞碑

晉（265—420）。碑在下邳縣故城。

碑目題跋著錄：

（同治）《徐州府志·碑碣攷》20/9b，《新編》3/6/553 上。

（咸豐）《邳州志·古蹟》19/15a，《新編》3/6/576 上。

《水經注碑錄》卷七編號 187，《北山金石錄》上冊 162—163 頁。

備考：石苞，《晉書》卷三三有傳。

無年號 101

晉監軍石崇碑

晉（265—420）。碑在下邳縣故城。

碑目題跋著錄：

（同治）《徐州府志·碑碣攷》20/10a–b，《新編》3/6/553 下。

（咸豐）《邳州志·古蹟》19/15a，《新編》3/6/576 上。

《水經注碑錄》卷七編號 188，《北山金石錄》上冊 162—163 頁。

備考：石崇，《晉書》卷三三附《石苞傳》。

無年號 102

戴禺墓石表

晉（265—420）。在嵊縣剡山。

碑目著錄：

《越中金石目》卷下/2b，《新編》2/10/7085 上。

無年號 103

仲犖殘墓誌

晉（265—420）。安徽建德周氏舊藏。有側。隸書。

碑目著錄：

《石刻名彙》1/4b，《新編》2/2/1026 下。

無年號 104

陳章墓磚

晉（265—420）。浙江歸安陸心源舊藏。隸書。

碑目著錄：

《石刻名彙》11/198a，《新編》2/2/1126 下。

無年號 105

孔餘杭墓磚

晉（265—420）。出長興，浙江歸安陸心源舊藏。長一尺五寸，厚一寸五分。隸書，計 6 字。

著錄：

《千甓亭磚錄》6/19b,《歷代陶文研究資料選刊》上冊 522 頁。（文、跋）

《石刻名彙》11/198a,《新編》2/2/1126 下。（目）

無年號 106

侍中儲氏墓磚

晉（265—420）。出烏程，浙江歸安陸心源舊藏。長一尺，厚一寸二分。隸書，計 8 字。

著錄：

《千甓亭磚錄》6/1a－b,《歷代陶文研究資料選刊》上冊 485—486 頁。（文、跋）

《石刻名彙》11/198a,《新編》2/2/1126 下。（目）

無年號 107

屠王（玉）兒子冢磚

晉（265—420）。出烏程，浙江歸安陸心源舊藏。長九寸二分，厚一寸三分。隸書，計 13 字。

著錄：

《千甓亭磚錄》5/10a－b,《歷代陶文研究資料選刊》上冊 463—464 頁。（文、跋）

《千甓亭磚續錄》4/19b－20a,《歷代陶文研究資料選刊》上冊 680—681 頁。（文、跋）

《石刻名彙》11/198b,《新編》2/2/1126 下。（目）

無年號 108

屠冢磚

晉（265—420）。出烏程，浙江歸安陸心源舊藏。長一尺五分，厚一寸四分。隸書，計 12 字。

著錄：

《千甓亭磚錄》5/10b，《歷代陶文研究資料選刊》上冊 464 頁。（文、跋）

《石刻名彙》11/198b，《新編》2/2/1126 下。（目）

無年號 109

屠錢兒子冢磚

晉（265—420）。出烏程，浙江歸安陸心源舊藏。長五寸五分，厚一寸三分。隸書，計 7 字。陸心源認為，"屠錢葬其子所作磚也"。

著錄：

《千甓亭磚錄》5/10b，《歷代陶文研究資料選刊》上冊 464 頁。（文、跋）

《石刻名彙》11/198b，《新編》2/2/1126 下。（目）

無年號 110

□子是墓磚

暫附晉（265—420）。出長興，浙江歸安陸心源舊藏。長四寸六分，厚一寸三分。計 6 字。

著錄：

《千甓亭磚錄》6/7b–8a，《歷代陶文研究資料選刊》上冊 498—499 頁。（文、跋）

無年號 111

吳家冢磚

晉（265—420）。

碑目著錄：

《石目·古甎》，《新編》3/36/106 上。

無年號 112

諸熙伯墓磚

晉（265—420）。出烏程，浙江歸安陸心源舊藏。長一尺一寸，厚一寸四分。隸書，計 11 字。

著錄：

《千甓亭磚錄》5/17a-b，《歷代陶文研究資料選刊》上冊 477—478 頁。（文、跋）

《石刻名彙》11/199b，《新編》2/2/1127 上。（目）

無年號 113

潘立墓磚

晉（265—420）。出烏程，浙江歸安陸心源舊藏。長四寸三分，厚一寸一分。隸書，計 5 字。

著錄：

《千甓亭磚錄》6/3b，《歷代陶文研究資料選刊》上冊 490 頁。（文）

《石刻名彙》11/199b，《新編》2/2/1127 上。（目）

無年號 114

涂聞先（或"夫"）墓磚

晉（265—420）。出長興，浙江歸安陸心源舊藏。長一尺，厚一寸六分。隸書，計 6 字。

著錄：

《千甓亭磚錄》6/21b-22a，《歷代陶文研究資料選刊》上冊 526—527 頁。（文、跋）

《石刻名彙》11/199b，《新編》2/2/1127 上。（目）

無年號 115

沈參軍墓磚

晉（265—420）。出烏程，浙江歸安陸心源舊藏。長三寸八分，厚一寸二分。隸書，計 5 字。

著錄：

《千甓亭磚錄》6/4b-5b，《歷代陶文研究資料選刊》上冊 492—494 頁。（文、跋）

《石刻名彙》11/200a，《新編》2/2/1127 下。（目）

無年號 116

黃畏長墓磚

晉（265—420）。出烏程，浙江歸安陸心源舊藏。長八寸九分，厚一寸二分。篆書，計7字。

著錄：

《千甓亭磚錄》6/6a，《歷代陶文研究資料選刊》上冊495頁。（文）

《石刻名彙》11/200a，《新編》2/2/1127下。（目）

無年號 117

施俱墓磚

晉（265—420）。浙江歸安陸心源舊藏。隸書。

碑目著錄：

《石刻名彙》11/200a，《新編》2/2/1127下。

無年號 118

施氏冢磚

晉（265—420）。出長興，浙江歸安陸心源舊藏。長一尺二寸，厚一寸六分。隸書，計6字。

著錄：

《千甓亭磚錄》6/9b，《歷代陶文研究資料選刊》上冊502頁。（文、跋）

《石刻名彙》11/201a，《新編》2/2/1128上。（目）

無年號 119

女官涂道士冢磚

晉（265—420）。山東無棣吳氏舊藏。正書。

碑目著錄：

《石刻名彙》11/201b，《新編》2/2/1128上。

無年號 120

李巨妻磚

晉（265—420），或作北朝，暫置晉。磚高31、寬23釐米。隸書，2行，行1至2字。

著錄：

《中國磚銘》圖版下冊 969 頁。（圖）

《中國古代磚刻銘文集》上、下冊編號 1071。（圖、文）

《蒿里遺文目錄》3 上/2a，《新編》2/20/14981 下。（目）

《北京大學圖書館藏歷代墓誌拓片目錄》編號 00716。（目）

《北朝隋代墓誌所在総合目錄》編號 1209。（目）

無年號 121

潘儒南父母墓磚

晉（265—420）。在浙江海鹽縣，海鹽張燕昌藏。甄及兩側有文，篆書。

著錄：

（光緒）《嘉興府志·金石》86/69b，《新編》3/7/435 上。（文、跋）

無年號 122

□□殘碑陰

晉（265—420）。歸濰縣陳氏。有處士城陽徐□等題名。存 5 行，隸書，首行 5 字，餘 7 字，惟末行下漫滅。

著錄：

《增補校碑隨筆》（修訂本）134 頁。（文、跋）

《魏晉石存目》3a，《新編》3/37/534 上。（目）

《漢魏六朝碑刻校注·總目提要》編號 1036。（目）

無年號 123

晉英烈侯廟殘碑

晉（265—420）。在雲南曲靖府陸涼州。《雲南金石志》疑是晉唐間物，在尋甸州東南五十里關嶺上。暫附晉。

碑目題跋著錄：

《金石彙目分編》19/11a，《新編》1/28/21586 上。

（光緒）《雲南通志·藝文志》212/22b，《新編》3/23/59 下。

（光緒）《續雲南通志稿·藝文志》171/10b，《新編》3/23/111 下。

無年號 124
盧府君墓銘

晉（265—420）或以前。在東昌府館陶縣。曰：盧府君歸真之室。

碑目著錄：

《金石彙目分編》10（3）/19a，《新編》1/28/21188 上。

無年號 125
顧颺碑

時間不詳，因酈道元為北魏人，故此碑當在北魏之前，暫附晉（265—420）。在餘杭新縣。

題跋著錄：

《水經注碑錄》卷十編號 271，《北山金石錄》上冊 236—237 頁。

備考：顧颺，《晉書》卷六《明皇帝諱紹本紀》、卷七六《王舒傳》、卷七七《蔡謨傳》、卷九四《郭文傳》等諸處有載。

無年號 126
晉護軍將軍江州刺史桓伊闕

晉（265—420）。洪州南昌縣，在州南十六里。

碑目著錄：

《太平寰宇記碑錄》編號 158，《北山金石錄》上冊 297 頁。

備考：桓伊，《晉書》卷八一有傳。

無年號 127
陸邁碑

晉（265—420）。

錄文著錄：

《全晉文》146/14a，《全文》3 冊 2307 下。

無年號 128
夏阿奴磚

無年月，《蒿里遺文目錄補遺》置於晉前，暫附晉（265—420）。

碑目著錄：

《蒿里遺文目錄補遺》11a,《新編》2/20/15001 上。

無年號 129

□□墓誌

晉（265—420）□康七年二月廿日。2002 年徐州市鼓樓區金地商都遺址出土。碑殘長 42、寬 39.4、厚 16 釐米。劉尊志最初認為其為記事碑，後更正為墓誌。

論文：

劉尊志：《徐州出土晉代記事碑及相關問題略考》，《中原文物》2004 年第 2 期。（圖、文）

梁勇、尊志：《徐州出土晉碑及相關問題的再認識》，《中國歷史文物》2006 年第 5 期。（文）

無年號 130

司馬芳殘碑并陰

東漢建安二十四年（219）卒，晉代修建，或以為北魏時由司馬準復刻或修繕，暫置晉（265—420）。1952 年陝西省西安市內西大街廣濟街口出土，現藏西安碑林博物館。殘長 106、寬 98 釐米。隸書兼楷意，碑陽存 16 行，行 8—10 字；碑陰題名 14 行，又有追表文字 18 行，行存 1 至 3 字。額篆書，額題：漢故司隸校尉京兆尹司馬君之碑頌。

著錄：

《西安碑林全集》2/139 - 143。（圖）

《漢魏六朝碑刻校注》2 冊 92—94 頁。（圖、文）

《碑帖鑒定》114 頁。（跋）

《善本碑帖錄》2/52 - 53。（跋）

《碑帖敘錄》52 頁。（跋）

淑德大學《中國石刻拓本目錄》"碑碣等刻石"編號 359—360。（目）

論文：

段紹嘉：《司馬芳殘碑出土經過及初步研究》，《人文雜誌》1957 年第 3 期。

楊勵三：《司馬芳殘碑》，《文物》1965 年第 9 期。

路遠：《〈司馬芳碑〉刻立年代考辯》，《文博》1998 年第 2 期。

仇鹿鳴：《〈司馬芳殘碑〉補釋—以中正成立的年代為中心》，《史林》2009 年第 1 期。

郭叢：《〈司馬芳殘碑〉碑主司馬芳新考》，《中華文史論叢》2014 年第 4 期。

王慶衛：《再論〈司馬芳殘碑〉刊刻的年代及其背景》，《文博》2015 年第 6 期。

殷憲：《司馬芳殘碑》，《北魏平城書跡研究》，第 65—70 頁。

備考：司馬芳，《晉書·宣帝紀》作"司馬防"，司馬懿之父。

無年號 131
隴西郡夫人關氏墓誌

晉□年（265—420）八月廿二日。楊敏昇撰，僧人惠進正書。

碑目著錄：

《歷代墓誌銘拓片目錄》1 頁。

無年號 132
幽州刺史瞿仙墓誌殘石

晉（265—420）。隸書兼正書。殘石文有"祖倫，晉元康八年"諸字。

碑目著錄：

《歷代墓誌銘拓片目錄》2 頁。

無年號 133
方城侯鄧艾碑

晉（265—420）。額題：魏使持節征西將軍方城侯鄧公之碑。

碑目題跋著錄：

《金石錄》2/6a、20/11a-6，《新編》1/12/8808 下、8921 上。

《集古錄跋尾》4/4a-b，《新編》1/24/17865 下。

《通志·金石略》卷上/27b，《新編》1/24/18032 下。

備考：鄧艾，《三國志》卷二八有傳。

十六國

漢

漢 001
漢司徒公劉雄碑

嘉平五年（315）二月六日建。在晉州臨汾縣嘉泉村。額題：漢故使持節侍中太宰司徒公右部魏成獻王之碑。

碑目題跋著錄：

《金石錄》2/6a、20/10b–11a，《新編》1/12/8808 下、8920 下—8921 上。

《金石錄補續跋》5/4b，《新編》1/12/9168 下。

《通志·金石略》卷上/27b，《新編》1/24/18032 下。

《金石彙目分編》11/22a，《新編》1/28/21238 下。

《石刻題跋索引》30 頁左，《新編》1/30/22368。

《語石》1/7a，《新編》2/16/11862 上。

《金石錄續跋》59，《新編》2/18/13224 上。

《佩文齋書畫譜·金石》62/5b 下，《新編》3/2/53 下。

（光緒）《山西通志·金石記二》90/11b–12a，《新編》3/30/337 上—下。

《山右訪碑記》1b，《新編》3/30/566 上。

《六藝之一錄》57/36a，《新編》4/5/67 下。

備考：《金石彙目分編》引《山西通志》著錄為"後漢魏成獻王碑"，指其為劉聰碑，然它書皆著錄為"劉雄碑"，且額題完全相同，從它書。

前燕

前燕 001
前燕李廆墓記碑

前燕永昌三年（324）正月廿六日亡。1992 年 11 月出土於遼寧省錦州市凌河區解放路於雲飛街交叉口東南部的前燕墓。磚高 32、寬 15 釐米。隸書，3 行，行 2 至 8 字不等。

著錄：

《中國磚銘》上冊 554 頁右。（圖）

《中國古代磚刻銘文集》上、下冊編號 0853。（圖、文）

《全三國兩晉南朝文補遺》92 頁。（文）

《新出魏晉南北朝墓誌疏證》（修訂本）11—12 頁。（文、跋）

《漢魏六朝碑刻校注·總目提要》編號 0982。（目）

論文：

辛發、魯寶林、吳鵬：《錦州前燕李廆墓清理簡報》，《文物》1995 年第 6 期。

前　趙

前趙 001

張長元墓記磚

前趙光初十年（327）正月七日。陝西西安出土，藍田閻甘園舊藏。磚高 16、寬 10.3 釐米。隸書，3 行，行 5 至 8 字不等。

著錄：

《中國古代磚刻銘文集》上、下冊編號 0851。（圖、文）

《北京大學圖書館藏歷代墓誌拓片目錄》編號 00076。（目）

前　涼

前涼 001

□□柩銘

前涼建興卅六年（348）九月廿八日。1963 至 1965 年吐魯番阿斯塔那古墓出土。書寫於絹上，長 14、寬 10 釐米。白粉隸書 1 行，殘存 17 字。

碑目著錄：

《吐魯番阿斯塔那古墓群出土墓誌（柩銘）表》，《新疆文物》2000 年 3—4 期，250 頁。

論文：

新疆維吾爾自治區博物館：《吐魯番縣阿斯塔那——哈拉和卓古墓群發掘簡報（1963—1965）》，《文物》1973年第10期；又載於《新疆考古三十年》，第79—91頁。（圖、文）

後　趙

後趙001

横山李君神碑

建武六年（340）三月二十一日立。

碑目題跋著錄：

《金石錄》2/6b、20/12b–13a，《新編》1/12/8808下、8921下—8922上。

《金石錄補續跋》5/4b–5a，《新編》1/12/9168下—9169上。

《通志·金石略》卷上/28a，《新編》1/24/18033上。

《寶刻叢編》20/16a，《新編》1/24/18380下。

《石刻題跋索引》30頁左，《新編》1/30/22368。

《語石》1/7a，《新編》2/16/11862上。

《金石錄續跋》59–60，《新編》2/18/13224上—下。

《佩文齋書畫譜·金石》62/5b下，《新編》3/2/53下。

《六藝之一錄》57/37b，《新編》4/5/68上。

後趙002

後趙右侯張賓墓碣

後趙（319—351）。在順德府南和縣。

碑目著錄：

《金石彙目分編》3（2）/65b，《新編》1/27/20725上。

備考：張賓，《晉書》卷一〇五有傳。

後趙003

後趙將軍張平碑

後趙（319—351）。石勒將張平築城，東有平碑。

碑目著錄：

（光緒）《山西通志·金石記二》90/12b，《新編》3/30/337 下。
《太平寰宇記碑錄》編號 90，《北山金石錄》上冊 279 頁。

前　秦

前秦 001
瞿威然墓記磚

前秦甘露三年（361）四月廿四日。尺寸不詳，隸書，2 行，行 4 或 8 字。

著錄：

《中國磚銘》圖版上冊 558 頁。（圖）

《中國古代磚刻銘文集》上、下冊編號 0856。（圖、文）

前秦 002
護國定遠侯墓誌

前秦建元二年（366）四月一日卒。今存河南省洛陽市古代藝術館。高 39、寬 29 釐米。隸書，5 行，行字不等。

著錄：

《漢魏六朝碑刻校注》3 冊 71—72 頁。（圖、文）

《全三國兩晉南朝文補遺》161 頁。（文）

《新出魏晉南北朝墓誌疏證》（修訂本）19 頁。（文、跋）

《漢魏六朝碑刻校注·總目提要》編號 1042。（目）

論文：

李春敏：《十六國漢護國定遠侯墓誌》，《文物天地》1994 年第 4 期。

王素：《前秦建元二年護國定遠侯墓誌考釋》，《文物天地》1994 年第 4 期。

前秦 003
鄧艾祠堂碑

又稱：鄭能邀（進）修鄧太尉祠銘。前秦建元三年（367）六月鄭能邀（或進）立，陝西省蒲城縣出土，現存西安碑林博物館。碑高 170、寬 64、厚 20 釐米。文 8 行半，滿行 29 字。後題名兩截，上截上列 9 行，下列 7 行；下截 11 行，行字不等。隸書。

《二銘草堂金石聚》15/86a – 93a，《新編》2/3/2328 下—2332 上。

《北京圖書館藏中國歷代石刻拓本匯編》2 冊 121 頁。

《中國西北地區歷代石刻匯編》1 冊 33 頁。

《西安碑林全集》2/146 – 150。

《漢魏六朝碑刻校注》3 冊 73 頁。

錄文著錄：

《金石續編》1/23b – 25a，《新編》1/4/3018 上—3019 上。

《八瓊室金石補正》10/1a – 3a，《新編》1/6/4151 上—4152 上。

《金石存》10/11a – 12b，《新編》1/9/6693 上—下。

《續語堂碑錄》，《新編》2/1/102 下—103 下。

《金石文鈔》2/16a – 17b，《新編》2/7/5111 下—5112 上。

《關中金石文字存逸考》9/33a – 34a，《新編》2/14/10576 上—下。（節文）

《魯迅輯校石刻手稿·碑銘》中冊 58—62 頁。

《漢魏六朝碑刻校注》3 冊 74 頁。

《漢魏石刻文學考釋》上冊 200—201 頁。

《全三國兩晉南朝文補遺》160—161 頁。

碑目題跋著錄：

《八瓊室金石補正》10/6a – 7a，《新編》1/6/4153 下—4154 上。

《金石存》10/12b – 13b，《新編》1/9/6693 下—6694 上。

《集古求真續編》6/21a – 23b，《新編》1/11/8771 上—8772 上。

《陝西金石志》6/4b，《新編》1/22/16431 下。

《潛研堂金石文跋尾》2/10b – 11a，《新編》1/25/18754 下—18755 上。

《潛研堂金石文字目錄》1/8b，《新編》1/25/19010 下。

《授堂金石文字續跋》1/13b – 14a，《新編》1/25/19173 上—下。

《藝風堂金石文字目》1/18b – 19a，《新編》1/26/19531 下—19532 上。

《寰宇訪碑錄》2/1a，《新編》1/26/19861 上。

《寰宇訪碑錄校勘記》1/7b,《新編》1/27/20105 上。

《金石彙目分編》10（2）/3b、10（3）/4b、12（2）30a,《新編》1/28/21142 上、21180 下、21350 下。

《石刻題跋索引》30 頁右、503 頁左—右,《新編》1/30/22368。

《續語堂碑錄》,《新編》2/1/104 上—105 上。附《隸篇再續》等題跋。

《天下金石志》3/2,《新編》2/2/814 下。

《古泉山館金石文編殘稿》1/8a–b,《新編》2/3/1628 下。

《二銘草堂金石聚》15/93a–b,《新編》2/3/2332 上。

《墨華通考》卷 8,《新編》2/6/4389 上。

《崇雅堂碑錄》1/9b,《新編》2/6/4488 上。

《金石文鈔》2/17b–18a,《新編》2/7/5112 上—下。

《關中金石文字存逸考》9/34a–35a、12/14b、12/38b,《新編》2/14/10576 下—10577 上、10643 下、10655 下。

《石墨考異》卷上,《新編》2/16/11637 下。

《碑藪》,《新編》2/16/11831 上。

《語石》1/6b,《新編》2/16/11861 下。

《求是齋碑跋》1/18a–19b,《新編》2/19/14009 下—14010 上。

《古墨齋金石跋》2/7a–b,《新編》2/19/14085 上。

《竹崦盦金石目錄》10b,《新編》2/20/14551 下。

《寰宇貞石圖目錄》卷上/5a,《新編》2/20/14673 下。

（道光）《涇陽縣志·金石略》18/4b–5a,《新編》3/31/626 下—627 上。

《石目》,《新編》3/36/46 上。

《竹崦盦金石目錄》1/12a,《新編》3/37/345 下。

《金石萃編補目》1/2a,《新編》3/37/484 下。

《魏晉石存目》3b,《新編》3/37/534 上。

《漢石經室金石跋尾》,《新編》3/38/263 下—264 上。

《廣川書跋》6/15b–16a,《新編》3/38/732 上—下。

《中國金石學講義·正編》5a,《新編》3/39/127。

《金石備攷·兗州府》,《新編》4/1/45 下。

《金石備攷》附錄,《新編》4/1/87 上。

《激素飛清閣平碑記》卷2,《新編》4/1/201下。

《石交錄》2/28a－b,《新編》4/6/459下。

《雪堂所藏金石文字簿錄》60b－61a,《新編》4/7/399下—400上。

《增補校碑隨筆》(修訂本)138—139頁。

《碑帖鑒定》125頁。

《碑帖敘錄》219頁。

《漢魏六朝碑刻校注·總目提要》編號1043。

《漢魏石刻文學考釋》198—199頁。

淑德大學《中國石刻拓本目錄》"碑碣等刻石"編號324—325。

論文:

謝人吾:《苻秦〈魏故鄧太尉祠碑〉考釋》,《文博》1992年第4期。

備考:鄧艾,《三國志》卷二八有傳。

前秦004

廣武將軍□(或云"張")產碑并陰、側

又名:廣武將軍□產碑、立界山祠碑、廣武將軍孫□產碑。前秦建元四年(368)十月一日刻。清乾隆初石佚,民國九年雷召卿拆除廟前影壁復得,在陝西省白水縣史官村倉頡廟出土,1972年移置西安碑林博物館。碑高174、寬73、厚14釐米。文17行,滿行31字,隸書。陰及兩側有題名。額題:立界山石祠。

圖版著錄:

《二銘草堂金石聚》15/94a－111b,《新編》2/3/2332下—2341上。

《望堂金石二集》,《新編》2/4/3042上—3060上。

《古石抱守錄》,《新編》3/1/150－151。

《草隸存》卷2,《新編》4/3/81。(陰、側)

《北京圖書館藏中國歷代石刻拓本匯編》2冊123頁。(碑陽)

《中國西北地區歷代石刻匯編》1冊34頁。(碑陽)

《西安碑林全集》2/151－235。(碑陽)

《漢魏六朝碑刻校注》3冊76頁。(碑陽)

錄文著錄:

《全晉文》152/13a–14a，《全文》3 冊 2341 上—下。（碑陽）

《金石萃編》25/22b–27a，《新編》1/1/450 下—453 上。

《漢魏六朝碑刻校注》3 冊 77 頁。（碑陽）

碑目題跋著錄：

《八瓊室金石補正》10/7a–b、8a，《新編》1/6/4154 上—下。

《集古求真》10/4b–5a，《新編》1/11/8574 下—8575 上。

《集古求真補正》3/38b–40a，《新編》1/11/8681 下—8682 下。

《陝西金石志》6/5b、6a，《新編》1/22/16432 上—下。

《潛研堂金石文字目錄》1/8b，《新編》1/25/19010 下。

《授堂金石文字續跋》1/13a–b，《新編》1/25/19173 上。

《平津讀碑記》2/7a–b，《新編》1/26/19365 上。

《藝風堂金石文字目》1/19a，《新編》1/26/19532 上。

《寰宇訪碑錄》2/1a，《新編》1/26/19861 上。

《寰宇訪碑錄刊謬》2a，《新編》1/26/20085 下。

《寰宇訪碑錄校勘記》1/7b，《新編》1/27/20105 上。

《金石彙目分編》12（2）/57a，《新編》1/28/21364 上。

《石刻題跋索引》30 頁左—右，《新編》1/30/22368。

《二銘草堂金石聚》15/111b–112b，《新編》2/3/2341 上—下。

《平津館金石萃編》4/2a，《新編》2/4/2463 下。

《關中金石文字存逸考》10/38a–b、12/24b，《新編》2/14/10610 下、10648 下。

《關中金石記》1/7，《新編》2/14/10665 下。

《語石》1/6b，《新編》2/16/11861 下。

《古墨齋金石跋》2/7b–8a，《新編》2/19/14085 上—下。

《竹崦盦金石目錄》10b–11a，《新編》2/20/14551 下—14552 上。

《寰宇貞石圖目錄》卷上/5a、卷下/3a，《新編》2/20/14673 下、14678 下。

《蒿里遺文目錄》1 上/3b，《新編》2/20/14938 下。

《古石抱守錄》，《新編》3/1/152–153。

《夢碧簃石言》1/15b–22a，《新編》3/2/161 下—165 上。附《九鍾

精舍金石文跋尾》、王仁俊、陶濬宣等題跋。

《石目》，《新編》3/36/46 上。

《竹崦盦金石目錄》1/12a，《新編》3/37/345 下。

《漢石經室金石跋尾》，《新編》3/38/263 下—264 上。

《中國金石學講義·正編》5a，《新編》3/39/127。

《激素飛清閣平碑記》卷 2，《新編》4/1/201 下。

《石交錄》2/28b－29a，《新編》4/6/459 下—460 上。

《鄰蘇老人手書題跋》，《新編》4/7/353 下—354 下。

《增補校碑隨筆》（修訂本）138 頁。

《碑帖鑒定》125—127 頁。

《碑帖敘錄》231 頁。

《漢魏六朝碑刻校注·總目提要》編號 1044。

《善本碑帖錄》2/55－56。

淑德大學《中國石刻拓本目錄》"碑碣等刻石" 編號 326—329。

論文：

李鋒、李歡歡：《從碑銘看北方民族姓氏——以〈廣武將軍□產碑〉和〈妙絕寺碑〉為例》，《民族論壇》2013 年第 7 期。

李鋒、代維：《從〈廣武將軍□產碑〉看關中少數民族姓氏的變遷》，《安康學院學報》2013 年第 5 期。

康有為：《跋苻秦建元四年產碑》，《文藝研究》2016 年第 10 期。

前秦 005

梁舒墓表

前秦建元十二年（376）十一月卅日。1975 年 3 月在甘肅省武威縣城西北 7.5 公里金沙公社趙家磨村出土，石存武威市博物館。高 37、寬 26.5 釐米。隸書兼楷書，9 行，行 8 字。額題：墓表。

著錄：

《蘭州碑林藏甘肅古代碑刻拓片菁華》8—9 頁。（圖）

《漢魏六朝碑刻校注》3 冊 79—80 頁。（圖、文）

《全三國兩晉南朝文補遺》162 頁。（文）

《六朝墓誌檢要》（修訂本）20頁。（目）
《漢魏六朝碑刻校注・總目提要》編號1045。（目）

論文：

武威地區文化館：《武威金沙公社出土前秦建元十二年墓表》，《文物》1981年第2期。

前秦006

鄧艾廟碑

前秦建元十二年（376），沇州刺史彭超立。在曹州府濮州。

碑目題跋著錄：

《金石彙目分編》10（3）/4b，《新編》1/28/21180下。

《石墨考異》卷上，《新編》2/16/11637下。

《碑藪》，《新編》2/16/11831上。

《佩文齋書畫譜・金石》62/6a上，《新編》3/2/54上。

《廣川書跋》6/15b–16a，《新編》3/38/732上—下。

《金石備攷・兗州府》，《新編》4/1/45下。

《六藝之一錄》57/38b，《新編》4/5/68下。

《水經注碑錄》卷一編號16，《北山金石錄》上冊33—34頁。

備考：鄧艾，《三國志》卷二八有傳。《石墨考異》所載《鄧艾碑》不明前秦的哪塊，暫附此。

前秦007

劉興甫墓磚

前秦建元十三年（377）三月二日。1987年5月18日陝西戶縣東關出土，現藏戶縣文物管理委員會。磚長34、寬17釐米。文3行，8至10字不等，隸書。

著錄：

《新中國出土墓誌・陝西〔叁〕》上冊3頁、下冊1頁。（圖、文）

前秦008

朱圮妻張氏墓記磚

前秦建元十四年（378）二月十二日。1999年陝西省咸陽市文林小區出土。磚高 34、寬 14、厚 6 釐米。隸書，2 行，行 3 或 13 字。

著錄：

《中國古代磚刻銘文集》上、下冊編號 0857。（圖、文）

論文：

岳起、劉衛鵬《關中地區十六國墓的初步認定》，《文物》2004 年第 8 期。

謝高文：《陝西咸陽文林小區前秦墓出土的有銘磚小考》，《碑林集刊》第 10 輯，2004 年。

咸陽市文物考古研究所：《陝西咸陽市文林小區前秦朱氏家族墓的發掘》，《考古》2005 年第 4 期。

李朝陽：《陝西關中出土的西晉十六國時期磚誌考述》，《文博》2012 年第 6 期。

前秦 009

梁阿廣墓表并陰

前秦建元十六年（380）三月十日終，以其年七月廿二日葬於安定西北。2002 年寧夏彭陽縣新集鄉徵集，現藏寧夏固原博物館。碑通高 36、寬 27.5、厚 5 釐米。碑座高 10、長 29、寬 20 釐米。文隸書，碑陽 9 行，行 8 字；碑陰 2 行，行 6 字。碑額刻"墓表"2 字，篆書。

著錄：

《寧夏歷代碑刻》1 頁。（圖、文）

《固原歷代碑刻選編》64—65 頁。（圖、文）

論文：：

羅新：《跋前秦梁阿廣墓誌》，《出土文獻研究》第 8 輯，2007 年。

張有堂：《〈梁阿廣墓表〉之考釋》，《寧夏史志》2014 年第 3 期。

町田隆吉：《〈前秦建元十六年（380）梁阿廣墓表〉試釋》，Obirin University：*Obirin Review of International Studies*，No. 18，2006（櫻美林大學「國際學レヴュー」，第 18 號，2006 年），第 91—105 頁。

鄭曉紅：《彭陽縣出土的十六國前秦墓表》，韓彬主編：《固原文博探究》，第 276—277 頁。

前秦 010

朱丈墓記磚

前秦（350—394）。1999 年陝西省咸陽市文林小區出土。磚高 33.5、寬 14、厚 6 釐米。正、背兩面刻字，正面 1 行 5 字，背面 1 行 4 字，隸書。

著錄：

《中國古代磚刻銘文集》上、下冊編號 0858。（圖、文）

論文：

謝高文：《陝西咸陽文林小區前秦墓出土的有銘磚小考》，《碑林集刊》第 10 輯，2004 年。

岳起、劉衛鵬《關中地區十六國墓的初步認定》，《文物》2004 年第 8 期。

咸陽市文物考古研究所：《陝西咸陽市文林小區前秦朱氏家族墓的發掘》，《考古》2005 年第 4 期。

前秦 011

朱卿墓記磚

前秦（350—394）。1999 年陝西省咸陽市文林小區出土。隸書，1 行 2 字。磚高 33.5、寬 13.5、厚 6 釐米。

著錄：

《中國古代磚刻銘文集》上、下冊編號 0859、0860。（圖、文）

論文：

謝高文：《陝西咸陽文林小區前秦墓出土的有銘磚小考》，《碑林集刊》第 10 輯，2004 年。

咸陽市文物考古研究所：《陝西咸陽市文林小區前秦朱氏家族墓的發掘》，《考古》2005 年第 4 期。

前秦 012

朱苟、朱德墓記磚

前秦（350—394）。1999 年陝西省咸陽市文林小區出土。磚高 34.5、寬 14、厚 6 釐米。兩面刻，皆 1 行 2 字，隸書。

著錄：

《中國古代磚刻銘文集》上、下冊編號0861。（圖、文）

論文：

謝高文：《陝西咸陽文林小區前秦墓出土的有銘磚小考》，《碑林集刊》第10輯，2004年。

咸陽市文物考古研究所：《陝西咸陽市文林小區前秦朱氏家族墓的發掘》，《考古》2005年第4期。

前秦013

朱□墓記磚

前秦（350—394）。1999年陝西省咸陽市文林小區出土。磚高34、寬14.5、厚6釐米。隸書，1行2字。

著錄：

《中國古代磚刻銘文集》上、下冊編號0862。（圖、文）

論文：

謝高文：《陝西咸陽文林小區前秦墓出土的有銘磚小考》，《碑林集刊》第10輯，2004年。

咸陽市文物考古研究所：《陝西咸陽市文林小區前秦朱氏家族墓的發掘》，《考古》2005年第4期。

前秦014

丁好思大墓記磚

前秦（350—394）。20世紀90年代陝西省咸陽市文林路出土。磚高31.5、寬12.5釐米。隸書，1行4字。

著錄：

《中國古代磚刻銘文集》上、下冊編號0863。（圖、文）

論文：

岳起、劉衛鵬：《關中地區十六國墓的初步認定》，《文物》2004年第8期。

前秦015

宇思祖墓記磚

前秦（350—394）。20世紀90年代陝西省咸陽市文林路出土。磚高

37、寬 18.5 釐米。隸書，1 行 4 字。

著錄：

《中國古代磚刻銘文集》上、下冊編號 0864。（圖、文）

論文：

岳起、劉衛鵬：《關中地區十六國墓的初步認定》，《文物》2004 年第 8 期。

後　燕

後燕 001

崔遹墓誌

後燕建興十年（395）。1979 年 6 月遼寧省朝陽縣十二臺鄉四家子村姚金溝組出土。誌為兩塊，一高 30、寬 40、厚 10 釐米；一高 55、寬 62、厚 6.5 釐米。隸書，各 3 行，行 5 或 6 字。

著錄：

《漢魏六朝碑刻校注》3 冊 69—70 頁。（圖、文）

《漢魏南北朝墓誌彙編》34 頁。（文）

《全三國兩晉南朝文補遺》167 頁。（文）

《漢魏六朝碑刻校注·總目提要》編號 1040。（目）

論文：

李宇峰：《朝陽十二臺營子發現後燕崔遹墓誌》，《遼寧文物》1980 年第 1 期。

李宇峰：《遼寧朝陽發現十六國時期後燕崔遹墓碑》，《文物》1981 年第 4 期。

陳大為、李宇峰：《遼寧朝陽後燕崔遹墓的發現》，《考古》1982 年第 3 期。

傅仁義等：《後燕昌黎太守崔遹墓誌》，載於《東北古文化》，第 181 頁。

徐效慧：《崔遹墓表——朝陽最早的墓碑》，《朝陽日報》2008 年 9 月 13 日。

備考：崔邁，《魏書》卷三二作"崔適"，《北史》卷二四作"崔遹"，皆附《崔逞傳》。

後燕 002

南陽太守王丹墓誌

後燕建始三年（409）。誌高 31.3、廣 20.8 釐米。隸書，6 行，行 9 字。

碑目著錄：

《六朝墓誌檢要》（修訂本）17 頁。

《漢魏六朝碑刻校注・總目提要》編號 1041。

後　秦

後秦 001

姚萇等紀功磚

白雀二年（385）。隸書雜篆書，6 行，滿行 8 字。

著錄：

《中國磚銘》圖版上冊 560 頁。（圖、文）

後秦 002

呂憲墓表

弘始四年（402）十二月二十七日葬于常安北陵，去城廿里。清光緒年間在陝西西安出土，曾歸滿洲托活洛氏（端方）、渭南趙乾生、諸城王緒祖等人，後流入日本，歸江藤氏。誌高 36.5、寬 30 釐米。隸書，6 行，行 6 字。額隸書，額題：墓表。

圖版著錄：

《二銘草堂金石聚》15/113a－114a，《新編》2/3/2342 上一下。

《古石抱守錄》，《新編》3/1/221－222。

《北京圖書館藏中國歷代石刻拓本匯編》2 冊 124 頁。

《中國西北地區歷代石刻匯編》1 冊 35 頁。

《漢魏六朝碑刻校注》3 冊 81 頁。

錄文著錄：

《八瓊室金石補正》10/8b，《新編》1/6/4154 下。

《十二硯齋金石過眼錄》3/12a，《新編》1/10/7819 下。

《匋齋藏石記》5/2a，《新編》1/11/8024 下。

《陝西金石志》6/6a，《新編》1/22/16432 下。

《魯迅輯校石刻手稿·墓誌》上冊 12 頁。

《漢魏六朝碑刻校注》3 冊 82 頁。

《全三國兩晉南朝文補遺》167 頁。

碑目題跋著錄：

《八瓊室金石補正》10/8b－9a，《新編》1/6/4154 下—4155 上。

《十二硯齋金石過眼錄》3/12a－13a，《新編》1/10/7819 下—7820 上。

《匋齋藏石記》5/3a－b，《新編》1/11/8025 上。

《陝西金石志》6/6a，《新編》1/22/16432 下。

《藝風堂金石文字目》1/19a、18/1a，《新編》1/26/19532 上、19814 上。

《再續寰宇訪碑錄校勘記》2a，《新編》1/27/20460 下。

《金石彙目分編》12（補遺）/1a，《新編》1/28/21365 上。

《石刻題跋索引》130 頁右，《新編》1/30/22468。

《石刻名彙》1/4b，《新編》2/2/1026 下。

《二銘草堂金石聚》15/114a－b，《新編》2/3/2342 下。

《崇雅堂碑錄補》1/3b，《新編》2/6/4552 上。

《定庵題跋》59b，《新編》2/19/14315 上。

《古石抱守錄》，《新編》3/1/222。

《夢碧簃石言》5/9a 引《周句鑃齋藏石目》，《新編》3/2/217 上。

（民國）《咸寧長安兩縣續志·金石考下》13/5b－6a，《新編》3/31/542 上—下。

《石目》，《新編》3/36/73 上、113 上。

《古誌彙目》1/3b，《新編》3/37/10。

《石交錄》2/28a，《新編》4/6/459 下。

《再續寰宇訪碑錄》卷上，《羅振玉學術論著集》第五集，430 頁。

《墓誌徵存目錄》卷1,《羅振玉學術論著集》第五集,558頁。

《增補校碑隨筆》(修訂本)140頁。

《六朝墓誌檢要》(修訂本)21頁。

《碑帖敘錄》57頁。

《善本碑帖錄》2/56。

《漢魏六朝碑刻校注‧總目提要》編號1046。

淑德大學《中國石刻拓本目錄》"墓誌"編號17。

《北京大學圖書館藏歷代墓誌拓片目錄》編號00079。

論文:

路遠:《後秦〈呂他墓表〉與〈呂憲墓表〉》,《文博》2001年第5期。

備考:呂憲,《十六國春秋》卷八四有載。《六朝墓誌檢要》云,葉昌熾以為偽刻,然它書皆以為真品,故附此。

後秦003

呂他墓表

弘始四年(402)十二月廿七日葬於常安北陵,去城廿里。20世紀70年代陝西省咸陽市渭城區窰店鎮東北出土,石藏西安碑林博物館。碑形墓誌,通高65、上寬32.5、下寬34釐米。隸書,5行,滿行7字。額隸書,額題:墓表。

著錄:

《北京大學圖書館新藏金石拓本菁華1996—2012》63頁。(圖)

《漢魏六朝碑刻校注》3冊83—84頁。(圖、文)

《西安碑林博物館新藏墓誌彙編》上冊3—4頁。(圖、文)

《新出魏晉南北朝墓誌疏證》(修訂本)28—30頁。(文、跋)

《全三國兩晉南朝文補遺》166頁。(文)

《漢魏六朝碑刻校注‧總目提要》編號1047。(目)

《北京大學圖書館藏歷代墓誌拓片目錄》編號00078。(目)

淑德大學《中國石刻拓本目錄》"墓誌"編號18。(目)

論文:

李朝陽:《呂他墓表考述》,《文物》1997年第10期。

路遠：《後秦〈呂他墓表〉與〈呂憲墓表〉》，《文博》2001年第5期。

備考：呂他，事見《晉書》卷一一七《姚興載記上》、卷一二二《呂纂載記》。

後秦 004

呂寧墓誌

弘始十年（408）十二月。今藏日本江藤氏。

碑目著錄：

《崇雅堂碑錄補》1/3b，《新編》2/6/4552上。

後秦 005

龐元慶磚誌

弘始十七年（415）九月十三日。2006年出土於陝西省西安市戶縣東鄉，後為當地學者收藏。磚尺寸不詳。文2行，行8字，正書。

論文：

李朝陽：《陝西關中出土的西晉十六國時期磚誌考述》，《文博》2012年第6期。（圖、文）

大　夏

大夏 001

桑弘麗墓磚

鳳翔三年（415）乙卯巳月廿一日。山東黃縣丁氏舊藏。磚高一尺二寸，廣五寸九分。正書，3行，計19字。

錄文著錄：

《雪堂專錄·專誌徵存》3a，《羅雪堂先生全集》五編3冊1269頁。

碑目著錄：

《石刻名彙》12/204a，《新編》2/2/1130上。

《蒿里遺文目錄》3上/2a，《新編》2/20/14981下。

大夏 002

田嬰墓誌

真興二年（420）正月廿八日。1992年出土於內蒙古自治區烏審旗納林河鄉郭梁村，現藏內蒙古自治區文物考古研究所。磚高 54、寬 54、厚 5 釐米。隸書，6 行，滿行 9 字。

著錄：

《中國古代磚刻銘文集》上、下冊編號 0865。（圖、文）

《全三國兩晉南朝文補遺》178 頁。（文）

《新出魏晉南北朝墓誌疏證》（修訂本）33 頁。（文、跋）

《漢魏六朝碑刻校注·總目提要》編號 1052。（目）

論文：

內蒙古自治區文物考古研究所等：《內蒙古烏審旗郭家梁大夏國田𤘑墓》，《文物》2011 年第 3 期。

西　涼

西涼 001

李超妻尹氏墓表

嘉興二年（418）。1999 年甘肅省酒泉市出土，藏酒泉市博物館。磚質，首部高 9.8、寬 24、厚 3.1 釐米。磚首 6 行，行 2 字；下部 3 行，行殘存 3 至 7 字不等，隸書。

論文：

郭大民：《現存西涼文字經籍珍貴文物資料》，載於《西涼王國史探——酒泉歷史一瞥》，甘肅省酒泉市委員會編，2004 年，第 137—139 頁。（圖、文）

関尾史郎：《"西涼嘉興二年十二月李超夫人尹氏墓表"にフぃて—"五胡"時代石刻ノート（2）》，《環日本海研究年報》第 12 號（2005 年），第 55—62 頁。

張銘心：《十六國時期碑形墓誌源流考》，《文史》2008 年第 2 期。（圖、文）

南朝

宋

永初

永初 001

謝琉磚誌

永初二年（421）五月廿七日卒，以其年七月十七日葬於丹陽郡江寧縣賴鄉石泉里。1987 年 5 月江蘇省南京市雨花臺區鐵心橋鄉司家山 6 號墓謝琉墓出土，現藏南京市博物館。誌分刻 6 磚，均高 33.3、寬 17、厚 4.5 釐米。文皆 8 行，滿行 15 字，正書。首題：宋故海陵太守散騎常侍謝府君之墓誌。

著錄：

《中國磚銘》圖版上冊 575—585 頁。（圖）

《中國古代磚刻銘文集》上、下冊編號 0866。（圖、文）

《漢魏六朝碑刻校注》3 冊 95—99 頁。（圖、文）

《新中國出土墓誌·江蘇〔貳〕》（南京）上冊 26—27 頁（圖）、下冊 9 頁（文）。

《全三國兩晉南朝文補遺》228—229 頁。（文）

《新出魏晉南北朝墓誌疏證》（修訂本）34—38 頁。（文、跋）

《漢魏六朝碑刻校注·總目提要》編號 1054。（目）

論文：

南京市博物館等：《南京南郊六朝謝琉墓》，《文物》1998 年第 5 期。

〔日〕佐藤利行、先坊幸子：《"謝琉墓誌"について》，《中國中世

文學研究》第 35 號，1999 年 1 月。

［日］川合安：《六朝〈謝氏家族墓誌〉について》，《古代文化》2002 年第 2 號。

備考：謝琰，《晉書》卷七九《謝玄傳》有載，作"謝玩"，當以墓誌為準。

永初 002

晉恭帝司馬德文玄宮石碣

永初二年（421）十一月七日。1960 年 11 月江蘇省南京市玄武區富貴山出土，石藏南京市博物館。碣長 125、寬 30、厚 30 釐米。文 3 行，滿行 9 字，隸書。

著錄：

《漢魏六朝碑刻校注》3 冊 100—101 頁。（圖、文）

《新中國出土墓誌·江蘇〔貳〕》（南京）上冊 28 頁（圖）、下冊 10 頁（文）。

《漢魏南北朝墓誌彙編》22 頁。（文）

《全三國兩晉南朝文補遺》229 頁。（文）

《碑帖鑒定》129 頁。（跋）

《漢魏六朝碑刻校注·總目提要》編號 1055。（目）

論文：

李蔚然：《南京富貴山發現晉恭帝玄宮石碣》，《考古》1961 年第 5 期。

南京市博物館：《南京市博物館藏六朝墓誌》，《東南文化》1992 年第 5 期。

備考：晉恭帝司馬德文，《晉書》卷一〇、《魏書》卷九六有傳。

永初 003

漢陽太守楊瓚誄辭碑

永初三年（422）。顏延年撰。在山東濮州。

碑目著錄：

《金石彙目分編》10（3）/4b，《新編》1/28/21180 下。

《山左碑目》3/3a，《新編》2/20/14857 上。

永初 004
□都王妃吳氏墓記磚

永初三年（422）。湖北宜都龍窩出土，枝江曹氏舊藏。尺寸不詳。正書，2 行，行存 5 字。

著錄：

《中國磚銘》圖版上冊 587 頁。（圖）

《荊南萃古編》，《新編》2/10/7666。（圖、文、跋）

《全三國兩晉南朝文補遺》232 頁。（文）

（民國）《湖北通志·金石志》3/17a–b，《新編》1/16/11982 上。（文、跋）

《石刻名彙》12/202a，《新編》2/2/1129 上。（目）

景 平

景平 001
秦永太墓誌

景平元年（423）三月二十六日卒，三月二十九日葬輝州。出土時間地點不詳，今藏河南省博物院。長 30、寬 15 釐米。文 5 行，滿行 10 字，正書。

圖版著錄：

《秦晉豫新出墓誌蒐佚》1 冊 12 頁。

元 嘉

元嘉 001
宋气磚誌三種

元嘉二年（425）八月十三日於江寧石泉里建。1996 年南京市雨花臺區鐵心橋鎮一基建工地施工時出土，現藏南京市博物館。磚誌共三種，三磚形制不同，一磚高 34、寬 16.6 釐米；一磚高 33.7、寬 16.4 釐米；一磚高 33.7、寬 16.4、厚 4 釐米。第一、第二磚文字幾乎相同，皆 7 行，行 12 至 21 字不等；第三種磚稍有差異，正文多出 3 字，磚側有刻字，兩面刻，面 7 行，行 10 至 21 字不等；側 1 行 13

字。隸書兼楷意。

著錄：

《漢魏六朝碑刻校注》3 冊 102—105 頁。（圖、文）

《中國古代磚刻銘文集》上、下冊編號 0867—0869。（圖、文）

《新中國出土墓誌·江蘇〔貳〕》（南京）上冊 29—31 頁（圖）、下冊 10—11 頁（文）。

《全三國兩晉南朝文補遺》229—230 頁。（文）

《新出魏晉南北朝墓誌疏證》（修訂本）41—43 頁。（文、跋）

《漢魏六朝碑刻校注·總目提要》編號 1056。（目）

論文：

南京市博物館：《江蘇南京市中華門外鐵心橋出土南朝劉宋墓誌》，《考古》1998 年第 8 期。

元嘉 002

鍾濟之妻孫氏磚誌

元嘉三年（426）二月七日卒，四年（427）四月六日葬於丹陽郡江寧縣陰山里。2009 至 2010 年在南京市雨花臺區西善橋街道一、二組地塊發掘出土，磚藏南京市博物館。磚兩塊，一殘缺；一長 33.2—33.6 釐米，寬 16.5、厚 3.8 釐米。文 7 行，行字不等，計 106 字，正書偏隸意。

論文：

南京市博物館等：《南京市雨花臺區西善橋南朝劉宋墓》，《考古》2013 年第 4 期。（圖）

元嘉 003

高氏墓記磚

元嘉七年（430）八月十五日。出烏程，浙江歸安陸心源舊藏。長九寸六分，厚一寸五分。隸書，計 10 字。

著錄：

《千甓亭磚續錄》3/18b，《歷代陶文研究資料選刊》上冊 638 頁。（文）

《石刻名彙》12/202a，《新編》2/2/1129 上。（目）

元嘉 004

冥漠君碑

又名"冥溟君碑"。元嘉七年（430）立。謝惠連撰。在東岡。

碑目著錄：

《江寧金石待訪目》1/4a，《新編》1/13/10131 下。

（同治）《上江兩縣志·藝文下》12 下/3a，《新編》3/5/112 上。

元嘉 005

駙馬都尉鍾濟之磚誌

元嘉十一年（434）四月二日卒，以其年九月廿二日葬。2009 至 2010 年在南京市雨花臺區西善橋街道一、二組地塊發掘出土，磚藏南京市博物館。磚四塊，文字內容基本類似，皆正、背刻字。一磚長 33.8、寬 16.7、厚 4 釐米；文共 12 行，行 13 至 14 字。一磚長 33.9、寬 16.7、厚 3.9 釐米；文共 12 行，行 13 至 15 字不等。一磚長 33.9、寬 16.7、厚 4.3 釐米；文共 11 行，滿行 14 字；一磚長殘缺一半，殘長 18、寬 16.5、厚 4 釐米；文共 11 行，殘存 62 字。

論文：

南京市博物館等：《南京市雨花台區西善橋南朝劉宋墓》，《考古》2013 年第 4 期。（圖）

元嘉 006

石備金墓記磚

元嘉十六年（439）八月廿四日。出烏程，浙江陸心源舊藏。長九寸二分，厚一寸二分。計 13 字。

著錄：

《千甓亭磚錄》4/17b，《歷代陶文研究資料選刊》上冊 434 頁。（文、跋）

元嘉 007

邵氏墓記磚

元嘉十八年（441）。浙江歸安陸心源舊藏。隸書，1 行 9 字。

圖版著錄：

《中國磚銘》圖版上冊 592 頁左。

碑目著錄：

《石刻名彙》12/202a，《新編》2/2/1129 上。

元嘉 008
孫惠妻李氏磚誌

元嘉十八年（441）。磚高 27.5、寬 13.8 釐米。隸書，2 行，行 4 至 5 字。

著錄：

《中國磚銘》圖版上冊 593 頁右。（圖）

《中國古代磚刻銘文集》上、下冊編號 0872。（圖、文）

《北京大學圖書館藏歷代墓誌拓片目錄》編號 00080。（目）

元嘉 009
呂氏墓記磚

元嘉十七年（440）立碑，十八年（441）鑿墓。1995 年在廣東省韶關市西河齒輪廠附近出土，藏廣東省韶關市博物館。磚長 33.7、寬 26.7、厚 5.5 釐米。銘文刻於兩端面和側面，兩端面 1 行 2 字，一側 1 行 13 字，一側 1 行 7 字，隸書。

論文：

毛茅：《韶關發現南朝劉宋紀年銘文磚》，《文物》1998 年第 9 期。（圖、文）

元嘉 010
劉氏墓記磚

元嘉二十年（443）。在山東濰縣西南鄉麓臺村古墓出土，浙江歸安陸心源舊藏。磚長八寸餘，厚寸許。字在側面橫列，6 行，行 2 字，隸書。

著錄：

《中國磚銘》圖版上冊 596 頁上。（圖）

（宣統）《山東通志·藝文志》卷 48，《新編》2/12/9187 下。（文、跋）

《石刻名彙》12/202a，《新編》2/2/1129 上。（目）

元嘉 011
韋意丙子墓記甎

又名"韋意丙子墓甎"。元嘉十九年（442）十一月廿一日卒，廿一年

(444)造磚。端方舊藏。磚側高一尺，寬一寸五分。2 行，正書。

錄文著錄：

《匋齋藏石記》5/3b－4a，《新編》1/11/8025 上—下。

《全三國兩晉南朝文補遺》235 頁。

碑目題跋著錄：

《石刻題跋索引》683 頁右，《新編》1/30/23021。

《石刻名彙》12/202a，《新編》2/2/1129 上。

《古誌彙目》1/3b，《新編》3/37/10。

淑德大學《中國石刻拓本目錄》"磚" 編號 39。

元嘉 012

何氏墓記磚

元嘉廿二年（445）。湖北宜都出土，湖北宜都朱氏舊藏。隸書，凡 14 字。

著錄：

《荊南萃古編》，《新編》2/10/7667－7668。（圖、文、跋）

《漢魏六朝磚文》，《歷代陶文研究資料選刊續編》下冊 65 頁。（圖、文）

《石刻名彙》12/202a，《新編》2/2/1129 上。（目）

元嘉 013

沈麻顑（催）墓記磚

元嘉廿二年（445）。出烏程，浙江歸安陸心源舊藏。長六寸一分，厚一寸二分。隸書，計 10 字。

著錄：

《千甓亭磚錄》4/18a－b，《歷代陶文研究資料選刊》上冊 435—436 頁。（文、跋）

《石刻名彙》12/202b，《新編》2/2/1129 上。（目）

元嘉 014

吳吉堂墓記磚

宋元嘉廿五年（448）。湖北宜都龍窩出土，宜都朱氏舊藏。正書，1 行 11 字。

著錄：

《中國磚銘》圖版上冊 598 頁。（圖）

《漢魏六朝磚文》，《歷代陶文研究資料選刊續編》下冊 66 頁。（圖）

《荊南萃古編》，《新編》2/10/7669－7670。（圖、文、跋）

（民國）《湖北通志·金石志》3/17b，《新編》1/16/11982 上。（文、跋）

《全三國兩晉南朝文補遺》235 頁。（文）

元嘉 015

陶璜碑并陰

碑陽刻於建興二年（314），碑陰刻於元嘉廿七年（450）十二月廿五日。2013 年底發現於越南北寧省順城縣清姜社清懷村廟，現立於廟外。碑高 198、中間寬 100、底部寬 110、厚 15 釐米；碑座長 136、寬 100、高 30 釐米。兩面刻字，正面碑額 2 行，行 8 字，額題：晉故使持節冠軍將□（軍）交州牧陶列侯碑；文 27 行，磨泐嚴重，上半部殘存 26 字。碑陰無額題，8 列，計 165 字，正書。

論文：

丁克順、葉少飛：《越南新發現"晉故使持節冠軍將軍交州牧陶列侯碑"初考》，《元史及民族與邊疆研究集刊》第 30 輯，2015 年。（圖、文）

備考：陶璜，《晉書》卷五七有傳。

元嘉 016

道乞等為父造葬磚

元嘉廿□年（443—452）十月廿三日，子道乞等作。出土於臨海縣西鄉白水洋，舊藏李氏。甎厚一寸七分，廣五寸七分，斷長三寸許。左側存 5 字，右側 4 字，上端 10 字，隸書。

著錄：

《台州甎錄》4/19a－20a，《新編》1/15/11228 下—11229 上。（文、跋）

《甎文考略》3/13b－14a，《新編》4/2/802 上—下。（文、跋）

元嘉 017

馮敏人墓記磚

元嘉卅年（453）八月七日。河南洛陽出土，藏西北大學歷史系文物陳列室。磚長 33、寬 16.5、厚端 6、薄端 4 釐米。薄端刻字，1 行 11 字，隸書。

論文：

賈麥明：《南北朝兩方券墓磚》，《文博》1986 年第 6 期。（圖、文）

元嘉 018

王琳碑

元嘉年間（424—453）。顏延之撰。

碑目著錄：

《佩文齋書畫譜·金石》62/6a 下，《新編》3/2/54 上。

《六藝之一錄》58/3a，《新編》4/5/71 上。

備考：南朝有兩王琳，皆有傳，一見於《梁書》卷二一、《南史》卷二三；一見於《南史》卷六四。從時間來看，皆非碑主王琳，因為史傳中王琳，一為南朝梁時期人物，一卒於南朝陳。

元嘉 019

王球墓誌

元嘉中（424—453）。顏延之撰。

碑目著錄：

《語石》4/2a，《新編》2/16/11918 下。

備考：王球，《宋書》卷五八、《南史》卷二三有傳。

孝 建

孝建 001

法師義明塔記

孝建二年（455）九月十日刻。拓為兩紙，分別高 34、寬 7 釐米；高 38、寬 5 釐米。一紙 1 行 10 字，一紙 1 行 15 字，隸書。

圖版著錄：

《北京圖書館藏中國歷代石刻拓本匯編》2 冊 130 頁。

錄文著錄：

《全三國兩晉南朝文補遺》230 頁。

大 明

大明 001

寧州刺史爨龍顏碑并陰

元嘉二十三年（446）十二月卒，大明二年（458）立碑。爨道慶撰。碑立於雲南陸涼，清道光年間雲貴總督阮元於陸良貞元堡發現，現存陸良縣城東南貞元堡小學內。碑高338釐米，上寬135、下寬146釐米。兩面刻，正書。碑陽24行，滿行45字。陰分三列，上列15行，中列17行，下列16行。碑陽左下側有題記。額正書，額題：宋故龍驤將軍護鎮蠻校尉寧州刺史邛都縣侯爨使君之碑。

圖版著錄：

《二銘草堂金石聚》16/1a–32a，《新編》2/3/2344上—2359下。

《北京圖書館藏中國歷代石刻拓本匯編》2冊133—134頁。

《中國西南地區歷代石刻匯編》第14冊"雲南省博物館卷"，8—9頁。

《漢魏六朝碑刻校注》3冊112—113頁。

錄文著錄：

《金石續編》1/26b–30a，《新編》1/4/3019下—3021下。

《金石萃編補略》1/6a–11b，《新編》1/5/3558下—3561上。

《八瓊室金石補正》10/10b–14b，《新編》1/6/4155下—4157下。

《十二硯齋金石過眼錄》4/1a–4a，《新編》1/10/7821上—7822下。

《滇南古金石錄》，《新編》1/17/13135下—13137上。

《續語堂碑錄》，《新編》2/1/105下—108上。

《平津館金石萃編》4/2a–7a，《新編》2/4/2463下—2466上。

（光緒）《雲南通志·藝文志》212/27b–34b，《新編》3/23/62上—65下。

（光緒）《續雲南通志稿·藝文志》171/13b–18b，《新編》3/23/113上—116上。

《全宋文》54/5a–6b，《全文》3冊2726上—下。（碑陽）

《魯迅輯校石刻手稿·碑銘》中冊64—71頁。

《雲南考古》114—118頁。

《漢魏六朝碑刻校注》3 冊 114—115 頁。
碑目題跋著錄：
《金石續編》1/30b－35a，《新編》1/4/3021 下—3024 上。
《金石萃編補略》1/11b－13b，《新編》1/5/3561 上—3562 上。
《八瓊室金石補正》10/22a－23b，《新編》1/6/4161 下—4162 上。
《十二硯齋金石過眼錄》4/4a－7a，《新編》1/10/7822 下—7824 上。
《集古求真》3/3a，《新編》1/11/8503 上。
《集古求真補正》1/13a－b，《新編》1/11/8638 上。
《滇南古金石錄》，《新編》1/17/13138 下—13140 上。
《鐵橋金石跋》1/12b－14a，《新編》1/25/19310 下—19311 下。
《平津讀碑記・三續》卷上/3a－4a，《新編》1/26/19477 上—下。
《藝風堂金石文字目》1/19a，《新編》1/26/19532 上。
《補寰宇訪碑錄》1/18a，《新編》1/27/20203 下。
《補寰宇訪碑錄校勘記》1/3b，《新編》1/27/20287 上。
《金石彙目分編》19/10b，《新編》1/28/21585 下。
《石刻題跋索引》30 頁右，《新編》1/30/22368。
《續語堂碑錄》，《新編》2/1/106 下—107 上。附邱均恩跋。
《天下金石志》14/2，《新編》2/2/869 上。
《二銘草堂金石聚》16/32a－33b，《新編》2/3/2359 下—2360 上。
《平津館金石萃編》4/7a－10a，《新編》2/4/2466 上—2467 下。附趙曾跋、《四錄堂類集》。
《墨華通考》卷 14，《新編》2/6/4459 上。
《崇雅堂碑錄》1/10a，《新編》2/6/4488 下。
《關中金石文字存逸考》12/38a，《新編》2/14/10655 下。
《語石》1/5a、2/31a－b、3/5a、6/13a、6/22b，《新編》2/16/11861 上、11891 下、11900 上、11969 上、11973 下。
《平安館藏碑目》，《新編》2/18/13418 下。
《定庵題跋》39a－40b，《新編》2/19/14305 上—下。
《循園金石文字跋尾》卷上/14a－b，《新編》2/20/14472 下。
《寰宇貞石圖目錄》卷上/5a、卷下/3a，《新編》2/20/14673 下、

14678 下。

《求恕齋碑錄》，《新編》3/2/524 下。

（光緒）《雲南通志·藝文志》212/23a–24b，《新編》3/23/60 上—下。附桂馥《札樸》、阮元題跋。

《石目》，《新編》3/36/46 上。

《非見齋審定六朝正書碑目》1a，《新編》3/36/519 上。

《金石萃編補目》1/2a，《新編》3/37/484 下。

《碑帖跋》55 頁，《新編》3/38/203、4/7/428 下。

《漢石經室金石跋尾》，《新編》3/38/271 下。

《金石備攷·曲靖府》，《新編》4/1/84 下。

《古今書刻》下編/48b，《新編》4/1/158 下。

《激素飛清閣平碑記》卷 2，《新編》4/1/201 下。

《石交錄》2/29a，《新編》4/6/460 上。

《金石筆識》6a，《新編》4/7/226 下。

《雪堂所藏金石文字簿錄》61a–b，《新編》4/7/400 上。

《越縵堂讀書記》下冊 1074—1075 頁。

《魯迅輯校石刻手稿·碑銘》中冊 73 頁。附貴竹楊珮題跋。

《增補校碑隨筆》（修訂本）144—145 頁。

《雲南考古》118—119 頁。

《碑帖鑒定》130—132 頁。

《碑帖敘錄》269—270 頁。

《善本碑帖錄》2/56–57。

《金石論叢》"續貞石證史·爨龍顏碑跋附"，262 頁。

《漢魏六朝碑刻校注·總目提要》編號 1059。

淑德大學《中國石刻拓本目錄》"碑碣等刻石"編號 331—332。

論文：

祝嘉：《論"二爨"》，載祝嘉《書學論集》，第 157—178 頁。

楊玠：《爨寶子碑和爨龍顏碑》，《文物》1977 年第 4 期。

魯剛、蔡毅：《〈爨龍顏碑〉補正》，《雲南社會科學》1982 年第 1 期。

馬喜梅：《爨氏統治時期雲南民族關係的演變——基於"二爨"碑的

研究》,《學術探索》2016 年第 1 期。

王航:《從"二爨碑"管窺魏晉南北朝時期南中地區發展及與中原王朝關係》,《哈爾濱師範大學社會科學學報》2016 年第 2 期。

大明 002

虞氏墓記磚五種

大明五年（461）七月。湖南長沙南門外黃土嶺出土,陸增祥舊藏。共五磚。一磚上截長四寸七分,下截長五寸五分,廣五寸二分,厚一寸六分,正書;計 12 字,正、側刻字。一磚正、側刻字,殘存 5 字。一磚正、側刻字,計 8 字。另兩磚各存一字,形制不詳。

著錄:

《八瓊室金石補正》10/24a,《新編》1/6/4162 下。（文、跋）

（光緒）《湖南通志·金石三》261/16b - 17a,《新編》2/11/7770 下—7771 上。（文）

《石刻名彙》12/202b,《新編》2/2/1129 上。（目）

大明 003

宗愨母劉夫人墓誌

大明六年（462）,葬于秣陵縣都鄉石泉里。謝朓撰。在江寧府。

碑目題跋著錄:

《江寧金石待訪目》1/4b,《新編》1/13/10131 下。

《集古錄跋尾》4/11a - b,《新編》1/24/17869 上。

《集古錄目》3/4b - 5a,《新編》1/24/17957 下—17958 上。

《通志·金石略》卷上/28a,《新編》1/24/18033 上。

《寶刻叢編》15/4b,《新編》1/24/18323 下。

《輿地碑記目·建康府碑記》1/22a,《新編》1/24/18533 下。

《授堂金石三跋·一跋》3/7a - b,《新編》1/25/19103 上。

《石刻題跋索引》130 頁右,《新編》1/30/22468。

《天下金石志》2/1,《新編》2/2/806 上。

《石刻名彙》2/5a,《新編》2/2/1027 上。

《崇雅堂碑錄補》1/4a,《新編》2/6/4552 下。

《石墨考異》卷上，《新編》2/16/11638 上。

《語石》1/5a，《新編》2/16/11861 上。

《古今碑帖考》11b，《新編》2/18/13168 上。

《集古錄補目補》卷下/1a，《新編》2/20/14518 下。

《佩文齋書畫譜·金石》62/6a 下，《新編》3/2/54 上。

（至正）《金陵新志·碑碣》72/79b，《新編》3/5/6 上。

（嘉慶）《重刊江寧府志·金石》53/2b，《新編》3/5/28 上。

《江寧金石待訪錄》1/4a，《新編》3/5/84 下。

（同治）《上江兩縣志·藝文下》12 下/3a，《新編》3/5/112 上。

《金陵古金石考目》2b，《新編》3/35/501 下。

《古誌彙目》1/3b，《新編》3/37/10。

《六藝之一錄》58/3b，《新編》4/5/71 上。

《墨池篇》6/6b，《新編》4/9/669 下。

《六朝墓誌檢要》（修訂本）22 頁。

《漢魏六朝碑刻校注·總目提要》編號 1060。

大明 004

散騎常侍謝濤墓誌

元嘉十八年（441）卒，其年九月卅日葬於揚州丹楊郡建康縣東鄉土山里；夫人王氏，大明七年（463）卒，其年十一月十四日合祔。在土山淨名寺。正書。首題：宋故散騎常侍揚州丹楊郡秣陵縣謝公墓誌。

錄文著錄：

《全宋文》60/9a－b，《全文》3 冊 2762 上。

《古刻叢鈔》29b－30a，《新編》1/10/7606 上—下。

《古誌石華》1/3b－4a，《新編》2/2/1158 上—下。

碑目題跋著錄：

《金石錄補》7/8b－9b，《新編》1/12/9024 下—9025 上。

《江寧金石待訪目》1/4b－5a，《新編》1/13/10131 下—10132 上。

《寶刻叢編》15/4b－5a，《新編》1/24/18323 下—18324 上。

《石刻題跋索引》130 頁右，《新編》1/30/22468。

《石刻名彙》2/5a，《新編》2/2/1027 上。

《古誌石華》1/4a，《新編》2/2/1158 下。

《崇雅堂碑錄補》1/4a，《新編》2/6/4552 下。

（至正）《金陵新志·碑碣》72/79b，《新編》3/5/6 上。

（嘉慶）《重刊江寧府志·金石》53/2b，《新編》3/5/28 上。

《江寧金石待訪錄》1/3b，《新編》3/5/84 上。

（同治）《上江兩縣志·藝文下》12 下/3a，《新編》3/5/112 上。

《金陵古金石考目》2b，《新編》3/35/501 下。

《古誌彙目》1/3b，《新編》3/37/10。

《漢魏六朝志墓金石例》2/8a–b，《新編》3/40/407 下。

《漢魏六朝墓銘纂例》3/11a，《新編》3/40/455 上。

《六藝之一錄》58/4b，《新編》4/5/71 下。

《六朝墓誌檢要》（修訂本）22 頁。

《漢魏六朝碑刻校注·總目提要》編號1061。

大明005

劉懷民墓誌

大明七年（463）十月卒，八年（464）正月甲申葬於華山之陽朝。出土於山東益都，光緒十四年福山王文敏得於河南開封，曾歸義縣李氏、長白端方、天津曹銳。石高49、廣52.5釐米。文正書，16行，滿行14字。首題：宋故建威將軍齊北海二郡太守笠鄉侯東陽城主劉府君墓誌銘。

圖版著錄：

《漢魏南北朝墓誌集釋》圖版一九，《新編》3/3/297。

《北京圖書館藏中國歷代石刻拓本匯編》2 冊 135 頁。

《漢魏六朝碑刻校注》3 冊 118 頁。

《山東石刻分類全集·歷代墓誌》3 頁。

錄文著錄：

《希古樓金石萃編》10/26a–27a，《新編》1/5/3943 下—3944 上。

《匋齋藏石記》5/4b–5a，《新編》1/11/8025 下—8026 上。

《山左冢墓遺文》1a–b，《新編》1/20/14898 上。

（民國）《續修歷城縣志·金石考》31/11b－12a，《新編》3/25/392 上—下。

（光緒）《益都縣圖志·金石志上》26/又 2a－b，《新編》3/27/412 上。

《中國金石學講義·正編》20b，《新編》3/39/158。

《魯迅輯校石刻手稿·墓誌》上冊 16—17 頁。

《漢魏南北朝墓誌彙編》22 頁。

《漢魏六朝碑刻校注》3 冊 119 頁。

《全三國兩晉南朝文補遺》230 頁。

《山東石刻分類全集·歷代墓誌》3 頁。

碑目題跋著錄：

《希古樓金石萃編》10/28a－29a，《新編》1/5/3944 下—3945 上。

《匋齋藏石記》5/6a－b，《新編》1/11/8026 下。

《續補寰宇訪碑錄》1/9a，《新編》1/27/20307 上。

《石刻題跋索引》131 頁左，《新編》1/30/22469。

《石刻名彙》2/5a，《新編》2/2/1027 上。

《崇雅堂碑錄》1/10a，《新編》2/6/4488 下。

（宣統）《山東通志·藝文志》卷 152，《新編》2/12/9381 上。

《語石》1/5a，《新編》2/16/11861 上。

《寰宇貞石圖目錄》卷下/3a，《新編》2/20/14678 下。

《山左碑目》4/8a，《新編》2/20/14867 下。

《蒿里遺文目錄》2（1）/1a，《新編》2/20/14944 上。

《漢魏南北朝墓誌集釋》1/4b，《新編》3/3/42。

《國立北平圖書館藏碑目》2a，《新編》3/36/249 下。

《古誌彙目》1/3b，《新編》3/37/10。

《碑帖跋》43 頁，《新編》3/38/191、4/7/425 下。

《雪堂金石文字跋尾》2/11b－12a，《新編》3/38/293 上—下。

《石交錄》2/29a－b，《新編》4/6/460 上。

《壬癸金石跋》22a－b，《新編》4/7/269 上。

《北山集古錄》卷一，《北山金石錄》上冊 380 頁。

《墓誌徵存目錄》卷1,《羅振玉學術論著集》第五集,558頁。

《歷代墓誌銘拓片目錄》2頁。

《碑帖鑒定》132頁。

《碑帖敘錄》229頁。

《增補校碑隨筆》(修訂本)145—146頁。

《六朝墓誌檢要》(修訂本)22頁。

《善本碑帖錄》2/57。

《齊魯碑刻墓誌研究》287—290、363頁。

《漢魏六朝碑刻校注·總目提要》編號1062。

《北京大學圖書館藏歷代墓誌拓片目錄》編號00081。

淑德大學《中國石刻拓本目錄》"墓誌"編號19。

備考:劉懷民,《南齊書》卷二八、《南史》卷四九《劉善明傳》有載。《南史》作"懷人",當是避唐太宗李世民諱。

泰　始

泰始001

沈三師冢記磚

泰始三年(467)八月十日。出烏程,浙江歸安陸心源舊藏。長八寸,厚一寸二分。隸書,計16字。

著錄:

《千甓亭磚錄》4/19a,《歷代陶文研究資料選刊》上冊437頁。(文、跋)

《石刻名彙》12/202b,《新編》2/2/1129上。(目)

泰始002

沈常遷冢記磚

辟泰(泰始?)三年(467)。陸心源考證,"辟泰"年號無考,蓋南朝宋"泰始"之誤也,暫從。出烏程,浙江歸安陸心源舊藏。長八寸三分,厚一寸四分。計15字。

著錄:

《千甓亭磚續錄》3/19b - 20a,《歷代陶文研究資料選刊》上冊

640—641 頁。(文、跋)

泰始 003
文□神道石柱銘文

泰始五年（469）二月廿一日。2003 年在重慶忠縣烏陽鎮將軍村的長江邊上被發現。石柱僅存一段柱身，底座和頂蓋都已缺失。石柱通高 266 釐米，其中柱身高 237 釐米；柱身下端寬 25、厚 21 釐米，上端寬 21、厚 20 釐米。文存 10 行，滿行 9 字，隸書。

論文：

孫華：《重慶忠縣泰始五年石柱》，《文物》2006 年第 5 期。（圖、文）

泰始 004
何孝廉夫人桑氏墓記磚

泰始五年（469）。湖北宜都出土，端方舊藏。長 33、寬 6.5 釐米。隸書，1 行 22 字。

著錄：

《中國磚銘》圖版上冊 604 頁中及頁左。（圖）

《荊南萃古編》，《新編》2/10/7672 – 7673。（圖、文、跋）

《俟堂專文雜集》第四，135 頁右、目錄編號 148。（圖、目）

《全三國兩晉南朝文補遺》236 頁。（文）

《匋齋藏石記》5/6b，《新編》1/11/8026 下。（文、跋）

（民國）《湖北通志・金石志》3/17b – 18a，《新編》1/16/11982 上—下。（文、跋）

《石刻題跋索引》678 頁左，《新編》1/30/23016。（目）

《石刻名彙》12/202b，《新編》2/2/1129 上。（目）

《古誌彙目》1/4a，《新編》3/37/11。（目）

淑德大學《中國石刻拓本目錄》"磚"編號 40。（目）

泰始 005
張氏墓誌

泰始六年（470）三月。正書。

碑目著錄：

《古誌彙目》1/4a，《新編》3/37/11。

備考：恐有誤，《古誌彙目》云"載《古刻叢鈔》"，然核驗該書，無此誌。

泰始 006
臨灃侯劉襲墓誌并陰

又名"臨灃侯劉使君墓誌"。泰始六年（470）三月十日卒，其年五月廿七日葬於琅邪之乘武岡。首題：宋故散騎常侍護軍將軍臨灃侯劉使君墓誌銘并序。

錄文著錄：

《古刻叢鈔》52a–55b，《新編》1/10/7617 下—7619 上。

《古誌石華》1/4a–7a，《新編》2/2/1158 下—1160 上。

《續古文苑》16/1a–3b，《新編》4/2/238 上—239 上。

《全宋文》60/9b–12a，《全文》3 冊 2762 上—2763 下。

碑目題跋著錄：

《金石錄補》7/10a–12a，《新編》1/12/9025 下—9026 下。

《石刻題跋索引》30 頁右、131 頁左，《新編》1/30/22368、22469。

《古誌石華》1/7a–b，《新編》2/2/1159 上。

（同治）《上江兩縣志·藝文下》12 下/3a，《新編》3/5/112 上。

《古誌彙目》1/4a，《新編》3/37/11。

《漢魏六朝志墓金石例》2/7a–8a，《新編》3/40/407 上—下。

《漢魏六朝墓銘纂例》3/11a、11b，《新編》3/40/455 上。

《六朝墓誌檢要》（修訂本）23 頁。

《漢魏六朝碑刻校注·總目提要》編號 1063。

論文：

邵磊：《劉宋臨灃忠侯〈劉襲墓誌〉疏證》，《"江淮地域與六朝歷史"學術研討會論文集》2004 年，第 27—39 頁；又載於《冶山存稿——南京文物考古論叢》，第 138—150 頁。

備考：劉襲，《宋書》卷五一、《南史》卷一三有傳。《全宋文》在轉引《古刻叢鈔》時，少了開頭"曾祖宋孝皇帝"一句。

泰始 007

何氏墓記磚二

泰始六年（470）。出長沙南城外麻石巷，陸增祥舊藏。兩磚文字相同，唯"年"字寫法相異。一長一尺三分，廣五寸三分，厚一寸七分；一長一尺四分，廣五寸二分，厚一寸六分。均正書，8字。

著錄：

《八瓊室金石補正》10/25a – 26a，《新編》1/6/4163 上—下。（文、跋）

（光緒）《湖南通志・金石三》261/18a – b，《新編》2/11/7771 下。（文、跋）

元　徽

元徽 001

張推兒墓誌

又名"張濟女雅（或"稚"）兒墓誌"。元徽元年（473）十月十七日權葬於西鄉。在蘇州。

錄文著錄：

《古刻叢鈔》30a – b，《新編》1/10/7606 下。

《古誌石華》1/7b – 8a，《新編》2/2/1160 上—下。

《續古文苑》16/4a，《新編》4/2/239 下。

《全宋文》60/12a，《全文》3 冊 2763 下。

碑目題跋著錄：

《寶刻叢編》14/8b – 9a，《新編》1/24/18300 下—18301 上。

《石刻題跋索引》131 頁左，《新編》1/30/22469。

《古誌石華》1/8a，《新編》2/2/1160 下。

（民國）《吳縣志・金石考一》59/3a，《新編》3/6/4 上。

《古誌彙目》1/4a，《新編》3/37/11。

《漢魏六朝志墓金石例》2/8b，《新編》3/40/407 下。

《六藝之一錄》58/4b，《新編》4/5/71 下。

《六朝墓誌檢要》（修訂本）23 頁。

《漢魏六朝碑刻校注·總目提要》編號 1065。

元徽 002

涂氏墓誌

元徽元年（473）十一月。先後存端方、北京達古齋。正書。

碑目著錄：

《石刻名彙》第一編"誌銘類補遺"1a，《新編》2/2/1136 上。

元徽 003

員外散騎侍郎明曇憘墓誌

元徽二年（474）五月廿六日卒，十一月廿四日葬於臨沂縣貳壁山。1972 年在江蘇省南京市棲霞區堯化門外甘家巷北小山上出土，石藏南京市博物館。誌長 48、寬 65、厚 7 釐米。文 30 行，滿行 22 字，正書。首題：宋故員外散騎侍郎明府君墓誌銘。

著錄：

《漢魏六朝碑刻校注》3 冊 123—124 頁。（圖、文）

《新中國出土墓誌·江蘇〔貳〕》（南京）上冊 32 頁（圖）、下冊 11—12 頁（文）。

《漢魏南北朝墓誌彙編》22—23 頁。（文）

《全三國兩晉南朝文補遺》230—231 頁。（文）

《碑帖鑒定》133 頁。（跋）

《漢魏六朝碑刻校注·總目提要》編號 1066 頁。（目）

論文：

南京市文物管理委員會：《南京太平門外劉宋明曇憘墓》，《考古》1976 年第 1 期。

南京市博物館：《南京市博物館藏六朝墓誌》，《東南文化》1992 年第 5 期。

張敏：《〈劉宋人明曇憘墓誌銘〉考略》，《東南文化》1993 年第 2 期。

南朝宋無年號

無年號 001

孝武景陵劉駿碑

南朝宋（420—479）。皇象書。在蔣廟。

碑目題跋著錄：

《江寧金石待訪目》1/4a–b，《新編》1/13/10131 下。

（嘉慶）《重刊江寧府志·金石》53/2b，《新編》3/5/28 上。

（同治）《上江兩縣志·藝文下》12 下/3a，《新編》3/5/112 上。

備考：宋孝武帝劉駿，《宋書》卷六、《南史》卷二有本紀。

無年號 002

昭靈沈襄王（慶之）廟碑

南朝宋（420—479）。陳堯咨撰。

碑目題跋著錄：

《江寧金石待訪目》1/4b，《新編》1/13/10131 下。

（至正）《金陵新志·碑碣》72/79b，《新編》3/5/6 上。

（嘉慶）《重刊江寧府志·金石》53/2b，《新編》3/5/28 上。

備考：沈慶之，《宋書》卷七七、《南史》卷三七有傳。

無年號 003

謝濤夫人王氏墓碑

南朝宋（420—479）。在應天府土山淨名寺，後移上元縣。

碑目題跋著錄：

《天下金石志》2/1，《新編》2/2/806 上。

《碑藪》，《新編》2/16/11840 下。

《佩文齋書畫譜·金石》62/6b 上，《新編》3/2/54 上。

無年號 004

石熙墓誌

南朝宋（420—479）。正書。

碑目著錄：

《古誌彙目》1/4a,《新編》3/37/11。

無年號 005

侍中王公碑

南朝宋（420—479）。傅亮撰。

錄文著錄：

《藝文類聚》卷 48，上冊 866 頁。

《全宋文》26/11a,《全文》3 冊 2579 上。

《傅光祿集》28b－29a,《漢魏六朝百三名家集》3 冊 313 上—下。

無年號 006

豫章長公主墓誌銘

南朝宋（420—479）。謝莊撰。

錄文著錄：

《藝文類聚》卷 16，上冊 306—307 頁。

《謝光祿集》36a,《漢魏六朝百三名家集》3 冊 536 上。

《全宋文》35/10b,《全文》3 冊 2632 下。

碑目題跋著錄：

《漢魏六朝墓銘纂例》3/10b,《新編》3/40/454 下。

無年號 007

司空何尚之墓誌

南朝宋（420—479）。謝莊撰。

錄文著錄：

《藝文類聚》卷 47，上冊 844 頁。

《謝光祿集》36a－b,《漢魏六朝百三名家集》3 冊 536 上。

《全宋文》35/10b,《全文》3 冊 2632 下。

碑目題跋著錄：

《漢魏六朝志墓金石例》2/6b－7a,《新編》3/40/406 下—407 上。

《漢魏六朝墓銘纂例》3/10b,《新編》3/40/454 下。

無年號 008
安成太守傅瑗銘

南朝宋（420—479）。傅亮撰。《全宋文》考證，安成太守傅君為傅亮之父傅瑗。

錄文著錄：

《藝文類聚》卷 50，上冊 906 頁。

《傅光祿集》29a–b，《漢魏六朝百三名家集》3 冊 313 下。

《全宋文》26/11b，《全文》3 冊 2579 上。

碑目題跋著錄：

《漢魏六朝志墓金石例》2/6b，《新編》3/40/406 下。

備考：傅瑗，其事見《南史》卷一五《傅亮傳》。

無年號 009
侍中趙倫之碑

南朝宋（420—479）。沈懷文撰。

錄文著錄：

《全宋文》45/5a，《全文》3 冊 2685 上。

備考：趙倫之，《宋書》卷四六、《南史》卷一八有傳。

無年號 010
建平王劉宏墓誌

南朝宋（420—479）。孝武帝劉駿撰。

錄文著錄：

《藝文類聚》卷 48，上冊 866 頁。

《全宋文》6/11a，《全文》3 冊 2476 上。

備考：劉宏，《宋書》卷七二、《南史》卷一四有傳。

無年號 011
司徒劉穆之碑

南朝宋（420—479）。傅亮撰。

錄文著錄：

《藝文類聚》卷 47，上冊 836—837 頁。

《傅光祿集》28a－b，《漢魏六朝百三名家集》3 冊 313 上。

《全宋文》26/10b－11a，《全文》3 冊 2578 下—2579 上。

備考：劉穆之，《宋書》卷四二、《南史》卷一五有傳。

無年號012

惠遠法師碑

又名"慧遠法師碑"。南朝宋（420—479）。謝靈運撰，張野序。碑在廬山。

錄文著錄：

《全宋文》40/9b，《全文》3 冊 2661 上。

碑目題跋著錄：

《集古錄目》3/5a，《新編》1/24/17958 上。

《通志·金石略》卷上/29a、卷下/20b，《新編》1/24/18033 下、18063 下。

《寶刻叢編》15/35a，《新編》1/24/18339 上。

《寶刻類編》1/14b，《新編》1/24/18413 下。

《輿地碑記目·江州碑記》2/5a，《新編》1/24/18539 上。

《金石彙目分編》6/35a，《新編》1/27/20843 上。

《石刻題跋索引》30 頁右，《新編》1/30/22368。

《墨華通考》4/17a，《新編》2/6/4344 上。

《集古錄補目補》卷下/1a，《新編》2/20/14518 下。

（同治）《九江府志·藝文》50/16b，《新編》3/12/536 下。

論文：

陳志遠：《地方史志與淨土教——謝靈運〈廬山法師碑〉的"杜撰"與"浮現"》，《魏晉南北朝隋唐史資料》第 34 輯，2016 年。

備考：慧遠法師，事見《宋書》卷九三《宗炳傳》；《南史》卷七五《宗少文傳》；《宋書》卷九三、《南史》卷七五《周續之傳》；《宋書》卷九三、《南史》卷七五《雷次宗傳》。

齊

建 元

建元 001

虞愿墓誌

建元元年（479）。出土時地不詳。磚四寸餘。文正書，8 行，行 9 字。未見拓本。

題跋著錄：

《碑帖鑒定》133 頁。

備考：虞愿，《南齊書》卷五三、《南史》卷七〇有傳。

建元 002

褚伯玉碑

又作"褚百玉碑"。建元元年（479）卒。孔稚珪撰。在紹興府嵊縣金庭山太平館。

錄文著錄：

《藝文類聚》卷 37，上冊 659 頁。

《孔詹事集》15b – 16a，《漢魏六朝百三名家集》4 冊 28 上—下。

《全齊文》19/8b – 9a，《全文》3 冊 2900 下—2901 上。

碑目題跋著錄：

《金石彙目分編》7/45b，《新編》1/28/20890 上。

《越中金石目》卷下/3a，《新編》2/10/7085 下。

《佩文齋書畫譜·金石》62/6b 上，《新編》3/2/54 上。

（乾隆）《紹興府志·金石志一》75/54b，《新編》3/9/29 下。

（同治）《嵊縣志·金石》26/21a，《新編》3/9/228 上。

《六藝之一錄》58/8a – b，《新編》4/5/73 下。

備考：褚伯玉，《南齊書》卷五四、《南史》卷七五有傳。

建元 003

太宰褚淵碑

又名"太宰褚彥回碑"。建元四年（482）八月二十一日卒於私第。王儉撰。

錄文著錄：

《藝文類聚》卷45，上冊816—817頁。（節文）

《王文憲集》37a–43a，《漢魏六朝百三名家集》3冊614下—617上。

《全齊文》11/6b–9a，《全文》3冊2851下—2853上。

碑目題跋著錄：

《漢魏六朝志墓金石例》2/9a，《新編》3/40/408上。

《漢魏六朝墓銘纂例》3/11b，《新編》3/40/455上。

《漢魏六朝碑刻校注·總目提要》編號1067。

備考：褚淵，字彥回，《南齊書》卷二三、《南史》卷二八有傳。

永 明

永明 001

宋司空劉勔碑

永明元年（483）立。碑在鳳陽府壽州東鄉孝義里。

碑目題跋著錄：

《金石彙目分編》5/43b，《新編》1/27/20811上。

《佩文齋書畫譜·金石》62/6a下，《新編》3/2/54上。

（光緒）《壽州志·藝文志》31/2b–3a，《新編》3/12/141下—142上。

《六藝之一錄》58/2b，《新編》4/5/70下。

《水經注碑錄》卷九編號248，《北山金石錄》上冊208—209頁。

備考：劉勔，《宋書》卷八六、《南史》卷三九有傳。

永明 002

丁功曹墓記磚

永明二年（484）。浙江臨海陳氏舊藏。磚殘長21、寬16、厚5.5釐米。隸書，1行8字。

著錄：

《俟堂專文雜集》18 頁、目錄編號 14。（圖、目）

《石刻名彙》12/202b，《新編》2/2/1129 上。（目）

永明 003

劉覬墓誌

又名：劉覬買地券。永明三年（485）十一月十二日。1956 年 2 月上旬湖北省武昌市東北郊何家大灣出土，今存中國國家博物館。磚高 50、寬 23、厚 8 釐米。正書兼隸書、行書，文 21 行，滿行 21 字。

著錄：

《中國磚銘》圖版上冊 608 頁。（圖）

《漢魏六朝碑刻校注》3 冊 130—131 頁。（圖、文）

《中國古代磚刻銘文集》上、下冊編號 0877。（圖、文）

《漢魏六朝碑刻校注·總目提要》編號 1070。（目）

《歷代墓誌銘拓片目錄》9 頁。（目）

論文：

湖北省文物工作隊：《武漢地區一九五六年一至八月古墓發掘概況》，《文物》1957 年第 1 期。

湖北省博物館：《武汉地区四座南朝纪年墓》，《考古》1965 年第 4 期。

永明 004

桓氏墓記磚

永明三年（485）。清朝長沙南郊羅家衝藕塘坡出土，陝西盩厔路氏舊藏。清尺長一尺一寸，廣五寸四分，厚一寸五分。正、側刻字，正書，正面 5 字，側 1 行 8 字。

圖版著錄：

《廣倉專錄》，《新編》4/10/728。

《中國磚銘》圖版下冊 998 頁左。

錄文著錄：

《八瓊室金石補正》10/26a，《新編》1/6/4163 下。

（光緒）《湖南通志·金石三》261/18b，《新編》2/11/7771 下。

碑目題跋著錄：

《八瓊室金石補正》10/26a-27a，《新編》1/6/4163下—4164上。

《石刻名彙》12/203a，《新編》2/2/1129下。

《石目·古甄》，《新編》3/36/97下。

《古誌彙目》1/4a，《新編》3/37/11。

《再續寰宇訪碑錄》卷上，《羅振玉學術論著集》第五集，432頁。

永明005

劉岱墓誌

永明五年（487）五月十六日卒於縣廨，其年九月廿四日葬於揚州丹陽郡句容縣南鄉糜里龍窟山北，夫人任女暉，永明元年（483）五月十三日卒。1969年出土於江蘇省句容縣袁巷公社小龍口，1973年歸鎮江市博物館。誌高55、寬65、厚7釐米。23行，滿行20字，正書。首題：齊故監餘杭縣劉府君墓誌銘。

著錄：

《漢魏六朝碑刻校注》3冊133—134頁。（圖、文）

《漢魏南北朝墓誌彙編》24頁。（文）

《全三國兩晉南朝文補遺》245頁。（文）

《碑帖敘錄》227頁。（跋）

《碑帖鑒定》133頁。（目）

《六朝墓誌檢要》（修訂本）24頁。（目）

《漢魏六朝碑刻校注·總目提要》編號1071。（目）

論文：

鎮江市博物館：《劉岱墓誌簡述》，《文物》1977年第6期。

連小剛：《〈劉岱墓誌銘〉述略》，《鎮江高專學報》2015年第1期。

備考：《南齊書》卷二六、《南史》卷四五《王敬則傳》有山陰令劉岱，是否誌主，待考。

永明006

蕭君妻王寶玉墓誌

永明六年（488）四月九日卒於建節里，閏十月六日葬於臨沂縣之黃鵠山。1988年南京博物院在江蘇省南京市棲霞區甘家巷東北2公里南京煉油廠發掘出土，石存南京博物院。長、寬均46釐米。文13行，滿行21字，正書。首題：齊故冠軍將軍東陽太守蕭府君側室夫人王氏墓誌銘。

碑目著錄：

《漢魏六朝碑刻校注·總目提要》編號1073。

論文：

費玲伢：《南朝女性墓誌的考釋與比較研究》，《東南文化》2005年第2期。（文）

邵磊：《南齊王寶玉墓誌考釋——兼論南朝墓誌的體例》，《文獻》2003年第4期；又載於《冶山存稿——南京文物考古論叢》，第151—155頁。（局部圖、文）

永明007

王珪之磚誌

永明六年（488）七月五日卒，其年十一月三日葬琅耶郡臨沂縣墮堁山。2013年4月在南京市棲霞區燕子磯新城下廟社區上坊莊出土。磚長45、寬22.5、厚5.5釐米。5行，滿行26至27字，隸書兼正書。

論文：

駱鵬：《南京出土南齊王珪之墓誌考釋》，《東南文化》2015年第3期。（圖、文）

備考：王珪之，《南齊書》卷五二、《南史》卷二四有傳。

永明008

安陸昭王蕭緬碑

永明九年（491）五月三十日卒。沈約撰。

錄文著錄：

《藝文類聚》卷45，上冊805—806頁。（節文）

《沈隱侯集》2/8a-14b，《漢魏六朝百三名家集》4冊525下—528下。

《全梁文》31/3b-7a，《全文》3冊3131上—3133上。

碑目題跋著錄：

《金石例補》2/12a，《新編》2/17/12371下。

《漢魏六朝志墓金石例》2/9b，《新編》3/40/408 上。

《漢魏六朝墓銘纂例》3/12a，《新編》3/40/455 下。

《漢魏六朝碑刻校注·總目提要》編號 1075。

備考：蕭緬，《南齊書》卷四五有傳。

永明 009

李氏墓記磚

永明九年（491）。湖北宜都李氏舊藏。隸書。

著錄：

《荊南萃古編》，《新編》2/10/7675－7676。（圖、文、跋）

《石刻名彙》12/203a，《新編》2/2/1129 下。（目）

永明 010

呂超墓誌

又名"呂超靜墓誌"。永明十一年（493）十一月。1916 年浙江省紹興螭陽之謝塢出土，曾歸紹興顧氏，後石存杭州。高 37.5、廣 49 釐米。正書，石後半及下部漫漶，可見 17 行，行可見 20 餘字，首題：□□□墓誌。

圖版著錄：

《古石抱守錄》，《新編》3/1/348－349。

《漢魏南北朝墓誌集釋》圖版二〇，《新編》3/3/298。

《漢魏六朝碑刻校注》3 冊 140 頁。

錄文著錄：

《兩浙冢墓遺文補遺》1a－b，《新編》1/15/11496 上。

《夢碧簃石言》2/14a－15a，《新編》3/2/180 下—181 上。

《魯迅輯校石刻手稿·墓誌》上冊 22—23 頁。

《漢魏六朝碑刻校注》3 冊 141 頁。

碑目題跋著錄：

《石刻題跋索引》131 頁左，《新編》1/30/22469。

《石刻名彙》2/5a，《新編》2/2/1027 上。

《崇雅堂碑錄補》1/4a，《新編》2/6/4552 下。

《古誌新目初編》1/1b－2a，《新編》2/18/13692 上—下。

《蒿里遺文目錄》2（1）/1a,《新編》2/20/14944 上。

《夢碧簃石言》2/14a–17a、18b,《新編》3/2/180 下—182 下。附范壽銘跋。

《漢魏南北朝墓誌集釋》1/5a,《新編》3/3/43。

《循園古冢遺文跋尾》1/8b–10b,《新編》3/38/10 下—11 下。

《墓誌徵存目錄》卷 1,《羅振玉學術論著集》第五集, 559 頁。

《魯迅輯校石刻手稿·墓誌》上冊 24—28 頁。

《歷代墓誌銘拓片目錄》2 頁。

《碑帖鑒定》134 頁。

《碑帖敘錄》57 頁。

《善本碑帖錄》2/57。

《六朝墓誌檢要》（修訂本）24 頁。

《漢魏六朝碑刻校注·總目提要》編號 1076。

《北京大學圖書館藏歷代墓誌拓片目錄》編號 00082。

隆 昌

隆昌 001

任夫墓記磚

隆昌元年（494）四月廿七日。出土於郡城西墅二十八宿井中, 董氏舊藏。磚厚一寸六分, 高一尺二寸。隸書, 反文, 計 15 字。

著錄：

《全三國兩晉南朝文補遺》248 頁。（文）

《台州甎錄》4/23b–24a,《新編》1/15/11230 下—11231 上。（文、跋）

《甎文考略》3/18b–19a,《新編》4/2/804 下—805 上。（文、跋）

《浙江磚錄》2/54a,《歷代陶文研究資料選刊》上冊 165 頁。（文、跋）

建 武

建武 001

方氏墓記磚

建武四年（497）七月。1980 年江西省贛縣白鷺公社發掘出土。磚尺寸不詳。文或 1 行 7 字，或 1 行 5 字，或 1 行 4 字，或 1 行 2 字。

論文：

薛翹：《贛縣南朝齊墓》，《江西歷史文物》1982 年第 4 期。（圖、文）

建武 002

李加亶墓記磚

又作"季加亶磚文"。建武四年（497）。湖北宜都出土，浙江山陰劉氏舊藏。隸書，計 7 字，"建武四年李（季）加亶"。

錄文著錄：

（民國）《湖北通志·金石志》3/18a，《新編》1/16/11982 下。

《全三國兩晉南朝文補遺》248 頁。

碑目著錄：

《石刻名彙》12/203a，《新編》2/2/1129 下。

備考：《石刻名彙》將"建武"年號歸入梁，誤，當為南朝齊。

永 元

永元 001

會稽王蕭氏墓記磚二種

永元二年（500）。長沙出土，陸增祥舊藏。長一尺一寸二分，廣四寸，厚一寸四分。一磚斷缺，一磚半蝕。正書，一磚存 11 字，一磚存 8 字。

著錄：

《八瓊室金石補正》10/28b－29a，《新編》1/6/4164 下—4165 上。（文、跋）

永元 002

安樂寺律師智稱法師碑

永元三年（501）卒於建康縣之安樂寺。裴子野撰。

錄文著錄：

《全梁文》53/23a－25a，《全文》4 冊 3266 上—3267 上。

碑目著錄：

（同治）《上江兩縣志·藝文下》12 下/4b，《新編》3/5/112 下。

南朝齊無年號

無年號 001

邱遲墓碑

南朝齊（479—502）。浙江湖州出土。

碑目題跋著錄：

《吳興金石記》2/21b，《新編》1/14/10701 上。

《石刻題跋索引》32 頁右，《新編》1/30/22370。

（同治）《湖州府志·金石略三》48/1b－2a，《新編》3/8/48 上—下。

（乾隆）《烏程縣志·碑碣雜刻》14/16b，《新編》3/8/224 上。

（光緒）《烏程縣志·金石》30/3b，《新編》3/8/230 上。

無年號 002

檀道濟墓碑

南朝齊（479—502）。在濟寧州金鄉縣。

碑目著錄：

《金石彙目分編》10（2）/57a，《新編》1/28/21169 上。

《山左碑目》2/23a，《新編》2/20/14850 上。

備考：檀道濟，《宋書》卷四三、《南史》卷一五有傳。

無年號 003

丁公廟碑

又名：蕭齊碑。南朝齊（479—502）。在合江縣丁山丁公崖，或云在瀘州江安縣安樂溪。

碑目題跋著錄：

《金石彙目分編》16（2）/62a，《新編》1/28/21513 下。

《天下金石志》7/8，《新編》2/2/845 下。

（嘉慶）《四川通志·輿地志》60/4b，《新編》3/14/520 下。

（同治）《合江縣志·金石志》50/2a，《新編》3/16/15。

（民國）《合江縣志·金石》6/2b，《新編》3/16/19 下。

《蜀碑記》9/1a，《新編》3/16/335 上。

南　朝　1237

《燕庭金石叢稿》，《新編》3/32/591 上。

《金石備攷・嘉定州》，《新編》4/1/78 下。

無年號 004
永嘉長公主墓誌銘
南朝齊（479—502）。王融撰。
錄文著錄：
《藝文類聚》卷 16，上冊 307 頁。
《王甯朔集》37a–b，《漢魏六朝百三名家集》3 冊 648 上。
《全齊文》13/8b，《全文》3 冊 2863 下。
碑目題跋著錄：
《漢魏六朝墓銘纂例》3/12a，《新編》3/40/455 下。

無年號 005
豫章文獻王蕭嶷墓誌銘
南朝齊（479—502）。王融撰。
錄文著錄：
《藝文類聚》卷 45，上冊 806 頁。
《王甯朔集》37a，《漢魏六朝百三名家集》3 冊 648 上。
《全齊文》13/8b，《全文》3 冊 2863 下。
碑目題跋著錄：
《漢魏六朝墓銘纂例》3/12a，《新編》3/40/455 下。
備考：豫章文獻王蕭嶷，《南齊書》卷二二、《南史》卷四二有傳，。

無年號 006
齊鬱林王蕭昭業墓誌銘
南朝齊（479—502）。謝朓撰。
錄文著錄：
《藝文類聚》卷 45，上冊 806 頁。
《全齊文》23/10a，《全文》3 冊 2922 下。
《謝宣城集校注》1/88。
《謝宣城集》22a，《漢魏六朝百三名家集》3 冊 677 下。

碑目題跋著錄：

《漢魏六朝墓銘纂例》3/12a，《新編》3/40/455 下。

備考：鬱林王蕭昭業，《南齊書》卷四、《南史》卷五有本紀。

無年號 007

臨海公主墓誌銘

南朝齊（479—502）。謝朓撰。僅有銘文。

錄文著錄：

《藝文類聚》卷 16，上冊 307 頁。

《謝宣城集校注》1/84。

《謝宣城集》21a，《漢魏六朝百三名家集》3 冊 677 上。

《全齊文》23/9b – 10a，《全文》3 冊 2922 上—下。

碑目題跋著錄：

《漢魏六朝志墓金石例》2/9a，《新編》3/40/408 上。

《漢魏六朝墓銘纂例》3/12a，《新編》3/40/455 下。

無年號 008

隗靜碑銘

南朝齊（479—502）。鐫刻在四川省閬中市保寧鎮沙溪辦事處頡家山山腰的一處呈半月形凹陷的石壁上。幅面寬約 350、高 90 釐米。銘文現存 68 行，行 4 至 17 字不等，正書。

論文：

楊林由：《重建石室觀作為道教活動中心》，收入閬中歷史文化名城研究會編《名城研究》2006 年下卷；又收入《閬中名勝古跡考釋》，中國文史出版社 2006 年版，第 25—26 頁。

宗鳴安：《新見南朝大明年〈隗先生銘〉》，《收藏》2009 年第 11 期。

蔣曉春等：《論四川閬中南齊〈隗先生銘〉》，《中國國家博物館館刊》2013 年第 5 期。（圖、文）

孫華：《閬中石室觀〈隗先生石室記〉》，《文物》2014 年第 8 期。（圖、文）

孫齊：《南齊〈隗先生銘〉與南朝道館的興起》，《魏晉南北朝隋唐

史資料》第 31 輯，2015 年。（文）

無年號 009

新安長公主蕭氏墓誌銘

南朝齊（479—502）。謝朓撰。僅銘文。

錄文著錄：

《藝文類聚》卷 16，上冊 307 頁。

《全齊文》23/10a，《全文》3 冊 2922 下。

《謝宣城集校注》1/87。

《謝宣城集》21b，《漢魏六朝百三名家集》3 冊 677 上。

碑目題跋著錄：

《漢魏六朝墓銘纂例》3/12a，《新編》3/40/455 下。

無年號 010

海陵王蕭昭文墓誌

南朝齊（479—502）。謝朓撰。碑在江寧。

錄文著錄：

《藝文類聚》卷 45，上冊 806 頁。（節文）

《古誌石華》1/8a – b，《新編》2/2/1160 下。

《續古文苑》14/9b – 10a，《新編》4/2/215 上—下。

《謝宣城集》21b – 22a，《漢魏六朝百三名家集》3 冊 677 上—下。

《全齊文》23/10a – b，《全文》3 冊 2922 下。

《謝宣城集校注》1/89 – 90。

碑目題跋著錄：

《江寧金石待訪目》1/5b，《新編》1/13/10132 上。

《集古錄跋尾》4/12a – 13a，《新編》1/24/17869 下—17870 上。

《集古錄目》3/5b，《新編》1/24/17958 上。

《通志·金石略》卷上/28b，《新編》1/24/18033 上。

《寶刻叢編》15/5a – 6a，《新編》1/24/18324 上—下。

《輿地碑記目》1/22a、2/3a，《新編》1/24/18533 下、18538 上。

《石刻題跋索引》131 頁左，《新編》1/30/22469。

《石刻名彙》2/5a，《新編》2/2/1027 上。

《古誌石華》1/8b－10a，《新編》2/2/1160 下—1161 下。

《古今碑帖考》11b，《新編》2/18/13168 上。

《集古錄補目補》卷下/1b，《新編》2/20/14518 下。

（至正）《金陵新志·碑碣》72/79b－80a，《新編》3/5/6 上—下。

（嘉慶）《重刊江寧府志·金石》53/3a，《新編》3/5/28 下。

《江寧金石待訪錄》1/4b，《新編》3/5/84 下。

（同治）《上江兩縣志·藝文下》12 下/3a，《新編》3/5/112 上。

《金陵古金石考目》2b，《新編》3/35/501 下。

《古誌彙目》1/4a，《新編》3/37/11。

《漢魏六朝墓銘纂例》3/12a，《新編》3/40/455 下。

《金石備攷》附錄，《新編》4/1/87 上。

《六藝之一錄》58/5b，《新編》4/5/72 上。

《墨池篇》6/6b，《新編》4/9/669 下。

《六朝墓誌檢要》（修訂本）24 頁。

《漢魏六朝碑刻校注·總目提要》編號 1115。

備考：海陵王蕭昭文，《南齊書》卷五、《南史》卷五有本紀。

梁

天　監

天監 001

桂陽王蕭融墓誌

永元三年（501）十二月十二日卒，梁天監元年（502）十一月一日葬於弋辟山。任昉奉敕撰。1980 年 9 月，南京市棲霞區堯化門外甘家巷南京煉油廠基建工地出土，石藏南京市博物館。誌長、寬均 60 釐米，厚 9 釐米。誌文 20 行，滿行 28 字，正書。首題：桂陽王墓誌銘序。

著錄：

《漢魏六朝碑刻校注》3 冊 145—146 頁。（圖、文）

《新中國出土墓誌·江蘇〔貳〕》（南京）上冊 33 頁（圖）、下冊 12—13 頁（文）。

《漢魏南北朝墓誌彙編》25—26 頁。（文）

《全三國兩晉南朝文補遺》264 頁。（文）

《藝文類聚》卷 45，上冊 807 頁。（節文）

《任中丞集》60a，《漢魏六朝百三名家集》4 冊 650 下。（節文）

《全梁文》44/5a，《全文》3 冊 3204 上。（節文）

《漢魏六朝墓銘纂例》3/13a，《新編》3/40/456 上。（跋）

《漢魏六朝碑刻校注·總目提要》編號 1079。（目）

論文：

南京市博物館阮國林：《南京梁桂陽王蕭融夫婦合葬墓》，《文物》1981 年第 12 期。

羅宗真：《南京新出土梁代墓誌評述》，《文物》1981 年第 12 期。

南京市博物館：《南京市博物館藏六朝墓誌》，《東南文化》1992 年第 5 期。

備考：蕭融，《南史》卷五一有傳。

天監 002

劉先生（瓛）夫人墓誌

天監元年（502）。任昉撰。

錄文著錄：

《全梁文》44/5a-b，《全文》3 冊 3204 上。

《任中丞集》60a-b，《漢魏六朝百三名家集》4 冊 650 下。

碑目題跋著錄：

《漢魏六朝志墓金石例》2/11a，《新編》3/40/409 上。

《漢魏六朝碑刻校注·總目提要》編號 1080。

備考：劉先生名瓛，《南齊書》卷三九、《南史》卷五〇有傳。

天監 003

貞簡先生劉瓛碑

天監二年（503）。

碑目著錄：

《江寧金石待訪目》1/6a，《新編》1/13/10132 下。

《佩文齋書畫譜・金石》62/6b 下，《新編》3/2/54 上。

（嘉慶）《重刊江寧府志・金石》53/3a，《新編》3/5/28 下。

（同治）《上江兩縣志・藝文下》12 下/4a，《新編》3/5/112 下。

《金陵古金石考目》4b，《新編》3/35/502 下。

《六藝之一錄》58/11b，《新編》4/5/75 上。

備考：劉瓛，《南齊書》卷三九、《南史》卷五〇有傳。

天監 004

馬晉平明堂磚

天監四年（505）。江蘇吳縣嚴氏舊藏。正書。

著錄：

《甎文考略》3/19b－20a，《新編》4/2/805 上—下。（文、跋）

《石刻名彙》12/203a，《新編》2/2/1129 下。（目）

天監 005

隨郡太守劉道成墓記磚

天監四年（505）。乾隆四十三年（1778）居民於土中掘出，在湖北德安。

著錄：

（光緒）《德安府志・地理下金石附》3/37b，《新編》3/13/357 下。（文、跋）

天監 006

梁張先師碑

天監五年（506）立。昭明太子（蕭統）奉敕撰。在蘇州。

碑目題跋著錄：

《寶刻叢編》14/9a，《新編》1/24/18301 上。

《石刻題跋索引》30 頁右，《新編》1/30/22368。

（民國）《吳縣志・金石考一》59/3a，《新編》3/6/4 上。

《六藝之一錄》58/13b，《新編》4/5/76 上。

天監 007

衡州刺史蘭欽德（政）碑

天監七年（508）立。湘東王蕭繹文。在韶州府英德縣城外。

碑目題跋著錄：

《輿地碑記目・英德府碑記》3/13b，《新編》1/24/18554 上。

《金石彙目分編》17/32b，《新編》1/28/21549 下。

《佩文齋書畫譜・金石》62/7a 上，《新編》3/2/54 下。

（道光）《廣東通志・金石略》200/10b–11a，《新編》3/20/416 下—417 上。

《六藝之一錄》58/13a，《新編》4/5/76 上。

備考：蘭欽，《梁書》卷三二、《南史》卷六一有傳，據本傳，"在州有惠政，吏民詣闕，請立碑頌德，詔許焉。"《輿地碑記目》著錄為"衡州刺史蘭欽德碑"，當是漏一"政"字。

天監 008

□□侍郎墓磚

天監七年（508）。山東無棣吳氏舊藏。隸書。

碑目著錄：

《石刻名彙》12/203a，《新編》2/2/1129 下。

天監 009

李峻母陳氏墓記磚

天監九年（510）九月十五日。1989 年在浙江省瑞安市塘下區鳳山鄉發掘出土。磚長 39、寬 19、厚 5 釐米。銘文磚分為兩種，一種兩端和兩側均有銘文，一種僅兩側有銘文，完整的銘文計 42 字，隸書。

論文：

潘知山：《浙江瑞安梁天監九年墓》，《文物》1993 年第 11 期。（圖、文）

天監 010
次氏墓記磚

天監九年（510）。1979年在江西省永修縣馬口公社愛華大隊發掘出土。磚長30.5、寬15.4、厚5.4釐米。磚兩側刻字，各10字，未見圖版。

論文：

楊厚禮：《永修縣發現南朝梁墓》，《江西歷史文物》1981年第1期。（文）

天監 011
趙監墓磚

天監十年（511）。山東無棣吳氏舊藏。隸書。

碑目著錄：

《石刻名彙》12/203a，《新編》2/2/1129下。

天監 012
蕭融太妃王慕韶墓誌

又名"王慕韶墓誌"。王暕造。天監十三年（514）十月廿日卒，以其年十一月十日葬於貳辟山。1980年9月南京市棲霞區堯化門外甘家巷南京煉油廠基建工地出土，石藏南京市博物館。誌長49、寬64、厚8釐米。正書，31行，行23字。首題：梁桂陽國太妃墓誌銘。

著錄：

《漢魏六朝碑刻校注》3冊154—155頁。（圖、文）

《新中國出土墓誌·江蘇〔貳〕》（南京）上冊34頁（圖）、下冊13—14頁（文）。

《漢魏南北朝墓誌彙編》26—27頁。（文）

《全三國兩晉南朝文補遺》265—266頁。（文）

《漢魏六朝碑刻校注·總目提要》編號1084。（目）

論文：

阮國林：《南京梁桂陽王肖（蕭）融夫婦合葬墓》，《文物》1981年第12期。

羅宗真：《南京新出土梁代墓誌評述》，《文物》1981年第12期。

南京市博物館：《南京市博物館藏六朝墓誌》，《東南文化》1992 年第 5 期。

費玲伢：《南朝女性墓誌的考釋與比較研究》，《東南文化》2005 年第 2 期。

備考：蕭融，《南史》卷五一有傳。蕭融妃，《梁書》卷二三《蕭象傳》有載。

天監 013

誌法師墓誌銘

天監十三年（514）卒於華林門之佛堂。陸倕撰。

錄文著錄：

《句容金石記》1/4a－b，《新編》2/9/6423 下。

《藝文類聚》卷 77，下冊 1321—1322 頁。

《陸太常集》20a－b，《漢魏六朝百三名家集》4 冊 703 上。

《全梁文》53/8b－9a，《全文》4 冊 3258 下—3259 上。

碑目題跋著錄：

《石刻名彙》2/5b，《新編》2/2/1027 上。

《句容金石記》1/4b，《新編》2/9/6423 下。

（同治）《上江兩縣志·藝文下》12 下/3b，《新編》3/5/112 上。

《金陵古金石考目》4a，《新編》3/35/502 下。

《漢魏六朝志墓金石例》2/10a－b，《新編》3/40/408 下。

《漢魏六朝墓銘纂例》3/13b，《新編》3/40/456 上。

天監 014

梁安成康王蕭秀東碑、西碑額并陰

天監十七年（518）卒。劉孝綽撰，貝義淵書。在江蘇省上元縣甘家巷，朱彝尊舊藏。二碑額均高一尺四寸五分，廣一尺八寸四分。東碑只拓額，5 行，行 3 字。西碑陰高八尺三寸八分，廣四尺二寸；21 列，列 64 行，行字不等。文正書，東、西二碑陽無字，額隸書，二碑文同。東碑額題：梁故散騎常侍司空安成康王之碑；西碑額題：梁故散□常侍司空安成康王□碑。

圖版著錄：

《二銘草堂金石聚》16/56a－57a，《新編》2/3/2371 下—2372 上。（碑額）

《北京圖書館藏中國歷代石刻拓本匯編》2 冊 151—153 頁。

錄文著錄：

《金石萃編》26/22a－40a，《新編》1/1/464 下—473 下。（碑陰）

《八瓊室金石補正》11/3b－7a，《新編》1/6/4167 上—4169 上。

《十二硯齋金石過眼錄》4/8a－b，《新編》1/10/7824 下。（碑額）

《江蘇金石志》2/27a－41b，《新編》1/13/9484 下—9491 下。

《江寧金石記》1/8b－9b，《新編》1/13/10064 下—10065 上。（碑陰殘文）

《平津館金石萃編》4/10b，《新編》2/4/2467 下。（碑額）

（同治）《續纂江甯府志·藝文下》9 下/7b－20b，《新編》3/5/48 上—54 下。（碑陰）

《劉秘書集》12a－13b，《漢魏六朝百三名家集》4 冊 750 下—751 下。（碑陽）

《藝文類聚》卷 47，上冊 843—844 頁。（碑陽）

《全梁文》60/16b－17a，《全文》4 冊 3312 下—3313 上。（碑陽）

《魯迅輯校石刻手稿·碑銘》中冊 84、86—114 頁。

《全三國兩晉南朝文補遺》289 頁。（碑額）

碑目題跋著錄：

《八瓊室金石補正》11/8a－b，《新編》1/6/4169 下。

《十二硯齋金石過眼錄》4/8b，《新編》1/10/7824 下。

《江蘇金石志》2/43a－44a，《新編》1/13/9492 下—9493 上。

《江寧金石記》1/9a－b，《新編》1/13/10065 上。

《江寧金石待訪目》1/8a，《新編》1/13/10133 下。

《寶刻叢編》15/8b－9a，《新編》1/24/18325 下—18326 上。

《寶刻類編》1/14b，《新編》1/24/18413 下。

《曝書亭金石文字跋尾》3/10a－12a，《新編》1/25/18695 下—18696 下。

《潛研堂金石文字目錄》1/9a，《新編》1/25/19011 上。

《鐵橋金石跋》1/14a－b,《新編》1/25/19311 下。

《平津讀碑記》2/8a－b,《新編》1/26/19365 下。

《藝風堂金石文字目》1/19b－20a,《新編》1/26/19532 上—下。

《寰宇訪碑錄》2/1b,《新編》1/26/19861 上。

《寰宇訪碑錄校勘記》1/8a,《新編》1/27/20105 下。

《續補寰宇訪碑錄》1/9a,《新編》1/27/20307 上。

《金石彙目分編》4/1a,《新編》1/27/20760 上。

《石刻題跋索引》31 頁左,《新編》1/30/22369。

《石刻名彙》2/6a,《新編》2/2/1027 下。

《二銘草堂金石聚》16/57a－b,《新編》2/3/2372 上。

《平津館金石萃編》4/3b－4a,《新編》2/4/2468 上—下。

《崇雅堂碑錄》1/10b,《新編》2/6/4488 下。

《碑藪》,《新編》2/16/11841 上。

《語石》2/18a,《新編》2/16/11884 下。

《平安館藏碑目》,《新編》2/18/13395 上。

《竹崦盦金石目錄》16b,《新編》2/20/14554 下。

《蒿里遺文目錄》1 上/3b,《新編》2/20/14938 下。

《佩文齋書畫譜·金石》62/7a 上,《新編》3/2/54 下。

《求恕齋碑錄》,《新編》3/2/524 下。

（至正）《金陵新志·碑碣》72/80a,《新編》3/5/6 下。

（嘉慶）《重刊江寧府志·金石》52/2a－b、53/4a,《新編》3/5/15 下、29 上。

（同治）《續纂江甯府志·藝文下》9 下/20b－22a,《新編》3/5/54 下—55 下。

《江寧金石待訪錄》1/6a－b,《新編》3/5/85 下。

（同治）《上江兩縣志·藝文下》12 下/3b、4a,《新編》3/5/112 上、下。

《金陵古金石考目》4b,《新編》3/35/502 下。

《竹崦盦金石目錄》12b,《新編》3/37/345 下。

《中國金石學講義·正編》9b,《新編》3/39/136。

《漢魏六朝墓銘纂例》3/13b，《新編》3/40/456 上。

《激素飛清閣平碑記》卷 2，《新編》4/1/201 下。

《六藝之一錄》58/12b，《新編》4/5/75 下。

《金石筆識》6b－7b，《新編》4/7/226 下—227 上。

《魯迅輯校石刻手稿·碑銘》中冊 84、114—119 頁。附（光緒）《江寧府志》跋。

《增補校碑隨筆》（修訂本）151 頁。

《碑帖鑒定》137 頁。

《善本碑帖錄》2/59。

《碑帖敘錄》64 頁。

《漢魏六朝碑刻校注·總目提要》編號 1087。

淑德大學《中國石刻拓本目錄》"碑碣等刻石"編號 337—341。

備考：梁安成康王蕭秀，《南史》卷五二有傳。《金石萃編》卷二六所收碑陰錄文，誤附在《始興忠武王碑》後。石本《蕭秀碑》僅存碑額和碑陰文，《藝文類聚》和《劉秘書集》所保留的碑文，當是碑陽文，二者可互補。

天監 015

葛玄碑

又名：葛元碑、吳太極左仙翁葛公碑。三國吳赤烏七年（244）八月十五日卒，梁天監□年（502—519）刻，唐調露二年（680）正月重建，南唐保大十四年（956）七月五日再次重建。陶弘景撰。在句容縣。

錄文著錄：

《句容金石記》3/28b－30a，《新編》2/9/6459 下—6460 下。

（光緒）《餘姚縣志·金石上》16/3b－4a，《新編》3/9/144 上—下。（題記）

《陶弘景集校注》"碑"，158—169 頁。

《全梁文》47/6b－8a，《全文》4 冊 3220 下—3221 下。

《陶隱居集》34b－37b，《漢魏六朝百三名家集》4 冊 598 下—600 上。

碑目題跋著錄：

《金石錄》4/9a，《新編》1/12/8822 上。

《江寧金石待訪目》1/2a，《新編》1/13/10130 下。

《寶刻叢編》15/12a，《新編》1/24/18327 下。

《輿地碑記目·建康府碑記》1/20b，《新編》1/24/18532 下。

《句容金石記》3/30a，《新編》2/9/6460 下。

（至正）《金陵新志·碑碣》72/78a，《新編》3/5/5 下。

（嘉慶）《重刊江寧府志·金石》53/1b，《新編》3/5/27 下。

《江寧金石待訪錄》1/2b，《新編》3/5/83 下。

《漢魏六朝墓銘纂例》3/13b，《新編》3/40/456 上。

備考：葛玄，其事見《晉書》卷七二《葛洪傳》。

天監 016

盛紹遠碑

天監中（502—519）。門人立，在浙江杭州。

碑目題跋著錄：

《通志·金石略》卷上/28b，《新編》1/24/18033 上。

《寶刻叢編》14/2a，《新編》1/24/18297 下。

《石刻題跋索引》31 頁左，《新編》1/30/22369。

《墨華通考》卷3，《新編》2/6/4323 上。

《佩文齋書畫譜·金石》62/6b 下，《新編》3/2/54 上。

（雍正）《敕修浙江通志·碑碣一》255/25a，《新編》3/7/69 上。

（乾隆）《杭州府志·金石二》61/1a，《新編》3/7/124 上。

（民國）《杭州府志·金石二》97/28a，《新編》3/7/184 下。

（嘉慶）《餘杭縣志·碑碣》36/2a，《新編》3/7/375 下。

《六藝之一錄》58/12a，《新編》4/5/75 下。

普　通

普通 001

永陽王蕭敷妃王氏墓誌銘

普通元年（520）十一月九日卒於第，其月廿八日葬於琅邪臨沂縣長干里黃鵠山。徐勉奉敕撰。原石久佚，存世孤本曾歸吳縣潘祖蔭、吳湖帆，今存上海博物館。原石高、寬均 50 釐米。正書，26 行，行 31 字。首題：故永陽敬太妃墓誌銘。

圖版著錄：

《漢魏六朝碑刻校注》3 冊 170—174 頁。

錄文著錄：

《金石萃編補正》1/4a – 6a，《新編》1/5/3485 下—3486 下。

《古刻叢鈔》18b – 21a，《新編》1/10/7600 下—7602 上。

《江蘇金石志》2/19b – 21b，《新編》1/13/9480 下—9481 下。

《古誌石華》1/10a – 12a，《新編》2/2/1161 下—1162 下。

（同治）《續纂江甯府志·藝文下》9 下/25b – 27a，《新編》3/5/57 上—58 上。

《續古文苑》16/4a – 6a，《新編》4/2/239 下—240 下。

《全梁文》50/11a – 12a，《全文》4 冊 3241 上—下。

《漢魏南北朝墓誌彙編》29—31 頁。

《漢魏六朝碑刻校注》3 冊 175 頁。

碑目題跋著錄：

《金石萃編補正》1/6a – b，《新編》1/5/3486 下。

《金石錄補》7/12a – 13a，《新編》1/12/9026 下—9027 上。

《江寧金石待訪目》1/6b，《新編》1/13/10132 下。

《寶刻叢編》15/6b，《新編》1/24/18324 下。

《補寰宇訪碑錄》1/20a，《新編》1/27/20204 下。

《石刻題跋索引》131 頁右，《新編》1/30/22469。

《天下金石志》2/1，《新編》2/2/806 上。

《石刻名彙》2/5b，《新編》2/2/1027 上。

《古誌石華》1/12a，《新編》2/2/1162 下。

《望堂金石初集》，《新編》2/4/2777 下。

《碑藪》，《新編》2/16/11841 上。

《語石》1/5a、2/18a、4/2a – b，《新編》2/16/11861 上、11884 下、11918 下。

《續校碑隨筆·孤本》卷下/7a,《新編》2/17/12505 上。

《佩文齋書畫譜·金石》62/7b 上,《新編》3/2/54 下。

(至正)《金陵新志·碑碣》72/80b,《新編》3/5/6 下。

(嘉慶)《重刊江寧府志·金石》53/3a,《新編》3/5/28 下。

(同治)《續纂江甯府志·藝文下》9 下/27a–b,《新編》3/5/58 上。

《江寧金石待訪錄》1/5a,《新編》3/5/85 上。

(同治)《上江兩縣志·藝文下》12 下/4a,《新編》3/5/112 下。

《金陵古金石考目》4b,《新編》3/35/502 下。

《古誌彙目》1/4a,《新編》3/37/11。

《金石萃編補目》1/2b,《新編》3/37/484 下。

《漢魏六朝志墓金石例》2/10b,《新編》3/40/408 下。

《漢魏六朝墓銘纂例》3/13b–14a,《新編》3/40/456 上—下。

《金石備攷·江南江寧府》,《新編》4/1/10 下。

《六藝之一錄》58/13b,《新編》4/5/76 上。

《石交錄》2/32b,《新編》4/6/461 下。

《增補校碑隨筆》(修訂本)150 頁。

《碑帖鑒定》139 頁。

《語石校注》10/850。

《六朝墓誌檢要》(修訂本)25 頁。

《善本碑帖錄》2/59。

《漢魏六朝碑刻校注·總目提要》編號1088。

論文:

費玲伢:《南朝女性墓誌的考釋與比較研究》,《東南文化》2005 年第 2 期。

備考:永陽昭王蕭敷《南史》卷五一有傳,又見於《梁書》卷二三《永陽嗣王伯游傳》。

普通 002

永陽昭王蕭敷墓誌

建武四年(497)八月六日卒,妃王氏梁普通元年(520)十一月九日卒，其月廿八日祔葬。徐勉奉敕撰。在上元縣。石高 60、寬 58 釐米，久佚。正書，30 行，行 36 字。首題：故侍中司空永陽昭王墓誌銘。

圖版著錄：

《漢魏六朝碑刻校注》3 冊 161—166 頁。

錄文著錄：

《金石萃編補正》1/1a－3b，《新編》1/5/3484 上—3485 上。

《江蘇金石志》2/17a－19a，《新編》1/13/9479 下—9480 下。

《全梁文》50/9a－11a，《全文》4 冊 3240 上—3241 上。

《漢魏南北朝墓誌彙編》27—29 頁。

《漢魏六朝碑刻校注》3 冊 167—168 頁。

碑目題跋：

《金石萃編補正》1/3b－4a，《新編》1/5/3485 上—下。

《江寧金石待訪目》1/6b，《新編》1/13/10132 下。

《寶刻叢編》15/6b，《新編》1/24/18324 下。

《補寰宇訪碑錄》1/20a，《新編》1/27/20204 下。

《石刻題跋索引》131 頁左—右，《新編》1/30/22469。

《天下金石志》2/1，《新編》2/2/806 上。

《石刻名彙》2/5b，《新編》2/2/1027 上。

《墨華通考》2/4b，《新編》2/6/4304 下。

《崇雅堂碑錄補》1/4a，《新編》2/6/4552 下。

《碑藪》，《新編》2/16/11841 上。

《語石》1/5a、2/18a、4/2a－b，《新編》2/16/11861 上、11884 下、11918 下。

《續校碑隨筆·孤本》卷下/7a，《新編》2/17/12505 上。

《石泉書屋金石題跋》6a－b，《新編》2/19/14193 下。

《佩文齋書畫譜·金石》62/7b 上，《新編》3/2/54 下。

（至正）《金陵新志·碑碣》72/80b，《新編》3/5/6 下。

（嘉慶）《重刊江寧府志·金石》53/3a，《新編》3/5/28 下。

《江寧金石待訪錄》1/5a，《新編》3/5/85 上。

（同治）《上江兩縣志·藝文下》12 下/4a，《新編》3/5/112 下。

《金陵古金石考目》4b，《新編》3/35/502 下。

《古誌彙目》1/4a，《新編》3/37/11。

《金石萃編補目》1/2a，《新編》3/37/484 下。

《金石備攷・江南江寧府》，《新編》4/1/10 下。

《六藝之一錄》58/13b，《新編》4/5/76 上。

《石交錄》2/32b，《新編》4/6/461 下。

《丙寅稿》，《羅振玉學術論著集》第十集（上）130 頁。

《增補校碑隨筆》（修訂本）150 頁。

《碑帖鑒定》139 頁。

《善本碑帖錄》2/59。

《漢魏六朝碑刻校注・總目提要》編號 1089。

論文：

羅宗真：《南京新出土梁代墓誌評述》，《文物》1981 年第 12 期。

羅宗真：《梁肖（蕭）敷墓誌的有關問題》，《考古》1986 年第 1 期。

備考：蕭敷，《南史》卷五一有傳，又見於《梁書》卷二三《蕭伯游傳》。

普通 003

樂記室墓記磚

普通元年（520）。出土於長沙瀏陽門外圭塘北衝月亮坡王氏民居之後，陸增祥舊藏。長一尺一寸，寬五寸一分，厚一寸六分。反文正書，1 行 8 字。

著錄：

《粵東金石略補註》424、72 頁。（圖、文）

《八瓊室金石補正》11/8b － 9a，《新編》1/6/4169 下—4170 上。（文、跋）

（光緒）《湖南通志・金石三》261/20a，《新編》2/11/7772 下。（文）

《石刻題跋索引》684 頁右，《新編》1/30/23022。（目）

《北山集古錄》卷四"磚文題跋"，《北山金石錄》上冊 450 頁。（跋）

普通 004

馬孃靜妹墓記磚

普通元年（520）。浙江臨海陳氏舊藏。正書。

碑目著錄：

《石刻名彙》12/203a，《新編》2/2/1129 下。

普通 005

黃定陽婦家記磚

普通元年（520）。正書。

碑目著錄：

《石刻名彙》12/203a，《新編》2/2/1129 下。

普通 006

丁遂安明堂記

普通元年（520）。正書。

著錄：

《甎文考略》3/20b–21a，《新編》4/2/805 下—806 上。（文、跋）

《石刻名彙》12/203b，《新編》2/2/1129 下。（目）

普通 007

求安城夫人明堂記

普通元年（520）。正書。

碑目著錄：

《石刻名彙》12/203b，《新編》2/2/1129 下。

普通 008

輔國將軍盧□墓誌

又名：□□□墓誌。普通二年（521）八月七日葬於琅耶郡臨沂縣□壁山。1978 年 5 月江蘇省南京市燕子磯出土，現藏南京市博物館。誌長 79、寬 99、厚 7 釐米。文約 56 行，行字數不清。

著錄：

《新中國出土墓誌·江蘇〔貳〕》（南京）上冊 35 頁（圖）、下冊 14—15 頁（文、跋）。

《六朝墓誌檢要》（修訂本）25 頁。（目）

《漢魏六朝碑刻校注·總目提要》編號 1090。（目）

論文：

南京市文物保管委員會：《南京郊區兩座南朝墓清理簡報》，《文物》1980 年第 2 期。

南京市博物館：《南京市博物館藏六朝墓誌》，《東南文化》1992 年第 5 期。

普通009

許長史（許穆或許謐）舊館壇碑并陰

又名：許長史舊館壇記。東晉太元元年（376）卒，南朝梁天監十五年（516）刻，一說天監十七年（518）刻；碑陰及兩側題名刻於梁普通三年（522）正月。陶弘景撰并書 1 行，餘則孫文韜書。舊在句容縣茅山玉晨觀，咸豐年間石亡。據裱裝冊本每半頁 6 行，12 字，共裱十開，末 3 行計 31 字。正書，額題：上清真人許長史舊館壇碑。

圖版（碑陽）著錄：

《望堂金石初集》，《新編》2/4/2935 上—2940 下。

《梁上清真人許長史舊館壇碑》，《新編》3/2/567 – 574 上。

《北京圖書館藏中國歷代石刻拓本匯編》2 冊 148—150 頁。

錄文著錄：

《江蘇金石志》2/22a – 25a，《新編》1/13/9482 上—9483 下。（碑陽）

《續語堂碑錄》，《新編》2/1/110 上—111 下。（碑陽）

《句容金石記》1/5a – 7b，《新編》2/9/6424 上—6425 上。

（同治）《續纂江甯府志·藝文下》9 下/22a – 24b，《新編》3/5/55 下—56 下。

翁大年《舊館壇碑考》，《新編》3/34/620 上—622 下。（碑陽）

《藝文類聚》卷 78，下冊 1342 頁。（節文）

《陶弘景集校注》"碑"，171—188 頁。

《全梁文》47/8b – 10b，《全文》4 冊 3221 下—3222 下。（碑陽）

《陶隱居集》30a – 34a，《漢魏六朝百三名家集》4 冊 596 下—598 下。

碑目題跋著錄：

《集古求真》3/4a – b，《新編》1/11/8503 下。

《金石錄》2/9a,《新編》1/12/8810 上。

《金石錄補》7/13b、25/17b,《新編》1/12/9027 上、9123 上。

《金石文字記》2/8b－9a,《新編》1/12/9214 下—9215 上。

《江蘇金石志》2/25a－26a,《新編》1/13/9483 下—9484 上。

《江寧金石待訪目》1/6b－7a,《新編》1/13/10132 下—10133 上。

《集古錄目》3/6a,《新編》1/24/17958 下。

《通志·金石略》卷上/28b,《新編》1/24/18033 上。

《寶刻叢編》15/6a、b,《新編》1/24/18324 下。

《寶刻類編》1/14a、8/16a,《新編》1/24/18413 下、18512 下。

《輿地碑記目·建康府碑記》1/20b,《新編》1/24/18532 下。

《曝書亭金石文字跋尾》3/12a,《新編》1/25/18696 下。

《授堂金石三跋·一跋》3/7b－8a,《新編》1/25/19103 上—下。

《寰宇訪碑錄》2/1b,《新編》1/26/19861 上。

《石刻題跋索引》32 頁右、504 頁右,《新編》1/30/22370、22842。

《天下金石志》2/3,《新編》2/2/807 上。

《望堂金石初集》《新編》2/4/2941 上。

《墨華通考》2/4b、卷 6,《新編》2/6/4304 下、4358 下。

《崇雅堂碑錄補》1/4a,《新編》2/6/4552 下。

《句容金石記》1/7b－8a,《新編》2/9/6425 上—下。

《關中金石文字存逸考》12/38a,《新編》2/14/10655 下。

《碑藪》,《新編》2/16/11841 上。

《語石》2/18a、7/1b、7/18a,《新編》2/16/11884 下、11981 上、11989 下。

《古今碑帖考》11b,《新編》2/18/13168 上。

《鐵函齋書跋》3/8a－b,《新編》2/18/13664 下。

《寶鐵齋金石文跋尾》卷上/4a－b,《新編》2/20/14401 下。

《梁上清真人許長史舊館壇碑》,《新編》3/2/574 上—下。附楊之宏、楊守敬跋。

(至正)《金陵新志·碑碣》72/80b－81a,《新編》3/5/6 下—7 上。

(嘉慶)《重刊江寧府志·金石》53/3a、3b,《新編》3/5/28 下。

（同治）《續纂江甯府志・藝文下》9 下/25a – b，《新編》3/5/57 上。

《江寧金石待訪錄》1/5a，《新編》3/5/85 上。

《兩浙金石別錄》卷上/10a，《新編》3/10/458 上。

《舊館壇碑考》及序，《新編》3/34/619 上—下、623 上—631 下。附《書史會要》、《復初齋詩集》、吳榮光跋等。

《石墨餘馨續編》，《新編》3/35/346。

《中國金石學講義・正編》6a，《新編》3/39/129。

《金石備攷・江南江寧府》，《新編》4/1/11 下。

《激素飛清閣平碑記》卷 2，《新編》4/1/202 上。

《六藝之一錄》58/17a、21a，《新編》4/5/78 上、80 上。

《弇州山人四部稿・墨刻跋》134/20b – 21b，《新編》4/6/582 上—下。

《墨池篇》6/6b，《新編》4/9/669 下。

《俑廬日札》，《羅振玉學術論著集》第三集，136 頁。

《善本碑帖錄》2/60。

《碑帖敘錄》246 頁。

備考：《集古求真》卷三考證，由於唐大曆中劉明素重加洗刷，蔡氏殆因此誤為唐，又誤記孫文韜為文。故《輿地碑記目》和《石墨餘馨續編》所云孫文韜所書《許長史舊館壇碑》實則與陶弘景所書為同一塊碑。

普通 010

智藏法師碑

又名：開善寺知藏法師碑、開善寺大法師碑。普通三年（522）九月立。蕭繹撰銘，蕭幾撰序，蕭挹書，殷鈞立石。在建康府獨龍山。

碑目題跋著錄：

《金石錄》2/9a，《新編》1/12/8810 上。

《金石錄補續跋》5/6a – b，《新編》1/12/9169 下。

《江寧金石待訪目》1/6b，《新編》1/13/10132 下。

《集古錄跋尾》4/13a，《新編》1/24/17870 上。

《集古錄目》3/6a，《新編》1/24/17958 下。

《通志·金石略》卷上/29a，《新編》1/24/18033 下。

《寶刻叢編》15/7b－8a，《新編》1/24/18325 上—下。

《寶刻類編》1/14a，《新編》1/24/18413 下。

《輿地碑記目·建康府碑記》1/22a－b，《新編》1/24/18533 下。

《石刻題跋索引》31 頁右，《新編》1/30/22369。

《天下金石志》2/1，《新編》2/2/806 上。

《古今碑帖考》11b，《新編》2/18/13168 上。

《金石錄續跋》61－62，《新編》2/18/13225 上—下。

《集古錄補目補》卷下/1b－2a，《新編》2/20/14518 下—14519 上。

（至正）《金陵新志·碑碣》72/80a，《新編》3/5/6 下。

（嘉慶）《重刊江寧府志·金石》53/3a，《新編》3/5/28 下。

《江寧金石待訪錄》1/5b，《新編》3/5/85 上。

（同治）《上江兩縣志·藝文下》12 下/3b，《新編》3/5/112 上。

《金陵古金石考目》3b，《新編》3/35/502 上。

《金石備攷·江南江寧府》及附錄，《新編》4/1/10 下、87 上。

《六藝之一錄》58/21a，《新編》4/5/80 上。

《墨池篇》6/6b、7a，《新編》4/9/669 下、670 上。

普通 011

始興忠武王蕭憺碑并陰

普通三年（522）十一月八日卒。徐勉撰，貝義淵書，□賢明刻字。江蘇省上元縣黃城村出土。碑通高 483、寬 207 釐米。文正書，36 行，行 86 字，陰漫漶。額正書，額題：梁故侍中司徒驃騎將軍始興忠武王之碑。

圖版（碑陽）著錄：

《二銘草堂金石聚》16/58a－97b，《新編》2/3/2372 下—2392 上。

《漢魏六朝碑刻校注》3 冊 177—178 頁。

錄文著錄：

《金石萃編》26/17a－40a，《新編》1/1/462 上—473 下。

《八瓊室金石補正》11/9b－14b，《新編》1/6/4170 上—4172 下。

（碑陽）

《江蘇金石志》2/44b – 50a，《新編》1/13/9493 上—9496 上。（碑陽）

《江寧金石記》1/9b – 12b，《新編》1/13/10065 上—10066 下。（碑陽）

《績語堂碑錄》，《新編》2/1/112 下—116 上、451 下—455 上。（碑陽）

《宜祿堂收藏金石記》10/18a，《新編》2/5/3409 下。（碑額）

《金石筆識》8b – 15b，《新編》4/7/227 下—231 上。（碑陽）

《全梁文》50/12a – 15a，《全文》4 冊 3241 下—3243 上。（碑陽）

《魯迅輯校石刻手稿·碑銘》中冊 128—141 頁。（碑陽）

《漢魏六朝碑刻校注》3 冊 179—181 頁。（碑陽）

《全三國兩晉南朝文補遺》引《日藏弘仁本文館詞林校證》，275—284 頁。

碑目題跋著錄：

《金石萃編》26/40b – 44a，《新編》1/1/473 下—475 下。

《八瓊室金石補正》11/16a – b，《新編》1/6/4173 下。

《集古求真》3/4b – 5a，《新編》1/11/8503 下—8504 上。

《集古求真補正》1/13b – 14a，《新編》1/11/8638 上—下。

《江蘇金石志》2/54b – 55a，《新編》1/13/9498 上—下。

《江寧金石記》1/12b – 13a，《新編》1/13/10066 下—10067 上。

《寶刻叢編》15/8b，《新編》1/24/18325 下。

《寶刻類編》1/14b，《新編》1/24/18413 下。

《曝書亭金石文字跋尾》3/10a – 12a，《新編》1/25/18695 下—18696 下。

《潛研堂金石文跋尾》2/11b – 12a，《新編》1/25/18755 上—下。

《潛研堂金石文字目錄》1/9a，《新編》1/25/19011 上。

《平津讀碑記》2/8a，《新編》1/26/19365 下。

《藝風堂金石文字目》1/20a，《新編》1/26/19532 下。

《寰宇訪碑錄》2/1b，《新編》1/26/19861 上。

《寰宇訪碑錄刊謬》2a，《新編》1/26/20085 下。

《寰宇訪碑錄校勘記》1/8a，《新編》1/27/20105 下。

《金石彙目分編》4/1a－b，《新編》1/27/20760 上。

《石刻題跋索引》31 頁左—右，《新編》1/30/22369。

《天下金石志》2/1，《新編》2/2/806 上。

《二銘草堂金石聚》16/97b－98b，《新編》2/3/2392 上—下。

《平津館金石萃編》4/4a，《新編》2/4/2468 下。

《崇雅堂碑錄》1/10b，《新編》2/6/4488 下。

《關中金石文字存逸考》12/38a，《新編》2/14/10655 下。

《碑藪》，《新編》2/16/11841 上。

《語石》1/5a、2/18a、3/7b、6/2a、7/1b，《新編》2/16/11861 上、11884 下、11901 上、11963 下、11981 上。

《金石萃編校字記》4a－b，《新編》2/17/12326 下。

《平安館藏碑目》，《新編》2/18/13395 上。

《古墨齋金石跋》2/9a，《新編》2/19/14086 上。

《定庵題跋》37b－38a，《新編》2/19/14304 上—下。

《竹崦盦金石目錄》16b，《新編》2/20/14554 下。

《寰宇貞石圖目錄》卷上/6a，《新編》2/20/14674 上。

《蒿里遺文目錄》1 上/3b，《新編》2/20/14938 下。

《求恕齋碑錄》，《新編》3/2/524 下—525 上。

（至正）《金陵新志·碑碣》72/80a，《新編》3/5/6 下。

（嘉慶）《重刊江寧府志·金石》52/2b，《新編》3/5/15 下。

《江寧金石待訪錄》1/6a，《新編》3/5/85 下。

（同治）《上江兩縣志·藝文下》12 下/3b，《新編》3/5/112 上。

《寒山堂金石林時地攷》卷上/4b，《新編》3/34/491 下。

《金陵古金石考目》4b，《新編》3/35/502 下。

《非見齋審定六朝正書碑目》1a，《新編》3/36/519 上。

《竹崦盦金石目錄》1/12b，《新編》3/37/345 下。

《碑帖跋》67—68 頁，《新編》3/38/215－216、4/7/431 下。

《雪堂金石文字跋尾》2/13a－b，《新編》3/38/294 上。

《中國金石學講義·正編》10a,《新編》3/39/137。

《漢魏六朝墓銘纂例》3/14a－b,《新編》3/40/456 下。

《碑版廣例》7/13a－14a,《新編》3/40/320 上—下。

《金石備攷·江南江寧府》,《新編》4/1/10 下。

《激素飛清閣平碑記》卷 2,《新編》4/1/201 下。

《六藝之一錄》58/12a,《新編》4/5/75 下。

《金石筆識》7b－8b、15b－16b,《新編》4/7/227 上—下、231 上—下。

《雪堂所藏金石文字簿錄》63a,《新編》4/7/401 上。

《讀碑小箋》,《羅振玉學術論著集》第三集,37 頁。

《面城精舍雜文乙編》,《羅振玉學術論著集》第九集,78—79 頁。

《增補校碑隨筆》(修訂本)151 頁。

《碑帖鑒定》137 頁。

《碑帖敘錄》105 頁。

《善本碑帖錄》2/60。

《漢魏六朝碑刻校注·總目提要》編號 1091。

淑德大學《中國石刻拓本目錄》"碑碣等刻石"編號 342。

論文:

陸永良:《〈蕭憺碑〉研究》,《東南文化》1992 年第 6 期。

孫洵:《〈蕭憺碑〉研究三題》,《第五屆中國書法史論國際研討會論文集》,第 183—186 頁。

備考:蕭憺,《梁書》卷二二、《南史》卷五二有傳。《金石萃編》在碑額和碑陰錄文著錄上錯誤較多,還誤將《蕭秀碑》的兩篇跋文收入。

普通 012

茅君碑并陰

又名:梁茅盈碑、上元真人司命茅君九錫文碑。漢哀帝元壽二年（前 1 年）仙化,梁普通三年（522）道士張繹建碑,孫文韜書,袁道與刻。江寧府牛跡山出土。

錄文著錄:

《句容金石記》1/8b－10b，《新編》2/9/6425下—6426下。

碑目題跋著錄：

《金石錄》2/9b，《新編》1/12/8810上。

《金石錄補》2/6b，《新編》1/12/8995下。

《江寧金石待訪目》1/10a，《新編》1/13/10134下。

《集古錄目》3/6b，《新編》1/24/17958下。

《元豐題跋》1/1a－b，《新編》1/24/18010上。

《通志・金石略》卷上/28b，《新編》1/24/18033上。

《寶刻叢編》15/7a－b，《新編》1/24/18325上。

《寶刻類編》8/16a，《新編》1/24/18512下。

《輿地碑記目・建康府碑記》1/20b、22b，《新編》1/24/18532下、18533下。

《石刻題跋索引》31頁右，《新編》1/30/22369。

《天下金石志》2/3，《新編》2/2/807上。

《墨華通考》2/1a、卷6，《新編》2/6/4303上、4358下。

《句容金石記》1/10b，《新編》2/9/6426下。

《古今碑帖考》11b，《新編》2/18/13168上。

《集古錄補目補》卷下/2a，《新編》2/20/14519上。

（至正）《金陵新志・碑碣》72/81a、b，《新編》3/5/7上。

（嘉慶）《重刊江寧府志・金石》53/5a，《新編》3/5/29下。

《江寧金石待訪錄》1/5b－6a，《新編》3/5/85上—下。

《元豐類藁金石錄題跋》，《新編》3/38/149上。

《金石備攷・江南江寧府》，《新編》4/1/11下。

《六藝之一錄》58/16a，《新編》4/5/77下。

《墨池篇》6/6b，《新編》4/9/669下。

《漢魏六朝碑刻校注・總目提要》編號0015。

《漢魏石刻文學考釋》中冊492—493頁。

備考：據《金石錄》卷二，茅君，漢茅盈也，附梁普通三年。《古今碑帖考》將此碑分別著錄爲"梁茅君碑，普通三年，張澤書"；"梁上元真人司命茅君九錫文碑，普通三年，孫文韜書"；一碑遂析爲二碑。

普通 013

蕭穎胄碑二

一碑名：齊故尚書令侍中巴東獻武公碑；一碑名：侍中蕭穎胄碑。前碑普通三年（522）立，後碑普通五年（524）三月立。前碑在應天府黃城村，後碑在應天府花林村北。

碑目題跋著錄：

《江寧金石待訪目》1/5a–b、7a，《新編》1/13/10132 上、10133 上。

《寶刻叢編》15/8a–b，《新編》1/24/18325 下。

《石刻題跋索引》31 頁右，《新編》1/30/22369。

《天下金石志》2/1，《新編》2/2/806 上。

《碑藪》，《新編》2/16/11840 下。

《佩文齋書畫譜·金石》62/7b 上，《新編》3/2/54 下。

（至正）《金陵新志·碑碣》72/80a，《新編》3/5/6 下。

（嘉慶）《重刊江寧府志·金石》53/2b、3b，《新編》3/5/28 上、下。

《江寧金石待訪錄》1/4b、6a，《新編》3/5/84 下、85 下。

（同治）《上江兩縣志·藝文下》12 下/4a，《新編》3/5/112 下。

《金陵古金石考目》3a，《新編》3/35/502 上。

《金石備攷·江南江寧府》，《新編》4/1/10 下。

《六藝之一錄》58/8b、14a，《新編》4/5/73 下、76 下。

備考：蕭穎胄，《南齊書》卷三八有傳。《江寧金石待訪目》著錄蕭穎胄碑有兩方，一普通三年立，一普通五年三月立，因亡佚，故合著錄於此。

普通 014

吳平忠侯蕭景神道

又名"吳平忠侯蕭景闕""吳平侯碑"。普通四年（523）刻於今江蘇省南京市。在上元縣花林村。拓片高 96、寬 64 釐米。文 6 行，滿行 4 字，正書。墓闕題為：梁故侍中中撫將軍開府儀同三司吳平忠侯蕭公之神道。

圖版著錄：

《金石圖說》乙上/6a-b,《新編》2/2/987 下。
《二銘草堂金石聚》16/99a-104b,《新編》2/3/2393 上—2395 下。
《中國金石學講義·正編》18b,《新編》3/39/154。
《金石圖》,《新編》4/10/580 上。
《金石索》石索五,下冊 1627 頁。
《北京圖書館藏中國歷代石刻拓本匯編》2 冊 155 頁。
錄文著錄:
《金石萃編》26/44a-b,《新編》1/1/475 下。
《江蘇金石志》3/4a,《新編》1/13/9500 下。
《江寧金石記》1/13a-b,《新編》1/13/10067 上。
《宜祿堂收藏金石記》卷 10,《新編》2/5/3409 下。
《金石文鈔》2/19a,《新編》2/7/5113 上。
《碑版廣例》7/7a,《新編》3/40/317 上。
《魯迅輯校石刻手稿·碑銘》中冊 153 頁。
《全三國兩晉南朝文補遺》289 頁。
碑目題跋著錄:
《金石萃編》26/44b-45a,《新編》1/1/475 下—476 上。
《江寧金石記》1/13b,《新編》1/13/10067 上。
《寶刻叢編》15/9a,《新編》1/24/18326 上。
《潛研堂金石文跋尾》2/12a-b,《新編》1/25/18755 下。
《潛研堂金石文字目錄》1/9a,《新編》1/25/19011 上。
《平津讀碑記》2/8b,《新編》1/26/19365 下。
《藝風堂金石文字目》1/20b,《新編》1/26/19532 下。
《寰宇訪碑錄》2/1b,《新編》1/26/19861 上。
《金石彙目分編》4/1b,《新編》1/27/20760 上。
《石刻題跋索引》31 頁左,《新編》1/30/22369。
《天下金石志》2/1,《新編》2/2/806 上。
《石刻名彙》2/6a,《新編》2/2/1027 下。
《二銘草堂金石聚》16/104b,《新編》2/3/2395 下。
《平津館金石萃編》4/4a,《新編》2/4/2468 下。

《宜祿堂收藏金石記》卷10，《新編》2/5/3409下。

《宜祿堂金石記》2/4b，《新編》2/6/4219下。

《崇雅堂碑錄》1/10b，《新編》2/6/4488下。

《金石文鈔》2/19a，《新編》2/7/5113上。

《碑藪》，《新編》2/16/11841上。

《語石》2/18a、5/22b、9/1b，《新編》2/16/11884下、11949下、12011上。

《平安館藏碑目》，《新編》2/18/13395上。

《古墨齋金石跋》2/8b—9a，《新編》2/19/14085下—14086上。

《竹崦盦金石目錄》16b，《新編》2/20/14554下。

《寰宇貞石圖目錄》卷上/6b，《新編》2/20/14674上。

《蒿里遺文目錄》6/2a，《新編》2/20/14994下。

《佩文齋書畫譜·金石》62/7b上，《新編》3/2/54下。

《求恕齋碑錄》，《新編》3/2/524下。

（至正）《金陵新志·碑碣》72/80b，《新編》3/5/6下。

（嘉慶）《重刊江寧府志·金石》52/2b—3a，《新編》3/5/15下—16上。

《江寧金石待訪錄》1/6b，《新編》3/5/85下。

（同治）《上江兩縣志·藝文下》12下/3b，《新編》3/5/112上。

《金陵古金石考目》5a，《新編》3/35/503上。

《非見齋審定六朝正書碑目》1a，《新編》3/36/519上。

《話雨樓碑帖目錄》1/11b，《新編》3/36/548。

《竹崦盦金石目錄》1/12b，《新編》3/37/345下。

《中國金石學講義·正編》10a，《新編》3/39/137。

《漢魏六朝墓銘纂例》3/14b，《新編》3/40/456下。

《金石備攷·江南江寧府》，《新編》4/1/10下。

《六藝之一錄》58/15a，《新編》4/5/77上。

《金石筆識》16b，《新編》4/7/231下。

《金石索》石索五，下冊1627—1628頁。

《北山集古錄》卷一，《北山金石錄》上冊380頁。

《碑帖鑒定》138 頁。

《碑帖敍錄》239 頁。

淑德大學《中國石刻拓本目錄》"碑碣等刻石" 編號 343。

備考：蕭景，《梁書》卷二四、《南史》卷五一有傳。

普通 015

郢州都督平忠侯蕭子昭碑銘并序

普通四年（523）卒於位。蕭繹撰。

錄文著錄：

《全三國兩晉南朝文補遺》引《日藏弘仁本文館詞林校證》，257—259 頁。

備考：蕭景，字子昭，《梁書》卷二四、《南史》卷五一有傳。

普通 016

侍中司徒鄱陽忠烈王蕭恢墓誌

普通七年（526）二月二十五日葬。張纘奉敕撰。在建康府。

碑目題跋著錄：

《江寧金石待訪目》1/7a，《新編》1/13/10133 上。

《寶刻叢編》15/8b，《新編》1/24/18325 下。

《石刻題跋索引》131 頁右，《新編》1/30/22469。

（至正）《金陵新志·碑碣》72/80a，《新編》3/5/6 下。

（嘉慶）《重刊江寧府志·金石》53/3b，《新編》3/5/28 下。

《江寧金石待訪錄》1/6a，《新編》3/5/85 下。

（同治）《上江兩縣志·藝文下》12 下/4a，《新編》3/5/112 下。

《金陵古金石考目》5a，《新編》3/35/503 上。

《古誌彙目》1/4a，《新編》3/37/11。

《六藝之一錄》58/12b，《新編》4/5/75 下。

《六朝墓誌檢要》（修訂本）26 頁。

《漢魏六朝碑刻校注·總目提要》編號 1094。

備考：墓誌未提墓主姓名，據《梁書·蕭恢傳》，"鄱陽忠烈王恢字弘達"，故誌主為蕭恢。蕭恢，《梁書》卷二二、《南史》卷五二有傳。

普通 017

太常卿陸倕墓誌

普通七年（526）六月卒，葬吳縣陵山鄉。陸襄撰序，梁元帝蕭繹撰銘。在蘇州。

錄文著錄：

《藝文類聚》卷 48，上冊 878—879 頁。

《梁元帝集》84a，《漢魏六朝百三名家集》4 冊 339 下。

《全梁文》18/4a，《全文》3 冊 3055 下。

碑目題跋著錄：

《寶刻叢編》14/9a，《新編》1/24/18301 上。

《石刻題跋索引》131 頁右，《新編》1/30/22469。

（民國）《吳縣志·金石考一》59/3a，《新編》3/6/4 上。

《古誌彙目》1/4b，《新編》3/37/12。

《漢魏六朝墓銘纂例》3/16b，《新編》3/40/457 下。

《六藝之一錄》58/14a，《新編》4/5/76 下。

《六朝墓誌檢要》（修訂本）25 頁。

《漢魏六朝碑刻校注·總目提要》編號 1095。

備考：陸倕，《梁書》卷二七、《南史》卷四八有傳。

普通 018

主簿李□墓記

普通十年（529）□月十六日。1996 年在湖南省邵陽市郊神灘村姜家山的引橋公路上發掘出土。磚長 37、寬 18、厚 6 釐米。字刻於多塊磚側，或 1 行 10 字，或 1 行 3 字、或 1 行 6 字，或 1 行 4 字等，隸書。

論文：

邵陽市文物局：《湖南邵陽南朝紀年磚室墓》，《文物》2001 年第 2 期。（圖、文）

大　通

大通 001

蕭子恪墓誌

大通三年（529）八月。2008 年 3 月南京市棲霞區靈山 M2 蕭子恪墓出土，現藏南京市博物館。誌長 70.5、寬 90.3、厚 9 釐米。誌文行數不詳，滿行約 38 字，正書。首題：梁故侍中中書令寧遠將軍吳郡太守（下泐）

著錄：

《新中國出土墓誌·江蘇〔貳〕》（南京）上册 36 頁（圖）、下册 15—16 頁（文）。

論文：

邵磊：《南京靈山梁代蕭子恪墓的發現與研究》，《南京曉莊學院學報》2012 年第 5 期。

南京市博物館：《南京市靈山南朝墓發掘簡報》，《考古》2012 年第 11 期。

邵磊：《南朝齊梁皇族蕭子恪墓誌淺析》，《碑林集刊》第 22 輯，2016 年。

備考：蕭子恪，《梁書》卷三五、《南史》卷四二有傳。

大通 002

王朗（字法明）墓誌銘

大通三年（529）。陶弘景撰。

錄文著錄：

《陶弘景集校注》"墓誌"，157 頁。

大通 003

高史君廟記

大通年（527—529）立。崔琪臣文。

題跋著錄：

（光緒）《嘉興府志·金石》86/47a，《新編》3/7/424 上。

中大通

中大通 001
殷氏墓記磚

梁太歲癸丑（中大通五年，533）。長沙南門外石馬坡南牛角塘出土。長一尺一寸三分，寬五寸四分，厚一寸七分。正書，1 行 9 字。

著錄：

《中國磚銘》圖版上冊 618 頁左。（圖）

《八瓊室金石補正》11/21b – 22a，《新編》1/6/4176 上—下。（文、跋）

（光緒）《湖南通志·金石三》261/20b，《新編》2/11/7772 下。（文）

（民國）《江都縣續志·金石攷》15/116b – 117a，《新編》3/6/390 下—391 上。（文、跋）

《全三國兩晉南朝文補遺》298 頁。（文）

大 同

大同 001
丁正值妻墓記甎

又名：梁大同甎。大同元年（535）。出長嶼丁奧，後藏沈氏。甎長一尺八分，闊五寸三分，厚一寸六分。計 2 行，行 5 或 6 字。

著錄：

（光緒）《太平續志·甎文》10/13a – b，《新編》3/9/533 下。（文、跋）

大同 002
女官道士求瓊之明堂記

大同元年（535）作。出嵊縣。

著錄：

《甎文考略》3/23a – b，《新編》4/2/807 上。（文、跋）

大同 003

陶弘景墓誌

又名：華陽陶先生墓誌銘、陶隱居墓碑銘。大同二年（536）三月十二日卒，十四日葬於雷平之山。簡文帝蕭綱撰。

錄文著錄：

《藝文類聚》卷37，上冊661頁。（節文）

《梁簡文帝集校注》卷15，4冊1126—1127頁。

《梁簡文帝集》1/126a－127a，《漢魏六朝百三名家集》4冊242下—243上。

《句容金石記》1/10b－11a，《新編》2/9/6426下—6427上。

《全梁文》13/11b－12a。《全文》3冊3027上—下。

碑目題跋著錄：

《石刻名彙》2/5b，《新編》2/2/1027上。（偽刻）

《句容金石記》1/11a，《新編》2/9/6427上。

《漢魏六朝志墓金石例》2/9b，《新編》3/40/408上。

《漢魏六朝墓銘纂例》3/15a，《新編》3/40/457上。

《漢魏南北朝墓誌彙編》偽誌（包括疑偽）目錄。

《增補校碑隨筆·偽刻》（修訂本）424頁。

《淑德碑目》"墓誌"編號13。

備考：陶弘景，《梁書》卷五一、《南史》卷七六有傳。《藝文類聚》已有該墓誌的節文，說明文字本身不存在問題，故附此。石質墓誌當是後人補刻，故諸家云偽刻。

大同 004

菩提達摩大師碑

大同二年（536）十二月五日卒於洛川禹門，葬於熊耳山吳坂，大同二年十二月十五日御制。梁武帝蕭衍撰。據《陝縣志》，碑在熊耳山，高七尺八寸，寬二尺二寸；16行，行69字。

著錄：

《全梁文》6/14b－15a，《全文》3冊2985下—2986上。（節文、跋）

（民國）《陝縣志·金石》21/1a－2a，《新編》3/29/515 上—下。（文、跋）

《中州金石考》7/6b，《新編》1/18/13721 下。（跋）

《金石彙目分編》9（4）/40b，《新編》1/28/21055 下。（目）

《天下金石志》5/12，《新編》2/2/828 下。（目）

《中州金石目錄》2/1a，《新編》2/20/14692 上。（目）

《金石備攷·河南府》，《新編》4/1/60 下。（目）

大同 005

蘇舉廟碑

大同二年（536）立。葬金牛山。

題跋著錄：

（光緒）《嘉興府志·金石》86/54a，《新編》3/7/427 下。

大同 006

許府君墓誌

大同三年（537）正月十九日，葬在宜興。郡太守河南褚翔造。

碑目題跋著錄：

《寶刻叢編》14/41b，《新編》1/24/18317 上。

《石刻題跋索引》131 頁右，《新編》1/30/22469。

《古誌彙目》1/4b，《新編》3/37/12。

《六藝之一錄》58/14b，《新編》4/5/76 下。

《六朝墓誌檢要》（修訂本）26 頁。

《漢魏六朝碑刻校注·總目提要》編號1102。

大同 007

貞白先生陶弘景碑

又名"貞白先生陶隱居碑"。大同三年（537）三月十二日卒，其月十四日葬於丹陽郡句容縣雷平山。梁邵陵王蕭綸撰，八分書。在句容縣。

額題：解貞貞白先生陶隱居碑。

錄文著錄：

《藝文類聚》卷37，上冊659—660 頁。（節文）

《文苑英華》873/1a－4b，6 冊 4604 下—4606 上。

《全梁文》22/12a－14b，《全文》3 冊 3081 下—3082 下。

《句容金石記》1/15b－17b，《新編》2/9/6436 上—6437 上。

碑目題跋著錄：

《江寧金石待訪目》1/8a，《新編》1/13/10133 下。

《通志·金石略》卷上/28b，《新編》1/24/18033 上。

《寶刻叢編》15/13a－b，《新編》1/24/18328 上。

《輿地碑記目·建康府碑記》1/21a，《新編》1/24/18533 上。

《天下金石志》2/3，《新編》2/2/807 上。

《墨華通考》卷6，《新編》2/6/4358 下。

《句容金石記》1/17b，《新編》2/9/6437 上。

《古今碑帖考》11b，《新編》2/18/13168 上。

《佩文齋書畫譜·金石》62/7a 下，《新編》3/2/54 下。

（至正）《金陵新志·碑碣》72/81a，《新編》3/5/7 上。

（嘉慶）《重刊江寧府志·金石》53/4a，《新編》3/5/29 上。

《江寧金石待訪錄》1/7a，《新編》3/5/86 上。

《漢魏六朝志墓金石例》2/11a，《新編》3/40/409 上。

《金石備攷·江南江寧府》，《新編》4/1/11 下。

《六藝之一錄》58/13a，《新編》4/5/76 上。

《墨池篇》6/7a，《新編》4/9/670 上。

備考：陶弘景，《梁書》卷五一、《南史》卷七六有傳。

大同 008

毛玠墓碑

大同九年（543）彭城黃斌立。在黃州府麻城縣。斷碑，有"毛玠之墓碑"五字。

碑目題跋著錄：

（民國）《湖北通志·金石志》3/22b，《新編》1/16/11984 下。

《輿地碑記目·臨江軍碑記》2/7b，《新編》1/24/18540 上。

《金石彙目分編》14/35b，《新編》1/28/21400 上。

《石刻題跋索引》32 頁左,《新編》1/30/22370。

(光緒)《黃州府志・金石上》38/69a,《新編》3/13/293 上。

備考:《三國志》卷一二有《毛玠傳》,因未見錄文,是否碑主,待考。

大同 009

梁重立羊祜碑

又名:梁重立羊祜墮淚碑。大同十年(544)九月,以舊碑殘缺,再書而刻之。《集古後錄》云,李興初撰。襄陽府襄陽縣。額題:晉故使持節侍中太傅鉅平城侯羊公之碑。

碑目題跋著錄:

《金石錄》2/11a、21/10a,《新編》1/12/8811 上、8927 下。

(民國)《湖北通志・金石志》3/22a,《新編》1/16/11984 下。

《通志・金石略》卷上/29a,《新編》1/24/18033 下。

《寶刻叢編》3/5b-6a,《新編》1/24/18116 上—下。

《金石彙目分編》14/18b,《新編》1/28/21391 下。

《石刻題跋索引》32 頁左,《新編》1/30/22370。

《佩文齋書畫譜・金石》62/7a 下,《新編》3/2/54 下。

(光緒)《襄陽府治・金石》18/11b-12b,《新編》3/13/396 上—下。

《六藝之一錄》58/11a,《新編》4/5/75 上。

備考:羊祜,《晉書》卷三四有傳。

大同 010

梁改(羊祜)墮淚碑

大同十年(544)九月。劉之遴撰,劉靈正書。襄陽府襄陽縣,在羊祜碑之陰。

碑目題跋著錄:

《金石錄》2/11a,《新編》1/12/8811 上。

(民國)《湖北通志・金石志》3/22b,《新編》1/16/11984 下。

《通志・金石略》卷上/29a,《新編》1/24/18033 下。

《寶刻叢編》3/6b,《新編》1/24/18116 下。

《寶刻類編》1/14a,《新編》1/24/18413 下。
《輿地碑記目・襄陽府碑記》3/6b,《新編》1/24/18550 下。
《金石彙目分編》14/19a,《新編》1/28/21392 上。
《石刻題跋索引》32 頁左,《新編》1/30/22370。
《天下金石志》9/2,《新編》2/2/852 下。
《古今碑帖考》11b,《新編》2/18/13168 上。
《金石備攷・襄陽府》,《新編》4/1/20 下。
《六藝之一錄》58/11a,《新編》4/5/75 上。
《墨池篇》6/6b,《新編》4/9/669 下。
備考：羊祜,《晉書》卷三四有傳。

大同 011
王東關明堂墓記磚

大同十年（544）。出嵊縣。

著錄：

《甎文考略》3/22b,《新編》4/2/806 下。（文、跋）

大同 012
兒中良妻墓記磚

大同十一年（545）。浙江會稽徐氏舊藏。正書。《中國磚銘》圖版無時間，可能收錄不全。隸書，1 行 5 字，

圖版著錄：

《中國磚銘》圖版下冊 982 頁中。

碑目著錄：

《石刻名彙》12/203b,《新編》2/2/1129 下。

《古誌彙目》1/4b,《新編》3/37/12。

《再續寰宇訪碑錄》卷上,《羅振玉學術論著集》第五集, 432 頁。

大同 013
智者法師碑

大同年間（535—546）卒。梁太子蕭綱撰。在義烏縣界。

碑目題跋著錄：

《寶刻叢編》13/13a,《新編》1/24/18286 上。
《輿地碑記目·婺州碑記》1/17a,《新編》1/24/18531 上。
《石刻題跋索引》32 頁左,《新編》1/30/22370。
《佩文齋書畫譜·金石》62/7a 下,《新編》3/2/54 下。
《金石備攷》附錄,《新編》4/1/87 上。
《六藝之一錄》58/23a,《新編》4/5/81 上。

太　清

太清 001

程虔墓誌

太清三年（549）二月廿八日。清宣統三年（1911）湖北襄陽出土，石出後即佚。誌高 56.8、寬 31.2 釐米。文正書，9 行，滿行 18 字。

圖版著錄：

《古石抱守錄》,《新編》3/1/297。

《漢魏南北朝墓誌集釋》圖版五七〇,《新編》3/4/327。

《漢魏六朝碑刻校注》3 冊 202 頁。

錄文著錄：

《襄陽冢墓遺文補遺》1a,《新編》1/16/12365 上。

《誌石文錄續編》1a,《新編》2/19/13777 上。

《中國金石學講義·正編》22b–23a,《新編》3/39/162–163。

《石交錄》2/31b–32a,《新編》4/6/461 上—下。

《漢魏南北朝墓誌彙編》31 頁。

《漢魏六朝碑刻校注》3 冊 203 頁。

《全三國兩晉南朝文補遺》290—291 頁。

碑目題跋著錄：

《石刻題跋索引》131 頁右,《新編》1/30/22469。

《石刻名彙》2/5b,《新編》2/2/1027 上。

《崇雅堂碑錄》1/10b,《新編》2/6/4488 下。

《蒿里遺文目錄》2（1）/1b,《新編》2/20/14944 上。

《漢魏南北朝墓誌集釋》11/112a,《新編》3/3/257。
《國立北平圖書館藏碑目》2a,《新編》3/36/249 下。
《古誌彙目》1/4b,《新編》3/37/12。
《石交錄》2/31b,《新編》4/6/461 上。
《墓誌徵存目錄》卷1,《羅振玉學術論著集》第五集,559 頁。
《增補校碑隨筆》（修訂本）152 頁。
《碑帖鑒定》140 頁。
《碑帖敘錄》183 頁。
《六朝墓誌檢要》（修訂本）26 頁。
《善本碑帖錄》2/60。
《漢魏六朝碑刻校注·總目提要》編號1106。
《北京大學圖書館藏歷代墓誌拓片目錄》編號00083。
淑德大學《中國石刻拓本目錄》"墓誌" 編號14。

南朝梁無年號

無年號001

陶弘景自撰墓銘

又名"陶隱居墓銘"。南朝梁（502—557）。陶弘景自撰。
著錄：
《句容金石記》1/11a–b,《新編》2/9/6427 上。（文、跋）
《全三國兩晉南朝文補遺》291—292 頁。（文）
《輿地碑記目·建康府碑記》1/21a,《新編》1/24/18533 上。（目）
（至正）《金陵新志·碑碣》72/81a,《新編》3/5/7 上。（目）
《江寧金石待訪錄》1/6b,《新編》3/5/85 下。（跋）
備考：陶弘景,《梁書》卷五一、《南史》卷七六有傳。

無年號002

陶弘景墓誌

又名：陶隱居墓誌。南朝梁（502—557）。梁昭明太子蕭統撰,蕭綱書。在昇州。

碑目題跋著錄：

《江寧金石待訪目》1/8a，《新編》1/13/10133 下。

《寶刻叢編》15/10a，《新編》1/24/18326 下。

《寶刻類編》1/5a，《新編》1/24/18409 上。

《輿地碑記目·建康府碑記》1/21a，《新編》1/24/18533 上。

《石刻題跋索引》131 頁右，《新編》1/30/22469。

（嘉慶）《重刊江寧府志·金石下》53/4a，《新編》3/5/29 上。

《江寧金石待訪錄》1/7a，《新編》3/5/86 上。

《古誌彙目》1/4b，《新編》3/37/12。

《六藝之一錄》58/13a，《新編》4/5/76 上。

《六朝墓誌檢要》（修訂本）26 頁。

《漢魏六朝碑刻校注·總目提要》編號1116。

備考：陶弘景，《梁書》卷五一、《南史》卷七六有傳。據《寶刻類編》，《陶隱居墓誌》為昭明太子蕭統撰，而《江甯金石待訪目》云引《寶刻類編》為陸倕撰，當有誤。

無年號003

陶隱居（陶弘景）墓記磚

南朝梁（502—557）。在金陵丹陽發掘，在上元江寧界內。宋熙寧中王安石重書摹刻，黃庭堅跋。

碑目題跋著錄：

《輿地碑記目·建康府碑記》1/20a–b，《新編》1/24/18532 下。

《江寧金石待訪錄》1/6b，《新編》3/5/85 下。

（同治）《上江兩縣志·藝文下》12 下/4a，《新編》3/5/112 下。

備考：陶弘景，《梁書》卷五一、《南史》卷七六有傳。

無年號004

湘宮寺智蒨法師墓誌

又名：智倩法師墓誌。南朝梁（502—557）。梁簡文帝蕭綱撰。

錄文著錄：

《藝文類聚》卷77，下冊1321 頁。

《梁簡文帝集校注》卷 15，4 冊 1169 頁。

《全梁文》13/14a，《全文》3 冊 3028 下。

《梁簡文帝集》1/131a，《漢魏六朝百三名家集》4 冊 245 上。

碑目題跋著錄：

《江寧金石待訪目》1/7a，《新編》1/13/10133 上。

（嘉慶）《重刊江寧府志・金石》53/3b，《新編》3/5/28 下。

（同治）《上江兩縣志・藝文下》12 下/4b，《新編》3/5/112 下。

《金陵古金石考目》3a，《新編》3/35/502 上。

《古誌彙目》1/16a，《新編》3/37/35。

《漢魏六朝墓銘纂例》3/15b，《新編》3/40/457 上。

備考：《上江兩縣志》所載"智稱法師碑"，可能是"智倩法師"之誤寫，故暫附此。

無年號 005

莊嚴寺僧旻法師碑

南朝梁（502—557）。梁元帝蕭繹撰。

錄文著錄：

《藝文類聚》卷 76，下冊 1308 頁。

《梁元帝集》78b-79a，《漢魏六朝百三名家集》4 冊 336 下—337 上。

《全梁文》18/7a-b，《全文》3 冊 3057 上。

碑目題跋著錄：

《江寧金石待訪目》1/7b，《新編》1/13/10133 上。

（嘉慶）《重刊江寧府志・金石》53/3b，《新編》3/5/28 下。

（同治）《上江兩縣志・藝文下》12 下/4a，《新編》3/5/112 下。

《金陵古金石考目》3b，《新編》3/35/502 上。

備考：《隋書》卷九《禮儀四》有梁大同七年"尚書臣僧旻"，可能是碑主。

無年號 006

光宅寺大僧正法師碑

南朝梁（502—557）。梁元帝蕭繹。

錄文著錄：

《藝文類聚》卷76，下冊1308—1309頁。

《梁元帝集》79a–b，《漢魏六朝百三名家集》4冊337上。

《全梁文》18/7b，《全文》3冊3057上。

碑目題跋著錄：

《江寧金石待訪目》1/7b，《新編》1/13/10133上。

（嘉慶）《重刊江寧府志·金石》53/4a，《新編》3/5/29上。

（同治）《上江兩縣志·藝文下》12下/4a，《新編》3/5/112下。

《金陵古金石考目》3b，《新編》3/35/502上。

《漢魏六朝墓銘纂例》3/16a，《新編》3/40/457下。

無年號007

同泰寺故功德正智寂師墓誌銘

南朝梁（502—557）。梁簡文帝蕭綱撰。

錄文著錄：

《藝文類聚》卷77，下冊1321頁。

《梁簡文帝集校注》卷15，4冊1172頁。

《全梁文》13/13b，《全文》3冊3028上。

《梁簡文帝集》1/131b，《漢魏六朝百三名家集》4冊245上。

碑目題跋著錄：

《江寧金石待訪目》1/7b–8a，《新編》1/13/10133上—下。

（嘉慶）《重刊江寧府志·金石》53/4a，《新編》3/5/29上。

（同治）《上江兩縣志·藝文下》12下/4a，《新編》3/5/112下。

《金陵古金石考目》3a，《新編》3/35/502上。

《古誌彙目》1/16a，《新編》3/37/35。

《漢魏六朝墓銘纂例》3/15b，《新編》3/40/457上。

無年號008

宋姬寺慧念法師墓銘

南朝梁（502—557）。梁簡文帝蕭綱撰。

錄文著錄：

《藝文類聚》卷 77，下冊 1321 頁。

《梁簡文帝集校注》卷 15，4 冊 1174 頁。

《梁簡文帝集》1/131b－132a，《漢魏六朝百三名家集》4 冊 245 上—下。

《全梁文》13/13b，《全文》3 冊 3028 上。

碑目著錄：

《漢魏六朝墓銘纂例》3/15b，《新編》3/40/457 上。

無年號 009

齊太尉文憲王儉墓誌銘

南朝梁（502—557）。沈約撰。

錄文著錄：

《藝文類聚》卷 46，上冊 822 頁。

《全梁文》30/13a，《全文》3 冊 3129 上。

《沈隱侯集》2/24a，《漢魏六朝百三名家集》4 冊 533 下。

碑目著錄：

《漢魏六朝墓銘纂例》3/12b，《新編》3/40/455 下。

備考：據《南史》一二《簡文王皇后》："簡文王皇后諱靈賓，琅邪臨沂人也。祖儉，齊太尉、南昌文憲公。"故文憲王當指王儉。王儉，《南齊書》卷二三、《南史》卷二二有傳。

無年號 010

齊丞相豫章文憲王王儉碑二種

南朝梁（502—557）。沈約撰。

錄文著錄：

《藝文類聚》卷 45，上冊 814—815 頁；卷 46，上冊 821 頁。

《沈隱侯集》2/14b－15b、16a－b，《漢魏六朝百三名家集》4 冊 528 下—529 下。

《全梁文》31/3a－b、7a－b，《全文》3 冊 3131 上、3133 上。

碑目著錄：

《漢魏六朝墓銘纂例》3/12b，《新編》3/40/455 下。

備考：王儉，《南史》卷二二、《南齊書》卷二三皆有傳。

無年號 011

揚州僧正智寂法師墓誌銘

南朝梁（502—557）。南朝梁邵陵王蕭綸撰。

錄文著錄：

《藝文類聚》卷 77，下冊 1321 頁。

《全梁文》22/12a，《全文》3 冊 3081 下。

無年號 012

比丘尼僧敬法師碑

南朝梁（502—557）。沈約撰。

錄文著錄：

《藝文類聚》卷 76，下冊 1309 頁。

《沈隱侯集》2/16b – 17a，《漢魏六朝百三名家集》4 冊 529 下—530 上。

《全梁文》31/7b，《全文》3 冊 3133 上。

題跋著錄：

《漢魏六朝墓銘纂例》3/12b，《新編》3/40/455 下。

無年號 013

草堂寺約法師墓碣

又名：草堂寺智者約法師碑。南朝梁（502—557）。王筠撰。在鍾山。篆書，有"梁故草堂法師之墓"八字。

錄文著錄：

《藝文類聚》卷 76，下冊 1309 頁。

《王詹事集》11b – 12a，《漢魏六朝百三名家集》4 冊 731 上—下。

《全梁文》65/6b，《全文》4 冊 3338 下。

碑目題跋著錄：

《江寧金石待訪目》1/10a，《新編》1/13/10134 下。

《寶刻叢編》15/9b，《新編》1/24/18326 上。

《石刻題跋索引》32 頁左，《新編》1/30/22370。

（至正）《金陵新志·碑碣》72/80a，《新編》3/5/6 下。

（嘉慶）《重刊江寧府志·金石》53/5a，《新編》3/5/29 下。

《江寧金石待訪錄》1/7b，《新編》3/5/86 上。

（同治）《上江兩縣志·藝文下》12 下/4a，《新編》3/5/112 下。

（光緒）《金華縣志·金石》15/21a，《新編》3/10/146 上。

《金陵古金石考目》4a，《新編》3/35/502 下。

《古誌彙目》1/4b，《新編》3/37/12。

《漢魏六朝墓銘纂例》3/15a，《新編》3/40/457 上。

無年號 014

隱居先生陶弘景碑

又名：朱陽館碑。南朝梁（502—557）。梁元帝蕭繹撰。《句容金石記》認為，《朱陽館碑》和《陶弘景碑》當是一碑二名，暫從。

錄文著錄：

《句容金石記》1/11b，《新編》2/9/6427 上。

《藝文類聚》卷 37，上冊 659 頁。

《梁元帝集》77a–b，《漢魏六朝百三名家集》4 冊 336 上。

《全梁文》18/4b–5a，《全文》3 冊 3055 下—3056 上。

碑目題跋著錄：

《金石錄》3/1b，《新編》1/12/8812 上。

《江寧金石待訪目》1/7a，《新編》1/13/10133 上。

《句容金石記》1/12a，《新編》2/9/6427 下。

（至正）《金陵新志·碑碣》72/81a，《新編》3/5/7 上。

（嘉慶）《重刊江寧府志·金石》53/3b，《新編》3/5/28 下。

《漢魏六朝墓銘纂例》3/16a，《新編》3/40/457 下。

無年號 015

安成康王蕭秀雙闕

南朝梁（502—557）。在江蘇上元花林清風鄉甘家巷。刻高一尺八寸，廣不可計。僅西闕存"故散"兩字，正書，反刻。

錄文著錄：

《江蘇金石志》2/44a，《新編》1/13/9493 上。

《魯迅輯校石刻手稿·碑銘》中冊 83 頁。

碑目題跋著錄：

《藝風堂金石文字目》1/20a，《新編》1/26/19532 下。

《續補寰宇訪碑錄》1/9a，《新編》1/27/20307 上。

《石刻題跋索引》31 頁左，《新編》1/30/22369。

《石刻名彙》2/6a，《新編》2/2/1027 下。

《蒿里遺文目錄》6/2a，《新編》2/20/14994 下。

《北山集古錄》卷一，《北山金石錄》上冊 380 頁。

《碑帖鑒定》138 頁。

《碑帖敘錄》238 頁。

淑德大學《中國石刻拓本目錄》"碑碣等刻石"編號 336。

備考：蕭秀，《梁書》卷二二、《南史》卷五二有傳。

無年號 016

梁康王蕭秀神道碑

南朝梁（502—557）。篆書，6 字。在建康府。

碑目題跋著錄：

《寶刻叢編》15/10a，《新編》1/24/18326 下。

（嘉慶）《重刊江寧府志·金石》53/4a，《新編》3/5/29 上。

《江寧金石待訪錄》1/7b，《新編》3/5/86 上。

（同治）《上江兩縣志·藝文下》12 下/4a，《新編》3/5/112 下。

備考：蕭秀，《梁書》卷二二、《南史》卷五二有傳。

無年號 017

開善寺寶誌大師碑

又名：寶誌行狀碑。南朝梁（502—557）。王筠奉敕撰，立於開善寺門。

碑目題跋著錄：

《江寧金石待訪目》1/9a，《新編》1/13/10134 上。

《金石彙目分編》4/6a，《新編》1/27/20762 下。

（嘉慶）《重刊江寧府志・金石》53/4b,《新編》3/5/29 上。

《金陵古金石考目》4a,《新編》3/35/502 下。

備考：寶誌大師,《南史》卷七六有傳。

無年號 018

慧約婁禪師塔碑

南朝梁（502—557）。王筠撰。在太平興國寺。

碑目題跋著錄：

《江寧金石待訪目》1/9a,《新編》1/13/10134 上。

（嘉慶）《重刊江寧府志・金石》53/4b,《新編》3/5/29 上。

（同治）《上江兩縣志・藝文下》12 下/4a,《新編》3/5/112 下。

無年號 019

寶公碑

南朝梁（502—557）。在太平興國寺。

碑目題跋著錄：

《江寧金石待訪目》1/9a,《新編》1/13/10134 上。

（嘉慶）《重刊江寧府志・金石》53/4b,《新編》3/5/29 上。

無年號 020

尚書右僕射范雲墓誌銘

南朝梁（502—557）。沈約撰。

錄文著錄：

《藝文類聚》卷 48，上冊 855 頁。

《沈隱侯集》2/25a,《漢魏六朝百三名家集》4 冊 534 上。

《全梁文》30/13b,《全文》3 冊 3129 上。

碑目著錄：

《漢魏六朝墓銘纂例》3/12b,《新編》3/40/455 下。

備考：范雲,《梁書》卷一三、《南史》卷五七有傳。

無年號 021

招遠將軍臨川王國侍郎范雲墓碑

南朝梁（502—557）。在溧陽縣。

碑目著錄：

（嘉慶）《溧陽縣志·輿地志》3/12b，《新編》3/5/239 下。

備考：《梁書》卷一三、《南史》卷五七有"范雲傳"，然該范雲官終尚書右僕射，是否碑主，因未見錄文，待考。

無年號 022

庶子王規墓誌銘

南朝梁（502—557）。梁簡文帝蕭綱撰。

錄文著錄：

《藝文類聚》卷 49，上冊 890—891 頁。

《梁簡文帝集校注》卷 15，4 冊 1147 頁。

《全梁文》13/13a，《全文》3 冊 3028 上。

《梁簡文帝集》1/128b–129a，《漢魏六朝百三名家集》4 冊 243 下—244 上。

碑目題跋著錄：

《漢魏六朝墓銘纂例》3/15b，《新編》3/40/457 上。

備考：王規，《梁書》卷四一、《南史》卷二二有傳。

無年號 023

吳郡太守王規德政碑

南朝梁（502—557）。在蘇州府。

碑目題跋著錄：

《金石彙目分編》4/23a，《新編》1/27/20771 上。

（民國）《吳縣志·金石考一》59/3a，《新編》3/6/4 上。

備考：王規，《梁書》卷四一、《南史》卷二二有傳。

無年號 024

南康簡王蕭績神道二闕

南朝梁（502—557）。在江蘇句容西北二十五里侯家邊，一說在上元縣神泉鄉。均高二尺一寸，廣一尺；3 行，行 7 字，正書。題云：梁故侍中中軍將軍開府儀同三司南康簡王之神道。

圖版著錄：

《二銘草堂金石聚》16/113a－114a，《新編》2/3/2400 上—下。

錄文著錄：

《八瓊室金石補正》11/17b－18a，《新編》1/6/4174 上—下。

《十二硯齋金石過眼錄》4/8b－9a，《新編》1/10/7824 下—7825 上。

《江蘇金石志》3/3a－b，《新編》1/13/9500 上。

《續語堂碑錄》，《新編》2/1/117 上。

《句容金石記》1/12b－13a，《新編》2/9/6427 下—6428 上。

（同治）《續纂江甯府志・藝文下》9 下/28b－29a，《新編》3/5/58 下—59 上。

《魯迅輯校石刻手稿・碑銘》中冊 160 頁。

《全三國兩晉南朝文補遺》290 頁。

碑目題跋著錄：

《八瓊室金石補正》11/18a－b，《新編》1/6/4174 下。

《十二硯齋金石過眼錄》4/9a－10a，《新編》1/10/7825 上—下。

《江蘇金石志》3/3b－4a，《新編》1/13/9500 上—下。

《江寧金石待訪目》1/8b，《新編》1/13/10133 下。

《藝風堂金石文字目》1/20a，《新編》1/26/19532 下。

《再續寰宇訪碑錄校勘記》2b，《新編》1/27/20460 下。

《金石彙目分編》4（補遺）/4b，《新編》1/27/20781 下。

《石刻題跋索引》31 頁右—32 頁左，《新編》1/30/22369－22370。

《石刻名彙》2/6a，《新編》2/2/1027 下。

《二銘草堂金石聚》16/114b，《新編》2/3/2400 下。

《崇雅堂碑錄補》1/4a，《新編》2/6/4552 下。

《句容金石記》1/13a－b，《新編》2/9/6428 上。

《語石》5/22b，《新編》2/16/11949 下。

《蒿里遺文目錄》6/2a，《新編》2/20/14994 下。

《求恕齋碑錄》，《新編》3/2/525 上。

（嘉慶）《重刊江寧府志・金石》53/4a，《新編》3/5/29 上。

（同治）《續纂江甯府志・藝文下》9 下/29a，《新編》3/5/59 上。

（同治）《上江兩縣志・藝文下》12 下/4a，《新編》3/5/112 下。

《金陵古金石考目》4b，《新編》3/35/502 下。

《中國金石學講義·正編》10a，《新編》3/39/137。

《金石筆識》17b，《新編》4/7/232 上。

《再續寰宇訪碑錄》卷上，《羅振玉學術論著集》第五集，432 頁。

《魯迅輯校石刻手稿·碑銘》中冊 160—161 頁。附（光緒）《江寧府志》、（光緒）《句容縣志》。

《碑帖鑒定》138 頁。

《碑帖敘錄》239 頁。

《漢魏六朝碑刻校注·總目提要》編號 1110。

淑德大學《中國石刻拓本目錄》"碑碣等刻石" 編號 347—348。

備考：蕭績，《梁書》卷二九、《南史》卷五三有傳。

無年號 025

臨川靖惠王蕭宏神道二闕

又名：蕭宏神道東西石柱題刻。南朝梁（502—557）。清同治七年上元縣東北北城鄉張庫村出土。拓片高 76、寬 105 釐米。均 5 行，滿行 5 字，計 21 字，正書。題云：梁故假黃鉞侍中大將軍楊州牧臨川靖惠王之神道。

圖版著錄：

《二銘草堂金石聚》16/105a–112a，《新編》2/3/2396 上—2399 下。

《北京圖書館藏中國歷代石刻拓本匯編》2 冊 156 頁。

錄文著錄：

《八瓊室金石補正》11/16b，《新編》1/6/4173 下。

《十二硯齋金石過眼錄》4/7b，《新編》1/10/7824 上。

《江蘇金石志》3/1b–2a，《新編》1/13/9499 上—下。

《續語堂碑錄》，《新編》2/1/116 下。

（同治）《續纂江甯府志·藝文下》9 下/27b–28a，《新編》3/5/58 上—下。

《魯迅輯校石刻手稿·碑銘》中冊 157—158 頁。

《全三國兩晉南朝文補遺》289 頁。

碑目題跋著錄：

《八瓊室金石補正》11/17a－b,《新編》1/6/4174 上。

《十二硯齋金石過眼錄》4/8a,《新編》1/10/7824 下。

《江蘇金石志》3/2a－b,《新編》1/13/9499 下。

《江寧金石待訪目》1/8a－b,《新編》1/13/10133 下。

《寶刻叢編》15/9a,《新編》1/24/18326 上。

《藝風堂金石文字目》1/20a,《新編》1/26/19532 下。

《補寰宇訪碑錄》1/20a,《新編》1/27/20204 下。

《補寰宇訪碑錄校勘記》1/3b,《新編》1/27/20287 上。

《金石彙目分編》4（補遺）/1a,《新編》1/27/20780 上。

《石刻題跋索引》31 頁右,《新編》1/30/22369。

《續語堂碑錄》,《新編》2/1/116 下。

《天下金石志》2/1,《新編》2/2/806 上。

《石刻名彙》2/6a,《新編》2/2/1027 下。

《二銘草堂金石聚》16/112b,《新編》2/3/2399 下。

《崇雅堂碑錄》1/10b,《新編》2/6/4488 下。

《碑藪》,《新編》2/16/11841 上。

《語石》2/18a,《新編》2/16/11884 下。

《寰宇貞石圖目錄》卷上/6b,《新編》2/20/14674 上。

《蒿里遺文目錄》6/2a,《新編》2/20/14994 下。

《佩文齋書畫譜・金石》62/7b 上,《新編》3/2/54 下。

《求恕齋碑錄》,《新編》3/2/524 下。

（至正）《金陵新志・碑碣》72/80b,《新編》3/5/6 下。

（嘉慶）《重刊江寧府志・金石》53/4a,《新編》3/5/29 上。

（同治）《續纂江甯府志・藝文下》9 下/28a－b,《新編》3/5/58 下。

《江寧金石待訪錄》1/6b,《新編》3/5/85 下。

（同治）《上江兩縣志・藝文下》12 下/3b,《新編》3/5/112 上。

《金陵古金石考目》5a,《新編》3/35/503 上。

《中國金石學講義・正編》10a,《新編》3/39/137。

《金石備攷·江南江寧府》，《新編》4/1/10 下。

《六藝之一錄》58/14b，《新編》4/5/76 下。

《金石筆識》17a – b，《新編》4/7/232 上。

《魯迅輯校石刻手稿·碑銘》中冊 158—159 頁。附（光緒）《江寧府志》。

《碑帖鑒定》138 頁。

《碑帖敘錄》238—239 頁。

《漢魏六朝碑刻校注·總目提要》編號 1111。

淑德大學《中國石刻拓本目錄》"碑碣等刻石"編號 344—345。

備考：蕭宏，《梁書》卷二二、《南史》卷五一有傳。

無年號 026

蕭宏東碑

南朝梁（502—557）。在上元。拓本連額高一丈三尺二寸，廣四尺六寸。全泐無字。

碑目題跋著錄：

《江蘇金石志》3/2b – 3a，《新編》1/13/9499 下—9500 上。

《石刻題跋索引》31 頁右，《新編》1/30/22369。

無年號 027

梁太祖蕭順之神道二闕

又名：梁太祖建陵二闕、太祖文皇帝神道闕。南朝梁（502—557）刻，一說南朝梁天監元年（502）刻。清同治八年江蘇省丹陽縣出土。拓片高 69、寬 133 釐米。正書，西闕正文，東闕反文，各 4 行，行 2 字。闕云：太祖文皇帝之神道。

圖版著錄：

《二銘草堂金石聚》16/42b – 55a，《新編》2/3/2365 上—2371 上。

《北京圖書館藏中國歷代石刻拓本匯編》2 冊 141 頁。

錄文著錄：

《八瓊室金石補正》11/1a，《新編》1/6/4166 上。

《十二硯齋金石過眼錄》4/7a，《新編》1/10/7824 上。

《江蘇金石志》2/26a,《新編》1/13/9484 上。

《續語堂碑錄》,《新編》2/1/109 上。

《魯迅輯校石刻手稿·碑銘》中冊 76—77 頁。

《全三國兩晉南朝文補遺》289 頁。

碑目題跋著錄:

《八瓊室金石補正》11/1b－2a,《新編》1/6/4166 上—下。

《十二硯齋金石過眼錄》4/7a－b,《新編》1/10/7824 上。

《金石錄補》7/8a－b,《新編》1/12/9024 下。

《江寧金石待訪目》1/4a,《新編》1/13/10131 下。

《集古錄跋尾》4/10b－11a,《新編》1/24/17868 下—17869 上。

《集古錄目》3/4b,《新編》1/24/17957 下。

《通志·金石略》卷上/28a,《新編》1/24/18033 上。

《寶刻叢編》14/17a,《新編》1/24/18305 上。

《輿地碑記目·鎮江府碑記》1/9a,《新編》1/24/18527 上。

《藝風堂金石文字目》1/19b,《新編》1/26/19532 上。

《再續寰宇訪碑錄校勘記》2b,《新編》1/27/20460 下。

《金石彙目分編》4（補遺）/1a,《新編》1/27/20780 上。

《石刻題跋索引》30 頁右,《新編》1/30/22368。

《續語堂碑錄》,《新編》2/1/109 上。

《石刻名彙》2/6a,《新編》2/2/1027 下。

《二銘草堂金石聚》16/55b,《新編》2/3/2371 上。

《崇雅堂碑錄補》1/4a,《新編》2/6/4552 下。

《語石》5/22b,《新編》2/16/11949 下。

《古今碑帖考》11b,《新編》2/18/13168 上。

《集古錄補目補》卷下/1a,《新編》2/20/14518 下。

《寰宇貞石圖目錄》卷上/6a,《新編》2/20/14674 上。

《蒿里遺文目錄》6/2a,《新編》2/20/14994 下。

《佩文齋書畫譜·金石》62/6b 下,《新編》3/2/54 上。

《求恕齋碑錄》,《新編》3/2/524 下。

（至正）《金陵新志·碑碣》72/79b,《新編》3/5/6 上。

（嘉慶）《重刊江寧府志·金石》53/2b，《新編》3/5/28 上。

《江寧金石待訪錄》1/3b，《新編》3/5/84 上。

（民國）《丹陽縣續志·藝文》22/2b，《新編》3/5/227 下。

《金陵古金石考目》2b，《新編》3/35/501 下。

《中國金石學講義·正編》9b，《新編》3/39/136。

《漢魏六朝墓銘纂例》3/10b，《新編》3/40/454 下。

《金石備攷》附錄，《新編》4/1/98 下。

《六藝之一錄》58/1b、9b，《新編》4/5/70 上、74 上。

《金石筆識》6a－b，《新編》4/7/226 下。

《墨池篇》6/6b，《新編》4/9/669 下。

《北山集古錄》卷一，《北山金石錄》上冊 380 頁。

《再續寰宇訪碑錄》卷上，《羅振玉學術論著集》第五集，432 頁。

《魯迅輯校石刻手稿·碑銘》中冊 78—79 頁。附（光緒）《丹陽縣志》。

《增補校碑隨筆》（修訂本）150 頁。

《碑帖鑒定》138 頁。

《碑帖敘錄》164 頁。

《善本碑帖錄》2/59－60。

《漢魏六朝碑刻校注·總目提要》編號 1112。

淑德大學《中國石刻拓本目錄》"碑碣等刻石"編號 333—334。

備考：蕭順之，《南史》卷四、卷六，《南齊書》卷三等諸書皆有載。《集古錄》誤為宋文帝劉義隆神道碑。

無年號 028

建安敏侯蕭正立神道二闕

南朝梁（502—557）。在江蘇江寧淳化鎮石柱塘。各高一尺四寸五分，廣一尺四寸。4 行，行 4 字，正書。題云：梁故侍中左衛將軍建安敏侯之神道。

圖版著錄：

《二銘草堂金石聚》16/115a－116a，《新編》2/3/2401 上—下。

錄文著錄：

《八瓊室金石補正》11/20a－b，《新編》1/6/4175 下。

《十二硯齋金石過眼錄》4/10a，《新編》1/10/7825 下。

《江蘇金石志》3/4b－5a，《新編》1/13/9500 下—9501 上。

（同治）《續纂江甯府志·藝文下》9 下/29a－b，《新編》3/5/59 上。

《魯迅輯校石刻手稿·碑銘》中冊 162 頁。

《全三國兩晉南朝文補遺》290 頁。

碑目題跋著錄：

《八瓊室金石補正》11/20b－21a，《新編》1/6/4175 下—4176 上。

《十二硯齋金石過眼錄》4/10a－b，《新編》1/10/7825 下。

《江蘇金石志》3/5a－b，《新編》1/13/9501 上。

《江寧金石待訪目》1/8b，《新編》1/13/10133 下。

《寶刻叢編》15/9b，《新編》1/24/18326 上。

《藝風堂金石文字目》1/20b，《新編》1/26/19532 下。

《再續寰宇訪碑錄校勘記》2b－3a，《新編》1/27/20460 下—20461 上。

《金石彙目分編》4（補遺）/1a，《新編》1/27/20780 上。

《石刻題跋索引》32 頁左，《新編》1/30/22370。

《天下金石志》2/1，《新編》2/2/806 上。

《石刻名彙》2/6a，《新編》2/2/1027 下。

《二銘草堂金石聚》16/116b，《新編》2/3/2401 下。

《語石》5/22b，《新編》2/16/11949 下。

《蒿里遺文目錄》6/2a，《新編》2/20/14994 下。

《佩文齋書畫譜·金石》62/7b 上，《新編》3/2/54 下。

（至正）《金陵新志·碑碣》72/80b，《新編》3/5/6 下。

（嘉慶）《重刊江寧府志·金石》53/4a，《新編》3/5/29 上。

（同治）《續纂江甯府志·藝文下》9 下/29b－30a，《新編》3/5/59 上—下。

《江寧金石待訪錄》1/7a－b，《新編》3/5/86 上。

（同治）《上江兩縣志·藝文下》12 下/3b，《新編》3/5/112 上。

《金陵古金石考目》5a,《新編》3/35/503 上。

《中國金石學講義·正編》10a,《新編》3/39/137。

《金石備攷·江南江寧府》,《新編》4/1/10 下。

《六藝之一錄》58/14a、15b,《新編》4/5/76 下、77 上。

《金石筆識》17b,《新編》4/7/232 上。

《再續寰宇訪碑錄》卷上,《羅振玉學術論著集》第五集,433 頁。

《魯迅輯校石刻手稿·碑銘》中冊 162—163 頁。附（光緒）《江寧府志》。

《碑帖鑒定》138 頁。

《碑帖敘錄》238 頁。

《漢魏六朝碑刻校注·總目提要》編號 1113。

淑德大學《中國石刻拓本目錄》"碑碣等刻石"編號 349—350。

備考：蕭正立,《南史》卷五一、《梁書》卷二二有傳,附《蕭宏傳》。

無年號 029

新渝寬侯蕭暎神道西闕

南朝梁（502—557）。在江蘇上元,或云在江蘇句容。拓片高 55、寬 60 釐米。3 行,行 5 字,正書。題云：梁故侍中仁威將軍新渝寬侯之神道。

圖版著錄：

《北京圖書館藏中國歷代石刻拓本匯編》2 冊 167 頁。

錄文著錄：

《八瓊室金石補正》11/21a,《新編》1/6/4176 上。

《十二硯齋金石過眼錄》4/10b,《新編》1/10/7825 下。

《江蘇金石志》3/5b,《新編》1/13/9501 上。

《寶刻叢編》15/9a,《新編》1/24/18326 上。

《句容金石記·附錄》3b,《新編》2/9/6588 上。

（同治）《續纂江寧府志·藝文下》9 下/30a,《新編》3/5/59 下。

《魯迅輯校石刻手稿·碑銘》中冊 164 頁。

《全三國兩晉南朝文補遺》290 頁。

碑目題跋著錄：

《八瓊室金石補正》11/21a－b，《新編》1/6/4176 上。

《十二硯齋金石過眼錄》4/10b－11a，《新編》1/10/7825 下—7826 上。

《江寧金石待訪目》1/8b，《新編》1/13/10133 下。

《藝風堂金石文字目》1/20b，《新編》1/26/19532 下。

《再續寰宇訪碑錄校勘記》3a，《新編》1/27/20461 上。

《金石彙目分編》4（補遺）/4b，《新編》1/27/20781 下。

《石刻題跋索引》32 頁左，《新編》1/30/22370。

《石刻名彙》2/6a，《新編》2/2/1027 下。

《句容金石記·附錄》3b－4a，《新編》2/9/6588 上—下。

《語石》5/22b，《新編》2/16/11949 下。

《蒿里遺文目錄》6/2a，《新編》2/20/14994 下。

《求恕齋碑錄》，《新編》3/2/525 上。

（嘉慶）《重刊江寧府志·金石》53/4a，《新編》3/5/29 上。

（同治）《續纂江甯府志·藝文下》9 下/30a－b，《新編》3/5/59 下。

《江寧金石待訪錄》1/7a，《新編》3/5/86 上。

《中國金石學講義·正編》10a，《新編》3/39/137。

《六藝之一錄》58/15a，《新編》4/5/77 上。

《金石筆識》18a，《新編》4/7/232 下。

《再續寰宇訪碑錄》卷上，《羅振玉學術論著集》第五集，433 頁。

《魯迅輯校石刻手稿·碑銘》中冊 164—165 頁。附（光緒）《江寧府志》。

《碑帖鑒定》138 頁。

淑德大學《中國石刻拓本目錄》"碑碣等刻石"編號 351。

備考：蕭暎，《南史》卷五二有傳，作"蕭映"。

無年號 030

新渝侯蕭暎墓誌

南朝梁（502—557）。梁元帝蕭繹撰。

錄文著錄：

《藝文類聚》卷48，上冊866—867頁。

《梁元帝集》83a–b，《漢魏六朝百三名家集》4冊339上。

《全梁文》18/3a，《全文》3冊3055上。

碑目著錄：

《漢魏六朝墓銘纂例》3/16b，《新編》3/40/457下。

備考：蕭暎，《南史》卷五二有傳，作"蕭映"。

無年號031

司徒鄱陽忠烈王（蕭恢?）神道

南朝梁（502—557）。在建康府。正書。

碑目題跋著錄：

《江寧金石待訪目》1/8a，《新編》1/13/10133下。

《寶刻叢編》15/9b，《新編》1/24/18326上。

《石刻題跋索引》32頁左，《新編》1/30/22370。

（嘉慶）《重刊江寧府志·金石》53/4a，《新編》3/5/29上。

《江寧金石待訪錄》1/7b，《新編》3/5/86上。

（同治）《上江兩縣志·藝文下》12下/4a，《新編》3/5/112下。

備考：據《梁書》卷二二《蕭恢傳》，"鄱陽忠烈王恢字弘達"，故碑主當為蕭恢。

無年號032

昭遠將軍范府君（范雲）神道

南朝梁（502—557）。在建康府。正書，18字。題云：梁故昭遠將軍臨川王國侍郎范府君之神道。

著錄：

《寶刻叢編》15/9b，《新編》1/24/18326上。（文）

《江寧金石待訪目》1/8b，《新編》1/13/10133下。（目）

（嘉慶）《重刊江寧府志·金石》53/4a，《新編》3/5/29上。（目）

《六藝之一錄》58/15b，《新編》4/5/77上。（目）

備考：前"無年號021"《溧陽縣志》載有"范雲墓碑"，其標題為

"招遠將軍臨川王國侍郎范雲墓碑"，當為同一人。然一題為墓碑，一題為神道，故分開著錄。

無年號 033

庾承先墓誌

南朝梁（502—557）。梁元帝蕭繹撰。

錄文著錄：

《藝文類聚》卷 37，上冊 661—662 頁。

《梁元帝集》82a，《漢魏六朝百三名家集》4 冊 338 下。

《全梁文》18/2b，《全文》3 冊 3054 下。

碑目題跋著錄：

《漢魏六朝墓銘纂例》3/16a，《新編》3/40/457 下。

備考：庾承先，《梁書》卷五一、《南史》卷七六有傳。

無年號 034

中書令庾肩吾墓誌

南朝梁（502—557）。梁元帝蕭繹撰。

錄文著錄：

《藝文類聚》卷 48，上冊 873—874 頁。

《梁元帝集》82b‑83a，《漢魏六朝百三名家集》4 冊 338 下—339 上。

《全梁文》18/3b‑4a，《全文》3 冊 3055 上—下。

碑目題跋著錄：

《漢魏六朝墓銘纂例》3/16a‑b，《新編》3/40/457 下。

備考：庾肩吾，《梁書》卷四九、《南史》卷五〇有傳。

無年號 035

謝朓墓誌銘

南朝梁（502—557）。沈約撰。

錄文著錄：

《藝文類聚》卷 46，上冊 837—838 頁。

《沈隱侯集》2/25a，《漢魏六朝百三名家集》4 冊 534 上。

《全梁文》30/13a，《全文》3 冊 3129 上。

碑目題跋著錄：

《漢魏六朝墓銘纂例》3/12b，《新編》3/40/455 下。

備考：謝朓，《梁書》卷一五、《南史》卷二〇有傳。

無年號 036

江淹碑

南朝梁（502—557）。在越州。

碑目題跋著錄：

《通志·金石略》卷上/28b，《新編》1/24/18033 上。

《輿地碑記目·紹興府碑記》1/11b、13a，《新編》1/24/18528 上、18529 上。

《墨華通考》卷 3，《新編》2/6/4330 上。

《越中金石目》卷下/3b，《新編》2/10/7085 下。

《佩文齋書畫譜·金石》62/7b 下，《新編》3/2/54 下。

（雍正）《敕修浙江通志·碑碣三》257/2a，《新編》3/7/86 下。

（乾隆）《紹興府志·金石志補遺》76/50a，《新編》3/9/55 下。

《六藝之一錄》58/24a，《新編》4/5/81 下。

備考：江淹，《梁書》卷一四、《南史》卷五九有傳。

無年號 037

史□神道

又名：兗州刺史史府君墓石柱刻。南朝梁（502—557）。《寶刻叢編》據其有武后時字推測，恐武后時立，暫從南朝梁。在建康府溧陽縣。正書，24 字。題云：梁故假節散騎常侍兗州刺史建昌縣開國侯史府君之神道。

著錄：

《寶刻叢編》15/10a，《新編》1/24/18326 下。（文、跋）

（至正）《金陵新志·碑碣》72/81a，《新編》3/5/7 上。（文）

《輿地碑記目·建康府碑記》1/22a，《新編》1/24/18533 下。（目）

《佩文齋書畫譜·金石》62/7b 上，《新編》3/2/54 下。（目）

（嘉慶）《溧陽縣志·輿地志》3/12b,《新編》3/5/239 下。（目）

《六藝之一錄》58/16a,《新編》4/5/77 下。（目）

無年號 038

蕭懿廟碑

又名：長沙宣武王北涼州廟碑。南朝梁（502—557）。蕭綱奉敕撰。在漢中府南鄭縣。

錄文著錄：

《藝文類聚》卷 45，上冊 813—814 頁。

《梁簡文帝集校注》卷 14，4 冊 1113—1114 頁。

《梁簡文帝集》1/123b－124b,《漢魏六朝百三名家集》4 冊 241 上—下。

《全梁文》14/1a－2a,《全文》3 冊 3029 上—下。

碑目題跋著錄：

《寶刻類編》1/5a,《新編》1/24/18409 上。

《金石彙目分編》12（2）/47a,《新編》1/28/21359 上。

備考：蕭懿,《南史》卷五一有傳,又《梁書》卷二三附《蕭業傳》。

無年號 039

蕭懿墓碑

又名：長沙宣武王碑銘。南朝梁（502—557）。簡文帝蕭綱為太子時撰。在興元。

錄文著錄：

《藝文類聚》卷 45，上冊 814 頁。

《梁簡文帝集校注》卷 15，4 冊 1157 頁。

《全梁文》14/2a,《全文》3 冊 3029 下。

《梁簡文帝集》1/129b－130a,《漢魏六朝百三名家集》4 冊 244 上—下。

碑目題跋著錄：

《輿地碑記目·興元府碑記》4/29a－b,《新編》1/24/18574 上。

《墨華通考》10/19a,《新編》2/6/4416 上。

《佩文齋書畫譜·金石》62/7a 下,《新編》3/2/54 下。

(同治)《上江兩縣志·藝文下》12 下/4b,《新編》3/5/112 下。

《漢魏六朝墓銘纂例》3/15b,《新編》3/40/457 上。

《六藝之一錄》58/13a,《新編》4/5/76 上。

備考：蕭懿,《南史》卷五一有傳,又《梁書》卷二三附《蕭業傳》。

無年號 040

蕭懿碑

又名：丞相長沙宣武王碑。南朝梁（502—557）。任昉撰。

錄文著錄：

《藝文類聚》卷 45,上冊 815 頁。

《全梁文》44/4b,《全文》3 冊 3203 下。

《任中丞集》59a,《漢魏六朝百三名家集》4 冊 650 上。

碑目題跋著錄：

《漢魏六朝墓銘纂例》3/13a,《新編》3/40/456 上。

備考：蕭懿,《南史》卷五一有傳。

無年號 041

蕭懿墓誌

又名：丞相長沙宣武王墓誌銘。南朝梁（502—557）。沈約撰。

錄文著錄：

《藝文類聚》卷 45,上冊 807 頁。

《全梁文》30/12b,《全文》3 冊 3128 下

《沈隱侯集》2/24b,《漢魏六朝百三名家集》4 冊 533 下。

碑目題跋著錄：

《漢魏六朝墓銘纂例》3/12b,《新編》3/40/455 下。

備考：蕭懿,《南史》卷五一有傳。

無年號 042

吳郡太守何敬容德政碑

南朝梁（502—557）。在蘇州府。

碑目題跋著錄：

《金石彙目分編》4/22b，《新編》1/27/20770 下。

（民國）《吳縣志·金石考一》59/3a，《新編》3/6/4 上。

備考：何敬容，《梁書》卷三七、《南史》卷三〇有傳。

無年號 043

給事中江縶墓碑

南朝梁（502—557）。在天平山下。

題跋著錄：

（民國）《吳縣志·金石考一》59/3b，《新編》3/6/4 上。

備考：江縶，事見《宋書》卷九二、《南史》卷三六《江秉之傳》。

無年號 044

晉陵太守謝舉德政碑

南朝梁（502—557）。在常州府。

碑目題跋著錄：

《金石彙目分編》4/30b，《新編》1/27/20774 下。

備考：謝舉，《梁書》卷三七、《南史》卷二〇有傳。

無年號 045

晉陵太守蕭昱德政碑

南朝梁（502—557）。在常州府。

碑目題跋著錄：

《金石彙目分編》4/30b–31a，《新編》1/27/20774 下—20775 上。

備考：蕭昱，《梁書》卷二四、《南史》卷五一有傳。

無年號 046

北兗州刺史蕭楷德政碑

南朝梁（502—557）。謝蘭奉敕撰。淮安府清河縣。

碑目題跋著錄：

《金石彙目分編》4/35a，《新編》1/27/20777 上。

備考：蕭楷，事見《梁書》卷四七、《南史》卷七四《謝蘭傳》。

無年號 047

豫南豫二州刺史夏侯亶碑

南朝梁（502—557），大通三年（529）卒。在壽州。

碑目題跋著錄：

《金石彙目分編》5/43b，《新編》1/27/20811 上。

備考：夏侯亶，《梁書》卷二八、《南史》卷五五有傳。

無年號 048

吳興太守夏侯亶德政碑

南朝梁（502—557）。在湖州府。

碑目題跋著錄：

《金石彙目分編》7/28b，《新編》1/28/20881 下。

備考：夏侯亶，《梁書》卷二八、《南史》卷五五有傳。

無年號 049

都督南北司西豫豫四州諸軍事南北司二州刺史陳慶之德政碑

南朝梁（502—557）。在鳳陽府。

碑目題跋著錄：

《金石彙目分編》5/44a，《新編》1/27/20811 下。

備考：陳慶之，《梁書》卷三二、《南史》卷六一有傳。

無年號 050

豫州刺史貞陽侯蕭淵明德政碑

南朝梁（502—557）。在鳳陽府。

碑目題跋著錄：

《金石彙目分編》5/44a，《新編》1/27/20811 下。

備考：蕭淵明，《南史》卷五一、《北齊書》卷三三有傳，避唐諱改為"蕭明"。

無年號 051

北豫州刺史成景雋德政碑

南朝梁（502—557）。在鳳陽府。

碑目題跋著錄：

《金石彙目分編》5/44a，《新編》1/27/20811 下。

備考：成景儁，《南史》卷七四有傳。

無年號 052

鄱陽內史陸襄德政碑

南朝梁（502—557）。在饒州府鄱陽縣。

碑目題跋著錄：

《金石彙目分編》6/10a，《新編》1/27/20830 下。

備考：陸襄，《梁書》卷二七、《南史》卷四八有傳。

無年號 053

梁秦二州刺史宜豐侯蕭修德政碑

南朝梁（502—557）。在漢中府南鄭縣。

碑目題跋著錄：

《金石彙目分編》12（2）/47a–b，《新編》1/28/21359 上。

備考：蕭修（脩），《南史》卷五二有傳。

無年號 054

丹陽尹湘東王蕭繹善政碑

南朝梁（502—557）。裴子野撰。在長沙府長沙縣。

錄文著錄：

《續古文苑》16/6a–7a，《新編》4/2/240 下—241 上。

《藝文類聚》卷 52，上冊 943—944 頁。

《全梁文》53/22a–23a，《全文》4 冊 3265 下—3266 上。

碑目題跋著錄：

《金石彙目分編》15/1b，《新編》1/28/21407 上。

（光緒）《湖南通志·金石三》261/20b，《新編》2/11/7772 下。附《長沙府志》。

（同治）《上江兩縣志·藝文下》12 下/4b，《新編》3/5/112 下。

備考：據《梁書》卷五《世祖元帝蕭繹本紀》，天監十三年，封湘東郡王。初爲寧遠將軍、會稽太守，入爲侍中、宣威將軍、丹陽尹。故此處的"丹陽尹湘東王"指蕭繹。

無年號 055

廬陵王長史褚向墓誌銘

南朝梁（502—557）。謝舉撰。僅有銘文 16 字。

錄文著錄：

《全梁文》45/2b，《全文》4 冊 3207 下。

碑目題跋著錄：

《石刻題跋索引》34 頁右，《新編》1/30/22372。

《佩文齋書畫譜・金石》62/6a 下，《新編》3/2/54 上。

《廣川書跋》6/16a–b，《新編》3/38/732 下。

《六藝之一錄》58/10a，《新編》4/5/74 下。

備考：褚向，《南史》卷二八有傳，又《梁書》卷四一附《褚翔傳》。

無年號 056

宋故安成王右常侍劉喬墓銘

南朝梁（502—557）。江淹撰。碑陰題名，正書。

錄文著錄：

《全梁文》39/8a–b，《全文》3 冊 3176 下。

《江醴陵集》2/40a–b，《漢魏六朝百三名家集》4 冊 428 下。

《江文通集》3/22a，景印文淵閣《四庫全書・集部》1063 冊 767 上。

《江文通集》10/6b，《四部叢刊初編》100 冊。

《江文通集彙註》10/372。

碑目題跋著錄：

《竹崦盦金石目錄》16b、1/12b，《新編》2/20/14554 下、3/37/345 下。

《漢魏六朝墓銘纂例》3/12b，《新編》3/40/455 下。

無年號 057

故左民尚書忠子沈僧昊墓誌銘

南朝梁（502—557）。張纘撰。

錄文著錄：

《藝文類聚》卷 48，上冊 861 頁。

《全梁文》64/11a－b，《全文》4 冊 3335 上。

（同治）《湖州府志·金石略九》54/1a，《新編》3/8/186 上。

無年號 058
沈約女墓碑

南朝梁（502—557）。昭明太子蕭統撰。石佚。

碑目著錄：

（光緒）《烏程縣志·金石》30/3b，《新編》3/8/230 上。

無年號 059
侍中吳平光侯墓誌

南朝梁（502—557）。梁元帝蕭繹撰。

錄文著錄：

《藝文類聚》卷48，上冊 867 頁。

《梁元帝集》84a－b，《漢魏六朝百三名家集》4 冊 339 下。

《全梁文》18/3a，《全文》3 冊 3055 上。

碑目題跋著錄：

《漢魏六朝志墓金石例》2/10a，《新編》3/40/408 下。

《漢魏六朝墓銘纂例》3/17a，《新編》3/40/458 上。

無年號 060
散騎常侍裴子野墓誌銘

南朝梁（502—557）。梁元帝蕭繹撰。

錄文著錄：

《藝文類聚》卷48，上冊 870 頁。

《梁元帝集》83b－84a，《漢魏六朝百三名家集》4 冊 339 上—下。

《全梁文》18/3b，《全文》3 冊 3055 上。

碑目題跋著錄：

《漢魏六朝墓銘纂例》3/16b，《新編》3/40/457 下。

備考：裴子野，《梁書》卷三〇、《南史》卷三三有傳。

無年號 061

宋故尚書左丞孫緬墓銘

南朝梁（502—557）。江淹撰。

錄文著錄：

《全梁文》39/8a，《全文》3 冊 3176 下。

《江醴陵集》2/40a，《漢魏六朝百三名家集》4 冊 428 下。

《江文通集》3/21b – 22a，景印文淵閣《四庫全書·集部》1063 冊 766 下—767 上。

《江文通集彙註》10/371。

《江文通集》10/6a，《四部叢刊初編》100 冊。

碑目題跋著錄：

《漢魏六朝墓銘纂例》3/12a，《新編》3/40/455 下。

備考：孫緬，《南史》卷七五附《漁父傳》。

無年號 062

宋故銀青光祿大夫孫夐墓銘

南朝梁（502—557）。江淹撰。

錄文著錄：

《全梁文》39/8b，《全文》3 冊 3176 下。

《江醴陵集》2/40b – 41a，《漢魏六朝百三名家集》4 冊 428 下—429 上。

《江文通集》3/22a – b，景印文淵閣《四庫全書·集部》1063 冊 767 上。

《江文通集彙註》10/372。

《江文通集》10/6b – 7a，《四部叢刊初編》100 冊。

碑目題跋著錄：

《漢魏六朝志墓金石例》2/10b – 11a，《新編》3/40/408 下—409 上。

《漢魏六朝墓銘纂例》3/12b，《新編》3/40/455 下。

無年號 063

齊故御史中丞孫詵墓銘

南朝梁（502—557）。江淹撰。

錄文著錄：

《全梁文》39/8b，《全文》3 冊 3176 下。

《江醴陵集》2/41a，《漢魏六朝百三名家集》4 冊 429 上。

《江文通集》3/22b – 23a，景印文淵閣《四庫全書・集部》1063 冊 767 上—下。

《江文通集彙註》10/373。

《江文通集》10/7a，《四部叢刊初編》100 冊。

碑目題跋著錄：

《漢魏六朝墓銘纂例》3/12b，《新編》3/40/455 下。

備考：孫詵，《南史》卷七二有傳。

無年號 064

徵君何子哲先生墓誌銘

南朝梁（502—557）。梁簡文帝蕭綱撰。

錄文著錄：

《藝文類聚》卷 37，上冊 660—661 頁。

《梁簡文帝集校注》卷 15，4 冊 1133—1134 頁。

《全梁文》13/11a – 11b，《全文》3 冊 3027 上。

《梁簡文帝集》1/127a – 128b，《漢魏六朝百三名家集》4 冊 243 上—下。

碑目題跋著錄：

《漢魏六朝志墓金石例》2/10a，《新編》3/40/408 下。

《漢魏六朝墓銘纂例》3/15a，《新編》3/40/457 上。

無年號 065

太常卿任昉墓誌銘

南朝梁（502—557）。沈約撰。

錄文著錄：

《藝文類聚》卷48，上冊879頁。

《沈隱侯集》2/25b，《漢魏六朝百三名家集》4冊534上。

《全梁文》30/13b，《全文》3冊3129上。

碑目題跋著錄：

《漢魏六朝墓銘纂例》3/12b，《新編》3/40/455下。

備考：任昉，《梁書》卷一四、《南史》卷五九有傳。

無年號066

臨海太守伏曼容墓誌銘

南朝梁（502—557）。徐勉撰。

錄文著錄：

《全梁文》50/9a，《全文》4冊3240上。

備考：伏曼容，《梁書》卷四八、《南史》卷七一有傳。

無年號067

給事黃門侍郎伏暅墓誌銘

南朝梁（502—557）。徐勉撰。

錄文著錄：

《全梁文》50/9a，《全文》4冊3240上。

備考：伏暅，《梁書》卷五三、《南史》卷七一有傳。

無年號068

棲玄寺雲法師碑銘

南朝梁（502—557）。王僧孺撰。

錄文著錄：

《藝文類聚》卷76，下冊1309頁。

《全梁文》52/3b，《全文》4冊3251上。

《王左丞集》17a–b，《漢魏六朝百三名家集》4冊674下。

碑目題跋著錄：

《漢魏六朝墓銘纂例》3/14b，《新編》3/40/456下。

備考：《梁書》卷五〇、《南史》卷七二《任孝恭傳》有"雲法師"，是否碑主，待考。

無年號 069

儀同徐勉墓誌銘

南朝梁（502—557）。梁簡文帝蕭綱撰。

錄文著錄：

《藝文類聚》卷47，上冊846頁。

《梁簡文帝集校注》卷15，4冊1164頁。

《梁簡文帝集》1/130b，《漢魏六朝百三名家集》4冊244下。

《全梁文》13/12b，《全文》3冊3027下。

碑目題跋著錄：

《漢魏六朝墓銘纂例》3/15b，《新編》3/40/457上。

備考：徐勉，《梁書》卷二五、《南史》卷六〇有傳。

無年號 070

齊太尉徐公（孝嗣）墓誌

南朝梁（502—557）。沈約撰。

錄文著錄：

《藝文類聚》卷46，上冊822頁。

《沈隱侯集》2/24a–b，《漢魏六朝百三名家集》4冊533下。

《全梁文》30/13a，《全文》3冊3129上。

碑目題跋著錄：

《漢魏六朝墓銘纂例》3/13a，《新編》3/40/456上。

備考：據《南史》一二《元帝徐妃》："元帝徐妃諱昭佩，東海郯人也。祖孝嗣，齊太尉、枝江文忠公。"故此處齊太尉徐公當指徐孝嗣。徐孝嗣，《南齊書》卷四四、《南史》卷一五有傳。

無年號 071

安成蕃王墓誌銘

南朝梁（502—557）。梁簡文帝蕭綱撰。

錄文著錄：

《藝文類聚》卷45，上冊806—807頁。

《梁簡文帝集校注》卷15，4冊1159頁。

《梁簡文帝集》1/130a,《漢魏六朝百三名家集》4 冊 244 下。

《全梁文》13/11a,《全文》3 冊 3027 上。

碑目題跋著錄：

《漢魏六朝墓銘纂例》3/15b,《新編》3/40/457 上。

無年號 072

淨居寺法昂墓誌銘

南朝梁（502—557）。梁簡文帝孝蕭綱撰。

錄文著錄：

《藝文類聚》卷 77,下冊 1321 頁。

《梁簡文帝集校注》卷 15,4 冊 1179 頁。

《全梁文》13/14a,《全文》3 冊 3028 下。

《梁簡文帝集》1/132a – b,《漢魏六朝百三名家集》4 冊 245 下。

碑目題跋著錄：

《漢魏六朝墓銘纂例》3/15b,《新編》3/40/457 上。

無年號 073

齊故司徒右長史檀超墓銘

南朝梁（502—557）。江淹撰。

錄文著錄：

《全梁文》39/8b – 9a,《全文》3 冊 3176 下—3177 上。

《江醴陵集》2/41a – b,《漢魏六朝百三名家集》4 冊 429 上。

《江文通集》3/23a,景印文淵閣《四庫全書・集部》1063 冊 767 下。

《江文通集》10/7a – b,《四部叢刊初編》100 冊。

《江文通集彙註》10/374。

碑目題跋著錄：

《漢魏六朝墓銘纂例》3/12b,《新編》3/40/455 下。

備考：檀超,《南齊書》卷五二、《南史》卷七二有傳。

無年號 074

中書令臨汝靈侯蕭猷墓誌銘

南朝梁（502—557）。梁簡文帝蕭綱撰。

錄文著錄：

《藝文類聚》卷48，上冊873頁。

《梁簡文帝集校注》卷15，4冊1161頁。

《全梁文》13/13a，《全文》3冊3028上。

《梁簡文帝集》1/130a－b，《漢魏六朝百三名家集》4冊244下。

碑目題跋著錄：

《漢魏六朝墓銘纂例》3/15b，《新編》3/40/457上。

備考：臨汝靈侯蕭猷，《南史》卷五一有傳。

無年號075

太子舍人蕭特墓誌銘

南朝梁（502—557）。梁簡文帝蕭綱撰。

錄文著錄：

《藝文類聚》卷49，上冊891頁。

《梁簡文帝集校注》卷15，4冊1166頁。

《全梁文》13/13a－b，《全文》3冊3028上。

《梁簡文帝集》1/130b－131a，《漢魏六朝百三名家集》4冊244下—245上。

碑目題跋著錄：

《漢魏六朝墓銘纂例》3/15b，《新編》3/40/457上。

無年號076

特進蕭琛墓誌銘

南朝梁（502—557）。梁元帝蕭繹撰。

錄文著錄：

《藝文類聚》卷47，上冊848頁。

《梁元帝集》82a－b，《漢魏六朝百三名家集》4冊338下。

《全梁文》18/2b－3a，《全文》3冊3054下—3055上。

碑目題跋著錄：

《漢魏六朝墓銘纂例》3/16a，《新編》3/40/457下。

備考：蕭琛，《梁書》卷二六、《南史》卷一八有傳。

無年號 077

中書令蕭子顯墓誌

南朝梁（502—557）。張纘撰。

錄文著錄：

《藝文類聚》卷 48，上冊 874 頁。

《全梁文》64/11b，《全文》4 冊 3335 上。

備考：蕭子顯，《梁書》卷三五、《南史》卷四二有傳。

無年號 078

甘露鼓寺敬脫法師墓誌銘

南朝梁（502—557）。梁簡文帝蕭綱撰。

錄文著錄：

《藝文類聚》卷 77，下冊 1321 頁。

《梁簡文帝集校注》卷 15，4 冊 1176 頁。

《全梁文》13/13b–14a，《全文》3 冊 3028 上—下。

《梁簡文帝集》1/132a，《漢魏六朝百三名家集》4 冊 245 下。

碑目題跋著錄：

《漢魏六朝墓銘纂例》3/15b，《新編》3/40/457 上。

無年號 079

戎昭將軍劉顯墓銘

南朝梁（502—557）。梁簡文帝蕭綱撰。

錄文著錄：

《梁簡文帝集校注》卷 15，4 冊 1152 頁。

《梁簡文帝集》1/129a–b，《漢魏六朝百三名家集》4 冊 244 上。

《全梁文》13/12b，《全文》3 冊 3027 下。

碑目題跋著錄：

《漢魏六朝墓銘纂例》3/15b，《新編》3/40/457 上。

備考：劉顯，《梁書》卷四〇、《南史》卷五〇有傳。

無年號 080

黃門侍郎劉孝綽墓誌銘

南朝梁（502—557）。梁元帝蕭繹撰。

錄文著錄：

《藝文類聚》卷48，上冊869—870頁。

《梁元帝集》83b，《漢魏六朝百三名家集》4冊339上。

《全梁文》18/3b，《全文》3冊3055上。

碑目題跋著錄：

《漢魏六朝墓銘纂例》3/16b，《新編》3/40/457下。

備考：劉孝綽，《梁書》卷三三、《南史》卷三九有傳。

無年號 081

劉虯碑

南朝梁（502—557）。裴子野撰。

錄文著錄：

《藝文類聚》卷37，上冊660頁。

《全梁文》53/21b－22a，《全文》4冊3265上—下。

備考：劉虯，《南齊書》卷五四、《南史》卷五〇有傳，史傳作"劉虯"。

無年號 082

豫州□□墓誌銘

南朝梁（502—557）。王僧孺撰。

錄文著錄：

《藝文類聚》卷50，上冊897—898頁。

《全梁文》52/3a－b，《全文》4冊3251上。

《王左丞集》18a－b，《漢魏六朝百三名家集》4冊675上。

碑目題跋著錄：

《漢魏六朝墓銘纂例》3/14b，《新編》3/40/456下。

無年號 083

蕭梁王碑

南朝梁（502—557）。正書。

碑目著錄：

《求恕齋碑錄》，《新編》3/2/525 上。

無年號 084

□□（蕭偉？）殘墓誌

南朝梁（502—557）。1979 年南京出土。石長 106、寬 83、厚 13 釐米。滿誌可達 2250 字，殘泐過甚，有"授首江陽"諸字。發掘簡報推測，墓主為蕭偉的可能性最大。

錄文著錄：

《漢魏南北朝墓誌彙編》31—32 頁。

《全三國兩晉南朝文補遺》291 頁。

論文：

南京博物院：《南京堯化門南朝梁墓發掘簡報》，《文物》1981 年第 12 期。

羅宗真：《南京新出土梁代墓誌評述》，《文物》1981 年第 12 期。

無年號 085

桂陽王蕭象墓誌

南朝梁（502—557）。1988 年 1 月在江蘇省南京市煉油廠基建施工地發掘出土，藏南京博物院。誌長 75、寬 63、厚 9 釐米。文 40 行，滿行 35 字，其中首行 21 字、末行 4 字，正書。

論文：

南京博物院：《梁朝桂陽王蕭象墓》，《文物》1990 年第 8 期。（局部圖、節文）

備考：蕭象，《梁書》卷二三、《南史》卷五一有傳。

無年號 086

□君墓誌

南朝梁（502—557）。2008 年南京棲霞區仙林靈山發掘出土，藏南京市博物館。誌長 90.3、寬 70.5、厚 9 釐米。墓誌磨泐嚴重，僅識 60 餘字。首題：梁故侍中中書令□遠將軍吳郡太守□。

論文：

南京市博物館：《南京市靈山南朝墓發掘簡報》，《考古》2012 年第 11 期。（局部圖、節文）

陳

永　定

永定 001

太尉始興昭烈王陳道談廟碑

永定元年（557）。沈炯撰。

錄文著錄：

（同治）《湖州府志·金石略七》52/2a－3a，《新編》3/8/132 下—133 上。

（乾隆）《長興縣志·碑版》12/29b－30a，《新編》3/8/245 上—下。

（同治）《長興縣志·碑碣上》30 上/3a－4a，《新編》3/8/254 上—下。

《藝文類聚》卷 46，上冊 821—822 頁。

《全陳文》14/11a－12a，《全文》4 冊 3482 上—下。

《沈侍中集》24b－26a，《漢魏六朝百三名家集》5 冊 209 上—210 上。

碑目題跋著錄：

（天啟）《吳興備志·金石徵》24/1a，《新編》3/7/493 上。

（同治）《湖州府志·金石略七》52/3a，《新編》3/8/133 上。

《漢魏六朝志墓金石例》2/11b，《新編》3/40/409 上。

《漢魏六朝墓銘纂例》3/17b，《新編》3/40/458 上。

備考：陳道談，其事見《南史》卷六五《文帝諸子·始興王伯茂傳》。

天　嘉

天嘉 001

慧福寺尼慧仙銘

天嘉元年（560）立。陳景哲書。

碑目題跋著錄：

《江寧金石待訪目》1/11a，《新編》1/13/10135 上。

《集古錄目》3/6b–7a，《新編》1/24/17958 下—17959 上。

《寶刻叢編》15/10b，《新編》1/24/18326 下。

《寶刻類編》1/15a，《新編》1/24/18414 上。

《輿地碑記目·建康府碑記》1/22a，《新編》1/24/18533 下。

《石刻題跋索引》131 頁右，《新編》1/30/22469。

《集古錄補目補》卷下/2b，《新編》2/20/14519 上。

（嘉慶）《重刊江寧府志·金石》53/5b，《新編》3/5/29 下。

《江寧金石待訪錄》1/8a，《新編》3/5/86 下。

《古誌彙目》1/16a，《新編》3/37/35。

《六藝之一錄》58/25b，《新編》4/5/82 上。

《六朝墓誌檢要》（修訂本）28 頁。

《漢魏六朝碑刻校注·總目提要》編號 1119。

天嘉 002

廣州刺史歐陽頠墓誌

天嘉四年（563）。江總撰。

錄文著錄：

《藝文類聚》卷 50，上冊 898—899 頁。

《全隋文》11/5b–6a，《全文》4 冊 4075 上—下。

《江令君集》2/13a–b，《漢魏六朝百三名家集》5 冊 243 下。

備考：歐陽頠，《陳書》卷九、《南史》卷六六有傳。

太 建

太建 001

侍中沈欽墓誌

太建元年（569）。江總撰。

錄文著錄：

《藝文類聚》卷 48，上冊 867 頁。

《江令君集》2/15a，《漢魏六朝百三名家集》5 冊 244 下。

《全隋文》11/6a – b，《全文》4 冊 4075 下。

（同治）《湖州府志·金石略九》54/1a – b，《新編》3/8/186 上。

碑目題跋著錄：

《漢魏六朝墓銘纂例》3/18a，《新編》3/40/458 下。

太建 002

衛和墓誌

太建二年（570）十一月葬於河陽村引鳳池上。民國年間出土，舊藏常熟沈氏。拓片高 35、寬 33 釐米。文正書，12 行，行 12 至 16 字不等。首題：陳故衛將軍墓誌銘并序。

圖版、錄文著錄：

《北京圖書館藏中國歷代石刻拓本匯編》2 冊 170 頁。（圖）

《漢魏六朝碑刻校注》3 冊 211—212 頁。（圖、文）

《漢魏南北朝墓誌彙編》33 頁。（文）

《全三國兩晉南朝文補遺》305 頁。（文）

碑目題跋著錄：

《石刻名彙》2/6a，《新編》2/2/1027 下。

《崇雅堂碑錄補》1/4b，《新編》2/6/4552 下。

《增補校碑隨筆》（修訂本）153 頁。

《六朝墓誌檢要》（修訂本）28 頁。

《善本碑帖錄》2/61。

《漢魏六朝碑刻校注·總目提要》編號 1121。

《北京大學圖書館藏歷代墓誌拓片目錄》編號00084。

太建003
章昭達墓誌

大建三年（571）卒于軍幕。徐陵撰。石佚。

錄文著錄：

《藝文類聚》卷47，上冊844—845頁。

《全陳文》11/1b-2a，《全文》4冊3460上—下。

《徐孝穆集》10/4b-6a，《四部叢刊初編》101冊。

《徐孝穆集箋注》5/37b-40b，景印文淵閣《四庫全書·集部》1064冊909下—911上。

《徐僕射集》2/98a-99a，《漢魏六朝百三名家集》5冊183上—下。

（同治）《湖州府志·金石略九》54/1b-2a，《新編》3/8/186上—下。

碑目題跋著錄：

《漢魏六朝志墓金石例》2/12a，《新編》3/40/409下。

《漢魏六朝墓銘纂例》3/17a，《新編》3/40/458上。

備考：章昭達，《陳書》卷一一、《南史》卷六六有傳。

太建004
劉極墓銘

太建四年（572）。

碑目著錄：

《寰宇貞石圖目錄》卷下/5a，《新編》2/20/14679下。

太建005
東陽雙林寺傅大士碑

又名：善慧大士碑。太建元年（569）卒，太建五年（573）七月五日書。徐陵撰，吳文純刻字。在浙江婺州。

錄文著錄：

《藝文類聚》卷76，下冊1309—1310頁。（節文）

《全陳文》11/7b-12a，《全文》4冊3463上—3465下。

《徐僕射集》2/79a-88a，《漢魏六朝百三名家集》5冊173下—

178 上。

《徐孝穆集》9/9a – 10a，《四部叢刊初編》101 冊。（節文）

《徐孝穆集箋注》5/1a – 22a，景印文淵閣《四庫全書·集部》1064 冊 891 下—902 上。

碑目題跋著錄：

《寶刻叢編》13/13a – b，《新編》1/24/18286 上。

《輿地碑記目》1/17a，《新編》1/24/18531 上。

《石刻題跋索引》32 頁右，《新編》1/30/22370。

《漢魏六朝墓銘纂例》3/17a，《新編》3/40/458 上。

《六藝之一錄》58/25a，《新編》4/5/82 上。

備考：傅大士號"善慧"，故《全陳文》所載徐陵撰《傅大士碑》，與《寶刻叢編》所載徐陵撰《善慧大士碑》當是一碑，合併著錄。

太建 006

善知閣黎碑

大建五年（573）立。王□撰。在浙江婺州。

碑目題跋著錄：

《寶刻叢編》13/13b，《新編》1/24/18286 上。

《輿地碑記目·婺州碑記》1/17a，《新編》1/24/18531 上。

《石刻題跋索引》32 頁右，《新編》1/30/22370。

《佩文齋書畫譜·金石》62/7b 下，《新編》3/2/54 下。

《六藝之一錄》58/25a，《新編》4/5/82 上。

太建 007

惠集法師碑

大建六年（574）。周弘正撰。在浙江婺州。

碑目題跋著錄：

《寶刻叢編》13/13b，《新編》1/24/18286 上。

《輿地碑記目·婺州碑記》1/17a，《新編》1/24/18531 上。

《石刻題跋索引》32 頁右，《新編》1/30/22370。

《佩文齋書畫譜·金石》62/7b 下，《新編》3/2/54 下。

《六藝之一錄》58/25b,《新編》4/5/82 上。

太建 008

黃法氍墓誌

太建八年（576）十月後。江總制，顧野王撰，謝衆書。1989 年五月，南京市雨花臺區西善橋鎮磚瓦廠內出土，現藏南京市博物館。誌長 65、寬 75、厚 10 釐米。誌文存 40 行，滿行 34 字，正書。首題：陳故司空義陽郡公黃君墓誌銘。

著錄：

《漢魏六朝碑刻校注》3 冊 213—215 頁。（圖、文）

《新中國出土墓誌・江蘇〔貳〕》（南京）上冊 37 頁（圖）、下冊 16—17 頁（文）。

《新出魏晉南北朝墓誌疏證》（修訂本）44—46 頁。（文、跋）

《漢魏六朝碑刻校注・總目提要》編號 1122。（目）

論文：

南京市博物館：《南京西善橋南朝墓》,《文物》1993 年第 11 期。

王素：《陳黃法氍墓誌校證》,《文物》1993 年第 11 期。

邵磊：《陳朝名將黃法氍墓誌辨析》,《東南文化》2015 年第 2 期。

備考：黃法氍,《陳書》卷一一、《南史》卷六六有傳。

至 德

至德 001

特進光祿大夫涂陵墓誌

又名：徐孝穆墓銘。至德元年（583）。江總撰。

錄文著錄：

《藝文類聚》卷 47，上冊 848 頁。

《全隋文》11/6b,《全文》4 冊 4075 下。

《江令君集》2/14a－b,《漢魏六朝百三名家集》5 冊 244 上。

碑目題跋著錄：

《漢魏六朝墓銘纂例》3/18a,《新編》3/40/458 下。

備考：徐陵，《陳書》卷二六、《南史》卷六二有傳。

禎 明

禎明 001

蔡景歷碑

禎明二年（588）。

碑目題跋著錄：

《佩文齋書畫譜·金石》62/7b 下，《新編》3/2/54 下。

《六藝之一錄》58/24a，《新編》4/5/81 下。

備考：蔡景歷，《陳書》卷一六、《南史》卷六八有傳。

南朝陳無年號

無年號 001

顧野王祠古碑

南朝陳（557—589）。在松江府。

碑目題跋著錄：

《天下金石志》2/7，《新編》2/2/809 上。

《墨華通考》2/17b、18a，《新編》2/6/4311 上、下。

《佩文齋書畫譜·金石》62/8a 上，《新編》3/2/55 上。

《金石備攷·松江府》，《新編》4/1/14 上。

《古今書刻》下編/5a，《新編》4/1/137 上。

《六藝之一錄》58/24a，《新編》4/5/81 下。

備考：顧野王，《陳書》卷三〇、《南史》卷六九有傳。

無年號 002

揚都興皇寺釋法朗墓銘

南朝陳（557—589）。陳後主叔寶撰。

錄文著錄：

《全陳文》4/8b－9a，《全文》4 冊 3423 下—3424 上。

無年號 003

天台山館徐則法師碑

南朝陳（557—589）。徐陵撰。

錄文著錄：

《藝文類聚》卷78，下冊1343頁。

《全陳文》11/13b-14a，《全文》4冊3466上—下。

《徐僕射集》2/88a-89a，《漢魏六朝百三名家集》5冊178上—下。

《徐孝穆集》9/10a-b，《四部叢刊初編》101冊。

《徐孝穆集箋注》5/22a-24b，景印文淵閣《四庫全書·集部》1064冊902上—903上。

碑目題跋著錄：

《台州金石甎文闕訪目》1/10a，《新編》1/15/11246下。

（民國）《台州府志·金石考八》92/2a，《新編》3/9/310下。

《漢魏六朝墓銘纂例》3/17a，《新編》3/40/458上。

備考：徐則，《北史》卷八八、《隋書》卷七七有傳。

無年號 004

陳伏波將軍□□墓誌序并碑陰

南朝陳（557—589）。在襄陽府。

碑目題跋著錄：

《輿地碑記目·襄陽府碑記》3/7a，《新編》1/24/18551上。

《金石彙目分編》14/19a，《新編》1/28/21392上。

無年號 005

江總殘碑

南朝陳（557—589）。光緒十七年（1891）九月上元陳鶴浦等訪獲於山東歷城千佛巖，江蘇上元陳氏舊藏。計二石，一石字10行，一石字3行。行書。

碑目題跋著錄：

《續補寰宇訪碑錄》1/9b，《新編》1/27/20307上。

（道光）《蘇州府志·金石二》130/40a，《新編》3/5/520上。

（同治）《蘇州府志·金石二》141/2a，《新編》3/5/537 下。

（民國）《吳縣志·金石考一》59/4a，《新編》3/6/4 下。

備考：江總，《陳書》卷二七、《南史》卷三六有傳。

無年號 006

晉陵太守王勵德政碑

南朝陳（557—589）。徐陵撰。在常州府。

錄文著錄：

《藝文類聚》卷 52，上冊 947 頁。

《全陳文》11/6b－7a，《全文》4 冊 3462 下—3463 上。

《徐僕射集》2/72b－74a，《漢魏六朝百三名家集》5 冊 170 上—171 上。

《徐孝穆集箋注》4/22a－24b，景印文淵閣《四庫全書·集部》1064 冊 882 上—883 上。

《徐孝穆集》9/6a－7a，《四部叢刊初編》101 冊。

（道光）《武進陽湖縣合志·金石志》34/1b－2b，《新編》3/6/79 上—下。

碑目題跋著錄：

《金石彙目分編》4/31a，《新編》1/27/20775 上。

（道光）《武進陽湖縣合志·金石志》34/2b－3a，《新編》3/6/79 下—80 上。

（光緒）《武進陽湖縣志·藝文》28/49a，《新編》3/6/135 下。

備考：四部叢刊本《徐孝穆集》"王勵"作"王厲"，與它書稍異。王勵，《陳書》卷一七、《南史》卷二三有傳，史傳作"王勱"。

無年號 007

司空徐州刺史侯安都德政碑

南朝陳（557—589）。徐陵撰。在鎮江府。

錄文著錄：

《藝文類聚》卷 52，上冊 944—945 頁。

《徐僕射集》2/67a－70a，《漢魏六朝百三名家集》5 冊 167 下—169 上。

《全陳文》11/3b-5a,《全文》4 冊 3461 上—3462 上。

《徐孝穆集箋注》4/9a-16b,景印文淵閣《四庫全書·集部》1064 冊 875 下—879 上。

《徐孝穆集》9/1a-4a,《四部叢刊初編》101 冊。

碑目題跋著錄：

《金石彙目分編》4/34a,《新編》1/27/20776 下。

備考：侯安都,《陳書》卷八、《南史》卷六六有傳。

無年號 008

豐州刺史鄭萬頃德政碑

南朝陳（557—589）。在福州府。

碑目題跋著錄：

《金石彙目分編》8/12a,《新編》1/28/20913 下。

備考：鄭萬頃,《陳書》卷一四、《南史》卷六五有傳。

無年號 009

廣州刺史歐陽頠德政碑

南朝陳（557—589）。徐陵撰。在廣州。

錄文著錄：

《藝文類聚》卷 52,上冊 945—947 頁。

《全陳文》11/5a-6b,《全文》4 冊 3462 上—下。

《徐僕射集》2/70a-72b,《漢魏六朝百三名家集》5 冊 169 上—170 上。

《徐孝穆集》9/4a-6a,《四部叢刊初編》101 冊。

《徐孝穆集箋注》4/16b-21b,景印文淵閣《四庫全書·集部》1064 冊 879 上—881 下。

（道光）《廣東通志·金石略》200/12b-14a,《新編》3/20/417 下—418 下。

（光緒）《廣州府志·金石略二》98/10b-12a,《新編》3/21/18 下—19 下。

碑目題跋著錄：

《金石彙目分編》17/6b，《新編》1/28/21536 下。

（道光）《廣東通志·金石略》200/14b，《新編》3/20/418 下。

《漢魏六朝墓銘纂例》3/18a，《新編》3/40/458 下。

備考：歐陽頠，《陳書》卷九、《南史》卷六六有傳。《藝文類聚》作"歐陽顧"，結合史傳，當"歐陽頠"。

無年號 010

新蔡王□□墓誌

南朝陳（557—589）。沈志道撰。

碑目著錄：

（天啓）《吳興備志·金石徵》24/1a，《新編》3/7/493 上。

無年號 011

陳吳興郡廬陵王陳伯仁德政碑

南朝陳（557—589）。江總撰。

錄文著錄：

《藝文類聚》卷 52，上冊 948 頁。

碑目著錄：

（天啓）《吳興備志·金石徵》24/1a，《新編》3/7/493 上。

備考：《陳書》有兩廬陵王，一蕭續，一陳伯仁。蕭續的"廬陵王"封號當是梁朝舊稱，而此廬陵王標明"陳"朝，當指陳伯仁。陳伯仁，《陳書》卷二八、《南史》卷六五有傳。

無年號 012

裴使君（之橫）墓誌銘

南朝陳（557—589）。徐陵撰。四庫本《徐孝穆集箋注》卷五考證，裴使君為裴之橫。

錄文著錄：

《藝文類聚》卷 50，上冊 898 頁。

《全陳文》11/2a－b，《全文》4 冊 3460 下。

《徐僕射集》2/100a－b，《漢魏六朝百三名家集》5 冊 184 上。

《徐孝穆集》10/6a－b，《四部叢刊初編》101 冊。

《徐孝穆集箋注》5/43a－45a，景印文淵閣《四庫全書·集部》1064冊912下—913下。

碑目題跋著錄：

《漢魏六朝墓銘纂例》3/17a，《新編》3/40/458上。

備考：裴之橫，《梁書》卷二八、《南史》卷五八有傳。

無年號013

護軍孫瑒墓誌銘

南朝陳（557—589）。陳後主叔寶撰。

錄文著錄：

《全陳文》4/9a，《全文》4冊3424上。

《陳後主集》17a，《漢魏六朝百三名家集》5冊99下。

碑目題跋著錄：

《漢魏六朝墓銘纂例》3/17b，《新編》3/40/458上。

備考：孫瑒，《陳書》卷二五、《南史》卷六七有傳。據《陳後主集》："孫瑒卒，江總為其誌銘，後主又題銘後四十字，遣蔡徵宣敕就宅鑴之。"則此為墓誌中的一部分。

無年號014

河東康簡王陳叔獻墓誌

南朝陳（557—589），卒於沙鎮。徐陵撰。

錄文著錄：

《藝文類聚》卷45，上冊807頁。

《全陳文》11/1a－b，《全文》4冊3460上。

《徐僕射集》2/99a－100a，《漢魏六朝百三名家集》5冊183下—184上。

《徐孝穆集箋注》5/41a－43a，景印文淵閣《四庫全書·集部》1064冊911下—912下。

《徐孝穆集》10/4a－b，《四部叢刊初編》101冊，

碑目題跋著錄：

《漢魏六朝志墓金石例》2/12a，《新編》3/40/409下。

《漢魏六朝墓銘纂例》3/17a，《新編》3/40/458上。

備考：史傳與誌文比對，考訂出誌主當為陳叔獻。陳叔獻，《陳書》卷二八、《南史》卷六五有傳。

無年號 015

黃門侍郎顧野王墓碑

南朝陳（557—589）。在橫山紹興。

（道光）《蘇州府志·金石二》130/2a，《新編》3/5/516 上。

（民國）《吳縣志·金石考一》59/3b，《新編》3/6/4 上。

備考：顧野王，《陳書》卷三〇、《南史》卷六九有傳。

南朝無年號

南朝 001

蔡冰墓記磚

南朝（420—589）。1966 年江蘇南京棲霞山出土，藏南京市博物館。磚高 48、寬 25、厚 6.9 釐米。正書，2 行，行 4 字。

著錄：

《中國磚銘》圖版下冊 914 頁。（圖）

《中國古代磚刻銘文集》上、下冊編號 0899。（圖、文）

《漢魏南北朝墓誌彙編》21 頁。（文）

《全三國兩晉南朝文補遺》147 頁。（文）

《漢魏六朝碑刻校注·總目提要》編號 1025。（目）

論文：

南京市博物館：《南京市博物館藏六朝墓誌》，《東南文化》1992 年第 5 期。

南朝 002

周叔宣母黃天墓記磚

又作："黃夫墓誌"。南朝（420—589）。1966 年江蘇省南京市中華門外油坊橋磨盤山出土，藏南京市博物館。磚高 34.4、寬 20、厚 5 釐米。正書，2 行，行 4 至 5 字。

著錄：

《中國磚銘》圖版下冊918頁。(圖)

《中國古代磚刻銘文集》上、下冊編號0900。(圖、文)

《漢魏南北朝墓誌彙編》21頁。(文)

《全三國兩晉南朝文補遺》147頁。(文)

《漢魏六朝碑刻校注·總目提要》編號1026。(目)

論文:

南京市博物館:《南京市博物館藏六朝墓誌》,《東南文化》1992年第5期。

南朝003

戴仲若墓表

無時間紀年,因引南朝人王僧虔《吳郡志》,故暫附南朝(420—589)。在剡山。

碑目著錄:

(光緒)《嵊縣志·金石》26/20a,《新編》3/9/227下。

南朝004

李醫墓磚刻辭

二年八月八日,暫附南朝(420—589)。正書,3行,行4至6字。

圖版著錄:

《中國磚銘》圖版下冊942頁左。

南朝005

輔國將軍□□墓誌

南朝(420—589)四月廿九日卒於丹陽秣陵長干里,葬江寧縣。1991年南京博物院在南京市西善橋附近發掘出土。文28行,行字不等。未見圖版。章灣、力子認為,此非墓誌,當為買地券。

論文:

朱國平、王奇志:《南京西善橋"輔國將軍"墓誌考》,《東南文化》1996年第2期。(文)

章灣、力子:《南京西善橋南朝墓誌質疑——兼述六朝買地券》,《東南文化》1997年第1期。

北 朝

北 魏

天 興

天興 001

閻麟墓誌

天興七年（404）五月廿日終於河南永豐里之私第，其年十一月廿三日葬於鄴西南十五里野馬剛（崗）東十里。誌方形，邊長54釐米。文15行，滿行15字，正書。

著錄：

《文化安豐》137—138頁。（圖、文）

永 興

永興 001

桓帝拓跋猗㐌功德頌碑

永興二年（410）六月二十四日卒。因衛操立碑，故又名"衛操碑"。皇興初，雍州別駕段榮於大邗掘得此碑文。

錄文著錄：

《全後魏文》21/1a－2b，《全文》4冊3614上—下。

碑目題跋著錄：

《金石學錄》1/5b，《新編》2/17/12385上。

《佩文齋書畫譜·金石》62/8b上，《新編》3/2/55上。

《六藝之一錄》59/15a,《新編》4/5/90 上。

備考：拓跋猗㐌,《魏書》卷一、《北史》卷一有本紀。衛操,《魏書》卷二三、《北史》卷二〇有傳。

神 瑞

神瑞 001

淨悟法師浮圖記

永興四年（412）十二月圓寂於法室，神瑞元年（414）正月建浮圖。拓本高、寬均 37 釐米。正書兼隸書，16 行，行字不等。《北京圖書館藏中國歷代石刻拓本匯編》云：拓片有硬傷。暫附此。

著錄：

《北京圖書館藏中國歷代石刻拓本匯編》3 冊 1 頁。（圖）

《漢魏六朝碑刻校注》3 冊 217—218 頁。（圖、文）

《全北魏東魏西魏文補遺》82 頁。（文）

《漢魏六朝碑刻校注·總目提要》編號 1124。（目）

神 䴥

神䴥 001

世祖太武帝拓跋燾漠南功德碑銘

神䴥四年（431）十月。在漠南。

題跋著錄：

《諸史碑銘錄目·元魏》2a,《新編》3/37/321 下。

備考：拓跋燾,《魏書》卷四上·下、《北史》卷二有本紀。

太 延

太延 001

破多羅太夫人殯記

太延元年（435）四月廿一日殯於第宅，八月祔葬兆域□次於殯宮。2005 年 7 月在山西省大同市御河之東、沙嶺村東北約 1 公里的高地上 M7

出土，為漆畫題記。

論文：

劉俊喜：《山西大同沙嶺發現北魏壁畫墓》，《中國文物報》2006年2月10日。

趙瑞民、劉俊喜：《大同沙嶺北魏壁畫墓出土漆皮文字考》，《文物》2006年第10期。（文）

張慶捷：《北魏破多羅氏壁畫墓所見文字考述》，《歷史研究》2007年第1期。（文）

殷憲：《山西大同沙嶺北魏壁畫墓漆畫題記研究》，原載於張慶捷、李書吉等編：《"4—6世紀的北中國與歐亞大陸"國際學術論文集》，科學出版社2006年版；又載於《北魏平城書跡研究》，第312—332頁。（圖、文）

殷憲：《沙嶺北魏壁畫墓漆畫題記》，《北魏平城書跡研究》，第366—368頁。

太延 002

萬縱□及妻樊氏合葬磚記

太延二年（436）四月九日葬。磚高29、寬13釐米。正書，3行，行3、7、11字不等。

著錄：

《北京圖書館藏中國歷代石刻拓本匯編》3冊3頁。（圖）

《中國古代磚刻銘文集》上、下冊編號0917。（圖、文）

《漢魏南北朝墓誌彙編》35頁。（文）

《全北魏東魏西魏文補遺》82頁。（文）

《漢魏六朝碑刻校注·總目提要》編號1127。（目）

《北朝隋代墓誌所在總合目錄》編號1。（目）

太延 003

張善碑

太延四年（438）立。在趙州。

碑目題跋著錄：

《集古錄目》3/7a，《新編》1/24/17959 上。

《寶刻叢編》6/60a，《新編》1/24/18193 下。

《金石彙目分編》3（2）/39a，《新編》1/27/20712 上。

《石刻題跋索引》32 頁右，《新編》1/30/22370。

（光緒）《畿輔通志·金石十四》151/24b–25a，《新編》2/11/8626 下—8627 上。

《京畿金石考》卷下/15a，《新編》2/12/8775 上。

《畿輔待訪碑目》卷上/3a，《新編》2/20/14802 上。

《六藝之一錄》59/23b，《新編》4/5/94 上。

（太平）真君

真君001

明元密皇后杜氏碑

真君元年（440）葬。在代州崞縣。

碑目題跋著錄：

《金石彙目分編》11/20a，《新編》1/28/21237 下。

《佩文齋書畫譜·金石》62/8a 下，《新編》3/2/55 上。

《諸史碑銘錄目·元魏》4b，《新編》3/37/322 下。

《六藝之一錄》59/14a，《新編》4/5/89 下。

備考：明元密皇后杜氏，《魏書》卷一三、《北史》卷一三有傳。

真君002

保母竇太后碑

真君元年（440）。舊在渾源州。

題跋著錄：

（光緒）《山西通志·金石記二》90/14a，《新編》3/30/338 下。

備考：竇太后，《魏書》卷一三、《北史》卷一三有傳。

真君003

太保錄尚書事襄城王盧魯元碑闕

真君三年（442）卒。舊在渾源州。

碑目題跋著錄：

《金石彙目分編》11/20a，《新編》1/28/21237 下。

《佩文齋書畫譜·金石》62/8a 下，《新編》3/2/55 上。

（光緒）《山西通志·金石記二》90/14b，《新編》3/30/338 下。

《諸史碑銘錄目·魏書金石》，《新編》3/37/326 上。

《六藝之一錄》59/15a，《新編》4/5/90 上。

備考：盧魯元，《魏書》卷三四、《北史》卷二五有傳。

正　平

正平 001

孫恪墓誌

正平年間（451—452）。20 世紀末出土於山西省大同市。殘高 40.5、殘寬 43 釐米。存 8 行，行存 11 至 13 字，正書。

圖版著錄：

《秦晉豫新出墓誌蒐佚續編》1 冊 36 頁。

碑目著錄：

《漢魏六朝碑刻校注·總目提要》編號 1132。

《北朝隋代墓誌所在綜合目錄》編號 2。

論文：

殷憲：《〈孫恪墓銘〉及其創立時間》，《北魏平城書跡研究》，第 115—118 頁。

興　安

興安 001

韓弩真妻王億變碑

興安三年（454）正月廿六日。20 世紀 90 年代山西大同徵集，出土時地不詳，出土地應為大同市東南不遠的挖沙工地，今存雲岡石窟陳列館。石高 44、寬 24 釐米。文 7 行，滿行 9 字，隸書。額篆書，額題：平國侯韓弩真妻碑。

論文：

殷憲：《韓弩真妻王億變碑》，《北魏平城書跡研究》，第 218—220 頁。（圖、文）

興 光

興光 001

崔浩碑

興光二年（455）。在華州。

碑目題跋著錄：

《通志·金石略》卷上/31a，《新編》1/24/18034 下。

《寶刻叢編》10/34a，《新編》1/24/18266 下。

《金石彙目分編》12（2）/27b，《新編》1/28/21349 上。

《石刻題跋索引》32 頁右，《新編》1/30/22370。

《墨華通考》卷 10，《新編》2/6/4411 上。

《佩文齋書畫譜·金石》62/8b 上，《新編》3/2/55 上。

《六藝之一錄》59/25a，《新編》4/5/95 上。

備考：崔浩，《魏書》卷三五、《北史》卷二一有傳。

太 安

太安 001

崇公禪師塔銘

太安元年（455）。存河南登封少林寺。正書。

碑目著錄：

《石刻名彙》2/6b，《新編》2/2/1027 下。

《崇雅堂碑錄補》1/4b，《新編》2/6/4552 下。

太安 002

尉遲定州石椁封門石銘文

太安三年（457）二月十六日。2010 年出土於大同市東北 35 公里的陽高縣王官屯鎮電建工地。封門石高 122、寬 66、厚 6 釐米。銘文刻於封門石外側中部，6 行，行 9 至 21 字不等，隸書。

論文：

大同市考古研究所：《山西大同陽高北魏尉遲定州墓發掘簡報》，《文物》2011 年第 12 期。（圖）

殷憲、劉俊喜：《北魏尉遲定州墓石椁封門石銘文》，《文物》2011 年第 12 期。（圖、文）

郝軍軍：《北魏尉遲定州墓墓主身份再考》，《文物》2014 年第 12 期。

太安 003

邵遠塚磚銘

太安五年（459）。2006 年 5 月河北省獻縣商林鄉小邵寺村出土，現藏獻縣文物保管所。磚長 25、寬 11.5、厚 6.5 釐米。銘文 2 行，滿行 6 字。隸書。

著錄：

《滄州出土墓誌》1 頁。（圖、文）

《北朝隋代墓誌所在總合目錄》編號 3。（目）

和 平

和平 001

毛德祖妻張智朗石椁銘刻

和平元年（460）七月卒。2011 年出土於大同市御河東市公安局工地。銘文刻在石椁門外右側石壁上，銘刻高 35、寬 40 釐米。正書，11 行，滿行 9 至 12 字。

論文：

持志、劉俊喜：《北魏毛德祖妻張智朗石椁銘刻》，《中國書法》2014 年第 4 期。（圖、文）

殷憲：《北魏毛德祖妻張智朗石椁銘刻考述》，《北魏平城書跡研究》，第 119—127 頁。（文）

和平 002

保太后常氏碑

又名：高宗乳母常氏墓碑、昭太后墓碑。和平元年（460）卒，葬於廣甯之磨笄山，俗謂之雞鳴山。在宣化府蔚州，一說在代州。

碑目題跋著錄：

《金石彙目分編》3（2）/86a、11/19a，《新編》1/27/20735下、1/28/21237上。

（光緒）《畿輔通志·金石十二》149/47b，《新編》2/11/8571上。

《佩文齋書畫譜·金石》62/8b上，《新編》3/2/55上。

《諸史碑銘錄目·元魏》4b–5a，《新編》3/37/322下—323上。

《六藝之一錄》59/14a，《新編》4/5/89下。

備考：保太后常氏，《魏書》卷一三、《北史》卷一三有傳。

和平003

梁拔胡墓題記

和平二年（461）三月十五日。2008年山西省大同市南郊馬辛莊北出土。題記位於甬道東側靠近墓門的甬道壁上，前面左側上方墨書"和平二年"小字，其後正文皆朱書。4行，滿行10字，正書。

論文：

張慶捷：《大同電廠北魏墓題記壁畫初探》，《中國社會科學報》2009年11月5日。

山西省考古研究所等：《山西大同南郊仝家灣北魏墓（M7、M9）發掘簡報》，《文物》2015年第12期。（圖、文）

殷憲：《梁拔胡墓題記與壁畫》，《北魏平城書跡研究》，第368—370頁。（文）

張慶捷：《大同南郊北魏墓考古新發現》，《2009年中國重要考古發現》，第106—110頁。（圖、文）

和平004

邸元明碑

又名：邸遷碑。和平二年（461）五月卒，和平三年（462）六月十二日記。1988年在河北省曲陽縣北嶽廟附近的古井出土，現立於河北曲陽北嶽廟中。石高125、寬78、厚18釐米。隸書，21行，滿行35字。額題：邸府君之碑。

著錄：

《漢魏六朝碑刻校注》3 冊 239—240 頁。（圖、文）

《漢魏六朝碑刻校注·總目提要》編號 1133。（目）

淑德大學《中國石刻拓本目錄》"碑碣等刻石"編號 364。（目）

論文：

梁松濤、王麗敏等：《北魏〈邸府君之碑〉考釋》，《文物》2013 年第 11 期。

尚磊明：《〈邸府君之碑〉釋文商補》，《江漢考古》2014 年第 1 期。

章紅梅：《〈文物〉近年所刊兩通石刻釋文校補》，《古籍整理研究學刊》2014 年第 5 期。

張亞芳、吳繼剛：《〈邸府君之碑〉釋文勘正》，《許昌學院學報》2015 年第 3 期。

殷憲：《邸府君之碑》，《北魏平城書跡研究》，第 77—82 頁。

郭增民：《〈邸元明碑〉實考及書法藝術特色淺析》，《中國書法》2017 年第 5 期。

和平 005

邸香妻張氏墓記磚二種

和平五年（464）。一磚高一尺三寸六分，廣一尺一分。正書，2 行，計 14 字。一磚高一尺三寸五分，廣九寸九分；正書，3 行，計 16 字。

錄文著錄：

《雪堂專錄·專誌徵存》3b – 4a，《羅雪堂先生全集》五編 3 冊 1270—1271 頁。

碑目著錄：

《石刻名彙》12/204a，《新編》2/2/1130 上。

《蒿里遺文目錄》3 上/2b，《新編》2/20/14981 下。

天 安

天安 001

叱干渴侯墓記磚

天安元年（466）十一月廿六日。2002 年出土於大同市區東南 4 公里的迎賓路工地，存大同市考古研究所。磚長 27.2、寬 14.2、厚 4.5—4.7 釐米。文 3 行，行 10 至 13 字不等；側一行 5 字。

碑目著錄：

《北朝隋代墓誌所在總合目錄》編號 4。

論文：

大同市考古研究所：《山西大同迎賓大道北魏墓群》，《文物》2006 年第 10 期。（圖、文）

殷憲：《〈叱干渴侯墓磚〉考略》，《中國書法》2006 年第 9 期；又見於《北魏平城書跡研究》，第 142—149 頁。（圖、文）

皇　興

皇興 001

張略墓誌

大代皇興二年（468）十一月十三日。1987 年出土於遼寧省朝陽市于家窩鋪凌河機械廠家屬樓菜地，存朝陽市博物館。石高 87、寬 30、厚 10 釐米。正書，6 行，行 18 字。

著錄：

《全北魏東魏西魏文補遺》82 頁。（文）

《新出魏晉南北朝墓誌疏證》（修訂本）49 頁。（文、跋）

《漢魏六朝碑刻校注·總目提要》編號 1135。（目）

《北朝隋代墓誌所在總合目錄》編號 5。（目）

論文：

遼寧省文物考古研究所等：《朝陽市發現的幾座北魏墓》，《遼海文物學刊》1995 年第 1 期。（圖、文）

朱艷桐：《〈北魏張略墓誌〉考釋——兼補北涼沮渠無諱流亡河西史事》，《青海民族大學學報》2017 年第 1 期。（圖、文）

皇興 002

魚玄明磚誌

皇興二年（468）十一月十九日。出土時地不詳，曾歸濰縣陳介祺、南皮張仁蠡、京兆端方、于右任鴛鴦七誌齋。誌高 34、寬 17 釐米。4 行，行 9 字，正書。

圖版、錄文著錄：

《漢魏南北朝墓誌集釋》圖版五八二，《新編》3/4/339。（圖）

《中國磚銘》圖版上冊 662 頁。（圖）

《漢魏六朝碑刻校注》3 冊 244—245 頁。〔圖、文〕

《中國古代磚刻銘文集》上、下冊編號 0919。（圖、文）

《雪堂專錄·專誌徵存》4a，《羅雪堂先生全集》五編 3 冊 1271 頁。（文）

《漢魏南北朝墓誌彙編》35 頁。（文）

《全北魏東魏西魏文補遺》82 頁。（文）

碑目題跋著錄：

《石刻題跋索引》131 頁右，《新編》1/30/22469。

《石刻名彙》12/204b，《新編》2/2/1130 上。

《古誌新目初編》1/2a，《新編》2/18/13692 下。

《蒿里遺文目錄》3 上/2b，《新編》2/20/14981 下。

《漢魏南北朝墓誌集釋》11/114a，《新編》3/3/261。

《雪堂金石文字跋尾》2/13b–14a，《新編》3/38/294 上—下。

《增補校碑隨筆》（修訂本）158—159 頁。

《六朝墓誌檢要》（修訂本）29—30 頁。

《漢魏六朝碑刻校注·總目提要》編號 1136。

《北朝隋代墓誌所在總合目錄》編號 6。

《北京大學圖書館藏歷代墓誌拓片目錄》編號 00085。

備考：魚玄明，事見《魏書》卷六《顯祖紀》、卷三〇《陸真傳》、卷四九《李訢傳》。

皇興 003

韓猛妻姣馬銘

皇興三年（469）十月廿日葬。2002 年河南省洛陽市出土。石長 113.2、寬 17.8 釐米。文 2 行，行 15 至 16 字。首題：皇興三年十月廿日揚威將軍新平太守。

圖版著錄：

《河洛墓刻拾零》上冊15頁。

皇興004

韓受洛拔妻邢合姜墓誌

皇興三年（469）卒。誌長42.5、高28釐米。7行，滿行8字，正書。

著錄：

《北朝藝術研究院藏品圖錄·墓誌》74—75頁。（圖、文）

延　興

延興001

申洪之墓誌

又名：申洪之買地券。延興二年（472）十月五日卒於京師。建國前山西省大同市附近的桑干河南岸出土，現藏山西省大同市博物館。石高60、寬48釐米。13行，前10行滿行20字，後3行15至17字不等，正書兼隸意。

碑目著錄：

《漢魏六朝碑刻校注·總目提要》編號1140。

《北朝隋代墓誌所在総合目錄》編號7。

論文：

殷憲：《〈申洪之墓銘〉及幾個相關問題》，《北魏平城書跡研究》，第128—141頁。原題為《一方鮮為人知的北魏早期墓誌》，刊發於《北朝研究》1998年第1期。又載於《山西大同大學學報》2010年第1期。（圖、文）

侯旭東：《北魏申洪之墓誌考釋》，《"1—6世紀中國北方邊疆、民族、社會國際學術研討會"論文集》，第207—223頁。（圖、文）

羅新：《〈申洪之墓誌〉補釋》，《出土文獻研究》第九輯，2009年，第332—344頁。（文）

魯西奇：《北魏買地券三種考釋》，《魏晉南北朝隋唐史資料》第26

輯，2010 年。（文）

延興 002
王源妻曹氏墓記磚

延興三年（473）十一月八日。尺寸不詳。正書，3 行，行 10 字左右。

著錄：

《中國磚銘》圖版上冊 664 頁。（圖）

《中國古代磚刻銘文集》上、下冊編號 0920。（圖、文）

《北朝隋代墓誌所在總合目錄》編號 9。（目）

延興 003
建康長公主墓誌

延興四年（474）三月十一日。誌石長 47.5、高 31 釐米。6 行，滿行 13 字，正書。

著錄：

《北朝藝術研究院藏品圖錄·墓誌》76—77 頁。（圖、文）

延興 004
司馬金龍妻欽文姬辰墓誌

延興四年（474）十一月二十七日。1965 年 12 月山西省大同市東南約十三里石家寨村西南一里許出土，現藏大同市博物館。誌高 30、寬 28、厚 6 釐米。兩面刻，正面 8 行，行 11 至 14 字不等；背面 4 行，前 3 行行 9 至 10 字，末行 4 字，隸書。

錄文著錄：

《漢魏南北朝墓誌彙編》35 頁。

《漢魏六朝碑刻校注》3 冊 268 頁。

《全北魏東魏西魏文補遺》83 頁。

碑目題跋著錄：

《碑帖鑒定》143 頁。

《六朝墓誌檢要》（修訂本）30 頁。

《漢魏六朝碑刻校注·總目提要》編號 1142。

《北朝隋代墓誌所在總合目錄》編號 10。

論文：

山西省大同市博物館等：《山西大同石家寨北魏司馬金龍墓》，《文物》1972 年第 3 期。

康樂：《北魏的司馬金龍墓》，（台灣）《歷史月刊》1989 年第 13 期。

殷憲：《北魏早期平城墓銘析》，《北朝研究》第一輯，1999 年，第 163—192 頁。（圖、文）

張銘心：《司馬金龍墓葬出土碑形墓誌源流淺析》，《紀念西安碑林九百二十周年華誕國際學術研討會論文集》，第 553—562 頁。

殷憲：《司馬金龍妻欽文姬辰墓銘》，《北魏平城書跡研究》，第 220—223 頁。（圖、文）

備考：司馬金龍，《魏書》卷三七、《北史》卷二九有傳，附《司馬楚之傳》。

延興 005

陳永及妻劉氏磚誌

延興六年（476）六月七日。1995 年山西省大同市陽高縣東 35 公里的馬家皂鄉強家營村出土，現存陽高縣文管所。有蓋，磚高 29、寬 14.5、厚 6 釐米。文 4 行，滿行 13 字，隸書兼正書。

碑目著錄：

《漢魏六朝碑刻校注·總目提要》編號 1144。

《北朝隋代墓誌所在總合目錄》編號 11。

論文：

殷憲：《北魏早期平城墓銘析》，《北朝研究》第一輯，1999 年，第 163—192 頁。（圖、文）

殷憲：《陳永夫婦墓銘》，《北魏平城書跡研究》，第 223—225 頁。（圖、文）

太（泰）和

太和 001

上官何陰妻劉安妙娥墓記磚

太和元年（477）十一月廿日。民國年間河南洛陽出土。誌高 34、寬

18 釐米。正書，3 行，行 5—10 字不等。

著錄：

《中國古代磚刻銘文集》上、下冊編號 0922。（圖、文）

《洛陽出土石刻時地記》北魏太和 001，10 頁。（目）

《六朝墓誌檢要》（修訂本）30 頁。（目）

《漢魏六朝碑刻校注·總目提要》編號 1146。（目）

《北京大學圖書館藏歷代墓誌拓片目錄》編號 00086。（目）

《北朝隋代墓誌所在總合目錄》編號 12。（目）

太和 002

宋紹祖柩銘磚

太和元年（477）。2000 年 4 月出土於山西省大同市水泊寺鄉曹夫樓村東北一公里的北魏宋紹祖墓。高 30、寬 15、厚 5 釐米。正書，3 行，滿行 9 字。

著錄：

《漢魏六朝碑刻校注》3 冊 258—259 頁。（圖、文）

《中國古代磚刻銘文集》上、下冊編號 0923。（圖、文）

《全北魏東魏西魏文補遺》83 頁。（文）

《新出魏晉南北朝墓誌疏證》（修訂本）50—51 頁。（文、跋）

《漢魏六朝碑刻校注·總目提要》編號 1148。（目）

《北朝隋代墓誌所在總合目錄》編號 13。（目）

論文：

劉俊喜、張志忠：《大同市北魏宋紹祖墓發掘簡報》，《文物》2001 年第 7 期。

張慶捷、劉俊喜：《北魏宋紹祖墓兩處銘記析》，《文物》2001 年第 7 期。

張海嘯《宋紹祖與敦煌宋氏》，《中國文物報》2001 年 8 月 19 日。

張海嘯：《北魏宋紹祖石室研究》，《文物世界》2005 年第 1 期。

張志忠：《北魏宋紹祖墓相關問題的研究》，《文物世界》2007 年第 4 期。

張慶捷、劉俊喜：《北魏宋紹祖墓出土磚銘題記考釋》，《大同雁北師院北魏墓群》，第 200—204 頁。

政協大同市文史學習委員會整理：《大同北魏宋紹祖墓》，《大同日報》2010 年 1 月 8 日。

殷憲：《宋紹祖墓磚及墓頂刻石》，《北魏平城書跡研究》，第 225—228 頁。

太和 003

尚書僕射李憙墓碑

施蟄存《水經注碑錄》考證，李憙當晉泰始、咸寧年間卒，碑亦必當時所立。北魏太和元年（477）重刻。在汾州府武鄉縣，一說在潞安府襄垣縣。

碑目題跋著錄：

《金石彙目分編》11/61a、72a，《新編》1/28/21258 上、21263 下。

（光緒）《山西通志·金石記二》90/15a，《新編》3/30/339 上。

《山右訪碑記》2a，《新編》3/30/566 下。

《水經注碑錄》卷二編號 53，《北山金石錄》上冊 65 頁。

備考：李憙，《晉書》卷四一有傳。

太和 004

王朝陽墓誌

太和三年（479）四月十九日。

碑目著錄：

《漢魏六朝碑刻校注·總目提要》編號 1149。

淑德大學《中國石刻拓本目錄》"墓誌"編號 20。

《北朝隋代墓誌所在総合目錄》編號 14。

太和 005

韓君墓誌

太和三年（479）。現藏山東省博物館。高 55、寬 33 釐米。文 18 行，滿行 24 字，魏碑體。

碑目著錄：

《齊魯碑刻墓誌研究》"附表" 363 頁。

《漢魏六朝碑刻校注·總目提要》編號 1150。

太和 006

莫□□墓磚

太和四年（480）七月二十六日。浙江歸安陸心源舊藏。

碑目著錄：

《石刻名彙》12/204b,《新編》2/2/1130 上。

《古誌彙目》1/4b,《新編》3/37/12。

太和 007

劉英妻楊珽墓誌

又名"劉英潤妻楊珽墓誌"。太和四年（480）十月二十九日。李約書，魏則之文。陝西西安出土。正書。

碑目題跋著錄：

《石刻名彙》2/7a,《新編》2/2/1028 上。

《崇雅堂碑錄補》1/4b,《新編》2/6/4552 下。

《古誌彙目》1/4b,《新編》3/37/12。

《六朝墓誌檢要》（修訂本）31 頁。

《漢魏六朝碑刻校注·總目提要》編號 1151。

《北朝隋代墓誌所在總合目錄》編號 15。

太和 008

拓跋忠墓碑

太和四年（480）卒。舊在陽高縣。

碑目題跋著錄：

（光緒）《山西通志·金石記二》90/15b－16a,《新編》3/30/339 上一下。

《諸史碑銘錄目·元魏》5a－b,《新編》3/37/323 上。

備考：拓跋忠即元忠，昭成子孫,《魏書》卷一五、《北史》卷一五有傳。

太和 009
鄞州刺史冠軍將軍孫輝墓銘

太和五年（481）六月四日。《平城史稿》云：據田小衛說，1994 年梓家村沙場出土，為外地人購走。石質。未見拓本。

錄文著錄：

殷憲：《北魏平城磚瓦文字簡述》，《平城史稿》153 頁。

太和 010
文明皇后功德碑

又名：文成太后碑、永固陵石室碑、方山永固石室碑。太和五年（481）。舊在大同縣方山，一說在蔚州。

碑目題跋著錄：

《金石彙目分編》3（2）/85b – 86a、11/81a，《新編》1/27/20735 上—下、1/28/21268 上。

（光緒）《畿輔通志·金石十二》149/47b – 48a，《新編》2/11/8571 上—下。

《佩文齋書畫譜·金石》62/8b 下，《新編》3/2/55 上。

（光緒）《山西通志·金石記二》90/15b，《新編》3/30/339 上。

《諸史碑銘錄目·元魏》3b，《新編》3/37/322 上。

《六藝之一錄》59/14b，《新編》4/5/89 下。

《水經注碑錄》卷三編號 74，《北山金石錄》上冊 75—76 頁。

備考：文明皇后馮氏，《魏書》卷一三、《北史》卷一三有傳。據傳：太和五年起作，八年而成，刊石立碑，故碑當立於太和八年（483）。

太和 011
司馬金龍墓誌銘

太和八年（484）十一月十六日。1965 年十二月山西省大同市東南約十三里石家寨村西南一里許出土，石藏山西大同博物館。碑形，通高 71、寬 56、厚 14.5 釐米。銘文與墓表基本相同。文 9 行，滿行 8 字，正書。

碑目著錄：

《六朝墓誌檢要》（修訂本）31 頁。

論文：

山西省大同市博物館等：《山西大同石家寨北魏司馬金龍墓》，《文物》1972 年第 3 期。（圖、文）

張銘心：《司馬金龍墓葬出土碑形墓誌源流淺析》，《紀念西安碑林九百二十周年華誕國際學術研討會論文集》，第 553—562 頁。

張學鋒：《墓誌所見北朝的民族融合——以司馬金龍家族墓誌為線索》，《許昌學院學報》2014 年第 3 期。

梁建波：《關於北魏司馬金龍墓誌的幾個問題》，《河北北方學院學報》2015 年第 1 期。

殷憲：《司馬金龍墓表、墓銘》，《北魏平城書跡研究》，第 228—230 頁。（圖、文）

附： 司馬金龍墓磚

北魏（386—534）。1965 年十二月山西省大同市東南約十三里石家寨村西南一里許出土，磚藏山西大同博物館。長 33、寬 16、厚 6.5 釐米。磚側刻字，隸書，2 行，行 5 字。磚題：瑯琊王司馬金龍墓壽磚。

圖版著錄：

《中國磚銘》圖版上冊 655 頁。

《漢魏六朝碑刻校注》3 冊 267 頁。

論文：

山西省大同市博物館等：《山西大同石家寨北魏司馬金龍墓》，《文物》1972 年第 3 期。（圖、文）

太和 012

司馬金龍墓表

太和八年（484）十一月十六日。1965 年十二月山西省大同市東南約十三里石家寨村西南一里許出土，石藏山西大同博物館。碑形，有額，通高 64.2、寬 45.7、厚 10.5 釐米。正書，10 行，滿行 7 字。額題：司空瑯琊康王墓表。

著錄：

《中國金石集萃》7 函 1 輯編號 3。（圖）

《北京大學圖書館新藏金石拓本菁華 1996—2012》64 頁。（圖）

《漢魏六朝碑刻校注》3 冊 266、268 頁。（圖、文）

《漢魏南北朝墓誌彙編》35—36 頁。（文）

《全北魏東魏西魏文補遺》83 頁。（文）

《碑帖鑒定》144 頁。（跋）

《六朝墓誌檢要》（修訂本）31 頁。（目）

《漢魏六朝碑刻校注·總目提要》編號 1155。（目）

《北京大學圖書館藏歷代墓誌拓片目錄》編號 00087。（目）

《北朝隋代墓誌所在總合目錄》編號 18。（目）

論文：

山西省大同市博物館等：《山西大同石家寨北魏司馬金龍墓》，《文物》1972 年第 3 期。

張銘心：《司馬金龍墓葬出土碑形墓誌源流淺析》，《紀念西安碑林九百二十周年華誕國際學術研討會論文集》，第 553—562 頁。

殷憲：《司馬金龍墓表、墓銘》，《北魏平城書跡研究》，第 228—230 頁。

備考：司馬金龍，《魏書》卷三七、《北史》卷二九有傳。

太和 013

楊衆度磚銘

又作：楊衆慶墓磚銘。太和八年（484）十一月庚午朔，葬於平城南十里。2001 年山西省大同市城南七里村變電站工程建設中出土。共 4 塊，文字內容大體相同，其中最完整的一塊磚長 31—33 釐米，寬 15、厚 5 釐米；文 4 行，行 17 至 18 字，正書。尾題：略陽清水楊君之銘。

碑目著錄：

《北朝隋代墓誌所在總合目錄》編號 17。

論文：

大同市考古研究所：《山西大同七里村北魏墓群發掘簡報》，《文物》2006 年第 10 期。（圖、文）

張志忠：《大同七里村北魏楊衆慶墓磚銘析》，《文物》2006 年第 10

期。(文)

殷憲：《〈楊衆度磚銘〉簡述》,《北魏平城書跡研究》,第155—161頁；原載《中國書法》2007年第6期。(圖、文、跋)

太和014

史小磁妻墓甎

太和八年(484)。在定興縣,金大定中置縣建廨,掘地得之。

著錄：

(道光)《保定府志·藝文錄》46/4a,《新編》3/23/242下。(文、跋)

(光緒)《定興縣志·金石志》16/1a,《新編》3/23/609上。(文、跋)

《全北魏東魏西魏文補遺》84頁。(文)

《北朝隋代墓誌所在總合目錄》編號16。(目)

太和015

董富妻郭氏磚誌

太和十二年(488)二月三十日。1996年在洛陽市高新開發區發掘出土。刻銘磚有2塊,一磚長26.5、寬13.3、厚6釐米；文10字。一磚長28.5、寬15、厚5釐米；文計11字。

錄文著錄：

《全北魏東魏西魏文補遺》84頁。

碑目著錄：

《漢魏六朝碑刻校注·總目提要》編號1157。

《北朝隋代墓誌所在總合目錄》編號19。

論文：

石戰軍：《北魏董富妻郭氏墓》,《中原文物》1996年第2期。

太和016

王阿嬪磚誌

太和十四年(490)九月廿三日。1956年陝西省西安市西郊土門村出土,石藏西安碑林博物館。磚長、寬均34釐米。銘文3行,滿行9字,正書。

著錄：

《新中國出土墓誌·陝西〔貳〕》補遺一,上冊434頁上、下冊387

頁。（文、目）

《全北魏東魏西魏文補遺》84 頁。（文）

《漢魏六朝碑刻校注・總目提要》編號 1158。（目）

《北朝隋代墓誌所在總合目錄》編號 20。（目）

太和 017

屈突隆業墓磚

太和十四年（490）十一月三日。2001 年山西省大同市二電廠廠區東南變電所工地出土。高 31、寬 16、厚 6 釐米。隸書，2 行，行 6 或 12 字。

著錄：

《漢魏六朝碑刻校注》3 冊 274—275 頁。（圖、文）

《中國古代磚刻銘文集》上、下冊編號 0924。（圖、文）

《漢魏六朝碑刻校注・總目提要》編號 1159。（目）

《北朝隋代墓誌所在總合目錄》編號 21。（目）

論文：

殷憲：《近年所見北魏書跡二則：〈北魏石棺墨書"四耶耶骨"〉、〈太和十四年屈突隆業墓磚〉考略》，《書法叢刊》2005 年第 3 期；又見於《北魏平城書跡研究》，第 162—166 頁。

太和 018

呂鳳磚誌

太和十五年（491）五月十五日。1936 年陰曆四月洛陽城東北八里唐寺門村出土。

碑目題跋著錄：

《洛陽出土石刻時地記》北魏太和 002，10 頁。

《六朝墓誌檢要》（修訂本）32 頁。

《漢魏六朝碑刻校注・總目提要》編號 1160。

《北朝隋代墓誌所在總合目錄》編號 22。

太和 019

盖天保墓磚

太和十六年（492）二月廿九日卒，三月十七日葬在臺東南八里坂上。據云近年出土於大同市東南七里沙嶺村東一里許的高坡上。磚高 30、寬 15、厚 5 釐米。文 4 行，前 3 行行 17 或 20 字，末行 1 字。大字尾題：盖興國父。

碑目著錄：

《北朝隋代墓誌所在總合目錄》編號 23。

論文：

殷憲：《盖天保墓磚銘考》，《晉陽學刊》2008 年第 3 期，第 25—34 頁。又載入《北朝研究》第 6 輯，2008 年，第 12—28 頁；《北魏平城書跡研究》，第 167—191 頁。（圖、文）

殷憲：《北魏盖天保墓磚及其書法》，《中國書法》2009 年第 6 期。（圖、文）

李憑：《北魏盖天保墓磚透露的歷史信息》，《第一屆中日學者中國古代史論壇文集》第 229—242 頁。（圖、文）

太和 020

雍州京兆人也等字殘墓誌

太和十八年（494）七月十三日卒。先後存端方、北京達古齋。存中段 24 行，正書。

碑目著錄：

《石刻名彙》第一編"誌銘類補遺"1a，《新編》2/2/1136 上。

《六朝墓誌檢要》（修訂本）32 頁。

《北朝隋代墓誌所在總合目錄》編號 24。

太和 021

嚴德蚝磚誌

太和十八年（494）九月葬在并蒗城東。1993 年河北省定興縣高里鄉沿村出土，現存河北省定興縣文物保管所。磚高 28.7、寬 13.9、厚 6.3 釐米。文 5 行，行 14 至 18 字不等，正書。

著錄：

《保定出土墓誌選注》1—3 頁。（圖、文、跋）

《漢魏六朝碑刻校注·總目提要》編號 1161。（目）

《北朝隋代墓誌所在總合目錄》編號 25。（目）

太和 022

北海王元詳石碣

太和十八年（494）。山西大同靈邱縣出土。正書。

碑目題跋著錄：

《石刻名彙》2/7a，《新編》2/2/1028 上。

《崇雅堂碑錄補》1/5a，《新編》2/6/4553 上。

《佩文齋書畫譜·金石》62/10b 上，《新編》3/2/56 上。

（光緒）《山西通志·金石記二》90/16a-b，《新編》3/30/339 下。

《六藝之一錄》59/24b，《新編》4/5/94 下。

《水經注碑錄》卷三編號64，《北山金石錄》上冊70頁。

《六朝墓誌檢要》（修訂本）32頁。

《漢魏六朝碑刻校注·總目提要》編號1164。

《北朝隋代墓誌所在総合目錄》編號26。

備考：元詳，《魏書》卷二一上，《北史》卷一九有傳。

太和 023

馮誕墓誌

太和十九年（495）三月廿五日卒，五月四日葬于乾脯山之陰。2008年冬，河南省孟津縣與偃師市交界處出土，存民間。誌長61.5、寬60.5釐米。文17行，滿行17字，隸書。

圖版著錄：

《秦晉豫新出墓誌蒐佚》1冊13頁。

碑目著錄：

《北朝隋代墓誌所在総合目錄》編號27。

論文：

劉連香：《北魏馮熙馮誕墓誌與遷洛之初陵墓區規劃》，《中原文物》2016年第3期。

附：長樂元懿公馮誕碑

北魏（386—534）。

題跋著錄：

《諸史碑銘錄目·魏書金石》,《新編》3/37/328 下。

備考：馮誕,《魏書》卷八三上、《北史》卷八〇有傳,附《馮熙傳》。

太和 024

趙阿祥妻石定姬磚誌

太和十九年（495）九月葬。出土於河北唐縣,天津姚貴昉、日本太田氏舊藏。磚高 28.5、寬 13.8 釐米。兩面刻,隸書,正面 1 行 4 字；背面 3 行,行 7 至 9 字不等。

著錄：

《北京圖書館藏中國歷代石刻拓本匯編》3 冊 24 頁。（圖）

《中國古代磚刻銘文集》上、下冊編號 0925。（圖、文）

《全北魏東魏西魏文補遺》84 頁。（文）

《蒿里遺文目錄》3 上/2b,《新編》2/20/14981 下。（目）

《海外貞珉錄》3a,《新編》4/1/244 上。〔目〕

《漢魏六朝碑刻校注·總目提要》編號 1167。（目）

《北朝隋代墓誌所在綜合目錄》編號 29。（目）

《北京大學圖書館藏歷代墓誌拓片目錄》編號 00088。（目）

太和 025

馮熙墓誌

太和十九年（495）正月廿四日卒於代平城第,十二月葬于河南洛陽之北芒。孝文帝撰。2007 年於河南省洛陽市偃師市與孟津縣交界處出土,旋歸洛陽王氏。誌石長、寬均 72 釐米,厚 23.5 釐米。文 19 行,滿行 19 字,隸書。首題：太師京兆郡開國馮武公墓誌銘。

圖版著錄：

《秦晉豫新出墓誌蒐佚》1 冊 14 頁。

碑目題跋著錄：

《諸史碑銘錄目·魏書金石》,《新編》3/37/328 下。

《北朝隋代墓誌所在綜合目錄》編號 28。

論文：

李風暴：《北魏〈馮熙墓誌〉考評》，《中國書法》2010 年第 6 期。

趙君平：《魏孝文帝撰〈馮熙墓誌〉考述》，《河洛文化論叢》第 5 輯，2010 年。

劉連香：《北魏馮熙馮誕墓誌與遷洛之初陵墓區規劃》，《中原文物》2016 年第 3 期。

殷憲、殷亦玄：《馮熙墓誌及其書法》，《北魏平城書跡研究》，第 192—198 頁。

徐沖：《馮熙墓誌與北魏後期墓誌文化的創生》，《唐研究》第 23 卷，2017 年。

備考：馮熙，《魏書》卷八三上、《北史》卷八〇有傳。

太和 026

惠□□墓銘磚

太和廿年（496）十一月七日。磚高 25、寬 12.5 釐米。正書，2 行，行 6 或 9 字。

著錄：

《中國古代磚刻銘文集》上、下冊編號 0926。（圖、文）

《北京大學圖書館藏歷代墓誌拓片目錄》編號 00089。（目）

《北朝隋代墓誌所在總合目錄》編號 30。（目）

太和 027

元楨墓誌

又名"元禎墓誌"。太和廿年（496）八月二日薨於鄴，以其年十一月廿六日葬於芒山。1926 年陰曆六月廿六日，洛陽城西北高溝村東南出土，曾歸三原于右任，今存西安碑林博物館。誌高、寬均 71 釐米。文正書，17 行，滿行 18 字。

圖版著錄：

《漢魏南北朝墓誌集釋》圖版一三二，《新編》3/3/432。

《北京圖書館藏中國歷代石刻拓本匯編》3 冊 30 頁。

《鴛鴦七誌齋藏石》圖 12。

《中國金石集萃》7 函 1 輯編號 4。

《西安碑林全集》59/20－30。

《洛陽出土北魏墓誌選編》圖版二，216 頁。

《漢魏六朝碑刻校注》3 冊 293 頁。

錄文著錄：

《洛陽出土北魏墓誌選編》太和二，3—4 頁。

《漢魏南北朝墓誌彙編》36 頁。

《漢魏六朝碑刻校注》3 冊 294 頁。

《全北魏東魏西魏文補遺》84—85 頁。

碑目題跋著錄：

《石刻題跋索引》131 頁右，《新編》1/30/22469。

《古誌新目初編》1/2a，《新編》2/18/13692 下。

《漢魏南北朝墓誌集釋》4/28a－b，《新編》3/3/89－90。

《國立北平圖書館藏碑目》2a，《新編》3/36/249 下。

《蒿里遺文目錄續編・元魏宗室妃主誌存》11a，《新編》3/37/542 上。

《元氏誌錄補遺》1a，《新編》3/38/55 上。

《墓誌徵存目錄》卷 1，《羅振玉學術論著集》第五集，559 頁。

《歷代墓誌銘拓片目錄》3 頁。

《碑帖鑒定》152 頁。

《六朝墓誌檢要》（修訂本）33 頁。

《碑帖敘錄》18 頁。

《洛陽出土石刻時地記》北魏太和 003，10 頁。

《漢魏六朝碑刻校注・總目提要》編號 1169。

《北京大學圖書館藏歷代墓誌拓片目錄》編號 00090。

《北朝隋代墓誌所在總合目錄》編號 31。

淑德大學《中國石刻拓本目錄》"墓誌"編號 21。

備考：元楨，《魏書》卷一九下、《北史》卷一八有傳。

太和 028

李涂墓銘磚

太和廿一年（497）二月三日。尺寸不詳。文正書，3 行，行 4 至 9

字不等，又尾刻篆書 2 字。

著錄：

《中國磚銘》圖版上冊 667 頁。（圖）

《中國古代磚刻銘文集》上、下冊編號 0927。（圖、文）

《北朝隋代墓誌所在總合目錄》編號 32。（目）

太和 029

元偃墓誌

太和廿二年（498）十二月二日。1926 年陰曆六月廿日洛陽城西北高溝村瀍水西出土，曾歸固始許氏。誌高 68.7、寬 35.5 釐米。正書，9 行，滿行 16 字。

圖版著錄：

《漢魏南北朝墓誌集釋》圖版一一五，《新編》3/3/412。

《北京圖書館藏中國歷代石刻拓本匯編》3 冊 35 頁。

《洛陽出土北魏墓誌選編》圖版三，217 頁。

《漢魏六朝碑刻校注》3 冊 304 頁。

錄文著錄：

《洛陽出土北魏墓誌選編》太和三，4 頁。

《漢魏南北朝墓誌彙編》36—37 頁。

《漢魏六朝碑刻校注》3 冊 305 頁。

《全北魏東魏西魏文補遺》85 頁。

碑目題跋著錄：

《石刻題跋索引》132 頁左，《新編》1/30/22470。

《古誌新目初編》1/2a，《新編》2/18/13692 下。

《漢魏南北朝墓誌集釋》4/25b，《新編》3/3/84。

《國立北平圖書館藏碑目》2a，《新編》3/36/249 下。

《蒿里遺文目錄續編·元魏宗室妃主誌存》11b，《新編》3/37/542 上。

《元氏誌錄補遺》1a，《新編》3/38/55 上。

《墓誌徵存目錄》卷 1，《羅振玉學術論著集》第五集，559 頁。

《歷代墓誌銘拓片目錄》3 頁。

《碑帖鑒定》152 頁。

《六朝墓誌檢要》（修訂本）33 頁。

《洛陽出土石刻時地記》北魏太和 004，10 頁。

《漢魏六朝碑刻校注·總目提要》編號 1174。

《北京大學圖書館藏歷代墓誌拓片目錄》編號 00091。

《北朝隋代墓誌所在總合目錄》編號 33。

備考：元偃，附《魏書》卷一九上《元昭業傳》。

太和 030

雍州京兆杜縣令孟熾墓誌

太和二十二年（498）十二月。河南洛陽出土，石不明所在。正書，4 行，行 7 至 8 字不等。

碑目題跋著錄：

《石刻名彙》2/7a，《新編》2/2/1028 上。

《崇雅堂碑錄補》1/5a，《新編》2/6/4553 上。

《古誌彙目》1/5a，《新編》3/37/13。

《增補校碑隨筆》（修訂本）167 頁。

《碑帖鑒定》152 頁。

《六朝墓誌檢要》（修訂本）33 頁。

《漢魏六朝碑刻校注·總目提要》編號 1175。

《北朝隋代墓誌所在總合目錄》編號 34。

太和 031

宋玄慶墓記磚

太和廿二年（498）。尺寸不詳。正書，2 行，行 4 或 10 字。

著錄：

《中國磚銘》圖版上冊 668 頁。（圖）

《中國古代磚刻銘文集》上、下冊編號 0928。（圖、文）

《北朝隋代墓誌所在總合目錄》編號 35。（目）

備考：《中國古代磚刻銘文集》作"未玄慶"，據圖版，當為"宋玄慶"。

太和032

元簡墓誌

太和二十三年（499）正月廿六日薨於第，其年三月十八日葬於河南洛陽之北芒。1926 年洛陽城西北高溝村瀍水西出土，曾歸三原于右任，今存西安碑林博物館。誌石殘，高 73、寬 33 釐米。文正書，殘存 8 行，滿行 18 字。

圖版著錄：

《漢魏南北朝墓誌集釋》圖版一六二，《新編》3/3/467。

《北京圖書館藏中國歷代石刻拓本匯編》3 冊 37 頁。

《鴛鴦七誌齋藏石》圖 13。

《中國金石集萃》8 函 1 輯編號 8。

《西安碑林全集》59/31－38。

《洛陽出土北魏墓誌選編》圖版四，218 頁。

《北魏皇家墓誌二十品》編號 1。

《漢魏六朝碑刻校注》3 冊 308 頁。

錄文著錄：

《洛陽出土北魏墓誌選編》太和四，4 頁。

《漢魏南北朝墓誌彙編》37 頁。

《漢魏六朝碑刻校注》3 冊 309 頁。

《全北魏東魏西魏文補遺》85 頁。

碑目題跋著錄：

《石刻題跋索引》132 頁左，《新編》1/30/22470。

《古誌新目初編》1/2a，《新編》2/18/13692 下。

《漢魏南北朝墓誌集釋》4/34a，《新編》3/3/101。

《國立北平圖書館藏碑目》2a，《新編》3/36/249 下。

《蒿里遺文目錄續編・元魏宗室妃主誌存》11b，《新編》3/37/542 上。

《元氏誌錄補遺》1a，《新編》3/38/55 上。

《墓誌徵存目錄》卷 1,《羅振玉學術論著集》第五集,559 頁。

《歷代墓誌銘拓片目錄》3 頁。

《碑帖鑒定》152 頁。

《六朝墓誌檢要》(修訂本) 33 頁。

《洛陽出土石刻時地記》北魏太和 005,10 頁。

《碑帖敘錄》19 頁。

《漢魏六朝碑刻校注·總目提要》編號 1177。

《北京大學圖書館藏歷代墓誌拓片目錄》編號 00092。

淑德大學《中國石刻拓本目錄》"墓誌"編號 22。

《北朝隋代墓誌所在總合目錄》編號 36。

備考:元簡,《魏書》卷二〇、《北史》卷一九有傳。

太和 033

畢小妻蘇貫針磚銘

又名"畢小妻蘇貫閏墓磚銘"。太和廿三年(499)六月二日。曾歸杭州鄒安,後歸上虞羅振玉。磚高 18、寬 17.5 釐米。正書,4 行,行 1 至 7 字不等。

圖版著錄:

《廣倉專錄》,《新編》4/10/730。

《中國磚銘》圖版上冊 670 頁。

《中國古代磚刻銘文集》上冊編號 0929。

錄文著錄:

《雪堂專錄·專誌徵存》4a,《羅雪堂先生全集》五編 3 冊 1271 頁。

《漢魏南北朝墓誌彙編》37 頁。

《中國古代磚刻銘文集》下冊編號 0929。

《全北魏東魏西魏文補遺》85 頁。

碑目題跋著錄:

《石刻名彙》12/204b,《新編》2/2/1130 上。

《蒿里遺文目錄》3 上/2b,《新編》2/20/14981 下。

《漢魏六朝碑刻校注·總目提要》編號 1179。

《北朝隋代墓誌所在總合目錄》編號 37。

《北京大學圖書館藏歷代墓誌拓片目錄》編號 00093。

太和 034

廉君妻姚齊姬墓記磚

太和廿三年（499）七月二十八日。1986 年內蒙古包頭市東土右族薩拉齊鎮出土。磚高 33、寬 15 釐米。正書，2 行，行 8 或 15 字。

著錄：

《中國古代磚刻銘文集》上、下冊編號 0930。（圖、文）

《全北魏東魏西魏文補遺》86 頁。（文）

《漢魏六朝碑刻校注·總目提要》編號 1180。（目）

《北朝隋代墓誌所在總合目錄》編號 38。（目）

論文：

鄭隆：《內蒙古包頭市北魏姚齊姬墓》，《考古》1988 年第 9 期。

太和 035

諮議元弼（字扶皇）墓誌

太和廿三年（499）九月廿九日薨於洛陽，與夫人張氏合葬於西陵。李珍撰。1926 年陰曆五月廿三日在洛陽城北南陳莊西北張羊村西南出土，曾歸洛陽郭玉堂、三原于右任，今存西安碑林博物館。誌高、寬均 60 釐米。文正書，20 行，滿行 20 字。首題：魏故元諮議墓誌銘。

圖版著錄：

《漢魏南北朝墓誌集釋》圖版六二，《新編》3/3/350。

《北京圖書館藏中國歷代石刻拓本匯編》3 冊 41 頁。

《鴛鴦七誌齋藏石》圖 14。

《中國金石集萃》7 函 1 輯編號 5。

《西安碑林全集》59/39－44。

《漢魏六朝碑刻校注》3 冊 313 頁。

錄文著錄：

《洛陽出土北魏墓誌選編》太和五，5 頁。

《漢魏南北朝墓誌彙編》37—38 頁。

《漢魏六朝碑刻校注》3 冊 314 頁。

《全北魏東魏西魏文補遺》26 頁。

碑目題跋著錄：

《石刻題跋索引》132 頁左，《新編》1/30/22470。

《古誌新目初編》1/2a，《新編》2/18/13692 下。

《漢魏南北朝墓誌集釋》3/15b－16a，《新編》3/3/64－65。

《國立北平圖書館藏碑目》2a，《新編》3/36/249 下。

《元氏誌錄補遺》1a，《新編》3/38/55 上。

《墓誌徵存目錄》卷 1，《羅振玉學術論著集》第五集，559 頁。

《丙寅稿》，《羅振玉學術論著集》第十集（上）132—133 頁。

《洛陽出土石刻時地記》北魏太和 007，10—11 頁。

《歷代墓誌銘拓片目錄》3 頁。

《碑帖鑒定》152 頁。

《增補校碑隨筆》（修訂本）167 頁。

《六朝墓誌檢要》（修訂本）34 頁。

《漢魏六朝碑刻校注·總目提要》編號 1181。

《北朝隋代墓誌所在總合目錄》編號 39。

《北京大學圖書館藏歷代墓誌拓片目錄》編號 00094。

太和 036

孫紹兒妻栗妙朱墓磚

又名"孫紹兒磚銘"。太和廿三年（499）十月十三日。端方舊藏。磚高 31.5、寬 14.5 釐米。正書，4 行，前 3 行行 8 至 11 字，末行 3 字。

著錄：

《中國古代磚刻銘文集》上、下冊編號 0931。（圖、文）

《雪堂專錄·專誌徵存》4a－b，《羅雪堂先生全集》五編 3 冊 1271—1272 頁。（文）

《匋齋藏石記》6/4a－b，《新編》1/11/8031 下。（文、跋）

《全北魏東魏西魏文補遺》86 頁。（文）

《石刻題跋索引》685 頁左，《新編》1/30/23023。（目）

《石刻名彙》12/204b,《新編》2/2/1130 上。（目）
《蒿里遺文目錄》3 上/2b,《新編》2/20/14981 下。（目）
《漢魏六朝碑刻校注·總目提要》編號 1180。（目）
《北朝隋代墓誌所在綜合目錄》編號 40。（目）
《北京大學圖書館藏歷代墓誌拓片目錄》編號 00095。（目）

備考：或作"太和廿三年十月廿五日"，按圖版，當為"十月十三日"。

太和 037

元彬墓誌

又名"彰武王墓誌"。太和廿三年（499）五月二日薨於州，以其年十一月廿日附於先陵。1925 年陰曆三月廿四日，洛陽城西北高溝村瀍水西老倉凹村出土。曾歸開封圖書館、河南博物館、河南圖書館，今存河南省博物院。誌高 53.7、廣 55.4 釐米。18 行，滿行 21 字，正書。

圖版著錄：

《漢魏南北朝墓誌集釋》圖版一四九,《新編》3/3/450。
《北京圖書館藏中國歷代石刻拓本匯編》3 冊 42 頁。
《洛陽出土北魏墓誌選編》圖版五，219 頁。
《漢魏六朝碑刻校注》3 冊 316 頁。
《中國北朝石刻拓片精品集》14—19 頁。

錄文著錄：

《洛陽出土北魏墓誌選編》太和六，5—6 頁。
《漢魏南北朝墓誌彙編》38—39 頁。
《漢魏六朝碑刻校注》3 冊 317 頁。
《全北魏東魏西魏文補遺》86—87 頁。

碑目題跋著錄：

《石刻題跋索引》132 頁左,《新編》1/30/22470。
《石刻名彙》2/7a,《新編》2/2/1028 上。
《崇雅堂碑錄補》1/5a,《新編》2/6/4553 上。
《古誌新目初編》1/2a,《新編》2/18/13692 下。

《蒿里遺文目錄補遺》10a,《新編》2/20/15000 下。

《漢魏南北朝墓誌集釋》4/31b,《新編》3/3/96。

《國立北平圖書館藏碑目》2a,《新編》3/36/249 下。

《元氏誌錄補遺》1a,《新編》3/38/55 上。

《墓誌徵存目錄》卷 1,《羅振玉學術論著集》第五集,559 頁。

《松翁近稿》,《羅振玉學術論著集》第十集(上)57—58 頁。

《洛陽出土石刻時地記》北魏太和 008,11 頁。

《歷代墓誌銘拓片目錄》3 頁。

《碑帖鑒定》153 頁。

《六朝墓誌檢要》(修訂本)34 頁。

《漢魏六朝碑刻校注·總目提要》編號 1182。

淑德大學《中國石刻拓本目錄》"墓誌"編號 23。

《北朝隋代墓誌所在總合目錄》編號 41。

《北京大學圖書館藏歷代墓誌拓片目錄》編號 00096。

備考:元彬,《魏書》卷一九下有傳。

太和 038

李誐墓記磚

太和廿三年(499)十二月廿五日。1957 年 3 月山西省曲沃縣秦村西北出土。尺寸不詳。文 6 行,行 4 至 8 字不等,正書。

著錄:

《中國磚銘》圖版上冊 672 頁上。(圖)

《中國古代磚刻銘文集》上、下冊編號 0932。(圖、文)

《漢魏南北朝墓誌彙編》39 頁。(文)

《全北魏東魏西魏文補遺》87 頁。(文)

《六朝墓誌檢要》(修訂本)34 頁。(目)

《漢魏六朝碑刻校注·總目提要》編號 1184。(目)

《北朝隋代墓誌所在總合目錄》編號 42。(目)

論文:

楊富斗:《山西曲沃縣秦村發現的北魏墓》,《考古》1959 年第 1 期。

太和 039

韓顯宗墓誌

太和廿三年（499）四月一日卒於官，其年十二月廿六日葬於瀍水之西。清同治年間（一說光緒十六年，或光緒十七年）洛陽城西北水口村出土，曾歸宋殿超、陳傳薪、朱壽鏞。誌高 55.5、廣 32.8 釐米。正書，前 15 行，滿行 24 字；後 3 行，滿行 22 字。首題：魏故著作郎韓君墓誌。

圖版著錄：

《漢魏南北朝墓誌集釋》圖版二〇〇，《新編》3/3/511。

《北京圖書館藏中國歷代石刻拓本匯編》3 冊 44 頁。

《中國金石集萃》7 函 1 輯編號 6。

《洛陽出土北魏墓誌選編》圖版六，220 頁。

《漢魏六朝碑刻校注》3 冊 321 頁。

《山東石刻分類全集·歷代墓誌》5 頁。

錄文著錄：

《芒洛冢墓遺文補遺》1a–2a，《新編》1/19/14042 上—下。

《誌石文錄續編》1a–2a，《新編》2/19/13777 上—下。

《魯迅輯校石刻手稿·墓誌》上冊 30—32 頁。

《洛陽出土北魏墓誌選編》太和七，6 頁。

《漢魏南北朝墓誌彙編》39—40 頁。

《漢魏六朝碑刻校注》3 冊 322 頁。

《全北魏東魏西魏文補遺》87 頁。

《山東石刻分類全集·歷代墓誌》4 頁。

碑目題跋著錄：

《集古求真》1/16b，《新編》1/11/8485 下。

《再續寰宇訪碑錄校勘記》3a–b，《新編》1/27/20461 上。

《金石彙目分編》9（補遺）/5a，《新編》1/28/21084 上。

《石刻題跋索引》132 頁左，《新編》1/30/22470。

《石刻名彙》2/7a，《新編》2/2/1028 上。

《崇雅堂碑錄》1/12a《新編》2/6/4489 下。

《語石》4/10b、11b、12b–13a,《新編》2/16/11922 下、11923 上、11293 下—11294 上。

《寰宇貞石圖目錄》卷下/3b,《新編》2/20/14678 下。

《蒿里遺文目錄》2（1）/1b,《新編》2/20/14944 上。

《夢碧簃石言》5/16b,《新編》3/2/220 下。（疑僞）

《漢魏南北朝墓誌集釋》5/41a,《新編》3/3/115。

《石目》,《新編》3/36/73 下。

《國立北平圖書館藏碑目》2a,《新編》3/36/249 下。

《古誌彙目》1/5a,《新編》3/37/13。

《循園古冢遺文跋尾》2/1a–b,《新編》3/38/12 下。

《碑帖跋》73—74 頁,《新編》3/38/221–222、4/7/433 上。

《讀碑小箋》,《羅振玉學術論著集》第三集，37 頁。

《洛陽出土石刻時地記》北魏太和 009，11 頁。

《再續寰宇訪碑錄》卷上,《羅振玉學術論著集》第五集，433 頁。

《墓誌徵存目錄》卷 1,《羅振玉學術論著集》第五集，559 頁。

《歷代墓誌銘拓片目錄》3 頁。

《碑帖鑒定》153 頁。

《碑帖敘錄》253 頁。

《增補校碑隨筆》（修訂本）167—168 頁。

《六朝墓誌檢要》（修訂本）35 頁。

《善本碑帖錄》2/67。

《漢魏六朝碑刻校注·總目提要》編號 1185。

《北京大學圖書館藏歷代墓誌拓片目錄》編號 00097。

淑德大學《中國石刻拓本目錄》"墓誌"編號 24。

《北朝隋代墓誌所在總合目錄》編號 43。

備考：韓顯宗,《魏書》卷六〇、《北史》卷四〇有傳。《夢碧簃石言》疑其僞刻，然諸書皆以為真品，故附此。

太和 040

玄□姬墓記磚

太和廿三年（499）。磚高 25、寬 13 釐米。正書，2 行，行 7 至 8 字。

著錄：

《中國磚銘》圖版上冊 669 頁。（圖）

《中國古代磚刻銘文集》上、下冊編號 0933。（圖、文）

《北朝隋代墓誌所在總合目錄》編號 44。（目）

太和 041
元簡妃常氏墓誌蓋

太和二十三年（499）。1926 年（一說 1928 年）陰曆六月廿四日洛陽城西北高溝村瀍水西出土，墓誌亡佚，僅存誌蓋，曾歸三原于右任，今石存西安碑林博物館。蓋高 59、寬 63 釐米。篆書 2 行，滿行 5 字。蓋題：太保齊郡順王常妃誌銘。

圖版著錄：

《漢魏南北朝墓誌集釋》圖版一六三，《新編》3/3/468。

《北京圖書館藏中國歷代石刻拓本匯編》3 冊 38 頁。

《鴛鴦七誌齋藏石》圖 143。

《西安碑林全集》65/916–917。

錄文著錄：

《漢魏南北朝墓誌彙編》37 頁。

《全北魏東魏西魏文補遺》415 頁。

碑目題跋著錄：

《石刻題跋索引》132 頁左，《新編》1/30/22470。

《古誌新目初編》1/12a，《新編》2/18/13697 下。

《漢魏南北朝墓誌集釋》4/34a，《新編》3/3/101。

《國立北平圖書館藏碑目》2a，《新編》3/36/249 下。

《洛陽出土石刻時地記》北魏太和 006，10 頁。

《六朝墓誌檢要》（修訂本）33—34、129 頁。

《北京大學圖書館藏歷代墓誌拓片目錄》編號 00098。

備考：常氏，事見《魏書》卷二〇、《北史》卷一九《元簡傳》。

太和 042
太尉宜都公穆崇碑

太和中（477—499）。韓顯宗、穆真撰。在大同府大同縣。

碑目題跋著錄：

《金石彙目分編》11/81a，《新編》1/28/21268 上。

《佩文齋書畫譜・金石》62/8b 下，《新編》3/2/55 上。

（光緒）《山西通志・金石記二》90/17b－18a，《新編》3/30/340 上—下。

《諸史碑銘錄目・魏書金石》，《新編》3/37/326 下。

《六藝之一錄》59/15a，《新編》4/5/90 上。

備考：穆崇，《魏書》卷二七、《北史》卷二〇有傳。

太和 043

贈衞大將軍太宰并州牧王叡碑

太和中（477—499）。舊在大同府城南。

碑目題跋著錄：

（光緒）《山西通志・金石記二》90/17a－b，《新編》3/30/340 上。

《諸史碑銘錄目・魏書金石》，《新編》3/37/330 上。

備考：王叡，《魏書》卷九三、《北史》卷九二有傳。

太和 044

贈武威定王王橋碑

太和中（477—499）。舊在大同府城東。

碑目題跋著錄：

（光緒）《山西通志・金石記二》90/17b，《新編》3/30/340 上。

《諸史碑銘錄目・魏書金石》，《新編》3/37/329 下—330 上。

備考：王橋，事見《魏書》卷九三、《北史》卷九二《王叡傳》。

景　明

景明 001

咸陽王元禧妾申屠氏墓誌

景明元年（500）二月廿八日。誌高 37、寬 38 釐米。文正書，5 行，滿行 9 字。

著錄：

《新見北朝墓誌集釋》11—12 頁。（圖、文、跋）

備考：申屠氏，事見《魏書》卷二一上、《北史》卷一九《元翼傳》。

景明 002

平陽太守臧禮墓誌

景明元年（500）二月。正書。

碑目著錄：

《古誌新目初編》1/2a，《新編》2/18/13692 下。

景明 003

王香墓誌

景明元年（500）十月二日。

碑目著錄：

淑德大學《中國石刻拓本目錄》"墓誌" 編號 25。

景明 004

元定墓誌

別名：元泰安墓誌。北魏景明元年（500）十一月十九日。1922 年陰曆十一月初四在洛陽城西北高溝村出土，曾歸三原于右任鴛鴦七誌齋，今存西安碑林博物館。誌石高 35、寬 38 釐米。文正書，13 行，滿行 14 字。首題：大魏景明元年歲次庚辰十一月丁酉朔十九日乙卯景穆皇帝之孫使持節侍中征南大將軍都督五州諸軍事青雍二州刺史故京兆康王之第四子廣平內史前河間王元泰安諱定君墓誌銘。

圖版著錄：

《漢魏南北朝墓誌集釋》圖版一〇八，《新編》3/3/405。

《北京圖書館藏中國歷代石刻拓本匯編》3 冊 47 頁。

《鴛鴦七誌齋藏石》圖 15。

《中國金石集萃》8 函 1 輯編號 9。

《西安碑林全集》59/45—50。

《漢魏六朝碑刻校注》3 冊 336 頁。

錄文著錄：

《芒洛冢墓遺文四編補遺》3a–b,《新編》1/19/14309 上。

《洛陽出土北魏墓誌選編》景明三,7 頁。

《漢魏南北朝墓誌彙編》40 頁。

《漢魏六朝碑刻校注》3 冊 337 頁。

《全北魏東魏西魏文補遺》88 頁。

碑目題跋著錄：

《石刻題跋索引》132 頁左,《新編》1/30/22470。

《石刻名彙》2/7b,《新編》2/2/1028 上。

《崇雅堂碑錄補》1/5a,《新編》2/6/4553 上。

《古誌新目初編》1/2a,《新編》2/18/13692 下。

《定庵題跋》63a–b,《新編》2/19/14317 上。

《蒿里遺文目錄》2（3）/1a,《新編》2/20/14977 上。

《夢碧簃石言》5/12b,《新編》3/2/218 下。

《漢魏南北朝墓誌集釋》4/24b,《新編》3/3/82。

《國立北平圖書館藏碑目》2b,《新編》3/36/249 下。

《元氏誌錄補遺》1a,《新編》3/38/55 上。

《墓誌徵存目錄》卷 1,《羅振玉學術論著集》第五集,559 頁。

《洛陽出土石刻時地記》北魏景明 001,11 頁。

《歷代墓誌銘拓片目錄》3 頁。

《碑帖鑒定》153 頁。

《六朝墓誌檢要》（修訂本）35 頁。

《漢魏六朝碑刻校注·總目提要》編號 1192。

《北朝隋代墓誌所在總合目錄》編號 46。

《北京大學圖書館藏歷代墓誌拓片目錄》編號 00099。

景明 005

元榮宗墓誌

景明元年（500）十一月十九日。河南洛陽出土,今石存洛陽古代藝術館。高 54、寬 51.5 釐米。正書,13 行,滿行 13 字。

著錄：

《洛陽出土歷代墓誌輯繩》16 頁。（圖）

《北魏皇家墓誌二十品》編號 2。（圖）

《洛陽出土北魏墓誌選編》景明二，7 頁；圖版八，222 頁。（圖、文）

《漢魏六朝碑刻校注》3 冊 334—335 頁。（圖、文）

《全北魏東魏西魏文補遺》88—89 頁。（文）

《新出魏晉南北朝墓誌疏證》（修訂本）52—53 頁。（文、跋）

《漢魏六朝碑刻校注·總目提要》編號 1193。（目）

《北朝隋代墓誌所在綜合目錄》編號 47。（目）

景明 006

廣陵王元羽墓誌

景明二年（501）五月十八日薨於第，其年七月廿九日遷葬於長陵之東崗。1918 年在洛陽城北南陳莊西第一塚內出土，吳興徐氏舊藏，今石藏中國國家博物館，《衡水出土墓誌》云，石藏饒陽縣文物保管所，其中定有一方為復刻。誌高 55、廣 51.2 釐米。文正書，13 行，滿行 15 字。首題：侍中司徒公廣陵王墓銘誌。

圖版著錄：

《漢魏南北朝墓誌集釋》圖版一七八，《新編》3/3/484。

《北京圖書館藏中國歷代石刻拓本匯編》3 冊 48 頁。

《中國金石集萃》7 函 1 輯編號 7。

《洛陽出土北魏墓誌選編》圖版九，223 頁。

《漢魏六朝碑刻校注》3 冊 338 頁。

《中國國家博物館館藏文物研究叢書·墓誌卷》9 頁。

《衡水出土墓誌》3 頁。

錄文著錄：

《芒洛冢墓遺文四編》1/1a–b，《新編》1/19/14149 上。

《誌石文錄續編》2a，《新編》2/19/13777 下。

《魯迅輯校石刻手稿·墓誌》上冊 33—34 頁。

《洛陽出土北魏墓誌選編》景明四，8 頁。

《漢魏南北朝墓誌彙編》40 頁。
《漢魏六朝碑刻校注》3 冊 339 頁。
《中國國家博物館館藏文物研究叢書·墓誌卷》8 頁。
《衡水出土墓誌》2 頁。
《全北魏東魏西魏文補遺》89 頁。
碑目題跋著錄：
《石刻題跋索引》132 頁左，《新編》1/30/22470。
《石刻名彙》2/7b，《新編》2/2/1028 上。
《崇雅堂碑錄補》1/5a，《新編》2/6/4553 上。
《古誌新目初編》1/2b，《新編》2/18/13692 下。
《蒿里遺文目錄》2（3）/1a，《新編》2/20/14977 上。
《夢碧簃石言》5/12b，《新編》3/2/218 下。
《漢魏南北朝墓誌集釋》4/36b，《新編》3/3/106。
《國立北平圖書館藏碑目》2b，《新編》3/36/249 下。
《循園古冢遺文跋尾》2/1b－2a，《新編》3/38/12 下—13 上。
《元氏誌錄》1a、7a，《新編》3/38/47 上、50 上。
《墓誌徵存目錄》卷 1，《羅振玉學術論著集》第五集，560 頁。
《洛陽出土石刻時地記》北魏景明 002，11 頁。
《歷代墓誌銘拓片目錄》4 頁。
《碑帖鑒定》153 頁。
《碑帖敘錄》16 頁。
《增補校碑隨筆》（修訂本）168—169 頁。
《六朝墓誌檢要》（修訂本）36 頁。
《漢魏六朝碑刻校注·總目提要》編號 1195。
淑德大學《中國石刻拓本目錄》"墓誌" 編號 26。
《北朝隋代墓誌所在総合目錄》編號 48。
《北京大學圖書館藏歷代墓誌拓片目錄》編號 00100。
論文：
劉軍：《三方元魏宗室墓誌透露的歷史真相》，《博物館研究》2015 年第 2 期；又載於《文物春秋》2015 年第 3 期。

備考：元羽,《魏書》卷二一上、《北史》卷一九有傳。

景明 007

高華英墓誌

景明二年（501）七月。河南洛陽出土。正書。

碑目題跋著錄：

《石刻名彙》2/7b,《新編》2/2/1028 上。

《崇雅堂碑錄補》1/5a,《新編》2/6/4553 上。

《六朝墓誌檢要》（修訂本）36 頁。

《漢魏六朝碑刻校注·總目提要》編號 1196。

《北朝隋代墓誌所在總合目錄》編號 49。

景明 008

趙謐墓誌

景明二年（501）十月廿四日造。1997 年河北省趙縣趙州橋西南封村出土。拓本高 45、寬 36.5 釐米。正書，12 行，滿行 15 字。首題：大魏故持節龍驤將軍定州刺史趙郡趙謐墓誌銘。

圖版著錄：

《漢魏六朝碑刻校注》3 冊 342 頁。

《秦晉豫新出墓誌蒐佚續編》1 冊 37 頁。

《北京大學圖書館新藏金石拓本菁華 1996—2012》66 頁。

《金石拓本題跋集萃》42 頁。

《新出土墓誌精粹》（北朝卷）上冊 68—71 頁。（圖）

錄文著錄：

《新出魏晉南北朝墓誌疏證》（修訂本）54 頁。

《漢魏六朝碑刻校注》3 冊 343 頁。

《全北魏東魏西魏文補遺》89 頁。

碑目題跋著錄：

《金石彙目分編》3（2）/42a,《新編》1/27/20713 下。

《新出魏晉南北朝墓誌疏證》（修訂本）54 頁。

《漢魏六朝碑刻校注·總目提要》編號 1198。

淑德大學《中國石刻拓本目錄》"墓誌"編號28。

《北朝隋代墓誌所在總合目錄》編號50。

《北京大學圖書館藏歷代墓誌拓片目錄》編號00101。

論文：

李俊卿：《北魏〈趙謐墓誌銘〉跋》，《文物春秋》2003年第6期。

許萬順：《新出土〈大魏趙謐墓誌〉》，《中國書法》2004年第7期。

叢文俊：《北魏〈趙謐墓誌〉考》，《中國書法》2004年第12期；又載於《叢文俊書法研究題跋》，第59—61頁。

叢文俊：《北魏趙謐墓誌跋》，載於《藝術與學術：叢文俊書法題跋研究文集》，第248頁。

趙生泉、史瑞英：《河北北朝墓誌札記（七則）》，《文物春秋》2006年第2期。

殷憲：《〈趙謐墓誌〉書後》，《北魏平城書跡研究》，第479—481頁。

備考：淑德大學《中國石刻拓本目錄》誤作"張謐"。

景明009

元澄妃李氏墓誌

又名：任城王妃李氏墓誌。景明二年（501）九月三日卒於長安，以今十一月十九日葬於京西。茹仲敬造。1932年陰曆六月十一日，在洛陽城西二十里柿園村大塚之西出土，曾歸三原于右任，今存西安碑林博物館。誌高、寬均51釐米。文13行，滿行14字，正書。

圖版著錄：

《漢魏南北朝墓誌集釋》圖版一二五，《新編》3/3/425。

《鴛鴦七誌齋藏石》圖16。

《西安碑林全集》59/51—57。

《洛陽出土北魏墓誌選編》圖版一〇，224頁。

《漢魏六朝碑刻校注》3冊344頁。

錄文著錄：

《全北魏東魏西魏文補遺》27頁。

《洛陽出土北魏墓誌選編》景明五，8頁。

《漢魏六朝碑刻校注》3 冊 345 頁。
《漢魏南北朝墓誌彙編》41 頁。
碑目題跋著錄：
《石刻題跋索引》132 頁左，《新編》1/30/22470。
《漢魏南北朝墓誌集釋》4/27a，《新編》3/3/87。
《墓誌徵存目錄》卷1，《羅振玉學術論著集》第五集，560 頁。
《洛陽出土石刻時地記》北魏景明003，11 頁。
《六朝墓誌檢要》（修訂本）36 頁。
《碑帖鑒定》154 頁。
《漢魏六朝碑刻校注·總目提要》編號1199。
淑德大學《中國石刻拓本目錄》"墓誌"編號27。
《北朝隋代墓誌所在綜合目錄》編號51。

景明 010

兗州刺史李使君碑

景明二年（501）立。在趙州城西七里清水之曲。

碑目題跋著錄：

（光緒）《畿輔通志·金石十四》151/25a，《新編》2/11/8627 上。
《畿輔待訪碑目》卷上/3b，《新編》2/20/14802 上。
《河朔訪古記》卷上/24a，《新編》3/25/157 下。

備考：《畿輔待訪碑目》將《河朔訪古記》所記"兗州刺史李使君碑"著錄為"兗州刺史李左車碑"，恐有誤，因為漢初無"刺史"一職，漢武帝以後才出現。李左車為西漢初期人物，事見《漢書》卷三四《韓信傳》，故李左車不可能充任"兗州刺史"一職。

景明 011

揚州刺史王肅碑

景明二年（501）卒。

碑目著錄：

《諸史碑銘錄目·魏書金石》，《新編》3/37/327 上—下。

備考：王肅，《魏書》卷六三、《北史》卷四二有傳。

景明 012
張林長墓銘磚

景明三年（502）二月六日。磚高 25、寬 12.5 釐米。隸書，3 行，3 至 8 字不等。

著錄：

《中國磚銘》圖版上冊 672 頁下。（圖）

《中國古代磚刻銘文集》上、下冊編號 0934。（圖、文）

《俟堂專文雜集》148 頁、目錄編號 162。（圖、目）

《北朝隋代墓誌所在總合目錄》編號 52。（目）

景明 013
穆亮墓誌

景明三年（502）閏四月薨於第，六月廿九日葬。1925 年陰曆九月廿二日在洛陽城東北西山嶺頭村西南出土，曾歸三原于右任，今存西安碑林博物館。誌高 66、寬 59 釐米。文正書，20 行，滿行 22 字。首題：太尉領司州牧驃騎大將軍頓丘郡開國公穆文獻公亮墓誌銘。

圖版著錄：

《漢魏南北朝墓誌集釋》圖版二〇一，《新編》3/3/512。

《北京圖書館藏中國歷代石刻拓本匯編》3 冊 58 頁。

《鴛鴦七誌齋藏石》圖 17。

《中國金石集萃》8 函 1 輯編號 10。

《西安碑林全集》59/58—70。

《洛陽出土北魏墓誌選編》圖版一一，225 頁。

《漢魏六朝碑刻校注》3 冊 357 頁。

錄文著錄：

《洛陽出土北魏墓誌選編》景明六，9 頁。

《漢魏南北朝墓誌彙編》41—42 頁。

《漢魏六朝碑刻校注》3 冊 358 頁。

《全北魏東魏西魏文補遺》89—90 頁。

碑目題跋著錄：

《石刻題跋索引》132 頁左,《新編》1/30/22470。

《石刻名彙》2/7b,《新編》2/2/1028 上。

《崇雅堂碑錄補》1/5a,《新編》2/6/4553 上。

《古誌新目初編》1/2b,《新編》2/18/13692 下。

《定庵題跋》62b–63a,《新編》2/19/14316 下—14317 上。

《蒿里遺文目錄補遺》1a,《新編》2/20/14996 上。

《漢魏南北朝墓誌集釋》5/41a,《新編》3/3/115。

《國立北平圖書館藏碑目》2b,《新編》3/36/249 下。

《墓誌徵存目錄》卷 1,《羅振玉學術論著集》第五集,560 頁。

《松翁近稿》,《羅振玉學術論著集》第十集(上)58—59 頁。

《洛陽出土石刻時地記》北魏景明 004,11—12 頁。

《歷代墓誌銘拓片目錄》4 頁。

《碑帖鑒定》154 頁。

《六朝墓誌檢要》(修訂本)36—37 頁。

《漢魏六朝碑刻校注·總目提要》編號 1205。

淑德大學《中國石刻拓本目錄》"墓誌"編號 29。

《北朝隋代墓誌所在總合目錄》編號 53。

《北京大學圖書館藏歷代墓誌拓片目錄》編號 00102。

論文:

羅坤學:《淺談北魏穆亮墓誌》,《碑林集刊》第 1 輯,1993 年。

吳健華:《洛陽出土北魏丘穆陵氏後裔墓誌撮要及族系考證》,《洛陽師範學院學報》2011 年第 7 期。

備考:穆亮,《魏書》卷二七、《北史》卷二〇有傳。

景明 014

趙續生墓記磚

景明三年(502)八月十三日。端方舊藏。磚高 29、寬 16 釐米。正書,3 行,行 4 至 10 字不等。

圖版著錄:

《俟堂專文雜集》147 頁。

《中國磚銘》圖版上冊 673 頁右。

《中國古代磚刻銘文集》上冊編號 0935。

錄文著錄：

《匋齋藏石記》6/5b－6a，《新編》1/11/8032 上—下。

《中國古代磚刻銘文集》下冊編號 0935。

《全北魏東魏西魏文補遺》90 頁。

碑目題跋著錄：

《匋齋藏石記》6/6a，《新編》1/11/8032 下。

《石刻題跋索引》132 頁左，《新編》1/30/22470。

《石刻名彙》12/204b，《新編》2/2/1130 上。

《俟堂專文雜集》目錄編號 161。

《六朝墓誌檢要》（修訂本）37 頁。

《漢魏六朝碑刻校注·總目提要》編號 1207。

《北朝隋代墓誌所在綜合目錄》編號 54。

《北京大學圖書館藏歷代墓誌拓片目錄》編號 00103。

景明 015

李伯欽墓誌

太和六年（482）二月廿七日卒於平城，景明三年（502）十二月十二日遷葬於鄴城西南豹寺東原吉遷里。2001 年出土於河北省臨漳縣，一說河南安陽縣出土，石藏河北正定墨香閣。誌石長、寬均 48 釐米。正書，20 行，滿行 20 字。首題：魏故國子學生李伯欽墓誌銘。

著錄：

《北京大學圖書館新藏金石拓本菁華 1996—2012》67 頁。（圖）

《金石拓本題跋集萃》43 頁。（圖）

《新出土墓誌精粹》（北朝卷）上冊 2—3 頁。（圖）

《漢魏六朝碑刻校注》3 冊 362—363 頁。（圖、文）

《文化安豐》138—139 頁。（圖、文）

《墨香閣藏北朝墓誌》2—3 頁。（圖、文）

《全北魏東魏西魏文補遺》90—91 頁。（文）

《新出魏晉南北朝墓誌疏證》（修訂本）58—59 頁。（文、跋）

《漢魏六朝碑刻校注・總目提要》編號 1208。（目）

《北朝隋代墓誌所在綜合目錄》編號 55。（目）

《北京大學圖書館藏歷代墓誌拓片目錄》編號 00104。（目）

論文：

劉恆：《北朝墓誌題跋二則》，《書法叢刊》2002 年第 2 期。

叢文俊：《北魏景明三年李伯欽墓誌跋》，《藝術與學術：叢文俊書法題跋研究文集》，第 246 頁。

景明 016

員標磚誌

又名"員櫄墓誌磚"，員標墓誌。景明三年（502）。1964 年出土於寧夏回族自治區彭陽縣彭陽鄉姚河村，今藏寧夏固原博物館。高 36、寬 16.5、厚 6 釐米。兩面刻，正書，面存 7 行，行 15 至 19 字不等；側 1 行 15 字，側題：□岐涇三州刺史新安子員世墓□銘。

著錄：

《漢魏六朝碑刻校注》3 冊 365—366 頁。（圖、文）

《中國古代磚刻銘文集》上、下冊編號 0936。（圖、文）

《寧夏歷代碑刻集》2 頁。（圖、文）

《固原歷代碑刻選編》66—67 頁。（圖、文）

《彭陽縣文物志》138 頁。（文）

《全北魏東魏西魏文補遺》91 頁。（文）

《新出魏晉南北朝墓誌疏證》（修訂本）55—57 頁。（文、跋）

《漢魏六朝碑刻校注・總目提要》編號 1209。（目）

《北朝隋代墓誌所在綜合目錄》編號 56。（目）

論文：

楊寧國：《寧夏彭陽縣出土北魏員標墓誌磚》，《考古與文物》2001 年第 5 期。

羅豐：《北魏員標墓誌》，《胡漢之間——"絲綢之路"與西北歷史考古》，第 356—371 頁。

鄭曉紅：《北魏負標墓誌淺釋》，《固原文博探究》，第 278—280 頁。

景明 017

元弘嬪侯氏墓誌

又名"顯祖嬪侯骨氏墓誌"、"獻文皇帝第一品嬪侯夫人墓誌銘"。景明四年（503）三月廿一日造。清宣統三年（1911），一說 1923 年在洛陽城北安駕溝村出土，曾歸陽湖董氏、武進陶蘭泉、上虞羅振玉，今存遼寧省博物館。高 40.6、廣 41.5 釐米。文正書，16 行，滿行 16 字。首題：顯祖獻文皇帝第一品嬪侯夫人墓誌銘。

圖版著錄：

《漢魏南北朝墓誌集釋》圖版二一，《新編》3/3/299。

《六朝墓誌菁英二編》，《新編》4/3/202 下右—203 上右。

《北京圖書館藏中國歷代石刻拓本匯編》3 冊 60 頁。

《中國金石集萃》7 函 1 輯編號 8。

《洛陽出土北魏墓誌選編》圖版一二，226 頁。

《北魏皇家墓誌二十品》編號 3。

《遼寧省博物館藏碑誌精粹》48 頁。

《漢魏六朝碑刻校注》4 冊 1 頁。

錄文著錄：

《芒洛冢墓遺文三編》2b–3a，《新編》1/19/14108 下—14109 上。

《滿洲金石志別錄》卷上/5b–6a，《新編》1/23/17400 上—下。

《誌石文錄》卷上/1a–b，《新編》2/19/13742 上。

《魯迅輯校石刻手稿·墓誌》上冊 35—36 頁。

《洛陽出土北魏墓誌選編》景明七，9—10 頁。

《漢魏南北朝墓誌彙編》42 頁。

《遼寧省博物館藏碑誌精粹》48 頁。

《漢魏六朝碑刻校注》4 冊 2 頁。

《全北魏東魏西魏文補遺》91 頁。

碑目題跋著錄：

《滿洲金石志別錄》卷上/6a–b，《新編》1/23/17400 下。

《續補寰宇訪碑錄》3/1b,《新編》1/27/20315 上。
《石刻題跋索引》132 頁左—右,《新編》1/30/22470。
《石刻名彙》2/7b,《新編》2/2/1028 上。
《崇雅堂碑錄》1/12b,《新編》2/6/4489 下。
《古誌新目初編》1/2b,《新編》2/18/13692 下。
《蒿里遺文目錄》2（3）/3a,《新編》2/20/14978 上。
《夢碧簃石言》5/12b,《新編》3/2/218 下。
《漢魏南北朝墓誌集釋》2/6a,《新編》3/3/45。
《國立北平圖書館藏碑目》2b,《新編》3/36/249 下。
《循園古冢遺文跋尾》2/2a,《新編》3/38/13 上。
《元氏誌錄》1a、7b,《新編》3/38/47 上、50 上。
《墓誌徵存目錄》卷1,《羅振玉學術論著集》第五集,560 頁。
《洛陽出土石刻時地記》北魏景明 005,12 頁。
《歷代墓誌銘拓片目錄》4 頁。
《碑帖鑒定》154 頁。
《六朝墓誌檢要》（修訂本）37 頁。
《漢魏六朝碑刻校注・總目提要》編號1210。
《遼寧省博物館藏碑誌精粹》49 頁。
淑德大學《中國石刻拓本目錄》"墓誌"編號 31。
《北朝隋代墓誌所在總合目錄》編號 57。
《北京大學圖書館藏歷代墓誌拓片目錄》編號 00105。

景明 018

太尉于烈碑

景明四年（503）四月。

碑目題跋著錄：

《金石錄》2/7b、21/4b－5a,《新編》1/12/8809 上、8924 下—8925 上。
《通志・金石略》卷上/31a,《新編》1/24/18034 下。
《寶刻叢編》20/16b,《新編》1/24/18380 下。
《石刻題跋索引》32 頁右,《新編》1/30/22370。

《石墨考異》卷上，《新編》2/16/11638 上。

《佩文齋書畫譜·金石》62/9a 上，《新編》3/2/55 下。

《六藝之一錄》59/16a，《新編》4/5/90 下。

備考：于烈，《魏書》卷三一、《北史》卷二三有傳。

景明 019

元誘妻馮氏墓誌

景明三年（502）十一月廿八日卒於穀水里，四年（503）八月附葬北芒之塋。1923 年陰曆二月初，洛陽城北安駕溝之北出土，曾歸三原于右任，今存西安碑林博物館。誌高 60、寬 53 釐米。文正書，15 行，滿行 19 字。首題：魏司徒參軍事元誘命婦馮氏誌銘。

圖版著錄：

《漢魏南北朝墓誌集釋》圖版一三七，《新編》3/3/437。

《北京圖書館藏中國歷代石刻拓本匯編》3 冊 64 頁。

《鴛鴦七誌齋藏石》圖 18。

《中國金石集萃》8 函 2 輯編號 11。

《西安碑林全集》59/71–78。

《漢魏六朝碑刻校注》4 冊 3 頁。

錄文著錄：

《洛陽出土北魏墓誌選編》景明八，10 頁。

《漢魏南北朝墓誌彙編》42—43 頁。

《漢魏六朝碑刻校注》4 冊 4 頁。

《全北魏東魏西魏文補遺》92 頁。

碑目題跋著錄：

《石刻題跋索引》132 頁右，《新編》1/30/22470。

《古誌新目初編》1/2b，《新編》2/18/13692 下。

《漢魏南北朝墓誌集釋》4/29a，《新編》3/3/91。

《國立北平圖書館藏碑目》2b，《新編》3/36/249 下。

《元氏誌錄補遺》1a，《新編》3/38/55 上。

《墓誌徵存目錄》卷 1，《羅振玉學術論著集》第五集，560 頁。

《洛陽出土石刻時地記》北魏景明 006，12 頁。
《歷代墓誌銘拓片目錄》4 頁。
《六朝墓誌檢要》（修訂本）37 頁。
《漢魏六朝碑刻校注·總目提要》編號 1211。
淑德大學《中國石刻拓本目錄》"墓誌"編號 30。
《北朝隋代墓誌所在總合目錄》編號 58。
《北京大學圖書館藏歷代墓誌拓片目錄》編號 00106。

景明 020

汾州刺史于暉墓誌

景明四年（503）九月。正書。

碑目著錄：

《崇雅堂碑錄》1/13a，《新編》2/6/4490 上。

備考：于暉，《北史》卷二三有傳，《魏書》卷八三下附《于勁傳》。

景明 021

并州刺史張整墓誌

景明四年（503）十月廿一日薨於第，十一月廿五日葬於洛陽之西北斗泉陵。1929 年河南省孟津縣西（一說洛陽城北）四十里王莊村出土，曾歸三原于右任，今存西安碑林博物館。誌高 39、寬 35 釐米。文正書，16 行，滿行 16 字。首題：魏故中常侍大長秋卿平北將軍并州刺史雲陽男張君墓誌銘。

圖版著錄：

《漢魏南北朝墓誌集釋》圖版二〇三，《新編》3/3/514。

《北京圖書館藏中國歷代石刻拓本匯編》3 冊 68 頁。

《鴛鴦七誌齋藏石》圖 19。

《西安碑林全集》59/79–84。

《洛陽出土北魏墓誌選編》圖版一三，227 頁。

《漢魏六朝碑刻校注》4 冊 9 頁。

錄文著錄：

《洛陽出土北魏墓誌選編》景明九，10—11 頁。

《漢魏南北朝墓誌彙編》43 頁。

《漢魏六朝碑刻校注》4 冊 10 頁。

《全北魏東魏西魏文補遺》92 頁。

碑目題跋著錄：

《石刻題跋索引》132 頁右，《新編》1/30/22470。

《古誌新目初編》1/2b，《新編》2/18/13692 下。

《漢魏南北朝墓誌集釋》5/41b，《新編》3/3/116。

《國立北平圖書館藏碑目》2b，《新編》3/36/249 下。

《墓誌徵存目錄》卷 1，《羅振玉學術論著集》第五集，560 頁。

《洛陽出土石刻時地記》北魏景明 007，12 頁。

《歷代墓誌銘拓片目錄》4 頁。

《碑帖鑒定》154 頁。

《六朝墓誌檢要》（修訂本）37—38 頁。

《漢魏六朝碑刻校注・總目提要》編號 1214。

淑德大學《中國石刻拓本目錄》"墓誌"編號 32。

《北朝隋代墓誌所在總合目錄》編號 59。

備考：張整，《魏書》卷九四、《北史》卷九二有傳，作"白整"。

景明 022

拓跋忠墓誌

又名：元忠墓誌。太和四年（480）七月十日薨於外第，景明五年（504）正月十四日妃司馬氏薨於洛陽清明里第，十一月六日遷葬於代都永固白登之陽阿。河北正定墨香閣和山西大同北朝藝術研究院皆云藏石，當有一方為翻刻。誌石高 70.5、寬 42.5 釐米。文 20 行，滿行 23 字，正書。額 4 行，行 2 字，篆書。額題：魏故城陽宣王墓誌。

著錄：

《墨香閣藏北朝墓誌》4—5 頁。（圖、文）

《北朝藝術研究院藏品圖錄・墓誌》78—79 頁。（圖、文）

論文：

殷憲：《〈魏故城陽宣王（拓跋忠）墓誌〉考》，《中國國家博物館館刊》2014 年第 3 期；又載於《北魏平城書跡研究》，第 199—208 頁。

殷憲：《北魏城陽宣王墓誌考略》，《北朝藝術研究院藏品圖錄·墓誌》，第 210—215 頁。

備考：拓跋忠，即元忠，《魏書》卷一五、《北史》卷一五有傳。

景明 023

金鄉令涂公碑

景明年間（500—503）。在濟州任城縣。

碑目題跋著錄：

《隸釋》27/7a 引《天下碑錄》，《新編》1/9/7039 上。

《通志·金石略》卷上/29b，《新編》1/24/18033 下。

《金石彙目分編》10（2）/57a，《新編》1/28/21169 上。

《天下金石志》3/7，《新編》2/2/817 上。

《墨華通考》卷 8，《新編》2/6/4390 下。

《佩文齋書畫譜·金石》62/9a 上，《新編》3/2/55 下。

《金石備攷·兗州府》，《新編》4/1/48 上。

《六藝之一錄》59/25a，《新編》4/5/95 上。

備考：《隸釋》作"景明一年"，《通志·金石略》作"景明中"，《天下金石志》作"景明二年"，暫從"景明中。"

正 始

正始 001

趙洪源墓誌

正始元年（504）正月二十一日葬。河北內丘縣出土。拓片長 27、寬 26.5 釐米。正書，10 行，滿行 10 字。首題：魏故使持節車騎大將軍燕州刺史趙君墓誌銘。

碑目著錄：

《北京大學圖書館藏歷代墓誌拓片目錄》編號 00108。

正始 002

御史左丞□□墓誌銘

正始元年（504）正月二十一日。正書。

碑目著錄：

《續補寰宇訪碑錄》3/2b，《新編》1/27/20315 下。

正始 003

封和突墓誌

景明二年（501）正月卒於官，正始元年（504）四月葬於武周界。1981 年山西省大同市西郊小站村花圪塔臺出土。高 42、寬 33、厚 8.3 釐米；底座長 42、寬 25.5、高 15 釐米。正書，12 行，滿行 12 字。首題：屯騎校尉建威將軍洛州刺史昌國子封使君墓誌銘。

著錄：

《漢魏六朝碑刻校注》4 冊 23—25 頁。（圖、文）

《漢魏南北朝墓誌彙編》44 頁。（文）

《全北魏東魏西魏文補遺》93 頁。（文）

《漢魏六朝碑刻校注·總目提要》編號 1221。（目）

《北朝隋代墓誌所在總合目錄》編號 61。（目）

論文：

大同市博物館：《大同市小站村花圪塔臺北魏墓清理簡報》，《文物》1983 年第 8 期。

馬雍：《北魏封和突墓及其出土的波斯銀盤》，《文物》1983 年第 8 期；又載於《西域史地文物叢考》，第 138—145 頁。

殷憲：《封和突墓誌銘》，《北魏平城書跡研究》，第 230—233 頁。

郭月瓊：《〈封和突墓誌〉淵源考》，《中古墓誌胡漢問題研究》，第 23—33 頁。

正始 004

元龍墓誌

正始元年（504）十月十六日卒於第，葬於首陽之巔。1929 年陰曆十一月洛陽城東北平樂村北小寨出土。誌高、廣均 69.2 釐米。29 行，滿行 29 字，正書。首題：魏故使持節平北將軍恒州刺史行唐伯元使君墓誌銘。

圖版、錄文著錄：

《漢魏南北朝墓誌集釋》圖版四一，《新編》3/3/325。（圖）

《洛陽出土北魏墓誌選編》正始一，11頁；圖版一四，228頁。（圖、文）

《漢魏六朝碑刻校注》4冊32—33頁。（圖、文）

《漢魏南北朝墓誌彙編》45—46頁。（文）

《全北魏東魏西魏文補遺》94—95頁。（文）

碑目題跋著錄：

《石刻題跋索引》132頁右，《新編》1/30/22470。

《古誌新目初編》1/2b，《新編》2/18/13692下。

《漢魏南北朝墓誌集釋》3/9b，《新編》3/3/52。

《遼居乙稿》43b–44b，《新編》3/38/356上—下。

《墓誌徵存目錄》卷1，《羅振玉學術論著集》第五集，560頁。

《六朝墓誌檢要》（修訂本）38頁。

《洛陽出土石刻時地記》北魏正始001，12頁。

《漢魏六朝碑刻校注·總目提要》編號1223。

《北朝隋代墓誌所在總合目錄》編號62。

《北京大學圖書館藏歷代墓誌拓片目錄》編號00109。

正始005

王遇墓誌

又名：王遇之墓誌。薨於洛陽乘軒之里，歸葬於首陽之右、朝鄉之里，正始元年（504）十月廿四日造。出土時地不詳，據云出土於河南省洛陽市偃師首陽山。高55、寬44釐米。16行，滿行20字，正書。首題：魏故安西將軍泰州刺史澄城公之少子使持節鎮西將軍侍中吏部尚書太府卿光祿大夫皇構都將領將作大匠雍華二州刺史宕昌恭公霸城王遇之墓誌。

著錄：

《秦晉豫新出墓誌蒐佚續編》1冊38頁。（圖）

《洛陽新獲墓誌·二〇一五》10頁。（圖）

《北京大學圖書館藏歷代墓誌拓片目錄》編號00110。（目）

論文：

王銀田：《〈王遇墓誌〉再考》，《魏晉南北朝史的新探索——中國魏晉南北朝史學會第十一屆年會暨國際學術研討會論文集》，中國社會科學出版社 2015 年版，第 595—602 頁。

備考：王遇，《魏書》卷九四、《北史》卷九二有傳。

正始 006

楊文弘妻姜太妃墓誌

正始元年（504）十一月十八日葬於永安陵。2010 年 8 月 6 日於陝西省漢中市略陽縣西十餘里、國道 309 線北側的橫現河鎮毛壩村出土，石藏略陽縣博物館。碑形墓誌，高 84、寬 86、厚 14 釐米。文 19 行，滿行 20 字。首題：□□□□□□□□州諸軍事征西將軍平羌□□□□□□□□王夫人姜太妃之墓誌頌。

碑目著錄：

《北朝隋代墓誌所在總合目錄》編號 63。

論文：

曹鵬雁：《略陽北魏永安陵〈姜太妃墓誌頌〉碑考證》，《隴右文博》2011 年第 1 期。（圖、文）

蔡副全：《新發現武興國主楊文弘與姜太妃夫婦墓誌考》，《考古與文物》2014 年第 2 期。（圖）

張卉：《武興國主楊文弘與姜太妃墓誌補釋》，《中原文物》2016 年第 1 期。

備考：楊文弘，其事見《宋書》卷九八《略陽清水氐楊氏傳》、《南齊書》卷五九《氐仇池楊氏傳》、《南史》卷七九《夷貊下·武興傳》等諸處。

正始 007

許和世磚誌

正始元年（504）十二月十三日。河南獲嘉出土，曾歸天津姚貴昉。誌高 27、寬 30.2 釐米。6 行，前 4 行行 7 至 9 字，第 5 行 5 字，末行 1 字，正書。

圖版著錄：

《漢魏南北朝墓誌集釋》圖版二〇四，《新編》3/3/515。

《北京圖書館藏中國歷代石刻拓本匯編》3 冊 80 頁。

《中國磚銘》圖版上冊 674 頁。

《漢魏六朝碑刻校注》4 冊 37 頁。

《中國古代磚刻銘文集》上冊編號 0937。

錄文著錄：

《漢魏南北朝墓誌彙編》46 頁。

《漢魏六朝碑刻校注》4 冊 38 頁。

《中國古代磚刻銘文集》下冊編號 0937。

《全北魏東魏西魏文補遺》95 頁。

碑目題跋著錄：

《石刻題跋索引》132 頁右，《新編》1/30/22470。

《石刻名彙》2/7b，《新編》2/2/1028 上。

《崇雅堂碑錄補》1/5a，《新編》2/6/4553 上。

《古誌新目初編》1/2b，《新編》2/18/13692 下。

《蒿里遺文目錄》2（1）/1b，《新編》2/20/14944 上。

《漢魏南北朝墓誌集釋》5/41b，《新編》3/3/116。

（民國）《獲嘉縣志·金石》16/1a-b，《新編》3/28/617 上。

《國立北平圖書館藏碑目》2b，《新編》3/36/249 下。

《循園古冢遺文跋尾》2/2a-b，《新編》3/38/13 上。

《墓誌徵存目錄》卷 1，《羅振玉學術論著集》第五集，560 頁。

《歷代墓誌銘拓片目錄》4 頁。

《碑帖鑒定》155 頁。

《六朝墓誌檢要》（修訂本）38 頁。

《漢魏六朝碑刻校注·總目提要》編號 1225。

淑德大學《中國石刻拓本目錄》"磚"編號 42。

《北朝隋代墓誌所在總合目錄》編號 64。

《北京大學圖書館藏歷代墓誌拓片目錄》編號 00111。

備考：《獲嘉縣志》所載"許和叔墓銘"當是"許和世墓銘"的誤記，因為此墓誌的出土地、行款、形制與《許和世墓誌》相符，故附此。

正始 008

□□殘墓記磚

正始元年（504）十二月□四日。尺寸不詳。隸書，3 行，行 8 字左右，磨泐嚴重。

著錄：

《中國磚銘》上冊 673 頁。（圖）

《中國古代磚刻銘文集》上、下冊編號 0938。（圖、文）

《北朝隋代墓誌所在總合目錄》編號 65。（目）

正始 009

盧萇墓誌

正始元年（504）閏十二月十九日。1998 年甘肅省禮縣永興鄉永興村北山出土，今藏禮縣博物館。拓片原件長 19 釐米，磚厚 4 釐米。文 4 行，行 7 至 14 字，正書。

著錄：

《禮縣金石集錦》21 頁。（圖、文）

《北朝隋代墓誌所在總合目錄》編號 66。（目）

正始 010

建威將軍馬君墓誌

正始元年（504）。洛陽出土。正書。

碑目著錄：

《古誌新目初編》1/2b，《新編》2/18/13692 下。

正始 011

崔隆墓誌

正始元年（504）十二月卒，以二年（505）三月十日葬於洛城東北雙盤嶺。河南洛陽出土。高 32、寬 40.5 釐米。正書，偶雜篆書，22 行，滿行 18 字。首題：魏故左將軍康毅崔君墓誌銘。

著錄：

《洛陽出土歷代墓誌輯繩》17 頁。（圖）

《洛陽出土北魏墓誌選編》正始二，12 頁；圖一五，229 頁。（圖、文）

《漢魏六朝碑刻校注》4 冊 41—42 頁。（圖、文）

《全北魏東魏西魏文補遺》95 頁。（文）

《漢魏六朝碑刻校注·總目提要》編號1229。（目）

《北朝隋代墓誌所在總合目錄》編號67。（目）

正始012

元鸞墓誌

正始二年（505）三月廿五日薨於官，十一月十七日葬於北芒之塋。1919年河南洛陽城北後海資村北平塚之西第五塚內出土，曾歸天津徐世昌，今存北京故宮博物院。高51、廣31釐米。9行，行24至29字不等，正書。

圖版著錄：

《漢魏南北朝墓誌集釋》圖版一四四，《新編》3/3/444。

《北京圖書館藏中國歷代石刻拓本匯編》3冊86頁。

《洛陽出土北魏墓誌選編》圖版一六，230頁。

《漢魏六朝碑刻校注》4冊51頁。

《故宮博物院藏歷代墓誌彙編》1冊55頁。

錄文著錄：

《芒洛冢墓遺文四編》1/2a–b，《新編》1/19/14149下。

《誌石文錄》卷上/1b，《新編》2/19/13742上。

《洛陽出土北魏墓誌選編》正始三，12—13頁。

《漢魏南北朝墓誌彙編》46—47頁。

《漢魏六朝碑刻校注》4冊52頁。

《故宮博物院藏歷代墓誌彙編》1冊54頁。

《全北魏東魏西魏文補遺》96頁。

碑目題跋著錄：

《石刻題跋索引》132頁右，《新編》1/30/22470。

《石刻名彙》2/7b，《新編》2/2/1028上。

《崇雅堂碑錄》1/13a，《新編》2/6/4490上。

《古誌新目初編》1/2b，《新編》2/18/13692下。

《蒿里遺文目錄》2（3）/1a，《新編》2/20/14977上。

《夢碧簃石言》5/12b，《新編》3/2/218下。

《漢魏南北朝墓誌集釋》4/30b，《新編》3/3/94。

《國立北平圖書館藏碑目》2b,《新編》3/36/249 下。

《循園古冢遺文跋尾》2/2b–3a,《新編》3/38/13 上—下。

《元氏誌錄》1a、6a,《新編》3/38/47 上、49 下。

《墓誌徵存目錄》卷1,《羅振玉學術論著集》第五集,560 頁。

《歷代墓誌銘拓片目錄》4 頁。

《碑帖鑒定》155 頁。

《六朝墓誌檢要》(修訂本) 39 頁。

《洛陽出土石刻時地記》北魏正始002,12 頁。

《漢魏六朝碑刻校注·總目提要》編號1231。

《北朝隋代墓誌所在總合目錄》編號68。

《北京大學圖書館藏歷代墓誌拓片目錄》編號00112。

備考:元鸞,《魏書》卷一九下、《北史》卷一八有傳,附《城陽王長壽傳》。

正始013

元始和墓誌

正始二年(505)七月十二日薨於京第,其年十一月十八日遷葬西陵之北崗。1914 年洛陽南陳莊出土,曾歸番禺葉氏,後歸張氏。高47、寬44、厚14 釐米。文18 行,滿行19 字,正書。

圖版著錄:

《漢魏南北朝墓誌集釋》圖版一一六,《新編》3/3/413。

《六朝墓誌菁英二編》,《新編》4/3/203 上左—204 上右。

《北京圖書館藏中國歷代石刻拓本匯編》3 冊87 頁。

《中國金石集萃》8 函2 輯編號12。

《洛陽出土北魏墓誌選編》圖版一七,231 頁。

《漢魏六朝碑刻校注》4 冊54 頁。

《中國北朝石刻拓片精品集》24—29 頁。

錄文著錄:

《芒洛冢墓遺文四編》1/1b–2a,《新編》1/19/14149 上—下。

《誌石文錄》卷上/2b–3a,《新編》2/19/13742 上—下。

《魯迅輯校石刻手稿·墓誌》上冊 39—40 頁。

《洛陽出土北魏墓誌選編》正始四，13 頁。

《漢魏南北朝墓誌彙編》47 頁。

《漢魏六朝碑刻校注》4 冊 55 頁。

《全北魏東魏西魏文補遺》96 頁。

碑目題跋著錄：

《石刻題跋索引》132 頁右，《新編》1/30/22470。

《石刻名彙》2/7b，《新編》2/2/1028 上。

《崇雅堂碑錄補》1/5b，《新編》2/6/4553 上。

《古誌新目初編》1/2b，《新編》2/18/13692 下。

《蒿里遺文目錄》2（3）/1a，《新編》2/20/14977 上。

《夢碧簃石言》5/12b，《新編》3/2/218 下。

《漢魏南北朝墓誌集釋》4/25b–26a，《新編》3/3/84–85。

《國立北平圖書館藏碑目》2b，《新編》3/36/249 下。

《循園古冢遺文跋尾》2/3a，《新編》3/38/13 下。

《元氏誌錄》1a、6b，《新編》3/38/47 上、49 下。

《雪堂金石文字跋尾》2/14a–b，《新編》3/38/294 下。

《墓誌徵存目錄》卷 1，《羅振玉學術論著集》第五集，560 頁。

《洛陽出土石刻時地記》北魏正始 003，12 頁。

《歷代墓誌銘拓片目錄》4 頁。

《碑帖鑒定》155 頁。

《六朝墓誌檢要》（修訂本）39 頁。

《漢魏六朝碑刻校注·總目提要》編號 1232。

《北朝隋代墓誌所在綜合目錄》編號 69。

《北京大學圖書館藏歷代墓誌拓片目錄》編號 00113。

論文：

劉衛東、臧瑞平：《兩方北魏墓誌的發現》，《中國文物報》2005 年 10 月 19 日。

正始 014

車伯生息妻鄩月光磚誌

正始二年（505）十一月廿七日。1931（一說 1932）年洛陽城東三十里天皇嶺出土，曾歸三原于右任，今存西安碑林博物館。磚高 47、寬 23 釐米。文正書，4 行，滿行 10 字。

圖版、錄文著錄：

《漢魏南北朝墓誌集釋》圖版五八三，《新編》3/4/340。（圖）

《北京圖書館藏中國歷代石刻拓本匯編》3 冊 88 頁。（圖）

《鴛鴦七誌齋藏石》圖 21。（圖）

《中國磚銘》圖版上冊 676 頁。（圖）

《洛陽出土北魏墓誌選編》正始五，13 頁；圖版一八，232 頁。（圖、文）

《漢魏六朝碑刻校注》4 冊 57—58 頁。（圖、文）

《中國古代磚刻銘文集》上、下冊編號 0939。（圖、文）

《漢魏南北朝墓誌彙編》47 頁。（文）

《全北魏東魏西魏文補遺》97 頁。（文）

碑目題跋著錄：

《石刻題跋索引》132 頁右，《新編》1/30/22470。

《漢魏南北朝墓誌集釋》11/114a–b，《新編》3/3/261–262。

《墓誌徵存目錄》卷 1，《羅振玉學術論著集》第五集，560 頁。

《洛陽出土石刻時地記》北魏正始 004，12 頁。

《歷代墓誌銘拓片目錄》4 頁。

《六朝墓誌檢要》（修訂本）39 頁。

《漢魏六朝碑刻校注·總目提要》編號 1233。

《北朝隋代墓誌所在總合目錄》編號 70。

《北京大學圖書館藏歷代墓誌拓片目錄》編號 00114。

論文：

刁淑琴、朱鄭慧：《北魏鄩乾、鄩月光、于仙姬墓誌及其相關問題》，《河南科技大學學報》2008 年第 6 期。

正始015

李蕤墓誌

又名"李簡子墓誌"。正始二年（505）十一月九日薨於洛陽之城東里，其年十二月廿四日葬於覆舟之北原。1931年十一月，洛陽城東北四十里省莊村東出土，曾歸三原于右任，今存西安碑林博物館。高49、寬42釐米。文正書，17行，滿行23字。首題：魏故假節龍驤將軍豫州刺史李簡子墓誌銘。

圖版、錄文著錄：

《漢魏南北朝墓誌集釋》圖版二〇五，《新編》3/3/516。（圖）

《北京圖書館藏中國歷代石刻拓本匯編》3冊89頁。（圖）

《鴛鴦七誌齋藏石》圖20。（圖）

《西安碑林全集》59/85－90。（圖）

《洛陽出土北魏墓誌選編》正始六，14頁；圖版一九，233頁。（圖、文）

《漢魏六朝碑刻校注》4冊59—60頁。（圖、文）

《漢魏南北朝墓誌彙編》48頁。（文）

《全北魏東魏西魏文補遺》97頁。（文）

碑目題跋著錄：

《石刻題跋索引》132頁右，《新編》1/30/22470。

《漢魏南北朝墓誌集釋》5/41b，《新編》3/3/116。

《國立北平圖書館藏碑目》2b，《新編》3/36/249下。

《墓誌徵存目錄》卷1，《羅振玉學術論著集》第五集，560頁。

《洛陽出土石刻時地記》北魏正始005，12—13頁。

《歷代墓誌銘拓片目錄》4頁。

《六朝墓誌檢要》（修訂本）39—40頁。

《漢魏六朝碑刻校注·總目提要》編號1234。

《北朝隋代墓誌所在綜合目錄》編號71。

備考：李蕤，附《魏書》卷三九、《北史》卷一〇〇《李虔傳》。

正始 016

虎洛仁妻孫氏墓記磚

正始三年（506）二月十九日葬。端方舊藏。磚高 21、寬 14.5 釐米。正書，3 行，行 3 至 10 字不等。

圖版、錄文著錄：

《中國古代磚刻銘文集》上、下冊編號 0940。（圖、文）

《匋齋藏石記》6/10b – 11a，《新編》1/11/8034 下—8035 上。（文）

《全北魏東魏西魏文補遺》97 頁。（文）

碑目題跋著錄：

《石刻題跋索引》133 頁左，《新編》1/30/22471。

《石刻名彙》12/204b，《新編》2/2/1130 上。

《古誌彙目》1/5a，《新編》3/37/13。

《六朝墓誌檢要》（修訂本）40 頁。

《漢魏六朝碑刻校注·總目提要》編號 1236。

《北朝隋代墓誌所在總合目錄》編號 72。

《北京大學圖書館藏歷代墓誌拓片目錄》編號 00115。

正始 017

寇臻墓誌并蓋

正始二年（505）二月十七日薨於路寢，正始三年（506）三月廿六日葬於洛城西十五里大墓所。1918 南洛陽城東攔駕溝村出土，曾歸吳縣蔣奐琪、蘇州古物保存會、雲南騰衝李氏，抗日戰爭時石毀。誌高 69、寬 56.5 釐米。正書，18 行，滿行 23 字。蓋題：幽郢二州寇使君墓誌蓋。

圖版著錄：

《漢魏南北朝墓誌集釋》圖版二〇六，《新編》3/3/517 – 518。

《六朝墓誌菁英二編》，《新編》4/3/204 上左—205 下右。

《北京圖書館藏中國歷代石刻拓本匯編》3 冊 91 頁。

《中國金石集萃》8 函 2 輯編號 13。

《洛陽出土北魏墓誌選編》圖版二〇，234 頁。

《漢魏六朝碑刻校注》4 冊 63 頁。

錄文著錄：

《芒洛冢墓遺文三編》3a－4a，《新編》1/19/14109 上—下。

《誌石文錄》卷上/2a－3a，《新編》2/19/13742 下—13743 上。

《魯迅輯校石刻手稿·墓誌》上冊 41—42 頁。

《洛陽出土北魏墓誌選編》正始七，14—15 頁。

《漢魏南北朝墓誌彙編》48—49 頁。

《漢魏六朝碑刻校注》4 冊 64 頁。

《全北魏東魏西魏文補遺》98 頁。

碑目題跋著錄：

《石刻題跋索引》133 頁左，《新編》1/30/22471。

《石刻名彙》2/7b，《新編》2/2/1028 上。

《崇雅堂碑錄》1/13a，《新編》2/6/4490 上。

《古誌新目初編》1/2b，《新編》2/18/13692 下。

《蒿里遺文目錄》2（1）/1b，《新編》2/20/14944 上。

《漢魏南北朝墓誌集釋》5/42a，《新編》3/3/117。附《九鐘精舍金石跋尾乙編》跋。

《國立北平圖書館藏碑目》2b，《新編》3/36/249 下。

《循園古冢遺文跋尾》2/3a－b，《新編》3/38/13 下。

《碑帖跋》77 頁，《新編》3/38/225、4/7/434 上。

《雪堂金石文字跋尾》2/15b－16a，《新編》3/38/295 上—下。

《墓誌徵存目錄》卷 1，《羅振玉學術論著集》第五集，560 頁。

《洛陽出土石刻時地記》北魏正始 006，13 頁。

《歷代墓誌銘拓片目錄》5 頁。

《增補校碑隨筆》（修訂本）170 頁。

《六朝墓誌檢要》（修訂本）40 頁。

《漢魏六朝碑刻校注·總目提要》編號 1238。

淑德大學《中國石刻拓本目錄》"墓誌"編號 34。

《北朝隋代墓誌所在總合目錄》編號 73。

《北京大學圖書館藏歷代墓誌拓片目錄》編號 00116。

論文：

馬衡：《北魏墓誌跋六種：北魏恒農太守寇臻墓誌跋》，《凡將齋金石叢稿》，第 190—192 頁；又載於《馬衡講金石學》，115—116 頁。

田熊信之：《北魏寇臻墓誌小考》，《學苑・日本文學紀要》第 807 號，2008 年。

叢文俊：《北魏寇臻墓誌跋》，載於《藝術與學術：叢文俊書法題跋研究文集》，第 247 頁。

備考：寇臻，《魏書》卷四二、《北史》卷二七附其父《寇讚傳》。

正始 018

雍州刺史宗愨墓誌

正始三年（506）四月八日，或作五月。正書。

碑目著錄：

《歷代墓誌銘拓片目錄》5 頁。

《漢魏六朝碑刻校注・總目提要》編號 1239。

淑德大學《中國石刻拓本目錄》"墓誌"編號 35。

《北朝隋代墓誌所在総合目錄》編號 74。

備考：宗愨，《宋書》卷七六、《南史》卷三七有傳。

正始 019

寇猛墓誌

正始三年（506）四月十一日卒於洛陽承華里，其年十一月廿九日葬於溰澗之西鄉邸。1956 年夏洛陽西車站東端出土，今存洛陽市博物館。高、寬均 46 釐米。正書，16 行，滿行 18 字。首題：魏故步兵校尉千牛備身武衛將軍燕州大中正平北將軍燕州刺史寇君墓誌銘。

圖版、錄文著錄：

《北京圖書館藏中國歷代石刻拓本匯編》3 冊 95 頁。（圖）

《洛陽出土歷代墓誌輯繩》18 頁。（圖）

《洛陽出土北魏墓誌選編》正始八，15 頁；圖版二一，235 頁。（圖、文）

《漢魏六朝碑刻校注》4 冊 68—69 頁。（圖、文）

《漢魏南北朝墓誌彙編》49 頁。（文）

《全北魏東魏西魏文補遺》98—99 頁。（文）

碑目題跋著錄：

《碑帖鑒定》155 頁。

《碑帖敘錄》164 頁。

《六朝墓誌檢要》（修訂本）40—41 頁。

《漢魏六朝碑刻校注·總目提要》編號 1241。

《北朝隋代墓誌所在綜合目錄》編號 75。

論文：

侯鴻鈞：《洛陽西車站發現北魏墓一座》，《文物參考資料》1957 年第 2 期。

倪潤安：《墓誌所見上谷寇氏的興衰》，《北方文物》2000 年第 4 期。

閆秋鳳：《寇猛墓誌初探》，《中原文物》2015 年第 5 期。

閆秋鳳：《北魏寇猛家世生平考釋——以墓誌和本傳為中心》，《河南理工大學學報》2016 年第 2 期。

備考：寇猛，《魏書》卷九三、《北史》卷九二有傳。

正始 020

馮聿墓誌

正始三年（506）三月廿日卒於京師，十一月廿九日葬於乾脯山之陽。邙洛出土。誌高 41、寬 51 釐米。文 22 行，滿行 18 字，正書。首題：魏故給事黃門侍郎太中大夫征虜將軍兗州刺史信都伯馮顒公墓誌銘。

碑目著錄：

《北朝隋代墓誌所在綜合目錄》編號 76。

論文

宮萬瑜：《邙洛近年出土馮聿、源模、張懋三方北魏墓誌略考》，《中原文物》2012 年第 5 期。（圖、文）

李建平、尚磊明：《邙洛近年新出北魏馮聿、源模、張懋墓誌商補》，《中原文物》2013 年第 5 期。

何山：《馮聿、源模、張懋三種北魏墓誌誌文釋錄瑣議》，《保定學院學報》2013 年第 6 期。

舒韶雄、雷金瑾：《洛陽新出三方北魏墓誌文字校補》，《河南科技大學學報》2014 年第 1 期。

章紅梅：《新出三方北魏墓誌釋文補正》，《北方文物》2016 年第 1 期。

正始 021

江文遙母吳夫人墓誌

正始四年（507）正月十九日改葬於北邙山。出土時地不詳。拓本高 50、寬 50.5 釐米。文 11 行，滿行 17 字，正書。首題：魏步兵校尉襲封安平縣開國子江文遙母吳夫人之墓誌銘。

論文：

劉燦輝：《新見北魏〈江文遙母吳夫人墓誌〉》，《書法》2015 年第 7 期。（圖、文）

備考：江文遙，《魏書》卷七一有傳。

正始 022

李仲胤墓誌

正始三年（506）十月十四日卒於洛陽，正始四年（507）三月一日葬本郡房子界之西崗。2010 年在河北省贊皇縣西高村南約 2000 米的崗坡臺地上出土。蓋長 48.2、寬 37、厚 16.4 釐米。盝頂頂面長 34.5、寬 22.7、厚 8.4 釐米。誌長 48、寬 37.3、厚 15.3 釐米。文 12 行，行 18 至 25 字不等，正書。首題：魏故尚書左丞鎮遠將軍光州刺史李侯墓誌銘。

碑目著錄：

《北朝隋代墓誌所在總合目錄》編號 554。

論文：

中國社會科學院考古研究所河北工作隊：《河北贊皇縣北魏李仲胤夫婦墓發掘簡報》，《考古》2015 年第 8 期。（圖）

白艷章：《北魏〈李仲胤墓誌〉考釋》，《邢臺學院學報》2016 年第 2 期。（文）

備考：李仲胤，《魏書》卷四九附《李宣茂傳》。

正始 023

奚智墓誌

卒於洛陽，葬在塵泉之源，正始四年（507）三月十三日記。1926年陰曆七月七日，洛陽城北四十里田溝村南嶺出土，曾歸三原于右任，今存西安碑林博物館。誌石圓首碑形，高 57、寬 40 釐米。文正書，14 行，滿行 17 字。

圖版著錄：

《漢魏南北朝墓誌集釋》圖版二○七，《新編》3/3/519。

《北京圖書館藏中國歷代石刻拓本匯編》3 冊 98 頁。

《鴛鴦七誌齋藏石》圖 22。

《中國金石集萃》8 函 2 輯編號 14。

《西安碑林全集》59/91 – 96。

《洛陽出土北魏墓誌選編》圖版二二，236 頁。

《漢魏六朝碑刻校注》4 冊 74 頁。

錄文著錄：

《洛陽出土北魏墓誌選編》正始九，15—16 頁。

《漢魏南北朝墓誌彙編》50 頁。

《漢魏六朝碑刻校注》4 冊 75 頁。

《全北魏東魏西魏文補遺》99 頁。

碑目題跋著錄：

《石刻題跋索引》133 頁左，《新編》1/30/22471。

《古誌新目初編》1/2b，《新編》2/18/13692 下。

《漢魏南北朝墓誌集釋》5/42b，《新編》3/3/118。

《國立北平圖書館藏碑目》2b，《新編》3/36/249 下。

《蒿里遺文目錄續編·墓誌徵存》2b，《新編》3/37/537 下。

《墓誌徵存目錄》卷 1，《羅振玉學術論著集》第五集，560 頁。

《丙寅稿》，《羅振玉學術論著集》第十集（上）131—132 頁。

《歷代墓誌銘拓片目錄》5 頁。

《六朝墓誌檢要》（修訂本）41 頁。

《洛陽出土石刻時地記》北魏正始007，13頁。
《碑帖鑒定》155—156頁。
《漢魏六朝碑刻校注·總目提要》編號1244。
《北朝隋代墓誌所在總合目錄》編號77。
《北京大學圖書館藏歷代墓誌拓片目錄》編號00117。

正始024

元達豆官妻楊貴姜墓銘磚

正始四年（507）三月十四日。磚高30、寬15釐米。隸書，3行，行3、7、11字不等。

著錄：

《中國古代磚刻銘文集》上、下冊編號0941。（圖、文）
《北朝隋代墓誌所在總合目錄》編號78。（目）
《北京大學圖書館藏歷代墓誌拓片目錄》編號00118。（目）

正始025

樂陵王元思墓誌

正始三年（506）五月十二日薨於正寢，正始四年（507）三月廿五日葬於湮澗之濱、山陵東埠。1916年洛陽城北徐家溝村出土，曾歸德化李氏，1951年入藏吉林省博物館。誌高59.4、廣61.5釐米。文18行，滿行17字，正書。

圖版著錄：

《漢魏南北朝墓誌集釋》圖版一五五，《新編》3/3/457。
《北京圖書館藏中國歷代石刻拓本匯編》3冊99頁。
《中國金石集萃》8函2輯編號15。
《洛陽出土北魏墓誌選編》圖版二三，237頁。
《漢魏六朝碑刻校注》4冊76頁。

錄文著錄：

《芒洛冢墓遺文四編》1/2b–3a，《新編》1/19/14149下—14150上。
《誌石文錄》卷上/3a–b，《新編》2/19/13743上。
《洛陽出土北魏墓誌選編》正始一〇，16頁。

《漢魏南北朝墓誌彙編》50—51 頁。

《漢魏六朝碑刻校注》4 冊 77 頁。

《全北魏東魏西魏文補遺》99—100 頁。

碑目題跋著錄：

《石刻題跋索引》133 頁左，《新編》1/30/22471。

《石刻名彙》2/8a，《新編》2/2/1028 下。

《古誌新目初編》1/2b，《新編》2/18/13692 下。

《蒿里遺文目錄》2（3）/1a，《新編》2/20/14977 上。

《夢碧簃石言》5/13a，《新編》3/2/219 上。

《漢魏南北朝墓誌集釋》4/33a，《新編》3/3/99。

《國立北平圖書館藏碑目》2b，《新編》3/36/249 下。

《循園古冢遺文跋尾》2/3b－4a，《新編》3/38/13 下—14 上。

《元氏誌錄》1b、6a，《新編》3/38/47 上、49 下。

《墓誌徵存目錄》卷 1，《羅振玉學術論著集》第五集，560 頁。

《洛陽出土石刻時地記》北魏正始 008，13 頁。

《歷代墓誌銘拓片目錄》5 頁。

《六朝墓誌檢要》（修訂本）41 頁。

《漢魏六朝碑刻校注·總目提要》編號 1245。

淑德大學《中國石刻拓本目錄》"墓誌"編號 36。

《北朝隋代墓誌所在總合目錄》編號 79。

《北京大學圖書館藏歷代墓誌拓片目錄》編號 00119。

論文：

王則：《北魏元思墓誌銘跋》，《北方文物》2000 年第 2 期。

備考：元思，《魏書》卷一九下、《北史》卷一八有傳，附《樂陵王胡兒傳》。

正始 026

元鑒（字紹達）墓誌

正始三年（506）五月廿六日薨於第，四年（507）三月廿六日附葬長陵之東崗。1925（一說 1928）年洛陽城北前海資村北出土，曾歸三原于右任，今存西安碑林博物館。誌高43、寬46釐米。文正書，19行，滿行19字。尾題：維大代大魏正始四年歲次丁亥三月庚申朔廿六日乙酉武昌王墓誌銘。

　　圖版著錄：

《漢魏南北朝墓誌集釋》圖版七〇，《新編》3/3/361。

《北京圖書館藏中國歷代石刻拓本匯編》3冊100頁。

《鴛鴦七誌齋藏石》圖23。

《中國金石集萃》8函2輯編號16。

《西安碑林全集》59/97–102。

《漢魏六朝碑刻校注》4冊78頁。

　　錄文著錄：

《洛陽出土北魏墓誌選編》正始一一，16—17頁。

《漢魏南北朝墓誌彙編》51頁。

《漢魏六朝碑刻校注》4冊79頁。

《全北魏東魏西魏文補遺》100頁。

　　碑目題跋著錄：

《石刻題跋索引》133頁左，《新編》1/30/22471。

《古誌新目初編》1/3a，《新編》2/18/13693上。

《漢魏南北朝墓誌集釋》3/17a，《新編》3/3/67。

《國立北平圖書館藏碑目》3a，《新編》3/36/250上。

《蒿里遺文目錄續編補遺》1b，《新編》3/37/545上。

《元氏誌錄補遺》1a，《新編》3/38/55上。

《墓誌徵存目錄》卷1，《羅振玉學術論著集》第五集，561頁。

《六朝墓誌檢要》（修訂本）41頁。

《洛陽出土石刻時地記》北魏正始009，13頁。

《歷代墓誌銘拓片目錄》5頁。

《碑帖鑒定》156頁。

《漢魏六朝碑刻校注·總目提要》編號1246。

淑德大學《中國石刻拓本目錄》"墓誌"編號37。

《北朝隋代墓誌所在總合目錄》編號80。

《北京大學圖書館藏歷代墓誌拓片目錄》編號00120。

備考：元鑒，《魏書》卷一六、《北史》卷一六有傳，附《河南王曜傳》。

正始027

揚州刺史元嵩墓誌

正始四年（507）三月三日薨於州治，七月十六日葬於河陰縣穀水之北崗。1932年洛陽城西北柿園村西半里出土，曾歸三原于右任，今存西安碑林博物館。誌高57、寬53釐米。文正書，17行，滿行17字。首題：故使持節都督揚州諸軍事安南將軍贈車騎大將軍領軍將軍揚州刺史高平剛侯之墓誌。

圖版著錄：

《漢魏南北朝墓誌集釋》圖版一二九，《新編》3/3/429。

《北京圖書館藏中國歷代石刻拓本匯編》3冊104頁。

《鴛鴦七誌齋藏石》圖24。

《西安碑林全集》59/103－108。

《洛陽出土北魏墓誌選編》圖版二四，238頁。

《漢魏六朝碑刻校注》4冊85頁。

錄文著錄：

《洛陽出土北魏墓誌選編》正始一二，17頁。

《漢魏南北朝墓誌彙編》52頁。

《漢魏六朝碑刻校注》4冊86頁。

《全北魏東魏西魏文補遺》101頁。

碑目題跋著錄：

《石刻題跋索引》133頁左，《新編》1/30/22471。

《漢魏南北朝墓誌集釋》4/27b－28a，《新編》3/3/88－89。

《墓誌徵存目錄》卷1，《羅振玉學術論著集》第五集，561頁。

《洛陽出土石刻時地記》北魏正始011，13—14頁。

《歷代墓誌銘拓片目錄》5頁。

《六朝墓誌檢要》（修訂本）41—42頁。

《漢魏六朝碑刻校注·總目提要》編號1250。

淑德大學《中國石刻拓本目錄》"墓誌"編號38。

《北朝隋代墓誌所在總合目錄》編號81。

備考：元嵩，《魏書》卷一九中、《北史》卷一八有傳，附《任城王雲傳》。

正始028

元壽妃麴氏墓誌

正始四年（507）八月十六日薨於京師，葬於芒陵之東。1919年洛陽城北十六里後海資村北平塚第三塚內出土，曾歸洛陽古物保存所，今存河南省博物院。誌高58、廣53.6釐米。8行，滿行15字，正書。首題：故城陽康王元壽妃之墓誌。

圖版著錄：

《漢魏南北朝墓誌集釋》圖版一四三，《新編》3/3/443。

《北京圖書館藏中國歷代石刻拓本匯編》3冊105頁。

《中國金石集萃》8函2輯編號17。

《洛陽出土北魏墓誌選編》圖版二五，239頁。

《北魏皇家墓誌二十品》編號4。

《漢魏六朝碑刻校注》4冊87頁。

錄文著錄：

《芒洛冢墓遺文四編》1/3a–b，《新編》1/19/14150上。

《誌石文錄》卷上/3a，《新編》2/19/13743上。

《洛陽出土北魏墓誌選編》正始一三，17—18頁。

《漢魏南北朝墓誌彙編》52頁。

《漢魏六朝碑刻校注》4冊88頁。

《全北魏東魏西魏文補遺》101頁。

碑目題跋著錄：

《石刻題跋索引》133頁左，《新編》1/30/22471。

《石刻名彙》2/8a，《新編》2/2/1028下。

《崇雅堂碑錄》1/13b，《新編》2/6/4490上。

《古誌新目初編》1/3a，《新編》2/18/13693上。

《蒿里遺文目錄》2（3）/3b，《新編》2/20/14978 上。
《夢碧簃石言》5/13a，《新編》3/2/219 上。
《漢魏南北朝墓誌集釋》4/30a，《新編》3/3/93。
《國立北平圖書館藏碑目》3a，《新編》3/36/250 上。
《循園古冢遺文跋尾》2/4a－b，《新編》3/38/14 上。
《元氏誌錄》1b、10b，《新編》3/38/47 上、51 下。
《墓誌徵存目錄》卷1，《羅振玉學術論著集》第五集，561 頁。
《洛陽出土石刻時地記》北魏正始012，14 頁。
《歷代墓誌銘拓片目錄》5 頁。
《六朝墓誌檢要》（修訂本）42 頁。
《漢魏六朝碑刻校注·總目提要》編號1251。
淑德大學《中國石刻拓本目錄》"墓誌"編號39。
《北朝隋代墓誌所在總合目錄》編號82。
《北京大學圖書館藏歷代墓誌拓片目錄》編號00121。
備考：元壽，《魏書》卷一九有傳。

正始 029

張裸墓誌

正始四年（507）九月。先後存端方、北京達古齋。正書。

碑目著錄：

《石刻名彙》第一編"誌銘類補遺"1a，《新編》2/2/1136 上。

正始 030

洛州刺史樂安王元緒墓誌

正始四年（507）二月八日薨於州之中堂，五月廿七日殯於第之朝堂，十月卅日葬於洛陽城之西北，祔塋於高祖孝文陵之東。1919 年洛陽城北安駕溝村西南出土，天津徐世昌、馬衡遞藏，今存北京故宮博物院。誌高66、寬68 釐米。文26 行，滿行27 字，正書。首題：大魏征東大將軍大宗正卿洛州刺史樂安王墓誌銘。

圖版著錄：

《漢魏南北朝墓誌集釋》圖版八一，《新編》3/3/375。

《北京圖書館藏中國歷代石刻拓本匯編》3 冊 109 頁。

《中國金石集萃》8 函 2 輯編號 18。

《洛陽出土北魏墓誌選編》圖版二七，241 頁。

《漢魏六朝碑刻校注》4 冊 93 頁。

《故宮博物院藏歷代墓誌彙編》1 冊 57 頁。

錄文著錄：

《芒洛冢墓遺文四編》1/3b–4b，《新編》1/19/14150 上—下。

《誌石文錄》卷上/3b–4b，《新編》2/19/13743 上—下。

《洛陽出土北魏墓誌選編》正始一五，18—19 頁。

《漢魏南北朝墓誌彙編》52—54 頁。

《漢魏六朝碑刻校注》4 冊 94 頁。

《故宮博物院藏歷代墓誌彙編》1 冊 56 頁。

《全北魏東魏西魏文補遺》102 頁。

碑目題跋著錄：

《石刻題跋索引》133 頁左，《新編》1/30/22471。

《石刻名彙》2/8a，《新編》2/2/1028 下。

《崇雅堂碑錄》1/13b，《新編》2/6/4490 上。

《古誌新目初編》1/3a，《新編》2/18/13693 上。

《蒿里遺文目錄》2（3）/1a，《新編》2/20/14977 上。

《夢碧簃石言》5/13a，《新編》3/2/219 上。

《漢魏南北朝墓誌集釋》3/19a，《新編》3/3/71。

《國立北平圖書館藏碑目》3a，《新編》3/36/250 上。

《循園古冢遺文跋尾》2/4b–5a，《新編》3/38/14 上—下。

《元氏誌錄》1b、6a，《新編》3/38/47 上、49 下。

《墓誌徵存目錄》卷 1，《羅振玉學術論著集》第五集，561 頁。

《洛陽出土石刻時地記》北魏正始 013，14 頁。

《歷代墓誌銘拓片目錄》5 頁。

《增補校碑隨筆》（修訂本）171 頁。

《碑帖鑒定》156 頁。

《六朝墓誌檢要》（修訂本）42 頁。

《漢魏六朝碑刻校注·總目提要》編號1254。

淑德大學《中國石刻拓本目錄》"墓誌"編號40。

《北朝隋代墓誌所在總合目錄》編號83。

《北京大學圖書館藏歷代墓誌拓片目錄》編號00123。

備考：元緒，《魏書》卷一九下有傳，附《元願平傳》。

正始031

李瞻墓誌

卒於家，正始五年（508）正月一日葬。河北贊皇縣出土，石藏河北正定墨香閣。誌高29、寬37釐米。文16行，滿行15字。首題：儒德李生之墓銘。

著錄：

《墨香閣藏北朝墓誌》6—7頁。（圖、文）

《金石拓本題跋集萃》44頁。（圖）

《北朝隋代墓誌所在總合目錄》編號84。（目）

《北京大學圖書館藏歷代墓誌拓片目錄》編號00124。（目）

論文：

叢文俊：《跋李瞻墓誌銘》，載於《藝術與學術：叢文俊書法研究題跋文集》，第67—68頁。

叢文俊：《北魏李瞻墓誌跋》，載於《藝術與學術：叢文俊書法題跋研究文集》，第248頁。

正始032

姬通墓誌

正始五年（508）三月中旬葬於京兆之南。出土於陝西省西安市。誌高66、寬34釐米。文正書，10行，滿行23字。

圖版著錄：

《秦晉豫新出墓誌蒐佚續編》1冊39頁。

正始033

張洛都磚誌

正始五年（508）五月十七日。河南洛陽出土，曾歸杭州鄒安，有云紹興范壽銘舊藏。磚高33、寬16釐米。文2行，行5至8字，隸書。

圖版著錄：

《廣倉專錄》，《新編》4/10/723。

《北京圖書館藏中國歷代石刻拓本匯編》3册113頁。

《中國磚銘》圖版上册678頁。

《中國古代磚刻銘文集》上册編號0943。

錄文著錄：

《漢魏南北朝墓誌彙編》54頁。

《中國古代磚刻銘文集》下册編號0943。

《全北魏東魏西魏文補遺》103頁。

碑目題跋著錄：

《石刻題跋索引》133頁左，《新編》1/30/22471。

《循園古冢遺文跋尾》2/5a－b，《新編》3/38/14下。

《六朝墓誌檢要》（修訂本）43頁。

《漢魏六朝碑刻校注·總目提要》編號1254。

《北朝隋代墓誌所在綜合目錄》編號85。

《北京大學圖書館藏歷代墓誌拓片目錄》編號00125。

正始034

光州刺史高慶碑

正始五年（508）八月十日卒。光緒末年出土於山東德州。拓片通高180、寬80釐米。文正書，22行，滿行42字。額題：魏故光州刺史貞侯高君之碑。首題：大魏故鎮遠將（軍）（下缺）。

圖版著錄：

《北京圖書館藏中國歷代石刻拓本匯編》3册114頁。

《漢魏六朝碑刻校注》4册96頁。

錄文著錄：

《魯迅輯校石刻手稿·碑銘》中册188—192頁。

《漢魏六朝碑刻校注》4册97頁。

《全北魏東魏西魏文補遺》61—62頁。

碑目題跋著錄：

《集古求真》3/8b，《新編》1/11/8505 下。

《藝風堂金石文字目》2/7a，《新編》1/26/19537 上。

《唐風樓金石文字跋尾》，《新編》1/26/19842 上—下。

《續補寰宇訪碑錄》3/3a、4a，《新編》1/27/20316 上、下。

《石刻題跋索引》34 頁左，《新編》1/30/22372。

《崇雅堂碑錄》1/13b，《新編》2/6/4490 上。

（宣統）《山東通志·藝文志》卷 152，《新編》2/12/9324 上。

《語石》2/5b，《新編》2/16/11878 上。

《寶鴨齋題跋》卷上/20b–21b，《新編》2/19/14344 下—14345 上。

《寰宇貞石圖目錄》卷下/3b，《新編》2/20/14678 下。

《蒿里遺文目錄》1 上/4a，《新編》2/20/14939 上。

（民國）《德縣志·輿地志·金石》4/43b，《新編》3/26/425 上。

《雪堂金石文字跋尾》2/26b–27a，《新編》3/38/300 下—301 上。

《增補校碑隨筆》（修訂本）171 頁。

《碑帖鑒定》156 頁。

《碑帖敘錄》140 頁。

《善本碑帖錄》2/67。

《漢魏六朝碑刻校注·總目提要》編號 1256。

淑德大學《中國石刻拓本目錄》"碑碣等刻石"編號 370。

備考：高慶，事見《魏書》卷三二《高湖傳》，《北齊書》卷一、《北史》卷六《高歡本紀》，《北史》卷三一《高允傳》。

正始 035

王氏墓磚

正始五年（508）九月。隸書。

碑目著錄：

《石刻名彙》12/205a，《新編》2/2/1130 下。

正始 036

元成碑

北魏正始五年（508）立。在祁州深澤縣墓側。

碑目題跋著錄：

《通志·金石略》卷上/30a，《新編》1/24/18034 上。

《寶刻叢編》6/57a，《新編》1/24/18192 上。

《金石彙目分編》3（2）/59b，《新編》1/27/20722 上。

《石刻題跋索引》26 頁左，《新編》1/30/22364。

《墨華通考》1/7b，《新編》2/6/4294 上。

（光緒）《畿輔通志·金石》142/36b、153/85a，《新編》2/11/8321 下、8723 上。

《京畿金石考》卷下/29b，《新編》2/12/8782 上。

《畿輔待訪碑目》卷上/2b，《新編》2/20/14801 下。

《佩文齋書畫譜·金石》62/9a 上，《新編》3/2/55 下。

《六藝之一錄》59/24a，《新編》4/5/94 下。

《漢魏石刻文學考釋》中冊 885 頁。

《漢魏石刻文字繫年》159 頁。

《漢魏六朝碑刻校注·總目提要》編號 0836。

備考：《漢魏六朝碑刻校注》誤著錄為三國魏。

永　平

永平 001

趙超宗墓誌

永平元年（508）十月十日葬。2002 年陝西省長安縣少陵原出土，石藏西安碑林博物館。誌長 56、寬 53 釐米。文正書，15 行，行 19 至 21 字不等。首題：魏故使持節岐州刺史尋陽伯趙公墓誌。

著錄：

《西安碑林博物館新藏墓誌彙編》上冊 7—8 頁。（圖、文）

《漢魏六朝碑刻校注》4 冊 101—102 頁。（圖、文）

《漢魏六朝碑刻校注·總目提要》編號 1258。（目）

《北朝隋代墓誌所在總合目錄》編號 87。（目）

備考：趙超宗，《魏書》卷五二有傳。

永平 002

王埋奴墓誌

永平元年（508）六月八日卒於官，十一月六日葬於芒阜。現藏河南洛陽張赫坤。誌高106、寬53釐米。正書，17行，滿行31字。首題：魏故廣陽靖公王使君之墓誌。

著錄：

《漢魏六朝碑刻校注》4冊107—108頁。（圖、文）

《洛陽新獲墓誌續編》3頁（圖）、309頁（文、跋）。

《漢魏六朝碑刻校注·總目提要》編號1259。（目）

《北朝隋代墓誌所在総合目錄》編號90。（目）

永平 003

北海王元詳墓誌

正始元年（504）六月十三日薨，永平元年（508）十一月六日葬於長陵北山。1920年洛陽城北十八里張楊村西、後海資村北平塚內出土，曾歸江蘇常熟曾氏、武進陶蘭泉，現存上海博物館。誌高69、寬49釐米。文12行，滿行16字，正書。

圖版著錄：

《漢魏南北朝墓誌集釋》圖版一八一，《新編》3/3/487。

《北京圖書館藏中國歷代石刻拓本匯編》3冊117頁。

《中國金石集萃》8函2輯編號19。

《洛陽出土北魏墓誌選編》圖版二九，243頁。

《漢魏六朝碑刻校注》4冊103頁。

錄文著錄：

《芒洛冢墓遺文四編》1/5a，《新編》1/19/14151上。

《洛陽出土北魏墓誌選編》永平二，20頁。

《漢魏南北朝墓誌彙編》54頁。

《漢魏六朝碑刻校注》4冊104頁。

《全北魏東魏西魏文補遺》103頁。

碑目題跋著錄：

《石刻題跋索引》133 頁右，《新編》1/30/22471。

《石刻名彙》2/8a，《新編》2/2/1028 下。

《崇雅堂碑錄補》1/5b，《新編》2/6/4553 上。

《古誌新目初編》1/3a，《新編》2/18/13693 上。

《蒿里遺文目錄》2（3）/1a，《新編》2/20/14977 上。

《夢碧簃石言》5/13a，《新編》3/2/219 上。

《漢魏南北朝墓誌集釋》上/4/37a，《新編》3/3/107。

《循園古冢遺文跋尾》2/6a–b，《新編》3/38/15 上。

《元氏誌錄》1b、7a，《新編》3/38/47 上、50 上。

《墓誌徵存目錄》卷 1，《羅振玉學術論著集》第五集，561 頁。

《洛陽出土石刻時地記》北魏永平 002，14 頁。

《歷代墓誌銘拓片目錄》6 頁。

《碑帖鑒定》156 頁。

《增補校碑隨筆》（修訂本）171—172 頁。

《六朝墓誌檢要》（修訂本）43 頁。

《漢魏六朝碑刻校注·總目提要》編號 1260。

淑德大學《中國石刻拓本目錄》"墓誌" 編號 41。

《北朝隋代墓誌所在綜合目錄》編號 88。

《北京大學圖書館藏歷代墓誌拓片目錄》編號 00127。

論文：

劉軍：《三方元魏宗室墓誌透露的歷史真相》，《博物館研究》2015 年第 2 期；又載於《文物春秋》2015 年第 3 期。

備考：元詳，《魏書》卷二十一上、《北史》卷一九有傳。

永平 004

彭城王元勰墓誌

永平元年（508）九月十九日薨，其年十一月六日葬於長陵北山。1919 年洛陽城北張羊村西一里出土，曾歸武進陶蘭泉，今存遼寧省博物館。誌高 63、寬 60 釐米。文正書，15 行，滿行 17 字；末刻小字 2 行，行 2 列，列 9 至 16 字不等。首題：魏故使持節侍中假黄鉞都督中外諸軍事太師領司徒公彭城武宣王墓誌銘。

圖版著錄：

《漢魏南北朝墓誌集釋》圖版一八五，《新編》3/3/491。

《北京圖書館藏中國歷代石刻拓本匯編》3冊118頁。

《中國金石集萃》7函1輯編號9。

《洛陽出土北魏墓誌選編》圖版二八，242頁。

《北魏皇家墓誌二十品》編號5。

《漢魏六朝碑刻校注》4冊105頁。

《遼寧省博物館藏碑誌精粹》50頁。

錄文著錄：

《芒洛冢墓遺文四編》1/5a-6a，《新編》1/19/14151上—下。

《滿洲金石志別錄》卷上/6b-7b，《新編》1/23/17400下—17401上。

《洛陽出土北魏墓誌選編》永平一，19頁。

《漢魏南北朝墓誌彙編》54—55頁。

《漢魏六朝碑刻校注》4冊106頁。

《遼寧省博物館藏碑誌精粹》50頁。

《全北魏東魏西魏文補遺》103—104頁。

碑目題跋著錄：

《滿洲金石志別錄》卷上/7b-8a，《新編》1/23/17401上—下。

《石刻題跋索引》133頁右，《新編》1/30/22471。

《石刻名彙》2/8a，《新編》2/2/1028下。

《崇雅堂碑錄補》1/5b，《新編》2/6/4553上。

《古誌新目初編》1/3a，《新編》2/18/13693上。

《蒿里遺文目錄》2（3）/1a，《新編》2/20/14977上。

《夢碧簃石言》5/13a，《新編》3/2/219上。

《漢魏南北朝墓誌集釋》上/4/37b，《新編》3/3/108。

《循園古冢遺文跋尾》2/5b-6a，《新編》3/38/14下—15上。

《元氏誌錄》1b、7a、9b，《新編》3/38/47上、50上/51上。

《墓誌徵存目錄》卷1，《羅振玉學術論著集》第五集，561頁。

《洛陽出土石刻時地記》北魏永平001，14頁。

《歷代墓誌銘拓片目錄》6 頁。

《六朝墓誌檢要》（修訂本）43—44 頁。

《遼寧省博物館藏碑誌精粹》51 頁。

《漢魏六朝碑刻校注·總目提要》編號 1261。

淑德大學《中國石刻拓本目錄》"墓誌"編號 42。

《北朝隋代墓誌所在總合目錄》編號 89。

《北京大學圖書館藏歷代墓誌拓片目錄》編號 00126。

論文：

劉軍：《三方元魏宗室墓誌透露的歷史真相》，《博物館研究》2015 年第 2 期；又載於《文物春秋》2015 年第 3 期。

備考：元颺，《魏書》卷二一下、《北史》卷一九有傳。

永平 005

元繼妃石婉墓誌

永平元年（508）十一月廿三日葬於西崗。清宣統元年洛陽城北張羊村西出土，曾歸邑人張氏、常熟曾炳章（號虞民）、番禺陳仲漁，今存上海博物館。誌高 57、寬 50.9 釐米。文 18 行，滿行 20 字，正書。首題：魏尚書江陽王次妃石夫人墓誌銘。

圖版著錄：

《漢魏南北朝墓誌集釋》圖版七七，《新編》3/3/370。

《北京圖書館藏中國歷代石刻拓本匯編》3 冊 119 頁。

《中國金石集萃》8 函 2 輯編號 20。

《洛陽出土北魏墓誌選編》圖版三〇，244 頁。

《漢魏六朝碑刻校注》4 冊 109 頁。

錄文著錄：

《芒洛冢墓遺文》卷上/1a–b，《新編》1/19/13980 上。

《誌石文錄》卷上/5b–6a，《新編》2/19/13744 上—下。

《魯迅輯校石刻手稿·墓誌》上冊 43—44 頁。

《洛陽出土北魏墓誌選編》永平三，20—21 頁。

《漢魏南北朝墓誌彙編》55—56 頁。

《漢魏六朝碑刻校注》4 冊 110 頁。

《全北魏東魏西魏文補遺》104 頁。

碑目題跋著錄：

《金石彙目分編》9（補遺）/5a,《新編》1/28/21084 上。

《石刻題跋索引》133 頁右,《新編》1/30/22471。

《石刻名彙》2/8a,《新編》2/2/1028 下。

《崇雅堂碑錄》1/13b,《新編》2/6/4490 上。

《崇雅堂碑錄補》1/5b,《新編》2/6/4553 上。

《蒿里遺文目錄》2（3）/3b,《新編》2/20/14978 上。

《夢碧簃石言》5/13a,《新編》3/2/219 上。

《漢魏南北朝墓誌集釋》3/18b,《新編》3/3/70。

《洹洛訪古記》卷下/30b,《新編》3/29/574 下。

《國立北平圖書館藏碑目》3a,《新編》3/36/250 上。

《古誌彙目》1/5a,《新編》3/37/13。

《循園古冢遺文跋尾》2/6b–7a,《新編》3/38/15 上—下。

《元氏誌錄》1b、7b,《新編》3/38/47 上、50 上。

《碑帖跋》78 頁,《新編》3/38/226、4/7/434 上。

《雪堂金石文字跋尾》2/16a–b,《新編》3/38/295 下。

《墓誌徵存目錄》卷 1,《羅振玉學術論著集》第五集, 561 頁。

《洛陽出土石刻時地記》北魏永平 003, 14 頁。

《歷代墓誌銘拓片目錄》6 頁。

《碑帖敘錄》20 頁。

《碑帖鑒定》156 頁。

《增補校碑隨筆》（修訂本）172 頁。

《六朝墓誌檢要》（修訂本）44 頁。

《漢魏六朝碑刻校注·總目提要》編號 1262。

《北朝隋代墓誌所在総合目錄》編號 91。

《北京大學圖書館藏歷代墓誌拓片目錄》編號 00128。

備考：江陽王元繼,《魏書》卷一六、《北史》卷一六有傳。

永平 006

元淑墓誌并陰

正始五年（508）三月十五日卒於舊京金城之公館，永平元年（508）十一月十五日葬於白登之陽，永平元年十二月四日建。田徽寶造，魏洽書。1984 年出土於山西省大同市的小南頭鄉東王莊村西北 1.5 公里處。通高 92 釐米；碑身高 79、寬 43、厚 8 釐米；碑座上四殺長 53、寬 27、高 13 釐米。正書，陽 20 行，行 27 字；陰題款 3 行，行字不等。墓誌額題：魏元公之墓誌。

著錄：

《漢魏六朝碑刻校注》4 冊 114—115 頁。（圖、文）

《全北魏東魏西魏文補遺》27—28 頁。（文）

《新出魏晉南北朝墓誌疏證》（修訂本）60—62 頁。（文、跋）

《漢魏六朝碑刻校注·總目提要》編號 1264。（目）

《北朝隋代墓誌所在綜合目錄》編號 92。（目）

論文：

大同市博物館：《大同東郊北魏元淑墓》，《文物》1989 年第 8 期。

王銀田：《元淑墓誌考釋——附北魏高琨墓誌小考》，《文物》1989 年第 8 期。

殷憲：《〈元淑墓誌〉考述》，《北魏平城書跡研究》，第 209—217 頁。

備考：元淑，《北史》卷一五有傳，附《常山王遵傳》。

永平 007

盧水統酋彭成興磚誌

永平二年（509）正月廿九日卒。20 世紀 70 年代初陝西省麟游縣丈八鄉出土，現藏麟游縣博物館。誌二方，均長 31.5、寬 14.5、厚 5 釐米。第一方誌文正面 6 行，滿行 12 字；側面 2 行，行 14 至 20 字不等。第二方誌文正面 7 行，滿行 14 字。字體隸、正之間。

著錄：

《新中國出土墓誌·陝西〔叁〕》上冊 4 頁（圖）、下冊 1 頁（文）。

永平 008

元融妃穆氏墓誌

又名"章武王妃穆氏墓誌"。永平二年（509）三月十二日卒於洛陽之綏武里，四月一日葬於芒山之陽。1935年陰曆十二月二日洛陽老城北鄭凹村南出土，曾歸三原于右任，今存西安碑林博物館。誌高39、寬46釐米。文正書，15行，滿行12字。首題：魏章武王妃穆氏墓誌銘。

圖版著錄：

《洛陽出土歷代墓誌輯繩》19頁。

《鴛鴦七誌齋藏石》圖25。

《西安碑林全集》59/113-116。

《洛陽出土北魏墓誌選編》圖版三一，245頁。

《漢魏六朝碑刻校注》4冊122頁。

錄文著錄：

《洛陽出土北魏墓誌選編》永平四，21頁。

《新出魏晉南北朝墓誌疏證》（修訂本）63頁。

《漢魏六朝碑刻校注》4冊123頁。

《全北魏東魏西魏文補遺》104—105頁。

碑目題跋著錄：

《墓誌徵存目錄》卷1，《羅振玉學術論著集》第五集，561頁。

《新出魏晉南北朝墓誌疏證》（修訂本）63—64頁。

《六朝墓誌檢要》（修訂本）44頁。

《洛陽出土石刻時地記》北魏永平004，14—15頁。

《漢魏六朝碑刻校注·總目提要》編號1267。

《北朝隋代墓誌所在綜合目錄》編號93。

論文：

吳健華：《洛陽出土北魏丘穆陵氏後裔墓誌撮要及族系考證》，《洛陽師範學院學報》2011年第7期。

永平 009

孫桃史銘

永平二年（509）四月葬。2004年河南省洛陽市出土，旋歸李氏。磚高 27.5、寬 13.5 釐米。文 2 行，滿行 6 字，正書。

圖版著錄：

《河洛墓刻拾零》上冊 17 頁。

永平 010

胡潑貴磚誌二種

永平二年（509）五月十四日。端方舊藏。一磚高八寸七分，寬四寸；2 行，計 17 字，正書。一磚高一尺一寸，廣五寸三分；正書，2 行，計存 12 字。

錄文著錄：

《匋齋藏石記》10/12a，《新編》1/11/8035 下。

《雪堂專錄・專誌徵存》4b，《羅雪堂先生全集》五編 3 冊 1272 頁。

《全北魏東魏西魏文補遺》105 頁。

碑目題跋著錄：

《石刻題跋索引》133 頁右，《新編》1/30/22471。

《石刻名彙》12/205a，《新編》2/2/1130 下。

《蒿里遺文目錄》3 上/2b，《新編》2/20/14981 下。

《古誌彙目》1/5a，《新編》3/37/13。

《六朝墓誌檢要》（修訂本）44 頁。

《漢魏六朝碑刻校注・總目提要》編號 1270。

《北朝隋代墓誌所在總合目錄》編號 95。

永平 011

永平二年五月十四日墓記磚

永平二年（509）五月十四日，《匋齋藏石記》作東漢刻。端方舊藏。磚高 26、寬 12.5 釐米。正書，兩面刻，一面 1 行 9 字，一面一行存 4 字。

著錄：

《中國磚銘》圖版上冊 679 頁右。（圖）

《中國古代磚刻銘文集》上、下冊編號 0944。（圖、文）

《匋齋藏石記》1/9a，《新編》1/11/7993 上。（文）

《北朝隋代墓誌所在総合目錄》編號94。（目）
《北京大學圖書館藏歷代墓誌拓片目錄》編號00129。（目）

永平 012

孫氏妻趙光墓銘磚

永平二年（509）十月十一日。山東無棣吳式芬舊藏。磚高23、寬14釐米。正書，2行，行6或9字。

著錄：

《中國古代磚刻銘文集》上、下冊編號0945。（圖、文）

《石刻名彙》12/205a，《新編》2/2/1130下。（目）

《古誌彙目》1/5a，《新編》3/37/13。（目）

《北朝隋代墓誌所在総合目錄》編號96。（目）

《北京大學圖書館藏歷代墓誌拓片目錄》編號00130。（目）

永平 013

穆㢮墓誌

永平二年（509）三月卒於洛陽承華里，以十月葬於洛陽西北奇坑之陽。1991年出土於河南省孟津縣送莊村南310國道，現藏孟津縣文物管理委員會。高53、寬50、厚10釐米。正書，21行，行23字。蓋題：魏故河南穆君墓誌銘。

著錄：

《洛陽新獲墓誌》9頁（圖）、196頁（文）。

《漢魏六朝碑刻校注》4冊130—131頁。（圖、文）

《新出魏晉南北朝墓誌疏證》（修訂本）65—66頁。（文、跋）

《全北魏東魏西魏文補遺》105頁。（文）

《漢魏六朝碑刻校注·總目提要》編號1271。（目）

《北朝隋代墓誌所在総合目錄》編號97。（目）

論文：

李獻奇：《北魏六方墓誌考釋》，《畫像磚石刻墓誌研究》，第204—206頁。

永平 014

元濬磚誌

北魏永平二年（509）十一月十一日。1926 年洛陽城北姚凹村出土，為郭玉堂獲得，後歸三原于右任，今存西安碑林博物館。磚高 28、寬 13 釐米。文正書，4 行，行 5 至 13 字不等。

圖版著錄：

《漢魏南北朝墓誌集釋》圖版五三，《新編》3/3/339。

《鴛鴦七誌齋藏石》圖 27。

《中國磚銘》圖版上冊 684 頁左下。

《中國古代磚刻銘文集》上冊編號 0946。

《漢魏六朝碑刻校注》4 冊 133 頁。

錄文著錄：

《漢魏南北朝墓誌彙編》56 頁。

《洛陽出土北魏墓誌選編》永平五，21 頁。

《中國古代磚刻銘文集》下冊編號 0946。

《漢魏六朝碑刻校注》4 冊 134 頁。

《全北魏東魏西魏文補遺》106 頁。

碑目題跋著錄：

《石刻題跋索引》133 頁右，《新編》1/30/22471。

《古誌新目初編》1/3a，《新編》2/18/13693 上。

《漢魏南北朝墓誌集釋》3/14b，《新編》3/3/62。

《蒿里遺文目錄續編·甎誌徵存》12b，《新編》3/37/542 下。

《元氏誌錄補遺》1a，《新編》3/38/55 上。

《丙寅稿》，《羅振玉學術論著集》第十集（上）133 頁。

《增補校碑隨筆·偽刻》（修訂本）425 頁。

《六朝墓誌檢要》（修訂本）45 頁。

《洛陽出土石刻時地記》北魏永平 005，15 頁。

《漢魏六朝碑刻校注·總目提要》編號 1272。

《北朝隋代墓誌所在總合目錄》編號 98。

《北京大學圖書館藏歷代墓誌拓片目錄》編號00131。

備考：王壯弘《增補校碑隨筆》云其偽刻，然其在《六朝墓誌檢要》中又云其真品，不知孰是？暫從《六朝墓誌檢要》。《中國磚銘》誤著為"熙平二年。"

永平015

楊恩墓誌

永平二年（509）十一月十一日遷葬。河南洛陽出土，2000年7月石氏售於洛陽市西工文博城尉氏。誌長35、寬27.5釐米。文10行，滿行12字，末行26字，正書。首題：寧遠將軍河澗太守楊恩墓誌。

著錄：

《洛陽新獲七朝墓誌》9頁。（圖）

《秦晉豫新出墓誌蒐佚》1冊15頁。（圖）

《龍門區系石刻文萃》411頁。（圖）

《新見北朝墓誌集釋》19—24頁。（圖、文、跋）

《北朝隋代墓誌所在總合目錄》編號99。（目）

論文：

王連龍：《新見北魏〈楊恩墓誌〉與華陰楊氏譜系補正》，《社會科學戰線》2012年第10期；又見於《新見北朝墓誌集釋》，第20—24頁。

郭偉濤：《論北魏楊播、楊鈞家族祖先譜系的構建——兼及隋唐弘農楊氏相關問題》，《中華文史論叢》2017年第4期。

備考：楊恩，其事見《魏書》卷五八《楊鈞傳》、《周書》卷二二《楊寬傳》、《北史》卷四一《楊敷傳》。

永平016

元顯平妻王氏墓誌

又名"安定靖王第二子給事君夫人王氏墓誌"。永平二年（509）五月廿三日卒於京第，粵來仲冬（十一月）廿三日遷葬於瀍水之東。1925年洛陽城北徐家溝村東北嶺上出土，曾歸三原于右任，今存西安碑林博物館。誌高56、寬64釐米。文正書，20行，滿行18字。首題：魏黃鉞大將軍太傅大司馬安定靖王第二子給事君夫人王氏之墓誌。

圖版著錄：

《漢魏南北朝墓誌集釋》圖版一五七，《新編》3/3/459。

《北京圖書館藏中國歷代石刻拓本匯編》3 冊 128 頁。

《鴛鴦七誌齋藏石》圖 28。

《中國金石集萃》7 函 1 輯編號 10。

《西安碑林全集》59/117－125。

《洛陽出土北魏墓誌選編》圖版三二，246 頁。

《漢魏六朝碑刻校注》4 冊 135 頁。

錄文著錄：

《洛陽出土北魏墓誌選編》永平六，21—22 頁。

《漢魏南北朝墓誌彙編》56—57 頁。

《漢魏六朝碑刻校注》4 冊 136 頁。

《全北魏東魏西魏文補遺》106 頁。

碑目題跋著錄：

《石刻題跋索引》133 頁右，《新編》1/30/22471。

《古誌新目初編》1/3a，《新編》2/18/13693 上。

《蒿里遺文目錄補遺》11a，《新編》2/20/15001 上。

《漢魏南北朝墓誌集釋》4/33a－b，《新編》3/3/99－100。

《國立北平圖書館藏碑目》3a，《新編》3/36/250 上。

《元氏誌錄補遺》1a，《新編》3/38/55 上。

《墓誌徵存目錄》卷 1，《羅振玉學術論著集》第五集，561 頁。

《松翁近稿補遺》，《羅振玉學術論著集》第十集（上）95 頁。

《洛陽出土石刻時地記》北魏永平 006，15 頁。

《歷代墓誌銘拓片目錄》6 頁。

《六朝墓誌檢要》（修訂本）45 頁。

《漢魏六朝碑刻校注・總目提要》編號 1273。

淑德大學《中國石刻拓本目錄》"墓誌"編號 43。

《北朝隋代墓誌所在總合目錄》編號 100。

《北京大學圖書館藏歷代墓誌拓片目錄》編號 00132。

備考：元願平，《魏書》卷一九下、《北史》卷一八有傳，其妻王氏事跡也見於該傳。

永平 017

王誦妻元氏墓誌

又名：寧陵公主墓誌。永平三年（510）正月八日卒。1921年洛陽城北二十里北陳莊村東北出土，曾歸德化李氏。誌高59.5、廣58.7釐米。11行，滿行20字，正書。首題：魏故寧陵公主墓誌銘。

圖版著錄：

《漢魏南北朝墓誌集釋》圖版一九〇，《新編》3/3/496。

《北京圖書館藏中國歷代石刻拓本匯編》3冊129頁。

《邙洛碑誌三百種》10頁。

《洛陽出土北魏墓誌選編》圖版三三，247頁。

《漢魏六朝碑刻校注》4冊138頁。

錄文著錄：

《芒洛冢墓遺文四編》1/6a–b，《新編》1/19/14151下。

《誌石文錄》卷上/4b–5a，《新編》2/19/13743下—13744上。

《洛陽出土北魏墓誌選編》永平七，22頁。

《漢魏南北朝墓誌彙編》57頁。

《漢魏六朝碑刻校注》4冊139頁。

《全北魏東魏西魏文補遺》106—107頁。

碑目題跋：

《石刻題跋索引》133頁右，《新編》1/30/22471。

《石刻名彙》2/8a，《新編》2/2/1028下。

《崇雅堂碑錄》1/13b，《新編》2/6/4490上。

《古誌新目初編》1/3a，《新編》2/18/13693上。

《蒿里遺文目錄》2（3）/4a，《新編》2/20/14978下。

《漢魏南北朝墓誌集釋》4/38a，《新編》3/3/109。

《國立北平圖書館藏碑目》3a，《新編》3/36/250上。

《循園古冢遺文跋尾》2/7a–b，《新編》3/38/15下。

《元氏誌錄》1b、8a，《新編》3/38/47上、50下。

《墓誌徵存目錄》卷1，《羅振玉學術論著集》第五集，561頁。

《洛陽出土石刻時地記》北魏永平007，15頁。

《歷代墓誌銘拓片目錄》6頁。

《六朝墓誌檢要》（修訂本）45頁。

《漢魏六朝碑刻校注・總目提要》編號1274。

淑德大學《中國石刻拓本目錄》"墓誌"編號44。

《北朝隋代墓誌所在總合目錄》編號101。

論文：

王則：《魏故寧陵公主墓誌考釋》，《北方文物》2004年第3期；又載於《耕耘錄：吉林省博物院學術文集（2003—2010）》，第225—227頁。

永平018

李道勝磚銘

永平三年（510）正月廿四日。1926年河北涿縣南關出土，歸縣人方默盦，再歸天津姚貴昉。磚高28.3、寬12.5釐米。文正書，3行，行12至18字不等。

著錄：

《中國古代磚刻銘文集》上、下冊編號0947。（圖、文）

《漢魏南北朝墓誌彙編》57頁。（文）

《全北魏東魏西魏文補遺》107頁。（文）

《漢魏六朝碑刻校注・總目提要》編號1275。（目）

《北朝隋代墓誌所在總合目錄》編號102。（目）

《北京大學圖書館藏歷代墓誌拓片目錄》編號00134。（目）

永平019

吳名桃妻郎□墓記磚

永平三年（510）三月廿七日。尺寸不詳。正書，4行，行存2至6字不等。

著錄：

《中國磚銘》圖版上冊679頁左上。（圖）

《中國古代磚刻銘文集》上、下冊編號0976。（圖、文）

《北朝隋代墓誌所在總合目錄》編號1177。(目)

永平020

平等寺道人等字墓記磚

永平三年（510）四月十一日。河南出土。拓片長25、寬12.5釐米。隸書，4行，行11字左右。

碑目著錄：

《北京大學圖書館藏歷代墓誌拓片目錄》編號00135。

永平021

周干墓誌

或作"周于墓誌"、"周午墓記"、周干墓記。永平三年（510）十月十七日。出土於河北定縣，舊在定縣城西街民家井池之上，民國初歸天津姚貴昉，後歸上虞羅振玉，今存遼寧省博物館。誌高34.5、廣35釐米。文正書，7行，滿行6字，字跡漫漶不清。

圖版著錄：

《漢魏南北朝墓誌集釋》圖版二〇八，《新編》3/3/520。

《北京圖書館藏中國歷代石刻拓本匯編》3冊134頁。

《漢魏六朝碑刻校注》4冊147頁。

《遼寧省博物館藏碑誌精粹》52頁。

錄文著錄：

（民國）《定縣志·志餘》18/4b，《新編》3/24/268下。

《魯迅輯校石刻手稿·墓誌》上冊45頁。

《漢魏南北朝墓誌彙編》57頁。

《漢魏六朝碑刻校注》4冊148頁。

《遼寧省博物館藏碑誌精粹》52頁。

《全北魏東魏西魏文補遺》107頁。

碑目題跋著錄：

《續補寰宇訪碑錄》3/4b，《新編》1/27/20316下。

《石刻題跋索引》133頁右，《新編》1/30/22471。

《石刻名彙》2/8a，《新編》2/2/1028下。

《崇雅堂碑錄補》1/5b，《新編》2/6/4553 上。

《古誌新目初編》1/3a，《新編》2/18/13693 上。

《蒿里遺文目錄》2（1）/1b，《新編》2/20/14944 上。

《漢魏南北朝墓誌集釋》5/42b，《新編》3/3/118。

《國立北平圖書館藏碑目》3a，《新編》3/36/250 上。

《循園古冢遺文跋尾》2/7b，《新編》3/38/15 下。

《碑帖跋》64 頁，《新編》3/38/212、4/7/430 下。

《墓誌徵存目錄》卷1，《羅振玉學術論著集》第五集，561 頁。

《歷代墓誌銘拓片目錄》6 頁。

《碑帖鑒定》157 頁。

《六朝墓誌檢要》（修訂本）46 頁。

《遼寧省博物館藏碑誌精粹》53 頁。

《漢魏六朝碑刻校注‧總目提要》編號1278。

《北朝隋代墓誌所在總合目錄》編號104。

《北京大學圖書館藏歷代墓誌拓片目錄》編號00136。

永平 022

□君妻王夫人墓誌

永平三年（510）十一月。陝西三原于氏舊藏。正書。

碑目著錄：

《石刻名彙》2/8a，《新編》2/2/1028 下。

《崇雅堂碑錄補》1/5b，《新編》2/6/4553 上。

永平 023

辛祥妻李慶容墓誌

永平三年（510）閏六月二日卒於豐州鎮之洛曲里，十二月十七日遷葬并州太原郡都鄉唐坂里之北山。1975 年 2 月在山西省太原市南郊東太堡磚廠辛祥夫婦墓出土，石藏山西博物館。高 59.5、寬 54 釐米。文正書兼隸書，16 行，滿行 18 字。首題：魏故義陽太守辛君命婦墓誌銘隴西李氏。

著錄：

《漢魏六朝碑刻校注》4 冊 151—152 頁。（圖、文）

《晉陽古刻選·北朝墓誌》"序" 8—9 頁，上冊 19—29 頁。（圖）

《全北魏東魏西魏文補遺》107—108 頁。（文）

《漢魏六朝碑刻校注·總目提要》編號 1280。（目）

《北朝隋代墓誌所在総合目錄》編號 105。（目）

論文：

代尊德：《太原北魏辛祥墓》，《考古學集刊》第 1 集，1981 年。

王天麻：《北魏辛祥家族三墓誌》，《文物季刊》1992 年第 3 期。

羅新：《跋北魏辛鳳麟妻胡顯明、辛祥及妻李慶容墓誌》，《紀念西安碑林九百二十周年華誕學術研討會論文集》，第 255—261 頁。

永平 024

陸少文墓誌

永平三年（510）。

題跋著錄：

《碑帖跋》73 頁，《新編》3/38/221、4/7/433 上。

永平 025

元英墓誌

又名"無名氏殘墓誌"。永平四年（511）二月六日葬於洛陽之西崗。1932 年洛陽城北安駕溝村出土。誌高 72、寬 36.2 釐米。存 13 行，滿行 23 字，正書。

圖版、錄文著錄：

《漢魏南北朝墓誌集釋》圖版一三三，《新編》3/3/433。（圖）

《漢魏六朝碑刻校注》4 冊 153—154 頁。（圖、文）

《洛陽出土北魏墓誌選編》永平八，22—23 頁。（文）

《全北魏東魏西魏文補遺》108 頁。（文）

碑目題跋著錄：

《石刻題跋索引》133 頁右，《新編》1/30/22471。

《漢魏南北朝墓誌集釋》4/28b，《新編》3/3/90。

《元氏誌錄補遺》1a，《新編》3/38/55 上。

《洛陽出土石刻時地記》北魏殘誌 008，47 頁。

《六朝墓誌檢要》（修訂本）46 頁。

《碑帖敘錄》16 頁。

《漢魏六朝碑刻校注·總目提要》編號 1281。

《北朝隋代墓誌所在綜合目錄》編號 106。

備考：元英，《魏書》卷一九下、《北史》卷一八有傳，附《南安王楨傳》。

永平 026

司馬悅墓誌

永平元年（508）十月七日薨於豫州，四年（511）二月十八日葬於溫縣西鄉嶺山之陽。1979 年 1 月在河南孟縣城關鄉鬥雞臺村出土，曾藏孟縣文化館，現藏河南博物院。誌高 108、寬 78、厚 12 釐米。蓋高 110、寬 78 釐米。文正書，22 行，滿行 33 字。首題：魏故持節督豫州諸軍事征虜將軍漁陽縣開國子豫州刺史司馬悅墓誌。誌蓋陰刻"墓誌蓋"三字。

著錄：

《中國金石集萃》7 函 2 輯編號 12。（圖）

《中國北朝石刻拓片精品集》30—39 頁。（圖）

《北京大學圖書館新藏金石拓本菁華 1996—2012》70 頁。（圖）

《新中國出土墓誌·河南（壹）》上冊 212 頁（圖）、下冊 202 頁（文）。

《漢魏六朝碑刻校注》4 冊 155—156 頁。（圖、文）

《漢魏南北朝墓誌彙編》57—59 頁。（文）

《全北魏東魏西魏文補遺》108—109 頁。（文）

《漢魏六朝碑刻校注·總目提要》編號 1282。（目）

《北朝隋代墓誌所在綜合目錄》編號 107。（目）

《北京大學圖書館藏歷代墓誌拓片目錄》00138。（目）

論文：

尚振明：《孟縣出土北魏司馬悅墓誌》，《河南文博通訊》1980 年第 3 期。

尚振明：《孟縣出土北魏司馬悅墓誌》，《文物》1981 年第 12 期。

尚振明：《河南省孟縣出土北魏司馬悅墓誌》，《考古》1983 年第 3 期。

備考：司馬悅，《魏書》卷三七、《北史》卷二九有傳，附《司馬楚之傳》。

永平 027

元同（字疊朗）墓誌

永平二年（509）十二月廿四日卒於郡庭，永平四年（511）二月十八日葬於西陵。1991 年出土於河南省孟津縣朝陽村北三里，今存孟津縣文物管理委員會。誌、蓋均高 57、寬 48、厚 10 釐米。正書，17 行，行 21 字。首題：陽平王墓誌銘。

著錄：

《北魏皇家墓誌二十品》編號 6。（圖）

《洛陽新獲墓誌》10 頁（圖）、197 頁（文）。

《漢魏六朝碑刻校注》4 冊 158—159 頁。（圖、文）

《全北魏東魏西魏文補遺》109—110 頁。（文）

《新出魏晉南北朝墓誌疏證》（修訂本）67—69 頁。（文、跋）

《漢魏六朝碑刻校注·總目提要》編號 1283。（目）

《北朝隋代墓誌所在總合目錄》編號 108。（目）

論文：

310 國道孟津考古隊：《洛陽孟津邙山西晉北魏墓發掘報告》，《華夏考古》1993 年第 1 期。

倪水通、霍宏偉：《北魏元同墓誌》，《書法叢刊》1993 年第 1 期。

周錚：《元同墓誌析》，《華夏考古》2000 年第 1 期。

任昉：《〈洛陽新獲墓誌〉釋文補正》，《故宮博物院院刊》2001 年第 5 期。

李獻奇：《北魏六方墓誌考釋》，《畫像磚石刻墓誌研究》，第 206—208 頁。

永平 028

靳杜生妻馬阿（何）媚墓記磚

永平四年（511）二月十八日。甘肅出土，曾歸端方，又歸南皮張仁蓋，後歸北京大學文學所，1952 年後入藏故宮博物院。磚高 28.5、寬 17.5 釐米。正書，4 行，行 3 至 11 字不等。

著錄：

《中國古代磚刻銘文集》上、下冊編號 0948。（圖、文）

《石刻名彙》第一編"誌銘類補遺"2a，《新編》2/2/1136 下。（目）

《北朝隋代墓誌所在總合目錄》編號 109。（目）

《北京大學圖書館藏歷代墓誌拓片目錄》編號 00137。（目）

備考：《石刻名彙》誤作"武平四年。"

永平 029

元保洛墓誌

永平四年（511）二月廿六日。1926 年洛陽城北姚凹村東出土，曾歸三原于右任，今存西安碑林博物館。誌高 42、寬 39 釐米。文正書，12 行，滿行 12 字。尾題：督護代尹郡元保洛銘。

圖版著錄：

《漢魏南北朝墓誌集釋》圖版六一，《新編》3/3/349。

《北京圖書館藏中國歷代石刻拓本匯編》3 冊 136 頁。

《中國金石集萃》8 函 3 輯編號 21。

《西安碑林全集》59/126－128。

《鴛鴦七誌齋藏石》圖 29。

《漢魏六朝碑刻校注》4 冊 161 頁。

錄文著錄：

《洛陽出土北魏墓誌選編》永平九，23 頁。

《漢魏南北朝墓誌彙編》59 頁。

《漢魏六朝碑刻校注》4 冊 162 頁。

《全北魏東魏西魏文補遺》110 頁。

碑目題跋著錄：

《石刻題跋索引》133 頁右，《新編》1/30/22471。

《古誌新目初編》1/3b，《新編》2/18/13693 上。

《漢魏南北朝墓誌集釋》3/15b，《新編》3/3/64。

《國立北平圖書館藏碑目》3a,《新編》3/36/250 上。

《元氏誌錄補遺》1b,《新編》3/38/55 上。

《墓誌徵存目錄》卷 1,《羅振玉學術論著集》第五集,561 頁。

《洛陽出土石刻時地記》北魏永平 008,15 頁。

《歷代墓誌銘拓片目錄》6 頁。

《碑帖鑒定》161 頁。

《六朝墓誌檢要》(修訂本) 46 頁。

《漢魏六朝碑刻校注·總目提要》編號 1284。

《北朝隋代墓誌所在總合目錄》編號 110。

《北京大學圖書館藏歷代墓誌拓片目錄》編號 00139。

論文:

殷憲:《北魏〈元保洛墓誌〉釋讀—兼及南遷代人的懷北情結》,《北魏六鎮學術研討會論文集》,第 47—54 頁。

永平 030

漁陽太守司馬紹墓誌

又名:司馬元興墓誌。太和十七年(493)七月十二日薨於第,永平四年(511)十月十一日遷葬在溫城西北廿里。清乾隆二十年(1755)河南孟縣東北八里葛村出土,曾歸河內劉氏,嗣後又歸孫姓,未知何時亡佚。高 59、廣 48 釐米。文正書,17 行,滿行 22 字。首題:魏故寧朔將軍固州鎮將鎮東將軍漁陽太守宜陽子司馬元興墓誌銘。

圖版著錄:

《漢魏南北朝墓誌集釋》圖版二〇九,《新編》3/3/521。

《北京圖書館藏中國歷代石刻拓本匯編》3 冊 140 頁。

《漢魏六朝碑刻校注》4 冊 167 頁。

錄文著錄:

《金石萃編》27/29b–30b,《新編》1/1/491 上—下。

《古誌石華》2/2a–3a,《新編》2/2/1163 下—1164 上。

《金石續鈔》1/6a–7a,《新編》2/7/5367 上—下。

(乾隆)《新修懷慶府志·金石志》27/16b–17a,《新編》3/28/657

下—658 上。

（乾隆）《孟縣志·金石上》7/5b－6b，《新編》3/29/335 上—下。

《中州冢墓遺文》1a－b，《新編》3/30/269 上。

《碑版廣例》7/14b－15b，《新編》3/40/320 下—321 上。

《全後魏文》57/1a－b，《全文》4 冊 3797 上。

《漢魏南北朝墓誌彙編》59—60 頁。

《漢魏六朝碑刻校注》4 冊 168 頁。

《全北魏東魏西魏文補遺》110—111 頁。

碑目題跋著錄：

《金石萃編》27/34b－37a，《新編》1/1/493 下—495 上。

《集古求真》1/15b－16a，《新編》1/11/8485 上—下。

《潛研堂金石文跋尾》2/18a－19a，《新編》1/25/18758 下—18759 上。

《潛研堂金石文字目錄》1/10a，《新編》1/25/19011 下。

《授堂金石三跋·一跋》3/10b－12a，《新編》1/25/19104 下—19105 下。

《平津讀碑記》2/11b－12a，《新編》1/26/19367 上—下。

《藝風堂金石文字目》18/1b，《新編》1/26/19814 上。

《寰宇訪碑錄》2/3b，《新編》1/26/19862 上。

《金石彙目分編》9（2）/64b，《新編》1/28/20985 下。

《石刻題跋索引》133 頁右—134 頁左，《新編》1/30/22471－22472。

《石刻名彙》2/8b，《新編》2/2/1028 下。

《古誌石華》2/3a－b，《新編》2/2/1164 上。

《平津館金石萃編》4/5b，《新編》2/4/2469 上。

《崇雅堂碑錄》1/14a，《新編》2/6/4490 下。

《金石續鈔》1/7a－b，《新編》2/7/5367 下。

《河朔訪古新錄》13/1b，《新編》2/12/8943 上。

《河朔金石目》10/1a，《新編》2/12/9008 上。

《語石》4/12a，《新編》2/16/11923 下。

《金石例補》2/10b，《新編》2/17/12370 下。

《平安館藏碑目》,《新編》2/18/13399下。

《古墨齋金石跋》2/13b–14a,《新編》2/19/14088上—下。

《寶鴨齋題跋》卷上/22a,《新編》2/19/14345下。

《竹崦盦金石目錄》12a–b,《新編》2/20/14552下。

《寰宇貞石圖目錄》卷下/3b,《新編》2/20/14678下。

《中州金石目錄》2/3b,《新編》2/20/14693上。

《蒿里遺文目錄》2（1）/1b,《新編》2/20/14944上。

《漢魏南北朝墓誌集釋》5/42b、43a,《新編》3/3/118—119。附《獨笑齋金石考略》三。

（乾隆）新修《懷慶府志·金石志》27/17b,《新編》3/28/658上。附沈志稿。

（乾隆）《孟縣志·金石上》7/6b–8b,《新編》3/29/335下—336下。

（民國）《孟縣志·金石》9/3a,《新編》3/29/450上。

《河朔新碑目》下卷/20a,《新編》3/35/590下。

《河南古物調查表證誤》6b,《新編》3/35/594下。

《石目》,《新編》3/36/73上。

《中州金石目》2/16a,《新編》3/36/159下。

《國立北平圖書館藏碑目》3a,《新編》3/36/250上。

《古誌彙目》1/5a,《新編》3/37/13。

《竹崦盦金石目錄》1/15a,《新編》3/37/347上。

《中國金石學講義·正編》21b,《新編》3/39/160。

《碑版廣例》7/15b–16a,《新編》3/40/321上—下。

《漢魏六朝志墓金石例》2/13b,《新編》3/40/410上。

《漢魏六朝墓銘纂例》4/1b–3b,《新編》3/40/459上—460上。

《鄰蘇老人手書題跋》,《新編》4/7/345上。

《俑廬日札》,《羅振玉學術論著集》第三集,136頁。

《墓誌徵存目錄》卷1,《羅振玉學術論著集》第五集,561頁。

《面城精舍雜文乙編》,《羅振玉學術論著集》第九集,79頁。

《歷代墓誌銘拓片目錄》6頁。

《碑帖鑒定》161頁。

《善本碑帖錄》2/68－69。

《碑帖敘錄》52 頁。

《增補校碑隨筆》（修訂本）177—178 頁。

《六朝墓誌檢要》（修訂本）46—47 頁。

《漢魏六朝碑刻校注・總目提要》編號 1288。

淑德大學《中國石刻拓本目錄》"墓誌"編號 45。

《北朝隋代墓誌所在總合目錄》編號 112。

《北京大學圖書館藏歷代墓誌拓片目錄》編號 00140。

備考：司馬紹，字元興，《魏書》卷三七《司馬靈壽傳》有載。淑德大學《中國石刻拓本目錄》誤作"元紹"。

永平 031

斛斯謙墓誌

永平四年（511）五月廿七日卒於河陰奉終里宅，十月廿三日葬於王城之西北十五里慈澤崗。河南洛陽出土，現藏河南新安縣千唐誌齋博物館。拓片高 64、寬 50.5 釐米。文正書，15 行，行 20 字。首題：魏故襄威將軍安北司馬斛斯君墓誌。

錄文著錄：

《全唐文補遺・千唐誌齋新藏專輯》435—436 頁。

碑目著錄：

《北朝隋代墓誌所在總合目錄》編號 113。

《北京大學圖書館藏歷代墓誌拓片目錄》編號 00141。

永平 032

元侔墓誌并陰

永平四年（511）五月十五日終於第，永平四年十一月五日葬於長陵之北塋。1926 年洛陽城北四十里陳凹村出土，曾歸吳文道、吳興徐森玉、武進陶蘭泉，今存遼寧省博物館。誌高 47、廣 29.6 釐米。文正書，兩面刻，各 13 行，滿行 19 字。首題：魏故太尉府參軍事元君之墓誌銘。

圖版著錄：

《漢魏南北朝墓誌集釋》圖版五四，《新編》3/3/340－341。

《北京圖書館藏中國歷代石刻拓本匯編》3 冊 144 頁。
《中國金石集萃》8 函 3 輯編號 22。
《洛陽出土北魏墓誌選編》圖版三四，248 頁。
《遼寧省博物館藏墓誌精粹》54 頁。
《漢魏六朝碑刻校注》4 冊 173—174 頁。
錄文著錄：
《滿洲金石志別錄》卷上/8a－9a，《新編》1/23/17401 下—17402 上。
《漢魏南北朝墓誌彙編》60 頁。
《洛陽出土北魏墓誌選編》永平一〇，23—24 頁。
《遼寧省博物館藏碑誌精粹》54 頁。
《漢魏六朝碑刻校注》4 冊 175 頁。
《全北魏東魏西魏文補遺》111 頁。
碑目題跋著錄：
《石刻題跋索引》134 頁左，《新編》1/30/22472。
《古誌新目初編》1/3b，《新編》2/18/13693 上。
《漢魏南北朝墓誌集釋》3/14b，《新編》3/3/62。
《國立北平圖書館藏碑目》3a，《新編》3/36/250 上。
《蒿里遺文目錄續編補遺・元魏宗室妃主誌存》1b，《新編》3/37/545 上。
《元氏誌錄補遺》1b，《新編》3/38/55 上。
《墓誌徵存目錄》卷 1，《羅振玉學術論著集》第五集，561 頁。
《丙寅稿》，《羅振玉學術論著集》第十集（上）133—134 頁。
《洛陽出土石刻時地記》北魏永平 009，15 頁。
《歷代墓誌銘拓片目錄》6 頁。
《碑帖鑒定》161—162 頁。
《六朝墓誌檢要》（修訂本）47 頁。
《漢魏六朝碑刻校注・總目提要》編號 1291。
《遼寧省博物館藏碑誌精粹》55 頁。
淑德大學《中國石刻拓本目錄》"墓誌"編號 46—47。
《北朝隋代墓誌所在總合目錄》編號 114。

《北京大學圖書館藏歷代墓誌拓片目錄》編號00142。

永平 033
楊穎墓誌

永平四年（511）五月廿七日卒於京師依仁里第，以十一月十七日葬於潼鄉。1967年華陰縣五方鄉五方村出土，今存陝西省歷史博物館。高51.5、寬48.4釐米。正書，24行，滿行22字。首題：魏故華州別駕楊府君墓誌銘。

著錄：

《陝西碑石精華》8頁。（圖）

《華山碑石》7頁（圖）、233—234頁（文）。

《漢魏六朝碑刻校注》4冊177—178頁。（圖、文）

《風引薤歌：陝西歷史博物館藏墓誌萃編》3—4頁。（圖、文）

《新中國出土墓誌·陝西（壹）》上冊14頁（圖）、下冊12—13頁（文、跋）。

《漢魏南北朝墓誌彙編》61—62頁。（文）

《全北魏東魏西魏文補遺》112頁。（文）

《漢魏六朝碑刻校注·總目提要》編號1292。（目）

《北朝隋代墓誌所在綜合目錄》編號116。（目）

《北京大學圖書館藏歷代墓誌拓片目錄》編號00146。（目）

論文：

杜葆仁、夏振英：《華陰潼關出土的北魏楊氏墓誌考證》，《考古與文物》1984年第5期。

李文才：《華陰出土北魏楊氏墓誌考釋》，《陝西歷史博物館館刊》第14輯，2007年。

吳寅寅：《北魏〈楊穎墓誌〉考略》，《書法賞評》2014年第6期。

備考：楊穎，《魏書》卷五八附《楊孝邕傳》，《北史》卷四一附《楊昱傳》。

永平 034
楊範墓誌

景明元年（500）二月九日卒於濟州，以永平四年（511）十一月十七日葬於里焉。陝西華陰出土，曾歸華陰段氏。石長18、寬24釐米。正書，13行，滿行9字。首題：魏故弘農華陰潼鄉習儒里人楊範字僧敏墓誌銘。

圖版著錄：

《漢魏南北朝墓誌集釋》圖版二一〇，《新編》3/3/522。

《北京圖書館藏中國歷代石刻拓本匯編》3冊146頁。

《中國金石集萃》7函2輯編號11。

《中國西北地區歷代石刻匯編》1冊48頁。

《漢魏六朝碑刻校注》4冊180頁。

錄文著錄：

《陝西金石志》6/11a，《新編》1/22/16435上。

《魯迅輯校石刻手稿·墓誌》上冊46頁。

《漢魏南北朝墓誌彙編》61頁。

《漢魏六朝碑刻校注》4冊181頁。

《全北魏東魏西魏文補遺》112頁。

碑目題跋著錄：

《陝西金石志》6/11a，《新編》1/22/16435上。

《石刻題跋索引》134頁左，《新編》1/30/22472。

《石刻名彙》2/8b，《新編》2/2/1028下。

《崇雅堂碑錄補》1/5b，《新編》2/6/4553上。

《漢魏南北朝墓誌集釋》5/43a，《新編》3/3/119。附《九鐘精舍金石跋尾乙編》。

（民國）《咸寧長安兩縣續志·金石考上》12/4b，《新編》3/31/516下。

《國立北平圖書館藏碑目》3a，《新編》3/36/250上。

《古誌彙目》1/5b，《新編》3/37/14。

《循園古冢遺文跋尾》2/8a，《新編》3/38/16上。

《歷代墓誌銘拓片目錄》7頁。

《碑帖鑒定》161頁。

《增補校碑隨筆》（修訂本）179頁。

《六朝墓誌檢要》（修訂本）47 頁。

《漢魏六朝碑刻校注・總目提要》編號 1293。

《北朝隋代墓誌所在總合目錄》編號 115。

《北京大學圖書館藏歷代墓誌拓片目錄》編號 00147。

永平 035
楊阿難墓誌

太和八年（484）四月七日卒於平城，仍殯於代，以永平四年（511）十一月十七日返葬於華陰潼鄉。1970 年陝西省華陰縣五方鄉五方村出土，今存陝西省歷史博物館。高 41.3、寬 46.8 釐米。正書，21 行，滿行 19 字。首題：魏故中散楊君墓誌銘。

著錄：

《陝西碑石精華》9 頁。（圖）

《新中國出土墓誌・陝西（壹）》上冊 15 頁（圖）、下冊 13—14 頁（文、跋）。

《華山碑石》8 頁（圖）、234 頁（文）。

《漢魏六朝碑刻校注》4 冊 182—183 頁。（圖、文）

《風引薤歌：陝西歷史博物館藏墓誌萃編》1—2 頁。（圖、文）

《漢魏南北朝墓誌彙編》62—63 頁。（文）

《全北魏東魏西魏文補遺》113 頁。（文）

《漢魏六朝碑刻校注・總目提要》編號 1294。（目）

《北朝隋代墓誌所在總合目錄》編號 117。（目）

《北京大學圖書館藏歷代墓誌拓片目錄》編號 00144。（目）

論文：

杜葆仁、夏振英：《華陰潼關出土的北魏楊氏墓誌考證》，《考古與文物》1984 年第 5 期。

李文才：《華陰出土北魏楊氏墓誌考釋》，《陝西歷史博物館館刊》第 14 輯，2007 年。

永平 036
楊老壽墓誌

景明二年（501）五月廿三日卒，殯於洛陽，以永平四年（511）十一月十七日葬於里焉。石藏河北正定墨香閣。誌石高 26、寬 21 釐米。文 12 行，滿行 10 字，正書。首題：魏故弘農華陰潼鄉習儁里人楊君墓誌銘。

著錄：

《墨香閣藏北朝墓誌》8—9 頁。（圖、文）

《新見北朝墓誌集釋》13—15 頁。（圖、文、跋）

永平 037

元悅（字慶安）墓誌

北魏辛卯年（永平四年，511）五月十一日薨於位，十一月十七日葬。1920 年洛陽城北徐家溝村東南出土。誌高 71、寬 76 釐米。文 22 行，滿行 20 字，正書。首題：魏故益州刺史樂安哀王墓誌銘。

圖版著錄：

《漢魏南北朝墓誌集釋》圖版八二，《新編》3/3/376。

《北京圖書館藏中國歷代石刻拓本匯編》3 冊 145 頁。

《中國金石集萃》7 函 2 輯編號 13。

《洛陽出土北魏墓誌選編》圖版三五，249 頁。

《漢魏六朝碑刻校注》4 冊 184 頁。

錄文著錄：

《芒洛冢墓遺文四編》1/6b－7a，《新編》1/19/14151 下—14152 上。

《誌石文錄》卷上/5a－b，《新編》2/19/13744 上。

《洛陽出土北魏墓誌選編》永平一一，24—25 頁。

《漢魏南北朝墓誌彙編》63 頁。

《漢魏六朝碑刻校注》4 冊 185 頁。

《全北魏東魏西魏文補遺》114 頁。

碑目題跋著錄：

《石刻題跋索引》134 頁左，《新編》1/30/22472。

《崇雅堂碑錄》1/14a，《新編》2/6/4490 下。

《古誌新目初編》1/3b，《新編》2/18/13693 上。

《蒿里遺文目錄》2（3）/1a，《新編》2/20/14977 上。

《夢碧簃石言》5/13a，《新編》3/2/219 上。

《漢魏南北朝墓誌集釋》3/19a－b，《新編》3/3/71－72。

《國立北平圖書館藏碑目》3a，《新編》3/36/250上。

《循園古冢遺文跋尾》2/8a－9a，《新編》3/38/16上一下。

《元氏誌錄》1b、6a，《新編》3/38/47上、49下。

《墓誌徵存目錄》卷1，《羅振玉學術論著集》第五集，561頁。

《洛陽出土石刻時地記》北魏永平010，15頁。

《歷代墓誌銘拓片目錄》7頁。

《六朝墓誌檢要》（修訂本）48頁。

《漢魏六朝碑刻校注・總目提要》編號1295。

淑德大學《中國石刻拓本目錄》"墓誌"編號48。

《北朝隋代墓誌所在總合目錄》編號118。

《北京大學圖書館藏歷代墓誌拓片目錄》編號00143。

永平038
楊椿妻崔氏墓誌

永平四年（511）十一月十七日記。1986年陝西省華陰縣五方村楊氏家族墓塋出土，華陰市公安局舊藏。高23、寬18釐米。文8行，滿行6字，正書兼隸書。首題：魏故使持節督洛州諸軍事安南將軍洛州刺史弘農楊簡公第二子婦清河崔氏墓誌銘。

著錄：

《華山碑石》9頁。（圖）

《漢魏六朝碑刻校注》4冊186—187頁。（圖、文）

《全北魏東魏西魏文補遺》113頁。（文）

《新出魏晉南北朝墓誌疏證》（修訂本）70頁。（文、跋）

《漢魏六朝碑刻校注・總目提要》編號1296。（目）

《北朝隋代墓誌所在總合目錄》編號119。（目）

《北京大學圖書館藏歷代墓誌拓片目錄》編號00145。（目）

備考：楊椿，《魏書》卷五八有傳。

永平039
王琚妻郭氏墓誌

永平四年（511）八月廿一日卒於京師，十一月合葬於北邙之邙。誌高 70、寬 37 釐米。11 行，滿行 19 字，正書。碑形墓誌，額題：魏故侍中散騎常侍祠部尚書使持節征南大將軍冀州刺史羽真高平靖公王琚之夫人郭氏之銘。

圖版著錄：

《洛陽新獲七朝墓誌》10 頁。

碑目著錄：

《北朝隋代墓誌所在総合目録》編號 111。

論文：

潘敦：《北魏王琚妻郭氏墓誌考釋》，《中華文史論叢》2017 年第 4 期。

備考：王琚，《北史》卷九二、《魏書》卷九四有傳。

永平 040

鄭羲上碑

永平四年（511）刻。在山東平度天柱山崖。高八尺四寸，廣三尺四寸六分。《校碑隨筆》云：上碑正書，20 行，滿行 50 字。文與下碑大同小異。首題：魏故中書令秘書監鄭文公之碑。

錄文著錄：

《八瓊室金石補正》14/10a－11a，《新編》1/6/4213 下—4214 上。（節文）

（宣統）《山東通志·藝文志》卷 151，《新編》2/12/9306 上—9307 上。

（道光）《重修平度州志·金石》24/3b－5b，《新編》3/27/304 上—305 上。

《全北魏東魏西魏文補遺》52 頁。

碑目題跋著錄：

《八瓊室金石補正》14/11b－12a，《新編》1/6/4214 上—下。

《集古求真》3/7b，《新編》1/11/8505 上。

《金石錄》2/8a、21/5b－6a，《新編》1/12/8809 下、8925 上—下。

《通志·金石略》卷上/31b，《新編》1/24/18034 下。

《寶刻叢編》1/39a，《新編》1/24/18099 上。

《藝風堂金石文字目》2/10b，《新編》1/26/19538 下。

《金石彙目分編》10（3）/64a，《新編》1/28/21210 下。

《石刻題跋索引》32 頁右—33 頁左，《新編》1/30/22370－22371。

《崇雅堂碑錄》1/14a，《新編》2/6/4490 下。

（宣統）《山東通志・藝文志》卷 151、152，《新編》2/12/9307 上—下、9376 下。

《語石》2/6a－b，《新編》2/16/11878 下。

《平安館藏碑目》，《新編》2/18/13399 下。

《定庵題跋》42b－44b，《新編》2/19/14306 下—14307 下。

《寰宇貞石圖目錄》卷上/5b，《新編》2/20/14673 下。

《山左南北朝石刻存目》1a，《新編》2/20/14885 上。

《佩文齋書畫譜・金石》62/9a 下，《新編》3/2/55 下。

《石目》，《新編》3/36/46 上。

《非見齋審定六朝正書碑目》2a，《新編》3/36/519 下。

《雪堂金石文字跋尾》2/16b，《新編》3/38/295 下。

《中國金石學講義・正編》9a，《新編》3/39/135。

《漢魏六朝墓銘纂例》4/1a，《新編》3/40/459 上。

《六藝之一錄》59/17a，《新編》4/5/91 上。

《增補校碑隨筆》（修訂本）174 頁。

《碑帖敘錄》217 頁。

《漢魏六朝碑刻校注・總目提要》編號 1298。

淑德大學《中國石刻拓本目錄》"碑碣等刻石" 編號 412。

備考：鄭羲，《魏書》卷五六、《北史》卷三五有傳。

永平 041

鄭羲下碑

太和年間卒，太和十七年（493）四月廿四日歸葬於滎陽石門東南十三里三皇山之陽，永平四年（511）刊碑。程天賜撰，子鄭道昭刻。在山東掖縣雲峰山。拓片通高 201、通寬 392 釐米。正書，51 行，行 23 至 29

字不等。額題：熒陽鄭文公之碑；首題：魏故中書令秘書監使持節督兗州諸軍事安東將軍兗州刺史南陽文公鄭君之碑。

圖版著錄：

《望堂金石二集》，《新編》2/4/3060 下—3101 上。

《北京圖書館藏中國歷代石刻拓本匯編》3 冊 151—154 頁。

《漢魏六朝碑刻校注》4 冊 191—194 頁。

錄文著錄：

《八瓊室金石補正》14/3a–6b，《新編》1/6/4210 上—4211 下。

《十二硯齋金石過眼錄》5/8b–12a，《新編》1/10/7830 下—7832 下。

《山左金石志》9/1a–3b，《新編》1/19/14459 上—14460 上。

《宜祿堂收藏金石記》卷 11，《新編》2/5/3416 下。（殘本）

（宣統）《山東通志·藝文志》卷 151，《新編》2/12/9307 下—9308 下。

（乾隆）《掖縣志·藝文》7/64a–67a，《新編》3/27/281 上—282 下。

《續古文苑》16/7a–10a，《新編》4/2/241 上—242 下。

《全後魏文》58/1b–3a，《全文》4 冊 3801 上—3802 上。

《漢魏六朝碑刻校注》4 冊 195—196 頁。

碑目題跋著錄：

《八瓊室金石補正》14/9a–10a，《新編》1/6/4213 上—下。

《十二硯齋金石過眼錄》5/13a–b，《新編》1/10/7833 上。

《集古求真》3/7b–8a，《新編》1/11/8505 上—下。

《金石錄》2/7b–8a、21/5a–b，《新編》1/12/8809 上—下、8925 上。

《山左金石志》9/3b–4b，《新編》1/19/14460 上—下。

《通志·金石略》卷上/31b，《新編》1/24/18034 下。

《寶刻叢編》1/39a，《新編》1/24/18099 上。

《潛研堂金石文跋尾》2/18a，《新編》1/25/18758 下。

《潛研堂金石文字目錄》1/10a，《新編》1/25/19011 下。

《平津讀碑記》2/12b–13a，《新編》1/26/19367 下—19368 上。

《藝風堂金石文字目》2/10b，《新編》1/26/19538 下。

《寰宇訪碑錄》2/4a，《新編》1/26/19862 下。

《寰宇訪碑錄校勘記》1/11b－12a，《新編》1/27/20107 上—下。

《金石彙目分編》10（3）/57b－58a，《新編》1/28/21207 上—下。

《石刻題跋索引》33 頁左，《新編》1/30/22371。

《天下金石志》3/11，《新編》2/2/819 上。

《宜祿堂收藏金石記》卷 11，《新編》2/5/3417 上。

《宜祿堂金石記》2/5b，《新編》2/6/4220 上。

《崇雅堂碑錄》1/14a，《新編》2/6/4490 下。

（宣統）《山東通志·藝文志》卷 151，《新編》2/12/9308 下—9309 上。

《石墨考異》卷上，《新編》2/16/11638 上。

《語石》2/6a－b，《新編》2/16/11878 下。

《平安館藏碑目》，《新編》2/18/13399 下。

《定庵題跋》42b－44b，《新編》2/19/14306 下—14307 下。

《竹崦盦金石目錄》12a，《新編》2/20/14552 下。

《寰宇貞石圖目錄》卷上/5b、卷下/3b，《新編》2/20/14673 下、14678 下。

《山左碑目》4/25a，《新編》2/20/14876 上。

《山左南北朝石刻存目》1a，《新編》2/20/14885 上。

《古林金石表》9a，《新編》2/20/14898 上。

《佩文齋書畫譜·金石》62/9a 下，《新編》3/2/55 下。

《竹崦盦金石目錄》1/14b，《新編》3/37/346 下。

《金石萃編補目》1/3b，《新編》3/37/485 上。

《元魏熒陽鄭文公摩崖碑跋》1a－11a，《新編》3/38/123 上—128 上。

《中國金石學講義·正編》9a，《新編》3/39/135。

《漢魏六朝志墓金石例》2/12b－13a，《新編》3/40/409 下—410 上。

《金石備攷·萊州府》，《新編》4/1/50 下。

《激素飛清閣平碑記》卷 2，《新編》4/1/202 下。

《六藝之一錄》59/16b，《新編》4/5/90 下。

《增補校碑隨筆》（修訂本）174 頁。

《善本碑帖錄》2/70。

《碑帖敘錄》217 頁。

《漢魏六朝碑刻校注·總目提要》編號 1299。

淑德大學《中國石刻拓本目錄》"碑碣等刻石"編號 375。

論文：

周玉峰：《〈鄭文公碑〉綜論》，《東南文化》1997 年第 3 期。

備考：鄭羲，《魏書》卷五六、《北史》卷三五有傳。《北京圖書館藏中國歷代石刻拓本匯編》所收上碑，按額題、首題來看，當是下碑的內容。

永平 042

封昕墓誌

永平五年（512）三月廿四日卒於安武里，四月十三日葬於北芒之陽。1930 年洛陽城東二十里躍店瀍堂廟後出土，曾歸三原于右任，今存西安碑林博物館。誌高、寬均 27 釐米。文正書，12 行，滿行 12 字。首題：魏故奉朝請封君墓誌。

圖版著錄：

《漢魏南北朝墓誌集釋》圖版二一一，《新編》3/3/523。

《北京圖書館藏中國歷代石刻拓本匯編》3 冊 157 頁。

《鴛鴦七誌齋藏石》圖 30。

《西安碑林全集》59/129－131。

《洛陽出土北魏墓誌選編》圖版三六，250 頁。

《漢魏六朝碑刻校注》4 冊 205 頁。

錄文著錄：

《洛陽出土北魏墓誌選編》永平一二，25 頁。

《漢魏南北朝墓誌彙編》64 頁。

《漢魏六朝碑刻校注》4 冊 206 頁。

《全北魏東魏西魏文補遺》115 頁。

碑目題跋著錄：

《石刻題跋索引》134 頁左，《新編》1/30/22472。
《古誌新目初編》1/3b，《新編》2/18/13693 上。
《漢魏南北朝墓誌集釋》5/43a–b，《新編》3/3/119–120。
《國立北平圖書館藏碑目》3b，《新編》3/36/250 上。
《墓誌徵存目錄》卷1，《羅振玉學術論著集》第五集，562 頁。
《洛陽出土石刻時地記》北魏永平 011，15—16 頁。
《歷代墓誌銘拓片目錄》7 頁。
《六朝墓誌檢要》（修訂本）48 頁。
《漢魏六朝碑刻校注・總目提要》編號 1303。
《北朝隋代墓誌所在總合目錄》編號 120。
《北京大學圖書館藏歷代墓誌拓片目錄》編號 00148。

永平 043

故息婦路氏墓記碑

永平□年（508—512）。日本太田氏舊藏。正書。
碑目題跋著錄：
《石刻名彙》12/205a，《新編》2/2/1130 下。
《海外貞珉錄》3a，《新編》4/1/244 上。

永平 044

江原白墓誌

永平十年（517?）八月。先後由京兆端方、北京達古齋收藏。正書。
碑目著錄：
《石刻名彙》第一編"誌銘類補遺"1b，《新編》2/2/1136 上。
備考：《石刻名彙》將之列入北魏，然北魏無永平十年，僅五年，暫附此。

延 昌

延昌 001

魏二比邱僧碑

延昌元年（512）二月。在山東泰安。

碑目著錄：

《山左訪碑錄》3/12a，《新編》2/12/9077 上。

延昌 002

冠軍將軍夫人劉氏墓誌

延昌元年（512）三月廿五日卒，四月三日葬於雒邙之原陵。民國初年洛陽城北邙山出土，今存洛陽古代藝術館。高30、寬27釐米。正書，13行，滿行14字。首題：魏故持節軍冠軍將軍夫人劉氏墓誌并序。

著錄：

《洛陽出土歷代墓誌輯繩》21頁。（圖）

《洛陽出土北魏墓誌選編》延昌一，25—26頁；圖版三七，251頁。（圖、文）

《漢魏六朝碑刻校注》4冊203—204頁。（圖、文）

《全北魏東魏西魏文補遺》114頁。（文）

《漢魏六朝碑刻校注・總目提要》編號1302。（目）

《北朝隋代墓誌所在總合目錄》編號121。（目）

延昌 003

元詮墓誌

又名：元診墓誌。永平五年（512）三月廿八日薨於第，延昌元年（512）八月廿六日葬於河陰縣西芒山。1917年洛陽城北二十里伯樂凹村西北出土，曾歸常熟曾炳章、番禺陳仲漁，後歸上海博物館。誌高79.3、廣76.5釐米。正書，22行，行23字。首題：魏使持節驃騎將軍冀州刺史尚書左僕射安樂王墓誌銘。

圖版著錄：

《漢魏南北朝墓誌集釋》圖版一六〇，《新編》3/3/464。

《北京圖書館藏中國歷代石刻拓本匯編》4冊1頁。

《中國金石集萃》7函2輯編號14。

《洛陽出土北魏墓誌選編》圖版三九，253頁。

《北魏皇家墓誌二十品》編號7。

《漢魏六朝碑刻校注》4冊213頁。

《中國北朝石刻拓片精品集》40—45 頁。

錄文著錄：

《芒洛冢墓遺文三編》4a–5a，《新編》1/19/14109 下—14110 上。

《誌石文錄》卷上/6a–7b，《新編》2/19/13744 下—13745 上。

《夢碧簃石言》2/8a–9a，《新編》3/2/177 下—178 上。

《魯迅輯校石刻手稿·墓誌》上冊 47—49 頁。

《洛陽出土北魏墓誌選編》延昌四，27 頁。

《漢魏南北朝墓誌彙編》64—65 頁。

《漢魏六朝碑刻校注》4 冊 214 頁。

《全北魏東魏西魏文補遺》115—116 頁。

碑目題跋著錄：

《續補寰宇訪碑錄》3/5a，《新編》1/27/20317 上。

《石刻題跋索引》134 頁左，《新編》1/30/22472。

《石刻名彙》2/8b，《新編》2/2/1028 下。

《崇雅堂碑錄》1/15a，《新編》2/6/4491 上。

《古誌新目初編》1/3b，《新編》2/18/13693 上。

《蒿里遺文目錄》2（3）/1a，《新編》2/20/14977 上。

《夢碧簃石言》2/6a–7a，《新編》3/2/176 下—177 上。

《漢魏南北朝墓誌集釋》4/33b，《新編》3/3/100。附《九鐘精舍金石跋尾乙編》。

《國立北平圖書館藏碑目》3b，《新編》3/36/250 上。

《循園古冢遺文跋尾》2/9a–b，《新編》3/38/16 下。

《元氏誌錄》1b、7a，《新編》3/38/47 上、50 上。

《雪堂金石文字跋尾》2/17a，《新編》3/38/296 上。

《墓誌徵存目錄》卷 1，《羅振玉學術論著集》第五集，562 頁。

《洛陽出土石刻時地記》北魏延昌 001，16 頁。

《歷代墓誌銘拓片目錄》7 頁。

《碑帖鑒定》162 頁。

《增補校碑隨筆》（修訂本）179—180 頁。

《六朝墓誌檢要》（修訂本）49 頁。

《漢魏六朝碑刻校注·總目提要》編號 1307。

淑德大學《中國石刻拓本目錄》"墓誌"編號 53。

《北朝隋代墓誌所在総合目錄》編號 122。

《北京大學圖書館藏歷代墓誌拓片目錄》編號 00149。

論文：

劉漢東：《關於北魏〈元診墓誌〉幾個問題的考訂》，鄭州大學歷史研究所編《史學論集》，1985 年，第 67—72 頁。

備考：元詮，《魏書》卷二〇、《北史》卷一九有傳，附《安樂王長樂傳》。

延昌 004

鄯乾墓誌并蓋

永平五年（512）正月四日薨，延昌元年（512）八月廿六日葬於洛北芒。1931 年（一說 1930 年）洛陽城東北後溝村東北二里許關帝廟後出土，曾歸三原于右任，今存西安碑林博物館。誌高 57、寬 48 釐米。文正書，19 行，滿行 22 字。首題：魏故征虜將軍河州刺史臨澤定侯鄯使君墓銘。蓋正書，1 行 3 字，蓋題：墓誌銘。

圖版著錄：

《漢魏南北朝墓誌集釋》圖版二一二，《新編》3/3/524–525。

《北京圖書館藏中國歷代石刻拓本匯編》4 冊 3 頁。（誌）

《鴛鴦七誌齋藏石》圖 31。（誌）

《西安碑林全集》59/132–140。（誌）

《漢魏六朝碑刻校注》4 冊 219 頁。

錄文著錄：

《漢魏南北朝墓誌彙編》65—66 頁。

《洛陽出土北魏墓誌選編》延昌三，26—27 頁。

《漢魏六朝碑刻校注》4 冊 220 頁。

《全北魏東魏西魏文補遺》116—117 頁。

碑目題跋著錄：

《石刻題跋索引》134 頁右，《新編》1/30/22472。

《漢魏南北朝墓誌集釋》5/43b，《新編》3/3/120。

《國立北平圖書館藏碑目》3b，《新編》3/36/250 上。

《墓誌徵存目錄》卷1，《羅振玉學術論著集》第五集，562 頁。

《洛陽出土石刻時地記》北魏延昌 003，16 頁。

《歷代墓誌銘拓片目錄》7 頁。

《六朝墓誌檢要》（修訂本）50 頁。

《漢魏六朝碑刻校注·總目提要》編號 1308。

淑德大學《中國石刻拓本目錄》"墓誌" 編號 52。

《北朝隋代墓誌所在總合目錄》編號 124。

論文：

山本光朗：《鄯乾墓誌銘について》，《史林》82—1，1999 年。

刁淑琴、朱鄭慧：《北魏鄯乾、鄯月光、于仙姬墓誌及其相關問題》，《河南科技大學學報》2008 年第 6 期。

延昌 005

元顥妃李元姜墓誌

延昌元年（512）五月十二日薨於洛陽里宅，八月廿六日附葬於長陵北山。1920 年（一說 1921 年）洛陽城北南陳莊村西、後海資村北平塚第三塚內出土，曾歸天津徐世昌。石高 40、廣 32.4 釐米。文正書，16 行，滿行 20 字。首題：魏北海王妃故李氏誌銘。

圖版著錄：

《漢魏南北朝墓誌集釋》圖版一八三，《新編》3/3/489。

《北京圖書館藏中國歷代石刻拓本匯編》4 冊 2 頁。

《洛陽出土北魏墓誌選編》圖版三八，252 頁。

《漢魏六朝碑刻校注》4 冊 216 頁。

錄文著錄：

《芒洛冢墓遺文四編》1/7a–8a，《新編》1/19/14152 上—下。

《誌石文錄續編》2a–b，《新編》2/19/13777 下。

《洛陽出土北魏墓誌選編》延昌二，26 頁。

《漢魏南北朝墓誌彙編》65 頁。

《漢魏六朝碑刻校注》4 冊 217 頁。

《全北魏東魏西魏文補遺》116 頁。

碑目題跋：

《石刻題跋索引》134 頁右，《新編》1/30/22472。

《石刻名彙》2/8b，《新編》2/2/1028 下。

《崇雅堂碑錄》1/15a，《新編》2/6/4491 上。

《古誌新目初編》1/3b，《新編》2/18/13693 上。

《蒿里遺文目錄》2（3）/3b，《新編》2/20/14978 上。

《夢碧簃石言》5/13a，《新編》3/2/219 上。

《漢魏南北朝墓誌集釋》4/37a，《新編》3/3/107。

《國立北平圖書館藏碑目》3b，《新編》3/36/250 上。

《循園古冢遺文跋尾》2/9b–10a，《新編》3/38/16 下—17 上。

《元氏誌錄》1b、10a，《新編》3/38/47 上、51 下。

《墓誌徵存目錄》卷 1，《羅振玉學術論著集》第五集，562 頁。

《松翁近稿》，《羅振玉學術論著集》第十集（上）65—66 頁。

《洛陽出土石刻時地記》北魏延昌 002，16 頁。

《歷代墓誌銘拓片目錄》7 頁。

《六朝墓誌檢要》（修訂本）49—50 頁。

《漢魏六朝碑刻校注·總目提要》編號 1309。

《北朝隋代墓誌所在總合目錄》編號 123。

《北京大學圖書館藏歷代墓誌拓片目錄》編號 00150。

備考：元顥，《魏書》卷二一上、《北史》卷一九有傳，附《北海王詳傳》。

延昌 006

叔孫可知陵妻靳彥姬墓記磚

延昌元年（512）十月十五日。磚高 30、寬 27 釐米。正書，4 行，前 3 行行 6 或 8 字，末行 2 字。

著錄：

《中國古代磚刻銘文集》上、下冊編號 0949。（圖、文）

《北京大學圖書館藏歷代墓誌拓片目錄》編號00151。(目)

《北朝隋代墓誌所在總合目錄》編號125。(目)

延昌 007

張夫人墓誌

延昌元年（512）十月。正書。

碑目題跋著錄：

《金石錄》2/8a，《新編》1/12/8809下。

《通志·金石略》卷上/31b，《新編》1/24/18034下。

《石刻名彙》2/8b，《新編》2/2/1028下。

《崇雅堂碑錄補》1/5b，《新編》2/6/4553上。

《佩文齋書畫譜·金石》62/9a下，《新編》3/2/55下。

《古誌彙目》1/5b，《新編》3/37/14。

《六藝之一錄》59/25b，《新編》4/5/95上。

《六朝墓誌檢要》（修訂本）50頁。

《漢魏六朝碑刻校注·總目提要》編號1311。

《北朝隋代墓誌所在總合目錄》編號126。

延昌 008

王晧墓誌

延昌元年（512）五月十七日卒於京師，十一月廿二日葬於洛北芒。2003年春河南省洛陽市孟津縣冢頭村東出土，旋歸王氏，又歸趙氏。誌高42、寬29.5里。文11行，滿行16字，正書。首題：魏故蕩寇將軍殿中將軍領衛士令王君墓誌銘。

著錄：

《河洛墓刻拾零》上冊18頁。（圖）

《新見北朝墓誌集釋》25—29頁。（圖、文、跋）

《北朝隋代墓誌所在總合目錄》編號135。（目）

論文：

叢文俊：《北魏王晧墓誌跋》，載於《藝術與學術：叢文俊書法題跋研究文集》，第247頁。

延昌 009

崔猷墓誌

永平四年（511）二月廿五日卒於洛陽暉文里宅，延昌元年（512）十一月廿八日葬於本邑黃山之陰。1983 年於山東省臨淄縣大武鄉窩托村出土，今存山東淄博齊國故城遺址博物館。高 114、寬 69 釐米。正書兼隸書，23 行，滿行 34 字。首題：魏故員外散騎常侍清河崔府君墓誌銘并序。

著錄：

《漢魏六朝碑刻校注》4 冊 225—226 頁。（圖、文）

《山東石刻分類全集·歷代墓誌》6—7 頁。（圖、文）

《漢魏南北朝墓誌彙編》66—68 頁。（文）

《全北魏東魏西魏文補遺》117—118 頁。（文）

《齊魯碑刻墓誌研究》217—224、363 頁。（跋、目）

《漢魏六朝碑刻校注·總目提要》編號 1313。（目）

《北朝隋代墓誌所在總合目錄》編號 127。（目）

論文：

淄博市博物館、臨淄區文管所：《臨淄北朝崔氏墓地第二次清理簡報》，《考古》1985 年第 3 期。

李嘎：《北魏崔猷墓誌及相關問題》，《考古》2007 年第 1 期。

延昌 010

楊祖興墓誌

延昌元年（512）十一月二十二日。乾隆六十年七里屯西北村北居人掘土得之，原在陝西潼關，今佚。正書。

碑目題跋著錄：

《陝西金石志》6/11a，《新編》1/22/16435 上。（節文）

《石刻題跋索引》134 頁右，《新編》1/30/22472。

《石刻名彙》2/8b，《新編》2/2/1028 下。

《關中金石文字存逸考》8/23b－24a、12/5a，《新編》2/14/10548 上—下、10639 上。（節文）

《古誌彙目》1/5b，《新編》3/37/14。

《六朝墓誌檢要》（修訂本）50 頁。

《漢魏六朝碑刻校注・總目提要》編號 1314。

《北朝隋代墓誌所在總合目錄》編號 128。

延昌 011

楊宣墓碑

又名：楊翬碑。延昌元年（512）十一月葬。碑原位於河北省邢臺地區隆堯縣堯山鄉西河村東北 200 處的楊翬墓地，現存隆堯縣文物保管所碑刻館內。碑通高 247、寬 87、厚 23 釐米。正書，23 行，滿行 43 字；後刻題名 3 列。額正書 4 行，滿行 5 字。額題：魏故寧遠將軍廣樂太守柏仁男楊府君之碑。

圖版著錄：

《北京圖書館藏中國歷代石刻拓本匯編》4 冊 5 頁。

錄文著錄：

《魯迅輯校石刻手稿・碑銘》中冊 219—224 頁。

《河北金石輯錄》33—34 頁。

《全北魏東魏西魏文補遺》57—59 頁。

碑目題跋：

《集古求真續編》2/1a–b，《新編》1/11/8721 上。

《藝風堂金石文字目》2/12b，《新編》1/26/19539 下。

《金石彙目分編》3（補遺）/31a，《新編》1/27/20752 上。

《石刻題跋索引》33 頁左，《新編》1/30/22371。

（光緒）《畿輔通志・金石十》147/43b、46a，《新編》2/11/8500 上、8501 下。附《唐山縣志》。

《求是齋碑跋》1/22b–25b，《新編》2/19/14011 下—14013 上。

《蒿里遺文目錄》1 上/4a，《新編》2/20/14939 上。

《再續寰宇訪碑錄》卷上，《羅振玉學術論著集》第五集，434 頁。

《增補校碑隨筆》（修訂本）180 頁。

《碑帖鑒定》162 頁。

《善本碑帖錄》2/68。

《碑帖敘錄》197 頁。

《河北金石輯錄》32—33 頁。

《漢魏六朝碑刻校注・總目提要》編號 1315。

淑德大學《中國石刻拓本目錄》"碑碣等刻石"編號 422。

論文：

胡湛：《北魏楊翬碑考評》，《中國書法》2012 年第 3 期。

楊振強：《北魏〈楊宣碑〉研究》，河北師範大學碩士學位論文，2017 年。

延昌 012

□寧（字洛安）墓誌

永平四年（511）卒，延昌元年（512）壬辰刻。河南登封市告成鎮高村發現，後移至文物局。高 33、寬 46、厚 13 釐米。文魏體，21 行，滿行 15 字。首題：魏故陳留太守陽成（城）府君墓誌銘。

碑目著錄：

《嵩山少林寺石刻藝術大全》150 頁。

《北朝隋代墓誌所在總合目錄》編號 129。

延昌 013

元顯儁墓誌并蓋

延昌二年（513）正月十四日卒於宣化里第，二月廿九日葬於澶嶼之濱。1917 年洛陽城北十八里後海資村北出土，石為教育部買去，今石存中國國家博物館。誌高 82、廣 50 釐米。19 行，滿行 21 字，正書。蓋題：魏故處士元君墓誌；首題：維大魏延昌二年歲次癸巳二月丙辰朔廿九日甲申故處士元君墓誌銘。

圖版著錄：

《古石抱守錄》，《新編》3/1/314－317。

《漢魏南北朝墓誌集釋》圖版一四八，《新編》3/3/448－449。

《北京圖書館藏中國歷代石刻拓本匯編》4 冊 7—8 頁。

《中國金石集萃》7 函 2 輯編號 15。（誌）

《洛陽出土北魏墓誌選編》圖版四〇，254 頁。（誌）

《漢魏六朝碑刻校注》4 冊 228—229 頁。

錄文著錄：

《芒洛冢墓遺文四編》1/8a–b，《新編》1/19/14152 下。

《誌石文錄》卷上/7a–b，《新編》2/19/13745 上。（誌）

《洛陽出土北魏墓誌選編》延昌五，28 頁。

《漢魏南北朝墓誌彙編》68 頁。

《全唐文補遺・千唐誌齋新藏專輯》435 頁。（誌）

《漢魏六朝碑刻校注》4 冊 230 頁。

《全北魏東魏西魏文補遺》118 頁。

碑目題跋著錄：

《石刻題跋索引》134 頁右，《新編》1/30/22472。

《石刻名彙》2/8b，《新編》2/2/1028 下。

《崇雅堂碑錄》1/15a，《新編》2/6/4491 上。

《古誌新目初編》1/3b，《新編》2/18/13693 上。

《蒿里遺文目錄》2（3）/1b，《新編》2/20/14977 上。

《夢碧簃石言》5/13a，《新編》3/2/219 上。

《漢魏南北朝墓誌集釋》4/31b，《新編》3/3/96。附《九鐘精舍金石跋尾乙編》跋。

《國立北平圖書館藏碑目》3b，《新編》3/36/250 上。

《循園古冢遺文跋尾》2/10b，《新編》3/38/17 上。

《元氏誌錄》1b、6b，《新編》3/38/47 上、49 下。

《墓誌徵存目錄》卷 1，《羅振玉學術論著集》第五集，562 頁。

《洛陽出土石刻時地記》北魏延昌 004，16 頁。

《歷代墓誌銘拓片目錄》7 頁。

《碑帖敘錄》20 頁。

《碑帖鑒定》162 頁。

《增補校碑隨筆》（修訂本）181 頁。

《六朝墓誌檢要》（修訂本）50—51 頁。

《漢魏六朝碑刻校注・總目提要》編號 1317。

淑德大學《中國石刻拓本目錄》"墓誌"編號 55—56。

《北朝隋代墓誌所在綜合目錄》編號 130。

《北京大學圖書館藏歷代墓誌拓片目錄》編號 00152。

論文：

李林娜：《元顯儁龜形墓誌小敍》，《碑林集刊》第 1 輯，1993 年。

古兵：《跋元顯儁墓誌》，《東南文化》1988 年第 3—4 合期。

延昌 014

元演墓誌

延昌二年（513）二月六日薨於位，其年三月七日葬於西陵高祖孝文皇帝之兆域。清末洛陽城北張羊村西北二里出土，天津李氏舊藏，今存北京故宫博物院。誌高 65、廣 59 釐米。18 行，滿行 23 字，正書。首題：維皇魏故衛尉少卿諡鎮遠將軍梁州刺史元君墓誌銘。

圖版著錄：

《漢魏南北朝墓誌集釋》圖版一六四，《新編》3/3/469。

《北京圖書館藏中國歷代石刻拓本匯編》4 册 9 頁。

《中國金石集萃》7 函 2 輯編號 16。

《洛陽出土北魏墓誌選編》圖版四一，255 頁。

《北魏皇家墓誌二十品》編號 8。

《漢魏六朝碑刻校注》4 册 231 頁。

《故宫博物院藏歷代墓誌彙編》1 册 59 頁。

錄文著錄：

《芒洛冢墓遺文》卷上/1b–2b，《新編》1/19/13980 上—下。

《誌石文錄》卷上/7b–8a，《新編》2/19/13745 上—下。

《魯迅輯校石刻手稿·墓誌》上册 50—52 頁。

《洛陽出土北魏墓誌選編》延昌六，28—29 頁。

《漢魏南北朝墓誌彙編》68—69 頁。

《漢魏六朝碑刻校注》4 册 232 頁。

《故宫博物院藏歷代墓誌彙編》1 册 58 頁。

《全北魏東魏西魏文補遺》119 頁。

碑目題跋著錄：

《續補寰宇訪碑錄》3/6b,《新編》1/27/20317 下。

《石刻題跋索引》134 頁右,《新編》1/30/22472。

《石刻名彙》2/9a,《新編》2/2/1029 上。

《崇雅堂碑錄補》1/5b,《新編》2/6/4553 上。

《蒿里遺文目錄》2（3）/1b,《新編》2/20/14977 上。

《夢碧簃石言》5/13a,《新編》3/2/219 上。

《漢魏南北朝墓誌集釋》4/34a,《新編》3/3/101。

《洹洛訪古記》卷下/54b,《新編》3/29/586 下。

《國立北平圖書館藏碑目》3b,《新編》3/36/250 上。

《古誌彙目》1/5b,《新編》3/37/14。

《循園古冢遺文跋尾》2/10b–11a,《新編》3/38/17 上—下。

《元氏誌錄》1b、7a,《新編》3/38/47 上、50 上。

《碑帖跋》72 頁,《新編》3/38/220、4/7/432 下。

《雪堂金石文字跋尾》2/17a–b,《新編》3/38/296 上。

《墓誌徵存目錄》卷 1,《羅振玉學術論著集》第五集,562 頁。

《洛陽出土石刻時地記》北魏延昌 007,17 頁。

《歷代墓誌銘拓片目錄》7 頁。

《碑帖鑒定》162 頁。

《增補校碑隨筆》（修訂本）182 頁。

《六朝墓誌檢要》（修訂本）51 頁。

《漢魏六朝碑刻校注·總目提要》編號 1318。

《北朝隋代墓誌所在總合目錄》編號 131。

《北京大學圖書館藏歷代墓誌拓片目錄》編號 00152。

延昌 015

元恪貴華王普賢墓誌

延昌二年（513）四月廿二日薨於金墉之內，六月二日葬於洛陽西鄉里。1925 年洛陽城北十餘里鄭家凹村北一里許出土，曾歸三原于右任，今存西安碑林博物館。誌高 55、寬 68 釐米。文正書，27 行，滿行 23 字。首題：魏故貴華恭夫人墓誌銘。

圖版著錄：

《漢魏南北朝墓誌集釋》圖版二二，《新編》3/3/300。

《北京圖書館藏中國歷代石刻拓本匯編》4 冊 12 頁。

《鴛鴦七誌齋藏石》圖 32。

《中國金石集萃》7 函 2 輯編號 17、8 函 3 輯編號 23。

《西安碑林全集》60/141 - 150。

《洛陽出土北魏墓誌選編》圖版四二，256 頁。

《漢魏六朝碑刻校注》4 冊 237 頁。

錄文著錄：

《洛陽出土北魏墓誌選編》延昌七，29 頁。

《漢魏南北朝墓誌彙編》69—70 頁。

《漢魏六朝碑刻校注》4 冊 238 頁。

《全北魏東魏西魏文補遺》119—120 頁。

碑目題跋著錄：

《石刻題跋索引》134 頁右，《新編》1/30/22472。

《石刻名彙》2/9a，《新編》2/2/1029 上。

《崇雅堂碑錄補》1/6a，《新編》2/6/4553 下。

《古誌新目初編》1/3b，《新編》2/18/13693 上。

《蒿里遺文目錄補遺》10b，《新編》2/20/15000 下。

《漢魏南北朝墓誌集釋》2/6a，《新編》3/3/45。

《國立北平圖書館藏碑目》3b，《新編》3/36/250 上。

《元氏誌錄補遺》1b，《新編》3/38/55 上。

《墓誌徵存目錄》卷 1，《羅振玉學術論著集》第五集，562 頁。

《丙寅稿》，《羅振玉學術論著集》第十集（上）143 頁。

《洛陽出土石刻時地記》北魏延昌 005，16 頁。

《歷代墓誌銘拓片目錄》8 頁。

《六朝墓誌檢要》（修訂本）51—52 頁。

《漢魏六朝碑刻校注·總目提要》編號 1321。

《北朝隋代墓誌所在總合目錄》編號 132。

《北京大學圖書館藏歷代墓誌拓片目錄》編號 00154。

延昌 016
張永墓誌

卒於家庭，以延昌二年（513）十月廿八日葬荊山原，去長安城北十五里。2010 年出土於陝西省西安市。誌高 71、寬 36 釐米。文 11 行，滿行 35 字，正書。首題：魏故建威將軍扶風太守清河張君墓誌銘。

著錄：

《秦晉豫新出墓誌蒐佚續編》1 冊 40 頁。（圖）

《珍稀墓誌百品》2—3 頁。（圖、文）

《北京大學圖書館藏歷代墓誌拓片目錄》編號 00155。（目）

延昌 017
楊君妻鄭興蘭墓誌

延昌二年（513）九月七日卒於滎陽管城里，以其年十一月十一日葬於華陰潼鄉大塋之北。河南洛陽出土。誌長、寬均 23 釐米。文 10 行，滿行 10 字，正書。首題：魏故洛州刺史弘農楊簡公第六孫婦鄭氏墓誌。

圖版著錄：

《龍門區系石刻文萃》412 頁。

碑目著錄：

《北朝隋代墓誌所在総合目錄》編號 134。

延昌 018
元颺妻王氏墓誌

延昌二年（513）卒於京都，十二月四日葬于涯澗之東。清宣統二年（1910）洛陽城北張羊村西北，姚凹村東出土，曾歸日本太倉喜八郎，後毀於地震。誌高 46.5、廣 40.7 釐米。文正書，15 行，滿行 17 字。首題：□□□□將軍左中郎將元颺妻王夫人墓誌。

圖版著錄：

《漢魏南北朝墓誌集釋》圖版一〇〇，《新編》3/3/397。

《北京圖書館藏中國歷代石刻拓本匯編》4 冊 15 頁。

《中國金石集萃》7 函 2 輯編號 18。

《洛陽出土北魏墓誌選編》圖版四三，257 頁。

《漢魏六朝碑刻校注》4 冊 248 頁。

錄文著錄：

《芒洛冢墓遺文》卷上/2b－3a，《新編》1/19/13980 下—13981 上。

《誌石文錄續編》4b－5a，《新編》2/19/13778 下—13779 上。

《洛陽出土北魏墓誌選編》延昌八，30 頁。

《漢魏南北朝墓誌彙編》72 頁。

《漢魏六朝碑刻校注》4 冊 249 頁。

《全北魏東魏西魏文補遺》121—122 頁。

碑目題跋著錄：

《續補寰宇訪碑錄》3/6b、3/7a，《新編》1/27/20317 下、20318 上。

《石刻題跋索引》134 頁右，《新編》1/30/22472。

《石刻名彙》2/9a，《新編》2/2/1029 上。

《崇雅堂碑錄》1/15a，《新編》2/6/4491 上。

《蒿里遺文目錄》2（3）/3b，《新編》2/20/14978 上。

《夢碧簃石言》5/13a，《新編》3/2/219 上。

《漢魏南北朝墓誌集釋》4/23b，《新編》3/3/80。附《九鐘精舍金石跋尾乙編》跋。

《國立北平圖書館藏碑目》3b，《新編》3/36/250 上。

《古誌彙目》1/5b，《新編》3/37/14。

《循園古冢遺文跋尾》2/11a，《新編》3/38/17 下。

《元氏誌錄》1b、6a、7b－8a，《新編》3/38/47 上、49 下、50 上—下。

《海外貞珉錄》3a，《新編》4/1/244 上。

《雪堂所藏金石文字簿錄》66a，《新編》4/7/402 下。

《墓誌徵存目錄》卷 1，《羅振玉學術論著集》第五集，562 頁。

《增補校碑隨筆》（修訂本）182—183 頁。

《碑帖敘錄》19 頁。

《六朝墓誌檢要》（修訂本）52—53 頁。

《洛陽出土石刻時地記》北魏延昌 006，16—17 頁。

《碑帖鑒定》162 頁。

《漢魏六朝碑刻校注·總目提要》編號 1325。

《北朝隋代墓誌所在總合目錄》編號 136。

《北京大學圖書館藏歷代墓誌拓片目錄》編號 00156。

論文：

安磊：《〈元颺妻王夫人墓誌〉若干問題探析》，《四川文物》2014 年第 2 期。

延昌 019

□伯超墓誌

延昌元年（512）□月三日卒於官署，延昌二年（513）□月三日還葬於洛陽長陵之右。高 59、寬 61 釐米。文正書，20 行，滿行 19 字。

著錄：

《洛陽出土歷代墓誌輯繩》24 頁。（圖）

《洛陽出土北魏墓誌選編》延昌九，30—31 頁；圖版四四，258 頁。（圖、文）

《漢魏六朝碑刻校注》4 冊 244—245 頁。（圖、文）

《全北魏東魏西魏文補遺》122 頁。（文）

《漢魏六朝碑刻校注·總目提要》編號 1326。（目）

《北朝隋代墓誌所在總合目錄》編號 137。（目）

延昌 020

司馬昞妻孟敬訓墓誌

延昌二年（513）六月廿日薨於壽春，三年（514）正月十二日歸葬於鄉墳河內溫縣溫城之西。清乾隆二十年（1755）河南孟縣東北八里葛村出土，出土時曾歸縣東北十八里藥師村監生李洵，光緒初年又歸長白端方，今存北京故宮博物院。誌高、廣 50.7 釐米。文正書，21 行，滿行 21 字。首題：魏代揚州長史南梁郡太守宜陽子司馬景和妻墓誌銘。

圖版著錄：

《漢魏南北朝墓誌集釋》圖版二三一，《新編》3/3/549。

《北京圖書館藏中國歷代石刻拓本匯編》4 冊 16 頁。

《中國金石集萃》8 函 3 輯編號 26。

《漢魏六朝碑刻校注》4 冊 250 頁。
《故宮博物院藏歷代墓誌彙編》1 冊 61 頁。
錄文著錄：
《金石萃編》28/1a－2a，《新編》1/1/496 上—下。
《匋齋藏石記》6/12a－13a，《新編》1/11/8035 下—8036 上。
《古誌石華》2/3b－4b，《新編》2/2/1164 上—下。
（乾隆）《新修懷慶府志·金石志》27/15b－16b，《新編》3/28/657 上—下。
（乾隆）《孟縣志·金石上》7/8b－9b，《新編》3/29/336 下—337 上。
《中州冢墓遺文》2a－b，《新編》3/30/269 下。
《碑版廣例》7/16a－17b，《新編》3/40/321 下—322 上。
《續古文苑》16/10a－11a，《新編》4/2/242 下—243 上。
《全後魏文》57/1b－2a，《全文》4 冊 3797 上—下。
《魯迅輯校石刻手稿·墓誌》上冊 53—54 頁。
《漢魏南北朝墓誌彙編》72—73 頁。
《漢魏六朝碑刻校注》4 冊 251 頁。
《故宮博物院藏歷代墓誌彙編》1 冊 60 頁。
碑目題跋著錄：
《金石萃編》28/4b－5a，《新編》1/1/497 下—498 上。
《八瓊室金石補正》14/22a、22b，《新編》1/6/4219 下。
《匋齋藏石記》6/14a、16a－b，《新編》1/11/8036 下、8037 下。附翁方綱跋。
《集古求真》1/16a，《新編》1/11/8485 下。
《授堂金石三跋·一跋》3/12a－b，《新編》1/25/19105 下。
《平津讀碑記》2/13a－b，《新編》1/26/19368 上。
《藝風堂金石文字目》18/1b，《新編》1/26/19814 上。
《寰宇訪碑錄》2/4b，《新編》1/26/19862 下。
《寰宇訪碑錄校勘記》1/12b－13a，《新編》1/27/20107 下—20108 上。

《金石彙目分編》9（2）/64b，《新編》1/28/20985下。
《石刻題跋索引》134頁右—135頁左，《新編》1/30/22472-22473。
《石刻名彙》2/9a，《新編》2/2/1029上。
《古誌石華》2/4b-5a，《新編》2/2/1164下—1165上。
《平津館金石萃編》4/7a，《新編》2/4/2470上。
《崇雅堂碑錄》1/15a，《新編》2/6/4491上。
《河朔金石目》10/1a，《新編》2/12/9008上。
《語石》1/5b、4/12a，《新編》2/16/11861上、11923下。
《平安館藏碑目》，《新編》2/18/13400下。
《定庵題跋》59b-60a，《新編》2/19/14315上—下。
《寶鴨齋題跋》卷上/22a，《新編》2/19/14345下。
《竹崦盦金石目錄》12b，《新編》2/20/14552下。
《寰宇貞石圖目錄》卷上/5b、卷下/4a，《新編》2/20/14673下、14679上。
《中州金石目錄》2/4a，《新編》2/20/14693下。
《蒿里遺文目錄》2（1）/1b，《新編》2/20/14944上。
《漢魏南北朝墓誌集釋》5/49b-50a，《新編》3/3/132。附《復初齋文集》《蛾術編》《獨笑齋金石考略》三等題跋。
（乾隆）《孟縣志·金石上》7/9b-10b，《新編》3/29/337上—下。
（民國）《孟縣志·金石》9/3a-b，《新編》3/29/450上。
《河南古物調查表證誤》6b，《新編》3/35/594下。
《石目》，《新編》3/36/73上。
《中州金石目》2/16a，《新編》3/36/159下。
《國立北平圖書館藏碑目》3b，《新編》3/36/250上。
《非見齋審定六朝正書碑目》1b，《新編》3/36/519上。
《古誌彙目》1/5b，《新編》3/37/14。
《竹崦盦金石目錄》1/15b，《新編》3/37/347上。
《碑帖跋》73頁，《新編》3/38/221、4/7/433上。
《中國金石學講義·正編》21b，《新編》3/39/160。
《碑版廣例》7/17b，《新編》3/40/322上。

《漢魏六朝志墓金石例》2/13b–14a，《新編》3/40/410 上—下。

《漢魏六朝墓銘纂例》4/5b–6a，《新編》3/40/461 上—下。

《激素飛清閣平碑記》卷 2，《新編》4/1/203 上。

《雪堂所藏金石文字簿錄》66a–b，《新編》4/7/402 下。

《墓誌徵存目錄》卷 1，《羅振玉學術論著集》第五集，562 頁。

《歷代墓誌銘拓片目錄》8 頁。

《碑帖鑒定》163 頁。

《碑帖敘錄》52—53 頁。

《善本碑帖錄》2/69。

《增補校碑隨筆》（修訂本）183—184 頁。

《六朝墓誌檢要》（修訂本）53 頁。

《漢魏六朝碑刻校注·總目提要》編號1328。

淑德大學《中國石刻拓本目錄》"墓誌"編號58。

《北朝隋代墓誌所在綜合目錄》編號138。

《北京大學圖書館藏歷代墓誌拓片目錄》編號00157。

論文：

啟功：《初拓〈司馬景和妻孟氏墓誌跋〉》，載於《啟功全集》（修訂版）第五卷，第20頁。

備考：《古誌彙目》所載兩方《孟氏墓誌》，實則為一方，前一方《孟氏墓誌》記載的是其卒年，後一方墓誌記載的是其葬年。

延昌 021

崔楷墓誌

又名：崔偕墓誌。延昌三年（514）五月。河南洛陽出土，三原于右任舊藏，今石存西安碑林博物館。誌石高35.5、寬48.5釐米。文13行，滿行15字，正書。首題：大魏殷州刺史崔公墓誌。

圖版著錄：

《鴛鴦七誌齋藏石》圖137。

《西安碑林全集》60/179–180。

《漢魏六朝碑刻校注》7冊105頁。

錄文著錄：

《漢魏南北朝墓誌彙編》507 頁。

《漢魏六朝碑刻校注》7 冊 106 頁。

《全北魏東魏西魏文補遺》412 頁。

碑目著錄：

《六朝墓誌檢要》（修訂本）53 頁。

《漢魏六朝碑刻校注·總目提要》編號 1804、1330。

《北朝隋代墓誌所在綜合目錄》編號 410。

《北京大學圖書館藏歷代墓誌拓片目錄》編號 00158。

備考：《漢魏六朝碑刻校注·總目提要》誤作"崔偕墓誌"。崔楷，《魏書》卷五六、《北史》卷三二有傳，附於其父《崔辯傳》。然史傳云："字季則"，而墓誌云"字模之"，未知孰是。

延昌 022

高宗文成皇帝嬪耿氏墓誌

又名"元潛嬪耿氏墓誌"。薨於京師，以七月葬於洛陽西嶺，延昌三年（514）七月十五日刊石。1914 年（一說 1913）洛陽城北安駕溝村南出土，曾歸武進陶蘭泉、上虞羅振玉，今存遼寧省博物館。高 43.5、寬 38.3 釐米。文正書，18 行，滿行 20 字。首題：大魏高宗文成皇帝嬪耿氏墓誌銘。

圖版著錄：

《漢魏南北朝墓誌集釋》圖版二三，《新編》3/3/301。

《六朝墓誌菁英二編》，《新編》4/3/205 下左—206 上左。

《北京圖書館藏中國歷代石刻拓本匯編》4 冊 17 頁。

《中國金石集萃》7 函 2 輯編號 19。

《洛陽出土北魏墓誌選編》圖版四五，259 頁。

《遼寧省博物館藏碑誌精粹》56 頁。

《漢魏六朝碑刻校注》4 冊 253 頁。

錄文著錄：

《芒洛冢墓遺文三編》5a–b，《新編》1/19/14110 上。

《滿洲金石志別錄》卷上/9b－10b，《新編》1/23/17402上—下。
《誌石文錄》卷上/8b－9a，《新編》2/19/13745下—13746上。
《魯迅輯校石刻手稿·墓誌》上冊64—65頁。
《洛陽出土北魏墓誌選編》延昌一〇，31頁。
《漢魏南北朝墓誌彙編》73—74頁。
《漢魏六朝碑刻校注》4冊254頁。
《遼寧省博物館藏碑誌精粹》56頁。
《全北魏東魏西魏文補遺》122—123頁。
碑目題跋著錄：
《滿洲金石志別錄》卷上/10b，《新編》1/23/17402下。
《石刻題跋索引》135頁左，《新編》1/30/22473。
《石刻名彙》2/9a，《新編》2/2/1029上。
《崇雅堂碑錄》1/15a，《新編》2/6/4491上。
《古誌新目初編》1/4a，《新編》2/18/13693下。
《蒿里遺文目錄》2（3）/3a，《新編》2/20/14978上。
《夢碧簃石言》5/13b，《新編》3/2/219上。
《漢魏南北朝墓誌集釋》2/6a，《新編》3/3/45。
《國立北平圖書館藏碑目》3b，《新編》3/36/250上。
《循園古冢遺文跋尾》2/11b，《新編》3/38/17下。
《元氏誌錄》1b、8a，《新編》3/38/47上、50下。
《碑帖跋》64頁，《新編》3/38/212、4/7/430下。
《墓誌徵存目錄》卷1，《羅振玉學術論著集》第五集，562頁。
《洛陽出土石刻時地記》北魏延昌008，17頁。
《歷代墓誌銘拓片目錄》8頁。
《增補校碑隨筆》（修訂本）184頁。
《六朝墓誌檢要》（修訂本）54頁。
《遼寧省博物館藏碑誌精粹》57頁。
《漢魏六朝碑刻校注·總目提要》編號1331。
淑德大學《中國石刻拓本目錄》"墓誌"編號59。
《北朝隋代墓誌所在總合目錄》編號140。

《北京大學圖書館藏歷代墓誌拓片目錄》編號00159。

延昌023

高祖充華趙氏墓誌

又名"元宏充華趙氏墓誌"。延昌三年（514）八月十三日薨，九月廿八日葬於山陵之域。1928年洛陽城北張羊村北嶺、北陳莊村南嶺出土，曾歸三原于右任，今存西安碑林博物館。誌高33、寬46釐米。文正書，15行，滿行14字。首題：大魏高祖九嬪趙充華墓誌。

圖版著錄：

《漢魏南北朝墓誌集釋》圖版二四，《新編》3/3/302。

《北京圖書館藏中國歷代石刻拓本匯編》4冊18頁。

《鴛鴦七誌齋藏石》圖33。

《西安碑林全集》60/151－156。

《洛陽出土北魏墓誌選編》圖版四六，260頁。

《漢魏六朝碑刻校注》4冊256頁。

錄文著錄：

《洛陽出土北魏墓誌選編》延昌一一，31—32頁。

《漢魏南北朝墓誌彙編》74頁。

《漢魏六朝碑刻校注》4冊257頁。

《全北魏東魏西魏文補遺》123頁。

碑目題跋著錄：

《石刻題跋索引》135頁左，《新編》1/30/22473。

《漢魏南北朝墓誌集釋》2/6a－b，《新編》3/3/45－46。

《墓誌徵存目錄》卷1，《羅振玉學術論著集》第五集，562頁。

《洛陽出土石刻時地記》北魏延昌009，17頁。

《歷代墓誌銘拓片目錄》8頁。

《碑帖鑒定》163頁。

《六朝墓誌檢要》（修訂本）54頁。

《漢魏六朝碑刻校注·總目提要》編號1332。

《北朝隋代墓誌所在總合目錄》編號141。

延昌 024

長孫瑱墓誌

或作"長孫史瑱墓誌"、"長孫敬瑱墓誌"。延昌元年（512）八月十三日薨於家，延昌三年（514）十月廿一日葬於北芒。1929 年洛陽城東北西山嶺頭村南，太倉村北出土，曾歸三原于右任，今存西安碑林博物館。誌高 68、寬 81 釐米。文正書，20 行，滿行 18 字。首題：大魏故左軍領御仗左右西川子贈龍驤將軍洛州刺史長孫史君之墓誌。

圖版著錄：

《漢魏南北朝墓誌集釋》圖版二一三，《新編》3/3/526。

《北京圖書館藏中國歷代石刻拓本匯編》4 冊 19 頁。

《鴛鴦七誌齋藏石》圖 34。

《中國金石集萃》7 函 3 輯編號 21。

《西安碑林全集》60/157－162。

《漢魏六朝碑刻校注》4 冊 258 頁。

錄文著錄：

《洛陽出土北魏墓誌選編》延昌一二，32 頁。

《漢魏南北朝墓誌彙編》74—75 頁。

《漢魏六朝碑刻校注》4 冊 259 頁。

《全北魏東魏西魏文補遺》123—124 頁。

碑目題跋著錄：

《石刻題跋索引》135 頁左，《新編》1/30/22473。

《古誌新目初編》1/4a，《新編》2/18/13693 下。

《漢魏南北朝墓誌集釋》5/43b，《新編》3/3/120。

《國立北平圖書館藏碑目》3b，《新編》3/36/250 上。

《蒿里遺文目錄續編·墓誌徵存》2b，《新編》3/37/537 下。

《墓誌徵存目錄》卷 1，《羅振玉學術論著集》第五集，562 頁。

《洛陽出土石刻時地記》北魏延昌 010，17 頁。

《歷代墓誌銘拓片目錄》8 頁。

《六朝墓誌檢要》（修訂本）54—55 頁。

《漢魏六朝碑刻校注・總目提要》編號 1333。

淑德大學《中國石刻拓本目錄》"墓誌"編號 60。

《北朝隋代墓誌所在總合目錄》編號 142。

《北京大學圖書館藏歷代墓誌拓片目錄》編號 00160。

延昌 025

高琨墓誌

又作：高崐墓誌。延昌三年（514）十月廿二日。20 世紀 70 年代山西省大同市東郊小南頭村出土，今藏大同市博物館。誌高、寬均 64 釐米，厚 12 釐米；蓋高、寬均 53.5 釐米，厚 17 釐米。正書，12 行，滿行 12 字。首題：魏故使持節都督冀瀛相幽平五州諸軍事鎮東大將軍冀州刺史勃海郡開國公墓誌。

著錄：

《漢魏六朝碑刻校注》4 冊 260—261 頁。（圖、文）

《全北魏東魏西魏文補遺》124 頁。（文）

《新出魏晉南北朝墓誌疏證》（修訂本）71—73 頁。（文、跋）

《漢魏六朝碑刻校注・總目提要》編號 1334。（目）

《北朝隋代墓誌所在總合目錄》編號 143。（目）

論文：

王銀田：《元淑墓誌考釋——附北魏高琨墓誌小考》，《文物》1989 年第 8 期。

殷憲：《高琨墓誌》，《北魏平城書跡研究》，第 234—236 頁。

備考：高琨，《魏書》卷八三下、《北史》卷八〇有傳，附《高植傳》。

延昌 026

車騎大將軍邢巒碑

延昌三年（514）十月立。在河間縣。

碑目題跋著錄：

《金石錄》2/8b、21/6a，《新編》1/12/8809 下、8925 下。

《寶刻叢編》6/9a，《新編》1/24/18168 上。

《金石彙目分編》3（2）/1a，《新編》1/27/20693 上。

《石刻題跋索引》33 頁左，《新編》1/30/22371。

（光緒）《畿輔通志・金石志》143/25b、26a，《新編》2/11/8356 上、下。

《京畿金石考》卷上/40b，《新編》2/12/8765 下。

《石墨考異》卷上，《新編》2/16/11638 下。

《畿輔待訪碑目》卷上/3a，《新編》2/20/14802 上。

《佩文齋書畫譜・金石》62/9a 下，《新編》3/2/55 下。

《六藝之一錄》59/17b，《新編》4/5/91 上。

備考：邢巒，《魏書》卷六五、《北史》卷四三有傳。

延昌 027

冀州刺史元珍墓誌

延昌三年（514）五月廿二日薨於篤恭里第，其年十一月四日葬於河南東垣之長陵。1920 年洛陽城北北陳莊村南嶺出土，石曾歸武進陶蘭泉、陽湖董氏。誌高 71.4、廣 66.6 釐米。文 25 行，滿行 27 字，正書。首題：魏故尚書左僕射驃騎大將軍冀州刺史元公墓誌銘。

圖版著錄：

《漢魏南北朝墓誌集釋》圖版四四，《新編》3/3/328。

《北京圖書館藏中國歷代石刻拓本匯編》4 冊 20 頁。

《中國金石集萃》8 函 3 輯編號 27。

《洛陽出土北魏墓誌選編》圖版四七，261 頁。

《漢魏六朝碑刻校注》4 冊 265 頁。

錄文著錄：

《芒洛冢墓遺文四編》1/8b – 10a，《新編》1/19/14152 下—14153 下。

《誌石文錄》卷上/9a – 10a，《新編》2/19/13746 上—下。

《魯迅輯校石刻手稿・墓誌》上冊 66—69 頁。

《洛陽出土北魏墓誌選編》延昌一三，32—33 頁。

《漢魏南北朝墓誌彙編》76—77 頁。

《漢魏六朝碑刻校注》4 冊 266 頁。

《全北魏東魏西魏文補遺》124—125 頁。

碑目題跋著錄：

《石刻題跋索引》135 頁左—右，《新編》1/30/22473。

《石刻名彙》2/9a，《新編》2/2/1029 上。

《崇雅堂碑錄補》1/6a，《新編》2/6/4553 下。

《古誌新目初編》1/4a，《新編》2/18/13693 下。

《蒿里遺文目錄》2（3）/1b，《新編》2/20/14977 上。

《夢碧簃石言》5/13b，《新編》3/2/219 上。

《漢魏南北朝墓誌集釋》3/10b，《新編》3/3/54。

《國立北平圖書館藏碑目》3b，《新編》3/36/250 上。

《循園古冢遺文跋尾》2/12b–13b，《新編》3/38/18 上—下。

《元氏誌錄》2a、5b，《新編》3/38/47 下、49 上。

《雪堂金石文字跋尾》2/17b–18a，《新編》3/38/296 上。

《墓誌徵存目錄》卷1，《羅振玉學術論著集》第五集，562 頁。

《洛陽出土石刻時地記》北魏延昌011，17 頁。

《歷代墓誌銘拓片目錄》8 頁。

《碑帖敘錄》16 頁。

《六朝墓誌檢要》（修訂本）55 頁。

《漢魏六朝碑刻校注·總目提要》編號1335。

淑德大學《中國石刻拓本目錄》"墓誌"編號61。

《北朝隋代墓誌所在総合目錄》編號145。

《北京大學圖書館藏歷代墓誌拓片目錄》編號00161。

論文：

劉軍：《北魏元珍墓誌的史料價值》，《閩江學刊》2015年第1期。

備考：元珍，《魏書》卷一四、《北史》卷一五有傳，附《元思傳》。

延昌 028

燕州刺史元颺墓誌

延昌三年（514）八月廿七日薨於第，十一月四日葬于洛陽之西陵。清宣統二年（1910）洛陽城北張羊村西北，姚凹村東出土，曾歸日本太倉喜八郎，1924 年毀於地震。誌高 54、廣 50 釐米。文正書，24 行，滿行 26 字。首題：魏故使持節冠軍將軍燕州刺史元使君墓誌銘。

圖版著錄：

《漢魏南北朝墓誌集釋》圖版九九，《新編》3/3/396。

《北京圖書館藏中國歷代石刻拓本匯編》4 冊 21 頁。

《中國金石集萃》7 函 2 輯編號 20。

《漢魏六朝碑刻校注》4 冊 262 頁。

錄文著錄：

《芒洛冢墓遺文》卷上/3a－4a，《新編》1/19/13981 上—下。

《誌石文錄續編》3b－4b，《新編》2/19/13778 上—下。

《漢魏南北朝墓誌彙編》75—76 頁。

《洛陽出土北魏墓誌選編》延昌一四，33—34 頁。

《漢魏六朝碑刻校注》4 冊 263 頁。

《全北魏東魏西魏文補遺》28—29 頁。

碑目題跋著錄：

《續補寰宇訪碑錄》3/6b，《新編》1/27/20317 下。

《石刻題跋索引》135 頁左，《新編》1/30/22473。

《石刻名彙》2/9a，《新編》2/2/1029 上。

《崇雅堂碑錄補》1/6a，《新編》2/6/4553 下。

《蒿里遺文目錄》2（3）/1b，《新編》2/20/14977 上。

《夢碧簃石言》5/13b，《新編》3/2/219 上。

《漢魏南北朝墓誌集釋》4/23a－b，《新編》3/3/79－80。附《九鐘精舍金石跋尾乙編》跋。

《國立北平圖書館藏碑目》3b，《新編》3/36/250 上。

《古誌彙目》1/5b，《新編》3/37/14。

《循園古冢遺文跋尾》2/11b－12b，《新編》3/38/17 下—18 上。

《元氏誌錄》2a，《新編》3/38/47 下。

《碑帖跋》77－78 頁，《新編》3/38/225－226、4/7/434 上。

《海外貞珉錄》3a，《新編》4/1/244 上。

《雪堂所藏金石文字簿錄》66b，《新編》4/7/402 下。

《墓誌徵存目錄》卷1,《羅振玉學術論著集》第五集,562頁。

《六朝墓誌檢要》(修訂本)55頁。

《洛陽出土石刻時地記》北魏延昌012,17頁。

《增補校碑隨筆》(修訂本)184—185頁。

《碑帖鑒定》163頁。

《漢魏六朝碑刻校注·總目提要》編號1336。

淑德大學《中國石刻拓本目錄》"墓誌"編號62。

《北朝隋代墓誌所在綜合目錄》編號144。

《北京大學圖書館藏歷代墓誌拓片目錄》編號00162。

延昌029

李弼妻鄭氏墓誌

延昌三年(514)十二月二十九日葬。2010年河北贊皇縣西高村出土。拓片長48.5、寬36釐米。文正書,15行,滿行20字。首題:魏定州主簿別駕行博陵鉅鏕趙郡三郡事趙郡李弼妻古(故?)鄭氏墓誌銘。

碑目著錄:

《北京大學圖書館藏歷代墓誌拓片目錄》編號00163。

延昌030

定州盧奴縣令姚纂墓誌

延昌三年(514)正月十七日卒,延昌四年(515)正月十六日葬於定州盧奴城西南廿里。民國初年在河北定縣趙村出土,曾歸天津姚貴昉、武進陶蘭泉。誌高58.7、廣48釐米。文12行,滿行15字,正書。

圖版著錄:

《漢魏南北朝墓誌集釋》圖版二一四,《新編》3/3/527。

《漢魏六朝碑刻校注》4冊268頁。

錄文著錄:

《京畿冢墓遺文》卷上/1a-b,《新編》1/18/13609上。

《滿洲金石志別錄》卷上/10b-11a,《新編》1/23/17402下—17403上。

(民國)《定縣志·志餘》18/4b-5a,《新編》3/24/268下—269上。

《魯迅輯校石刻手稿·墓誌》上冊 70 頁。
《漢魏六朝碑刻校注》4 冊 269 頁。
《全北魏東魏西魏文補遺》125 頁。
碑目題跋著錄：
《滿洲金石志別錄》卷上/11a，《新編》1/23/17403 上。
《續補寰宇訪碑錄》3/7a，《新編》1/27/20318 上。
《石刻題跋索引》135 頁右，《新編》1/30/22473。
《石刻名彙》2/9b，《新編》2/2/1029 上。
《崇雅堂碑錄補》1/6a，《新編》2/6/4553 下。
《古誌新目初編》1/4a，《新編》2/18/13693 下。
《蒿里遺文目錄》2（1）/1b，《新編》2/20/14944 上。
《漢魏南北朝墓誌集釋》5/43b，《新編》3/3/120。
《國立北平圖書館藏碑目》4a，《新編》3/36/250 下。
《墓誌徵存目錄》卷 1，《羅振玉學術論著集》第五集，562 頁。
《歷代墓誌銘拓片目錄》9 頁。
《碑帖鑒定》162—163 頁。
《六朝墓誌檢要》（修訂本）56 頁。
《漢魏六朝碑刻校注·總目提要》編號 1337。
淑德大學《中國石刻拓本目錄》"墓誌"編號 63。
《北朝隋代墓誌所在綜合目錄》編號 146。
《北京大學圖書館藏歷代墓誌拓片目錄》編號 00164。
論文：
馬衡：《北魏墓誌跋六種：北魏盧奴令姚纂墓誌跋》，《凡將齋金石叢稿》，第 192—193 頁；又載於《馬衡講金石學》第 116—117 頁。

延昌 031

顯祖嬪成氏墓誌

又名"元弘嬪成氏墓誌"。延昌四年（515）正月九日薨於金墉舊宮，二月壬午葬於山陵之域。1926 年洛陽城北十餘里南石山村之西北出土，曾歸三原于右任，今存西安碑林博物館。誌高 34、寬 29 釐米。文正書，

10 行，滿行 12 字。

　　圖版著錄：

《漢魏南北朝墓誌集釋》圖版二五，《新編》3/3/303。

《北京圖書館藏中國歷代石刻拓本匯編》4 冊 22 頁。

《鴛鴦七誌齋藏石》圖 35。

《中國金石集萃》8 函 3 輯編號 28。

《西安碑林全集》60/163 – 165。

《洛陽出土北魏墓誌選編》圖版四八，262 頁。

《漢魏六朝碑刻校注》4 冊 272 頁。

　　錄文著錄：

《洛陽出土北魏墓誌選編》延昌一五，34 頁。

《漢魏南北朝墓誌彙編》78 頁。

《漢魏六朝碑刻校注》4 冊 273 頁。

《全北魏東魏西魏文補遺》125—126 頁。

　　碑目題跋著錄：

《石刻題跋索引》135 頁右，《新編》1/30/22473。

《石刻名彙》第一編"誌銘類"續補 1a，《新編》2/2/1138 下。

《古誌新目初編》1/4a，《新編》2/18/13693 下。

《漢魏南北朝墓誌集釋》2/6b，《新編》3/3/46。

《國立北平圖書館藏碑目》4a，《新編》3/36/250 下。

《蒿里遺文目錄續編補遺·元魏宗室妃主誌存》2a，《新編》3/37/545 下。

《元氏誌錄補遺》1b，《新編》3/38/55 上。

《墓誌徵存目錄》卷 1，《羅振玉學術論著集》第五集，563 頁。

《洛陽出土石刻時地記》北魏延昌 013，17—18 頁。

《歷代墓誌銘拓片目錄》9 頁。

《六朝墓誌檢要》（修訂本）56 頁。

《漢魏六朝碑刻校注·總目提要》編號 1339。

《北朝隋代墓誌所在總合目錄》編號 147。

《北京大學圖書館藏歷代墓誌拓片目錄》編號 00165。

延昌 032

邢巒墓誌

延昌三年（514）三月九日卒於第，以四年（515）二月十一日遷葬于先塋。1972年河間市南冬村邢氏墓群出土。現藏河北省文物研究所。誌長80、寬80、厚19.5釐米。文25行，滿行26字，正書。首題：魏故車騎大將軍瀛洲刺史平舒邢公墓誌。

著錄：

《滄州出土墓誌》2—3頁。（圖、文）

《河北金石輯錄》211—212頁。（圖、文、跋）

《北朝隋代墓誌所在総合目錄》編號148。（目）

錄文：

孟昭林：《記後魏邢偉墓出土文物及邢巒墓的發現》，《考古》1959年第4期。

備考：邢巒，《魏書》卷六五、《北史》卷四三有傳。

延昌 033

邢偉墓誌

延昌三年（514）七月廿六日卒於洛陽永和里，四年（515）二月十一日葬武垣縣永貴鄉崇仁里。1956年河北河間市沙洼鄉南冬村出土，石藏河間市文物保管所。誌長63、寬67.5、厚12釐米。文26行，滿行24字，正書。蓋佚。首題：魏故博陵太守邢府君墓誌。

圖版、錄文著錄：

《北京大學圖書館新藏金石拓本菁華1996—2012》76頁。（圖）

《金石拓本題跋集萃》45頁。（圖）

《新中國出土墓誌·河北〔壹〕》上冊2頁（圖）、下冊1頁（文）。

《漢魏六朝碑刻校注》4冊274—275頁。（圖、文）

《滄州出土墓誌》4—5頁。（圖、文）

《漢魏南北朝墓誌彙編》78—79頁。（文）

《河北金石輯錄》212頁。（文）

《全北魏東魏西魏文補遺》126頁。（文）

碑目著錄：

《漢魏六朝碑刻校注·總目提要》編號1340。

《北朝隋代墓誌所在総合目錄》編號149。

《北京大學圖書館藏歷代墓誌拓片目錄》編號00166。

論文：

孟昭林：《記後魏邢偉墓出土文物及邢巒墓的發現》，《考古》1959年第4期。

備考：邢偉，《魏書》卷六五、《北史》卷四三有傳，附《邢巒子遜傳》。

延昌 034

太子屯騎校尉山暉墓誌并陰

延昌四年（515）三月十八日遷葬於北芒山。1921年洛陽城東北二十五里後溝村正西，營莊村正東，太倉村北出土，曾歸三原于右任，今存西安碑林博物館。誌高33、寬34釐米。文正書，15行，滿行15字。首題：魏故鷹揚將軍太子屯騎校尉山君墓誌銘。《洛陽出土時刻時地記》以為，該誌為晉碑改制的墓誌，因正、背面字迹不一。《漢魏南北朝墓誌彙編》也疑誌陰非山暉誌之陰。

圖版著錄：

《漢魏南北朝墓誌集釋》圖版二一五，《新編》3/3/528－529。

《北京圖書館藏中國歷代石刻拓本匯編》4冊23頁。（碑陽）

《鴛鴦七誌齋藏石》圖36。

《西安碑林全集》60/166－169。（碑陽）

《洛陽出土北魏墓誌選編》圖版四九，263頁。（碑陽）

《漢魏六朝碑刻校注》4冊277—278頁。

錄文著錄：

《洛陽出土北魏墓誌選編》延昌一六，34—35頁。（碑陽）

《漢魏南北朝墓誌彙編》79頁。

《漢魏六朝碑刻校注》4冊279頁。

《全北魏東魏西魏文補遺》126—127頁。

碑目題跋著錄：

《石刻題跋索引》135 頁右，《新編》1/30/22473。

《古誌新目初編》1/4a，《新編》2/18/13693 下。

《漢魏南北朝墓誌集釋》5/43b，《新編》3/3/120。

《國立北平圖書館藏碑目》4a，《新編》3/36/250 下。

《墓誌徵存目錄》卷 1，《羅振玉學術論著集》第五集，563 頁。

《洛陽出土石刻時地記》北魏延昌 014，18 頁。

《歷代墓誌銘拓片目錄》9 頁。

《碑帖鑒定》163 頁。

《六朝墓誌檢要》（修訂本）56 頁。

《漢魏六朝碑刻校注·總目提要》編號 1341。

《北朝隋代墓誌所在總合目錄》編號 150。

《北京大學圖書館藏歷代墓誌拓片目錄》編號 00167。

延昌 035

恒州治中王禎墓誌

延昌三年（514）四月十日卒於洛陽永康里，延昌四年（515）三月廿九日遷葬於芒皐。1929 年洛陽城北西山嶺頭村之東三里，護駕莊村南出土，曾歸三原于右任，今存西安碑林博物館。誌高 51、寬 53 釐米。文正書，19 行，滿行 18 字。首題：魏故恒州治中晉陽男王君墓誌銘。

圖版著錄：

《漢魏南北朝墓誌集釋》圖版二一六，《新編》3/3/530。

《北京圖書館藏中國歷代石刻拓本匯編》4 冊 24 頁。

《洛陽出土北魏墓誌選編》圖版五○，264 頁。

《鴛鴦七誌齋藏石》圖 37。

《西安碑林全集》60/170–178。

《漢魏六朝碑刻校注》4 冊 280 頁。

錄文著錄：

《洛陽出土北魏墓誌選編》延昌一七，35 頁。

《漢魏南北朝墓誌彙編》80 頁。

《漢魏六朝碑刻校注》4 冊 281 頁。

《全北魏東魏西魏文補遺》127 頁。

碑目題跋著錄：

《石刻題跋索引》135 頁右，《新編》1/30/22473。

《古誌新目初編》1/4a，《新編》2/18/13693 下。

《漢魏南北朝墓誌集釋》5/43b，《新編》3/3/120。

《國立北平圖書館藏碑目》4a，《新編》3/36/250 下。

《洛陽出土石刻時地記》北魏延昌 015，18 頁。

《歷代墓誌銘拓片目錄》9 頁。

《碑帖鑒定》163 頁。

《六朝墓誌檢要》（修訂本）56—57 頁。

《漢魏六朝碑刻校注・總目提要》編號 1342。

《北朝隋代墓誌所在総合目録》編號 151。

《北京大學圖書館藏歷代墓誌拓片目錄》編號 00168。

延昌 036

涇雍二州別駕皇甫驎墓誌

薨於家，北魏延昌四年（515）四月十八日葬于鄠縣中鄉洪潦里。辛對撰。清咸豐年間陝西鄠縣出土，曾歸長白端方、天津金鉞。誌長 117、寬 70 釐米。23 行，滿行 40 字，正書。首題：魏故涇雍二州別駕安西平西二府長史新平安定清水武始四郡太守皇甫君墓誌銘。

圖版著錄：

《漢魏南北朝墓誌集釋》圖版二一七，《新編》3/3/531。

《北京圖書館藏中國歷代石刻拓本匯編》4 冊 25 頁。

《中國金石集萃》7 函 3 輯編號 22。

《中國西北地區歷代石刻匯編》1 冊 50 頁。

《漢魏六朝碑刻校注》4 冊 282 頁。

錄文著錄：

《八瓊室金石補正》14/22b–24b，《新編》1/6/4219 下—4220 下。

《十二硯齋金石過眼錄》6/6b–8b，《新編》1/10/7839 下—7840 下。

《匋齋藏石記》6/17a‑18b，《新編》1/11/8038 上—下。

《陝西金石志》6/11b‑13a，《新編》1/22/16435 上—16436 上。

（民國）《重修鄠縣志·金石》7/2a‑3a，《新編》3/31/573 下—574 上。

《魯迅輯校石刻手稿·墓誌》上冊 71—75 頁。

《漢魏南北朝墓誌彙編》80—82 頁。

《漢魏六朝碑刻校注》4 冊 283—284 頁。

《全北魏東魏西魏文補遺》29—30 頁。

碑目題跋著錄：

《八瓊室金石補正》14/24b‑27b，《新編》1/6/4220 下—4222 上。

《十二硯齋金石過眼錄》6/8b‑9b，《新編》1/10/7840 下—7841 上。

《匋齋藏石記》6/18b‑20a，《新編》1/11/8038 下—8039 下。

《集古求真》3/10b，《新編》1/11/8506 下。

《藝風堂金石文字目》18/1b，《新編》1/26/19814 上。

《再續寰宇訪碑錄校勘記》3b，《新編》1/27/20461 上。

《石刻題跋索引》135 頁右，《新編》1/30/22473。

《石刻名彙》2/9a，《新編》2/2/1029 上。

《崇雅堂碑錄》1/15a，《新編》2/6/4491 上。

《定庵題跋》40b，《新編》2/19/14305 下。

《寰宇貞石圖目錄》卷上/6a、卷下/4a，《新編》2/20/14674 上、14679 上。

《蒿里遺文目錄》2（1）/1b，《新編》2/20/14944 上。

《夢碧簃石言》2/9a‑b，《新編》3/2/178 上。

《漢魏南北朝墓誌集釋》5/44a，《新編》3/3/121。

《天壤閣雜記》7b，《新編》3/35/460 下。

《石目》，《新編》3/36/73 上。

《國立北平圖書館藏碑目》4a，《新編》3/36/250 下。

《古誌彙目》1/5b，《新編》3/37/14。

《碑帖跋》65 頁，《新編》3/38/213、4/7/431 上。

《雪堂金石文字跋尾》2/18b‑19b，《新編》3/38/296 下—297 上。

《寫禮廎讀碑記》10a–11a，《新編》3/40/549下—550上。

《石交錄》3/15b，《新編》4/6/470上。

《雪堂所藏金石文字簿錄》66b，《新編》4/7/402下。

《再續寰宇訪碑錄》卷上，《羅振玉學術論著集》第五集，434頁。

《墓誌徵存目錄》卷1，《羅振玉學術論著集》第五集，563頁。

《歷代墓誌銘拓片目錄》9頁。

《碑帖鑒定》163—164頁。

《碑帖敘錄》117頁。

《增補校碑隨筆》（修訂本）185頁。

《六朝墓誌檢要》（修訂本）57頁。

《漢魏六朝碑刻校注·總目提要》編號1344。

淑德大學《中國石刻拓本目錄》"墓誌"編號64。

《北朝隋代墓誌所在總合目錄》編號152。

《北京大學圖書館藏歷代墓誌拓片目錄》編號00169。

論文：

顧燮光：《魏〈皇甫驎墓誌〉》，《碑林集刊》第7輯，2001年。

延昌 037

淮陽太守梁鑒碑

延昌四年（515）十月。《佩文齋書畫譜》誤作"梁峰"。

碑目題跋著錄：

《金石錄》2/8b，《新編》1/12/8809下。

《通志·金石略》卷上/31b，《新編》1/24/18034下。

《寶刻叢編》20/16b，《新編》1/24/18380下。

《石刻題跋索引》33頁左，《新編》1/30/22371。

《補寰宇訪碑錄》2/3a，《新編》1/27/20207上。

《望堂金石初集》，《新編》2/4/2778上。

《佩文齋書畫譜·金石》62/9b上，《新編》3/2/55下。

《金石萃編補目》1/3b，《新編》3/37/485上。

《六藝之一錄》59/18a，《新編》4/5/91下。

延昌 038

徐州刺史王紹墓誌

延昌四年（515）八月二日薨於第，閏十月廿二日葬於洛陽西鄉里。清光緒年間洛陽城北南陳莊村南出土，旋歸茹古閣，後歸開封關葆謙、吳縣蔣氏、雲南李根源、蘇州古物保存所，抗日戰爭時石毀。誌高70.3、廣70釐米。正書，29行，滿行29字。首題：魏故輔國將軍徐州刺史昌國縣開國侯王使君墓誌序。

圖版著錄：

《漢魏南北朝墓誌集釋》圖版二一八，《新編》3/3/532。

《北京圖書館藏中國歷代石刻拓本匯編》4冊28頁。

《洛陽出土北魏墓誌選編》圖版五一，265頁。

《漢魏六朝碑刻校注》4冊286頁。

錄文著錄：

《芒洛冢墓遺文》卷上/4a－5b，《新編》1/19/13981下—13982上。

《誌石文錄》卷上/10a－11a，《新編》2/19/13746下—13747上。

《魯迅輯校石刻手稿·墓誌》上冊79—82頁。

《洛陽出土北魏墓誌選編》延昌一八，35—36頁。

《漢魏南北朝墓誌彙編》82—83頁。

《漢魏六朝碑刻校注》4冊287頁。

《全北魏東魏西魏文補遺》128—129頁。

碑目題跋著錄：

《續補寰宇訪碑錄》3/7a，《新編》1/27/20318上。

《石刻題跋索引》135頁右，《新編》1/30/22473。

《石刻名彙》2/9b，《新編》2/2/1029上。

《崇雅堂碑錄》1/15b，《新編》2/6/4491上。

《古誌新目初編》1/3b，《新編》2/18/13693上。

《蒿里遺文目錄》2（1）/1b，《新編》2/20/14944上。

《夢碧簃石言》6/16b－17a引《審美堂藏石錄》，《新編》3/2/232下—233上。

《漢魏南北朝墓誌集釋》5/44b，《新編》3/3/122。

《國立北平圖書館藏碑目》4a，《新編》3/36/250下。

《古誌彙目》1/5b，《新編》3/37/14。

《循園古冢遺文跋尾》2/13b－14a，《新編》3/38/18下—19上。

《雪堂金石文字跋尾》2/18a－b，《新編》3/38/296下。

《墓誌徵存目錄》卷1，《羅振玉學術論著集》第五集，563頁。

《洛陽出土石刻時地記》北魏延昌016，18頁。

《歷代墓誌銘拓片目錄》9頁。

《碑帖鑒定》164頁。

《增補校碑隨筆》（修訂本）185—186頁。

《六朝墓誌檢要》（修訂本）57頁。

《漢魏六朝碑刻校注·總目提要》編號1345。

《北朝隋代墓誌所在總合目錄》編號153。

《北京大學圖書館藏歷代墓誌拓片目錄》編號00170。

備考：王紹，《魏書》卷六三、《北史》卷四二有傳，附《王肅傳》。

延昌039

元萇溫泉頌

又名"松滋公興溫泉頌""驪山溫泉頌"。北魏延昌年間（512—515）。元萇撰。在陝西省臨潼縣靈泉觀。拓片高100、寬71釐米；額高28、寬54釐米。文20行，滿行30字，正書。額篆書，額題：魏使持節散騎常侍都督雒州諸軍事安西將軍雒州刺史松滋公河南元萇振興溫泉之頌。

圖版著錄：

《北京圖書館藏中國歷代石刻拓本匯編》4冊29頁。

《中國西北地區歷代石刻匯編》1冊51頁。

《漢魏六朝碑刻校注》4冊289頁。

《中國北朝石刻拓片精品集》46—51頁。

錄文著錄：

《金石萃編》28/5b－7a，《新編》1/1/498上—499上。

《宜祿堂收藏金石記》卷12,《新編》2/5/3433下—3434上。

《續古文苑》13/8a－9b,《新編》4/2/196下—197上。

《全後魏文》15/1a－2a,《全文》4冊3585上—下。

《魯迅輯校石刻手稿·碑銘》中冊276—278頁。

《漢魏六朝碑刻校注》4冊290頁。

碑目題跋著錄：

《金石萃編》28/7b－9a,《新編》1/1/499上—500上。

《八瓊室金石補正》14/28a,《新編》1/6/4222下。

《集古求真》3/7b,《新編》1/11/8505上。

《金石錄》3/1a,《新編》1/12/8812上。

《金石文字記》2/14b－15a,《新編》1/12/9217下—9218上。

《陝西金石志》6/16a,《新編》1/22/16437下。

《雍州金石記餘》7a,《新編》1/23/17184上。

《通志·金石略》卷上/30a,《新編》1/24/18034上。

《潛研堂金石文字目錄》1/12a,《新編》1/25/19012下。

《平津讀碑記》2/13b－14a,《新編》1/26/19368上—下。

《藝風堂金石文字目》2/12b,《新編》1/26/19539下。

《寰宇訪碑錄》2/9b,《新編》1/26/19865上。

《寰宇訪碑錄校勘記》2/5a,《新編》1/27/20111上。

《金石彙目分編》12（1）/82b,《新編》1/28/21317下。

《石刻題跋索引》506頁右—507頁左,《新編》1/30/22844－22845。

《天下金石志》6/9,《新編》2/2/835上。

《平津館金石萃編》4/7b,《新編》2/4/2470上。

《宜祿堂金石記》2/7b,《新編》2/6/4221上。

《墨華通考》卷10,《新編》2/6/4407上。

《崇雅堂碑錄》1/20b,《新編》2/6/4493下。

《香南精舍金石契》,《新編》2/6/4989下。

《關中金石文字存逸考》6/26b、11/26b,《新編》2/14/10509下、10632下。

《關中金石記》1/8,《新編》2/14/10665下。

《語石》3/3b，《新編》2/16/11899 上。
《金石萃編校字記》6b－7a，《新編》2/17/12327 下—12328 上。
《平安館藏碑目》，《新編》2/18/13411 上。
《求是齋碑跋》1/25b－26b，《新編》2/19/14013 上—下。
《竹崦盦金石目錄》14a，《新編》2/20/14553 下。
《寰宇貞石圖目錄》卷上/7a，《新編》2/20/14674 下。
《古林金石表》10b，《新編》2/20/14898 下。
《佩文齋書畫譜·金石》62/10b 下，《新編》3/2/56 上。
（乾隆）《西安府志·金石志》73/3a，《新編》3/31/482 下。
《金石文考略》5/8a，《新編》3/34/302 下。
《非見齋審定六朝正書碑目》1b，《新編》3/36/519 上。
《話雨樓碑帖目錄》1/13a，《新編》3/36/551。
《西安碑目·臨潼縣》，《新編》3/37/265 下。
《竹崦盦金石目錄》1/19a，《新編》3/37/349 上。
《碑帖跋》74 頁，《新編》3/38/222、4/7/433 上。
《碑版廣例》7/17b－18a，《新編》3/40/322 上—下。
《寫禮廎讀碑記》5b－6b，《新編》3/40/547 上—下。
《金石備攷·西安府》，《新編》4/1/31 上。
《激素飛清閣平碑記》卷 2，《新編》4/1/203 下。
《六藝之一錄》59/26b，《新編》4/5/95 下。
《雪堂所藏金石文字簿錄》66b，《新編》4/7/402 下。
《讀碑小箋》，《羅振玉學術論著集》第三集，37 頁。
《增補校碑隨筆》（修訂本）186 頁。
《碑帖鑒定》145 頁。
《碑帖敘錄》89 頁。
《漢魏六朝碑刻校注·總目提要》編號 1346。
淑德大學《中國石刻拓本目錄》"碑碣等刻石" 編號 423。
論文：
駱希哲：《〈振興溫泉之頌〉碑》，《考古與文物》1984 年第 4 期。
備考：元萇，《魏書》卷一四、《北史》卷一五有傳。

熙　平

熙平 001

楊熙儁墓誌

延昌四年（515）十二月十二日卒於京師（洛陽）阮曲里，熙平元年（516）二月十二日葬於洛陽公路澗西。石藏河北正定墨香閣。誌長、寬均 52 釐米。文正書，26 行，滿行 26 字。首題：魏故華州主簿楊秀才之墓誌銘。

著錄：

《邙洛碑誌三百種》11 頁。（圖）

《金石拓本題跋集萃》46 頁。（圖）

《漢魏六朝碑刻校注》4 冊 292—293 頁。（圖、文）

《墨香閣藏北朝墓誌》10—11 頁（圖、文）。

《洛陽新獲墓誌續編》4 頁（圖）、310 頁（文、跋）。

《全北魏東魏西魏文補遺》129 頁。（文）

《漢魏六朝碑刻校注·總目提要》編號 1347。（目）

《北朝隋代墓誌所在總合目錄》編號 155。（目）

熙平 002

源叡墓誌

熙平元年（516）二月二十三日。文 18 行，滿行 16 字，正書。

碑目著錄：

《漢魏六朝碑刻校注·總目提要》編號 1366。

《北朝隋代墓誌所在總合目錄》編號 156。

論文：

王鶴松、王國毓：《北魏墓誌二十四品》，《書法》2003 年第 6 期。

熙平 003

王文愛及妻劉江女磚誌

熙平元年（516）三月四日葬。磚高 35、寬 17、厚 5.5 釐米。四面刻，僅存三面，正書，正面 4 行，行 9 字；背面 3 行，行 8 字；側面 1 行

9 字。

著錄：

《北京圖書館藏中國歷代石刻拓本匯編》4 冊 30 頁。（圖）

《漢魏六朝碑刻校注》4 冊 295—296 頁。（圖、文）

《中國古代磚刻銘文集》上、下冊編號 0950。（圖、文）

《漢魏南北朝墓誌彙編》83—84 頁。（文）

《全北魏東魏西魏文補遺》130 頁。（文）

《國立北平圖書館藏碑目》4a,《新編》3/36/250 下。（目）

《六朝墓誌檢要》（修訂本）57 頁。（目）

《漢魏六朝碑刻校注·總目提要》編號 1348。（目）

《北朝隋代墓誌所在總合目錄》編號 157。（目）

《北京大學圖書館藏歷代墓誌拓片目錄》編號 00171。（目）

熙平 004

元睿墓誌

延昌三年（514）三月四日卒於洛陽永和里，以熙平元年（516）三月十七日遷葬於乾脯山之南原，西去洛城廿五里。1990 年出土於河南省偃師縣杏園村之南的洛陽首陽山電廠基建工地。高 53、寬 56、厚 12 釐米。正書，25 行，滿行 24 字。首題：魏故平遠將軍洛州刺史元使君墓誌銘并序。

著錄：

《漢魏六朝碑刻校注》4 冊 297—298 頁。（圖、文）

《新出魏晉南北朝墓誌疏證》（修訂本）74—76 頁。（文、跋）

《全北魏東魏西魏文補遺》130—131 頁。（文）

《漢魏六朝碑刻校注·總目提要》編號 1349。（目）

《北朝隋代墓誌所在總合目錄》編號 158。（目）

論文：

中國社會科學院考古研究所河南二隊：《河南偃師縣杏園村的四座北魏墓》，《考古》1991 年第 9 期。

毛遠明：《〈元睿墓誌〉釋文校正》，《考古》2006 年第 5 期。

熙平 005

王昌（字天興）墓誌

延昌四年（515）十二月廿六日卒於涼州，熙平元年（516）三月十七日葬於洛陽北芒之山。1929 年洛陽太倉村出土。誌高、寬均 45 釐米。18 行，滿行 18 字，正書。首題：魏故威遠將軍涼州長史長樂侯王君墓誌銘。

圖版著錄：

《漢魏南北朝墓誌集釋》圖版二一九，《新編》3/3/533。

《北京圖書館藏中國歷代石刻拓本匯編》4 冊 31 頁。

《洛陽出土北魏墓誌選編》圖版五二，266 頁。

《漢魏六朝碑刻校注》4 冊 300 頁。

錄文著錄：

《洛陽出土北魏墓誌選編》熙平一，36—37 頁。

《漢魏南北朝墓誌彙編》84 頁。

《漢魏六朝碑刻校注》4 冊 301 頁。

《全北魏東魏西魏文補遺》130 頁。

碑目題跋著錄：

《石刻題跋索引》135 頁右，《新編》1/30/22473。

《古誌新目初編》1/4a，《新編》2/18/13693 下。

《漢魏南北朝墓誌集釋》5/44b，《新編》3/3/122。

《墓誌徵存目錄》卷 1，《羅振玉學術論著集》第五集，563 頁。

《六朝墓誌檢要》（修訂本）57—58 頁。

《洛陽出土石刻時地記》北魏熙平 001，18 頁。

《漢魏六朝碑刻校注·總目提要》編號 1350。

《北朝隋代墓誌所在總合目錄》編號 159。

熙平 006

比丘尼僧芝墓誌

熙平元年（516）正月十九日終於樂安公主寺，七月廿四日遷葬於雒陽北芒山之陽。2000 年春河南省洛陽市孟津縣平樂鎮朱倉村西南 1500 米處出土（在當時營房內），旋石佚。誌高 70、寬 67.5 釐米。文 31 行，滿行 32 字，正書。首題：魏故比丘尼統法師釋僧芝墓誌銘。

圖版著錄：

《河洛墓刻拾零》上冊 20 頁。

碑目著錄：

《北朝隋代墓誌所在總合目錄》編號 154。

論文：

王珊：《北魏僧芝墓誌考釋》，《北大史學》第 13 輯，2008 年。

熙平 007

元謐妃馮會墓誌

卒於岐州，熙平元年（516）八月二日葬於中鄉穀城里。1930 年洛陽城西北，東陡溝村東北李家凹村南出土，曾歸三原于右任，今存西安碑林博物館。誌高、寬均 49 釐米。文正書，22 行，滿行 23 字，第 11 行行 24 字。首題：魏熙平元年歲在丙申岐州刺史趙郡王故妃馮墓誌銘。

圖版著錄：

《漢魏南北朝墓誌集釋》圖版一七二，《新編》3/3/477。

《北京圖書館藏中國歷代石刻拓本匯編》4 冊 32 頁。

《鴛鴦七誌齋藏石》圖 41。

《西安碑林全集》60/181－187。

《漢魏六朝碑刻校注》4 冊 302 頁。

錄文著錄：

《洛陽出土北魏墓誌選編》熙平二，37 頁。

《漢魏南北朝墓誌彙編》84—85 頁。

《漢魏六朝碑刻校注》4 冊 303 頁。

《全北魏東魏西魏文補遺》131—132 頁。

碑目題跋著錄：

《石刻題跋索引》135 頁右，《新編》1/30/22473。

《漢魏南北朝墓誌集釋》4/35b－36a，《新編》3/3/104－105。

《國立北平圖書館藏碑目》4a，《新編》3/36/250 下。

《洛陽出土石刻時地記》北魏熙平 002，18 頁。

《歷代墓誌銘拓片目錄》9 頁。

《碑帖鑒定》164 頁。

《六朝墓誌檢要》（修訂本）58 頁。

《漢魏六朝碑刻校注·總目提要》編號 1351。

淑德大學《中國石刻拓本目錄》"墓誌"編號 65

《北朝隋代墓誌所在綜合目錄》編號 160。

《北京大學圖書館藏歷代墓誌拓片目錄》編號 00172。

熙平 008

元鬱墓誌并蓋

延昌四年（515）九月二十六日卒，熙平元年（516）八月十四日葬。2006 年秋山西大同古平城遺址附近出土，旋歸洛陽張氏。誌蓋長 110.5、寬 73 釐米；誌石長 110.5、寬 73 釐米。文 35 行，滿行 47 字，正書。誌蓋正書，蓋題：仰為亡妣用紫金一斤七兩造花冠雙釵并扶頤若後人得者為亡父母減半造像今古共福安不慕同。首題：維大魏故使持節侍中徐州諸軍事啓府徐州刺史濟陰王墓誌之銘。

著錄：

《秦晉豫新出土墓誌蒐佚》1 冊 16—17 頁。（圖）

《新見北朝墓誌集釋》1—10 頁。（圖、文、跋）

《北朝隋代墓誌所在綜合目錄》編號 161。（目）

論文：

王連龍：《新見北魏〈濟陰王元鬱墓誌〉考釋》，《古代文明》2010 年第 4 期；又載於《新見北朝墓誌集釋》，第 4—10 頁。

備考：元鬱，《魏書》卷一九上、《北史》卷一七有傳，附《濟陰王小新成傳》。

熙平 009

皇內司吳光墓誌

熙平元年（516）七月十六日終於天宮，八月廿六日葬於西陵。1926 年洛陽城北十餘里南石山村北出土，曾歸三原于右任，今存西安碑林博物館。誌高 35、寬 47 釐米。文正書，18 行，滿行 15 字。

圖版著錄：

《漢魏南北朝墓誌集釋》圖版二六，《新編》3/3/304。

《北京圖書館藏中國歷代石刻拓本匯編》4 冊 33 頁。

《鴛鴦七誌齋藏石》圖 38。

《中國金石集萃》8 函 3 輯編號 29。

《西安碑林全集》60/188－191。

《漢魏六朝碑刻校注》4 冊 305 頁。

錄文著錄：

《洛陽出土北魏墓誌選編》熙平三，37—38 頁。

《漢魏六朝碑刻校注》4 冊 306 頁。

《漢魏南北朝墓誌彙編》85—86 頁。

《全北魏東魏西魏文補遺》132 頁。

碑目題跋著錄：

《石刻題跋索引》135 頁右，《新編》1/30/22473。

《古誌新目初編》1/4a，《新編》2/18/13693 下。

《漢魏南北朝墓誌集釋》2/6b，《新編》3/3/46。

《國立北平圖書館藏碑目》4a，《新編》3/36/250 下。

《蒿里遺文目錄續編·元魏宗室妃主誌存》12a，《新編》3/37/542 下。

《墓誌徵存目錄》卷 1，《羅振玉學術論著集》第五集，563 頁。

《洛陽出土石刻時地記》北魏熙平 003，18 頁。

《歷代墓誌銘拓片目錄》9 頁。

《六朝墓誌檢要》（修訂本）58 頁。

《漢魏六朝碑刻校注·總目提要》編號 1352。

《北朝隋代墓誌所在綜合目錄》編號 162。

《北京大學圖書館藏歷代墓誌拓片目錄》編號 00173。

備考：《國立北平圖書館藏碑目》著錄為：皇内司高光墓誌，當有誤。

熙平 010

元通直妻于昌容墓誌

熙平元年（516）四月廿九日終，其年八月廿七日葬。1988 年 6 月河南省孟津縣朝陽鄉南陳莊村出土，石今存洛陽古代藝術館。誌高、寬均48、厚8.5釐米。文14行，滿行15字，正書。首題：大魏恭宗景穆皇帝曾孫夏州刺史始平順公第二子元通直之妻于命婦銘。

圖版著錄：

《河洛墓刻拾零》上冊21頁。

碑目著錄：

《漢魏六朝碑刻校注·總目提要》編號1353。

《北朝隋代墓誌所在綜合目錄》編號163。

論文：

朱紹侯：《〈北魏于昌容墓誌〉研究》，《洛陽出土墓誌研究文集》，第282—290頁；又收入《朱紹侯文集》，第360—366頁。

趙振華、梁鋒：《北魏于昌容墓誌》，《河洛史志》1999年第1期。

熙平011

楊播墓誌

延昌二年（513）十一月十六日卒於洛陽縣之依仁里，熙平元年（516）九月二日葬於華陰縣之舊塋。1974年陝西省華陰縣五方村楊氏家族墓塋出土，今存陝西歷史博物館。高、寬均68釐米。正書，32行，滿行32字。首題：魏故使持節鎮西將軍雍州刺史華陰莊伯墓誌銘。

著錄：

《陝西碑石精華》10頁。（圖）

《華山碑石》10頁（圖）、235—236頁（文）。

《新中國出土墓誌·陝西（壹）》上冊16頁（圖）、下冊14—15頁（文、跋）。

《漢魏六朝碑刻校注》4冊307—309頁。（圖、文）

《風引薤歌：陝西歷史博物館藏墓誌萃編》5—7頁。（圖、文）

《漢魏南北朝墓誌彙編》86—88頁。（文）

《全北魏東魏西魏文補遺》132—133頁。（文）

《漢魏六朝碑刻校注·總目提要》編號1354。（目）

《北朝隋代墓誌所在綜合目錄》編號164。（目）

《北京大學圖書館藏歷代墓誌拓片目錄》編號 00174。（目）

論文：

杜葆仁、夏振英：《華陰潼關出土的北魏楊氏墓誌考證》，《考古與文物》1984 年第 5 期。

陳小青：《〈北魏楊播墓誌〉考釋》，《古籍整理研究學刊》2005 年第 1 期。

李文才：《華陰出土北魏楊氏墓誌考釋》，《陝西歷史博物館館刊》第 14 輯，2007 年。

尹波濤：《北魏時期楊播家族建構祖先譜系初探——以墓誌為中心》，《中國史研究》2013 年第 4 期。

郭偉濤：《論北魏楊播、楊鈞家族祖先譜系的構建——兼及隋唐弘農楊氏相關問題》，《中華文史論叢》2017 年第 4 期。

備考：楊播，《魏書》卷五八、《北史》卷四一有傳。

熙平 012

王遵敬葬磚

又名：王遵敬及妻薛氏磚誌。熙平元年（516）九月八日。涇陽端方舊藏，又歸南皮張仁蠡，後歸北京大學文科研究所，1952 年後藏北京故宮博物院。磚高 33、寬 17、厚 7.4 釐米。隸書，3 行，行 5 至 8 字。

圖版著錄：

《北京圖書館藏中國歷代石刻拓本匯編》4 冊 34 頁。

《中國磚銘》圖版上冊 680 頁。

《中國古代磚刻銘文集》上冊編號 0951。

錄文著錄：

《匋齋藏石記》6/20a–b，《新編》1/11/8039 下。

《漢魏南北朝墓誌彙編》88 頁。

《中國古代磚刻銘文集》下冊編號 0951。

《全北魏東魏西魏文補遺》134 頁。

碑目題跋著錄：

《石刻題跋索引》135 頁右，《新編》1/30/22473。

《石刻名彙》12/205a，《新編》2/2/1130下。

《崇雅堂碑錄補》1/6a，《新編》2/6/4553下。

《古誌彙目》1/5b，《新編》3/37/14。

《六朝墓誌檢要》（修訂本）58頁。

《漢魏六朝碑刻校注·總目提要》編號1355。

《北朝隋代墓誌所在綜合目錄》編號165。

《北京大學圖書館藏歷代墓誌拓片目錄》編號00175。

熙平013

博陵太守劉顏磚誌

熙平元年（516）十月四日。清光緒年間河北望都東關外出土，一說民國十九年四月邑民孫洛水於東門外所驛村南掘土得之，旋為保定古物商人購得。誌高34.3、寬34釐米。隸兼正書，9行，行14至26字不等。首題：熙平元年歲次丙申十月甲午朔四日魏故博陵太守劉府君之銘。

圖版、錄文著錄：

《漢魏南北朝墓誌集釋》圖版五八四，《新編》3/4/341。（圖）

《中國磚銘》圖版上冊682頁。（圖）

《漢魏六朝碑刻校注》4冊310—311頁。（圖、文）

《中國古代磚刻銘文集》上、下冊編號0952。（圖、文）

《漢魏南北朝墓誌彙編》88頁。（文）

《全北魏東魏西魏文補遺》134頁。（文）

碑目題跋著錄：

《石刻題跋索引》136頁左，《新編》1/30/22474。

《漢魏南北朝墓誌集釋》11/114b，《新編》3/3/262。

（民國）《望都縣志·輿地志二》2/33a–b，《新編》3/15/507上。

《六朝墓誌檢要》（修訂本）59頁。

《漢魏六朝碑刻校注·總目提要》編號1356。

《北朝隋代墓誌所在綜合目錄》編號166。

備考：《望都縣志》載有一方《魏故博陵太守劉府君墓銘》，磚質，9行，共176字，按此即《劉顏磚誌》，故附此。

熙平 014

豫州刺史樂陵王元彥墓誌

熙平元年（516）九月廿四日薨於伊洛之第，十一月十日葬於金陵。1917 年洛陽城北南陳莊村西北出土，曾歸蕭山張岱山、番禺葉恭綽，後歸天津博物館。誌高、寬均 56.5 釐米。文 23 行，滿行 23 字，正書。首題：魏故持節督幽豫二州諸軍事冠軍將軍豫州刺史樂陵王元君墓誌銘。

圖版著錄：

《漢魏南北朝墓誌集釋》圖版一五六，《新編》3/3/458。

《六朝墓誌菁英二編》，《新編》4/3/206 下右—207 下左。

《北京圖書館藏中國歷代石刻拓本匯編》4 冊 36 頁。

《中國金石集萃》7 函 3 輯編號 23。

《洛陽出土北魏墓誌選編》圖版五三，267 頁。

《漢魏六朝碑刻校注》4 冊 314 頁。

錄文著錄：

《芒洛冢墓遺文四編》1/10a－11a，《新編》1/19/14153 下—14154 上。

《誌石文錄》卷上/12a－b，《新編》2/19/13747 下。

《魯迅輯校石刻手稿·墓誌》上冊 83—85 頁。

《洛陽出土北魏墓誌選編》熙平四，38 頁。

《漢魏南北朝墓誌彙編》88—89 頁。

《漢魏六朝碑刻校注》4 冊 315 頁。

《全北魏東魏西魏文補遺》134—135 頁。

碑目題跋著錄：

《石刻題跋索引》136 頁左，《新編》1/30/22474。

《石刻名彙》2/9b，《新編》2/2/1029 上。

《崇雅堂碑錄》1/15b，《新編》2/6/4491 上。

《古誌新目初編》1/4a，《新編》2/18/13693 下。

《蒿里遺文目錄》2（3）/1b，《新編》2/20/14977 上。

《夢碧簃石言》5/13b，《新編》3/2/219 上。

《漢魏南北朝墓誌集釋》4/33a，《新編》3/3/99。

《國立北平圖書館藏碑目》4a，《新編》3/36/250下。
《循園古冢遺文跋尾》2/14a–b，《新編》3/38/19上。
《元氏誌錄》2a、6b，《新編》3/38/47下、49下。
《碑帖跋》73頁，《新編》3/38/221、4/7/433上。
《雪堂金石文字跋尾》2/19b–20a，《新編》3/38/297上—下。
《墓誌徵存目錄》卷1，《羅振玉學術論著集》第五集，563頁。
《丙寅稿》，《羅振玉學術論著集》第十集（上）135頁。
《增補校碑隨筆》（修訂本）186頁。
《六朝墓誌檢要》（修訂本）59頁。
《洛陽出土石刻時地記》北魏熙平004，18—19頁。
《歷代墓誌銘拓片目錄》9頁。
《漢魏六朝碑刻校注·總目提要》編號1358。
淑德大學《中國石刻拓本目錄》"墓誌"編號66
《北朝隋代墓誌所在綜合目錄》編號167。
《北京大學圖書館藏歷代墓誌拓片目錄》編號00176。

論文：

馬衡：《北魏墓誌跋六種：魏故持節督幽豫二州諸軍事冠軍將軍豫州刺史樂陵王元君墓誌銘跋》，《凡將齋金石叢稿》，第193—194頁；又載於《馬衡講金石學》第117—118頁。

備考：元彥，字景略，《魏書》卷一九下、《北史》卷一八有傳，附《樂陵王胡兒傳》。

熙平015

羊祉墓誌

熙平元年（516）二月十二日卒於雒陽徽文里舍，其年十一月廿日葬太山郡梁父縣盧鄉□里之祖徠山左。1964年出土於山東省新泰縣天寶鎮顏前村羊氏墓群，石今存泰安市博物館。高84、寬83、厚12釐米。正書，44行，滿行45字。首題：魏故鎮軍將軍兗州刺史羊公墓誌銘。

著錄：

《漢魏六朝碑刻校注》4 冊 317—319 頁。（圖、文）

《山東石刻分類全集・歷代墓誌》8—10 頁。（圖、文）

《全北魏東魏西魏文補遺》135—137 頁。（文）

《新出魏晉南北朝墓誌疏證》（修訂本）77—80 頁。（文、跋）

《齊魯碑刻墓誌研究》239—242、364 頁。（跋、目）

《漢魏六朝碑刻校注・總目提要》編號 1359。（目）

《北朝隋代墓誌所在總合目錄》編號 168。（目）

論文：

周郢：《新發現的羊氏家族墓誌考略》，《周郢文史論文集》，第 46—80 頁；又載於《岱宗學刊》1997 年第 3 期。

陶莉：《北魏羊祉夫婦墓誌銘》，《岱廟碑刻研究》，第 28—36 頁。

備考：羊祉，《魏書》卷八九、《北史》卷三九有傳。

熙平 016

元延生磚誌

熙平元年（516）十一月廿一日。1926 年河南洛陽城北姚凹村北出土。誌高 27、寬 14.3 釐米。正書，4 行，滿行 9 字。

圖版、錄文著錄：

《漢魏南北朝墓誌集釋》圖版一九六，《新編》3/3/505。（圖）

《北京圖書館藏中國歷代石刻拓本匯編》4 冊 37 頁。（圖）

《中國磚銘》圖版上冊 684 頁右。（圖）

《洛陽出土北魏墓誌選編》圖版五四，268 頁（圖）；熙平五，39 頁（文）。

《漢魏六朝碑刻校注》4 冊 322—323 頁。（圖、文）

《中國古代磚刻銘文集》上、下冊編號 0953。（圖、文）

《漢魏南北朝墓誌彙編》89 頁。（文）

《全北魏東魏西魏文補遺》138 頁。（文）

碑目題跋著錄：

《石刻題跋索引》136 頁左，《新編》1/30/22474。

《漢魏南北朝墓誌集釋》4/40a，《新編》3/3/113。

《蒿里遺文目録續編·甄誌徵存》12b,《新編》3/37/542 下。

《洛陽出土石刻時地記》北魏熙平 005,19 頁。

《歷代墓誌銘拓片目録》9 頁。

《六朝墓誌檢要》(修訂本) 59 頁。

《漢魏六朝碑刻校注·總目提要》編號 1360。

《北朝隋代墓誌所在綜合目録》編號 170。

熙平 017

吐谷渾璣墓誌

熙平元年 (516) 六月廿日薨於京師,十一月廿一日葬於孝文皇帝大陵之東北。1929 年洛陽城北姚凹村東北出土,曾歸三原于右任,今存西安碑林博物館。誌石高 49、寬 51 釐米。文正書,23 行,滿行 21 字。首題:魏故直寢奉車都尉汶山侯吐谷渾璣墓誌。

圖版著録:

《漢魏南北朝墓誌集釋》圖版二二〇,《新編》3/3/534。

《北京圖書館藏中國歷代石刻拓本匯編》4 冊 38 頁。

《鴛鴦七誌齋藏石》圖 39。

《中國金石集萃》8 函 3 輯編號 30。

《西安碑林全集》60/192 – 197。

《洛陽出土北魏墓誌選編》圖版五五,269 頁。

《漢魏六朝碑刻校注》4 冊 324 頁。

録文著録:

《洛陽出土北魏墓誌選編》熙平六,39 頁。

《漢魏南北朝墓誌彙編》89—90 頁。

《漢魏六朝碑刻校注》4 冊 325 頁。

《全北魏東魏西魏文補遺》138 頁。

碑目題跋著録:

《石刻題跋索引》136 頁左,《新編》1/30/22474。

《古誌新目初編》1/4a,《新編》2/18/13693 下。

《蒿里遺文目録補遺》1a,《新編》2/20/14996 上。

《漢魏南北朝墓誌集釋》5/45a，《新編》3/3/123。

《國立北平圖書館藏碑目》4a，《新編》3/36/250下。

《遼居乙稿》46a–b，《新編》3/38/357下。

《墓誌徵存目錄》卷1，《羅振玉學術論著集》第五集，563頁。

《丙寅稿》，《羅振玉學術論著集》第十集（上）145頁。

《六朝墓誌檢要》（修訂本）59—60頁。

《洛陽出土石刻時地記》北魏熙平006，19頁。

《歷代墓誌銘拓片目錄》9頁。

《漢魏六朝碑刻校注·總目提要》編號1361。

淑德大學《中國石刻拓本目錄》"墓誌"編號67

《北朝隋代墓誌所在總合目錄》編號171。

《北京大學圖書館藏歷代墓誌拓片目錄》編號00177。

論文：

馬卓婭：《吐谷渾璣墓誌考略》，《中原文物》2002年第4期。

景亞鸝：《研讀碑林藏"吐谷渾"墓誌二例》，《陝西歷史博物館館刊》第14輯，2007年。

熙平018

楊君妻源顯明墓誌

熙平元年（516）八月廿五日卒於州，以十一月廿一日葬於仙鄉乾渠里。河南省洛陽市出土。誌高35.5、寬35釐米。文13行，滿行13字，正書。首題：楊氏源夫人之墓誌。

圖版著錄：

《邙洛碑誌三百種》12頁。

錄文著錄：

《全北魏東魏西魏文補遺》137頁。

碑目著錄：

《漢魏六朝碑刻校注·總目提要》編號1365。

《北朝隋代墓誌所在總合目錄》編號169。

熙平 019
韓君妻輿氏墓誌

熙平元年（516）十一月廿二日葬。元邕撰。2006 年夏河南省洛陽市孟津縣麻屯鎮出土，旋歸洛陽古玩城孟氏。誌高 24、寬 18.5 釐米。文 7 行，滿行 10 字，正書。首題：魏故秘書內小贈寧遠將軍漁陽太守昌黎韓府君夫人輿氏之墓。

圖版著錄：

《河洛墓刻拾零》上冊 22 頁。

《龍門區系石刻文萃》413 頁。

碑目著錄：

《北朝隋代墓誌所在總合目錄》編號 175。

《北京大學圖書館藏歷代墓誌拓片目錄》編號 00177。

論文：

梁春勝：《魏韓君夫人輿氏墓誌小考》，《北方文物》2017 年第 2 期。

熙平 020
元進墓誌

熙平元年（516）卒於京師脩仁里，其年十一月廿二日遷葬於穀川之陽。2009 年出土於河南省洛陽市，石藏河北正定墨香閣。誌高 52、寬 65 釐米。文 19 行，滿行 15 字，隸書。首題：魏故符璽郎中元進墓誌。

著錄：

《洛陽新見墓誌》1 頁。（圖）

《洛陽新獲七朝墓誌》11 頁。（圖）

《秦晉豫新出墓誌蒐佚續編》1 冊 42 頁。（圖）

《墨香閣藏北朝墓誌》12—13 頁。（圖、文）

《北朝隋代墓誌所在總合目錄》編號 176。（目）

論文：

劉軍：《新見北魏元進墓誌探研》，《溫州大學學報》2016 年第 4 期。

熙平 021
豆雷蘭幼櫛墓誌

熙平元年（516）八月十四日卒於河陰景平里，十一月廿二日葬。出土時地不詳，據云出土於河南省洛陽市孟津縣。誌高 35、寬 28 釐米。文 11 行，滿行 14 字，正書。首題：魏故東宮豆雷蘭君墓誌。

圖版著錄：

《秦晉豫新出墓誌蒐佚續編》1 冊 43 頁。

備考：《秦晉豫新出墓誌蒐佚續編》著錄為"北魏蘭幼櫚墓誌"，但是據墓誌首題，當姓"豆雷蘭"氏。

熙平 022

閔道生磚誌

熙平元年（516）十一月廿二日葬。出土時地不詳，據云出土於河南省洛陽市。誌高 34、寬 65 釐米。文 2 行，首行 11 字，末行 3 字，正書。

圖版著錄：

《秦晉豫新出墓誌蒐佚續編》1 冊 44 頁。

碑目著錄：

《北京大學圖書館藏歷代墓誌拓片目錄》編號 00180。

熙平 023

洛州刺史元廣墓誌

熙平元年（516）八月廿二日薨於第，葬於芒阜之陽，長陵之左，熙平元年十一月廿二日記。1926 年洛陽城北姚凹村北出土，曾歸三原于右任，今存西安碑林博物館。誌高 56、寬 49 釐米。文正書，19 行，滿行 22 字。首題：魏故寧遠將軍洛州刺史元公之墓誌。

圖版著錄：

《漢魏南北朝墓誌集釋》圖版六九，《新編》3/3/360。

《北京圖書館藏中國歷代石刻拓本匯編》4 冊 39 頁。

《鴛鴦七誌齋藏石》圖 40。

《洛陽出土北魏墓誌選編》圖版五六，270 頁。

《西安碑林全集》60/198－203。

《漢魏六朝碑刻校注》4 冊 329 頁。

錄文著錄：

《洛陽出土北魏墓誌選編》熙平七，40 頁。

《漢魏南北朝墓誌彙編》91—92頁。
《漢魏六朝碑刻校注》4冊330頁。
《全北魏東魏西魏文補遺》140頁。
碑目題跋著錄：
《石刻題跋索引》136頁左，《新編》1/30/22474。
《古誌新目初編》1/4a，《新編》2/18/13693下。
《定庵題跋》37a－b，《新編》2/19/14304上。
《漢魏南北朝墓誌集釋》3/16b－17a，《新編》3/3/66－67。
《國立北平圖書館藏碑目》4a，《新編》3/36/250下。
《蒿里遺文目錄續編》11b，《新編》3/37/542上。
《元氏誌錄補遺》1b，《新編》3/38/55上。
《墓誌徵存目錄》卷1，《羅振玉學術論著集》第五集，563頁。
《丙寅稿》，《羅振玉學術論著集》第十集（上）134—135頁。
《洛陽出土石刻時地記》北魏熙平007，19頁。
《歷代墓誌銘拓片目錄》10頁。
《碑帖鑒定》164頁。
《六朝墓誌檢要》（修訂本）60頁。
《漢魏六朝碑刻校注·總目提要》編號1362。
淑德大學《中國石刻拓本目錄》"墓誌"編號68。
《北朝隋代墓誌所在総合目錄》編號174。
論文：
閔曉丹：《北魏元廣墓誌考釋》，《山西師大學報》2010年第S3期。

熙平024

濟州刺史長寧穆公楊胤墓誌

又誤為"穆胤墓誌"。熙平元年（516）四月薨於京師，十一月廿二日葬於華山之陰。清宣統二年陝西華陰出土，曾歸陝西藍田閻甘園、萍鄉文素松。誌高44、寬48釐米。17行，滿行18字，正書。首題：魏故平東將軍濟州刺史長寧穆公之墓誌銘。

圖版著錄：

《漢魏南北朝墓誌集釋》圖版二二一，《新編》3/3/535。

《北京圖書館藏中國歷代石刻拓本匯編》4冊40頁。

《中國金石集萃》8函4輯編號31。

《中國西北地區歷代石刻匯編》1冊52頁。

《漢魏六朝碑刻校注》4冊327頁。

錄文著錄：

《誌石文錄》卷上/11b－12a，《新編》2/19/13747上－下。

《魯迅輯校石刻手稿·墓誌》上冊86—87頁。

《漢魏南北朝墓誌彙編》90—91頁。

《漢魏六朝碑刻校注》4冊328頁。

《全北魏東魏西魏文補遺》139—140頁。

碑目題跋著錄：

《續補寰宇訪碑錄》3/7a，《新編》1/27/20318上。

《石刻題跋索引》136頁左，《新編》1/30/22474。

《石刻名彙》2/9b，《新編》2/2/1029上。

《崇雅堂碑錄補》1/6a，《新編》2/6/4553下。

《蒿里遺文目錄》2（1）/2a，《新編》2/20/14944下。

《漢魏南北朝墓誌集釋》5/45a，《新編》3/3/123。附《九鐘精舍金石跋尾乙編》跋。

《國立北平圖書館藏碑目》4a，《新編》3/36/250下。

《古誌彙目》1/5b，《新編》3/37/14。

《循園古冢遺文跋尾》2/14b－16a，《新編》3/38/19上—20上。

《碑帖跋》78頁，《新編》3/38/226、4/7/434上。

《墓誌徵存目錄》卷1，《羅振玉學術論著集》第五集，563頁。

《歷代墓誌銘拓片目錄》10頁。

《碑帖鑒定》164頁。

《增補校碑隨筆》（修訂本）186頁。

《六朝墓誌檢要》（修訂本）60頁。

《漢魏六朝碑刻校注·總目提要》編號1363。

《北朝隋代墓誌所在總合目錄》編號173。

《北京大學圖書館藏歷代墓誌拓片目錄》編號00181。

熙平025
皮演墓誌

延昌三年（514）三月十七日卒於洛陽安武里宅，以熙平元年（516）十一月廿二日葬於首陽山之南。1995年5月出土於河南省偃師市首陽山鎮香玉村北磚廠，現藏偃師商城博物館。高68、寬66釐米。文正書，23行，滿行23字。首題：魏故鎮遠將軍涼州刺史皮使君墓誌銘。

著錄：
《中國北朝石刻拓片精品集》52—57頁。（圖）
《北京大學圖書館新藏金石拓本菁華1996—2012》77頁。（圖）
《洛陽新獲墓誌》11頁（圖）、197—198頁（文）。
《漢魏六朝碑刻校注》4冊331—332頁。（圖、文）
《全北魏東魏西魏文補遺》138—139頁。（文）
《新出魏晉南北朝墓誌疏證》（修訂本）81—83頁。（文、跋）
《漢魏六朝碑刻校注·總目提要》編號1364。（目）
《北朝隋代墓誌所在總合目錄》編號172。（目）
《北京大學圖書館藏歷代墓誌拓片目錄》編號00179。（目）

論文：
馬志強：《〈皮演墓誌〉略論》，《北朝研究》1997年第4期。

熙平026
齊兗二州刺史傅公碑

熙平元年（516）十二月。

碑目著錄：
《金石錄》2/8b，《新編》1/12/8809下。
《通志·金石略》卷上/32a，《新編》1/24/18035上。
《寶刻叢編》20/16b，《新編》1/24/18380下。
《石刻題跋索引》33頁左，《新編》1/30/22371。
《佩文齋書畫譜·金石》62/9b上，《新編》3/2/55下。
《六藝之一錄》59/18a，《新編》4/5/91下。

熙平 027
高阿遷殘磚誌

熙平二年（517）二月九日葬。磚高 20、寬 17 釐米。正書，3 行，前 2 行行 6 或 8 字，末行 1 字。

著錄：

《北京圖書館藏中國歷代石刻拓本匯編》4 冊 41 頁。（圖）

《中國古代磚刻銘文集》上、下冊編號 0954。（圖、文）

《漢魏南北朝墓誌彙編》92 頁。（文）

《全北魏東魏西魏文補遺》140 頁。（文）

《漢魏六朝碑刻校注・總目提要》編號 1367。（目）

《北朝隋代墓誌所在總合目錄》編號 177。（目）

熙平 028
趙盛及妻索始姜墓誌

夫人索氏卒於洛陽，熙平二年（517）二月廿三日葬于芒山之陽，去金墉八里。2004 年河南省孟津縣出土，旋歸洛陽張氏。誌長 39、寬 38 釐米。13 行，滿行 15 字，正書。首題：大魏平西府趙司馬夫妻墓誌。

圖版著錄：

《秦晉豫新出墓誌蒐佚》1 冊 18 頁。

碑目題跋著錄：

《漢魏六朝碑刻校注・總目提要》編號 1382。

《北朝隋代墓誌所在總合目錄》編號 178。

《北京大學圖書館藏歷代墓誌拓片目錄》編號 00182。

論文：

魏軍剛：《北魏〈趙盛夫婦墓誌〉考略》，《中國書法》2018 年第 5 期。

熙平 029
元萇墓誌

延昌四年（515）七月十一日卒，熙平二年（517）二月廿九日葬於河內軹縣嶺山之白楊鄔。2003 年河南省濟源市出土，旋歸洛陽古玩城侯氏。誌高、寬均 79 釐米，厚 23 釐米。文 26 行，滿行 26 字，正書。首題：魏故侍中鎮北大將軍定州刺史松滋成公元君墓誌銘。

圖版著錄：

《河洛墓刻拾零》上冊 23 頁。

《龍門區系石刻文萃》414 頁。

《新出土墓誌精粹》（北朝卷）上冊 18—31 頁。

碑目著錄：

《北朝隋代墓誌所在總合目錄》編號 179。

論文：

劉連香、蔡運章：《北魏元萇墓誌考略》，《中國歷史文物》2006 年第 2 期。

明建：《北魏太和十二年前後平城司州的廢而復置——以〈元萇墓誌〉為中心》，《魏晉南北朝隋唐史資料》第 26 輯，2010 年。

宮萬松、宮萬瑜：《濟源出土的北魏宗室元萇墓誌銘考釋》，《中原文物》2011 年 5 期。

劉軍：《北魏元萇墓誌補釋探究》，《鄭州大學學報》2013 年 5 期。

備考：元萇，《魏書》卷一四、《北史》卷一五有傳，附《華山王鷙傳》。

熙平 030

張宜墓誌

延昌四年（515）三月廿七日卒，熙平二年（517）三月廿三日葬於咸陽石安縣長陵東南。1996 年在於陝西省咸陽市窰店出土，石藏西安碑林博物館。誌長 65、寬 79 釐米。文 22 行，滿行 29 字，正書。首題：魏故□□□□陽（下缺）。

著錄：

《西安碑林博物館新藏墓誌彙編》上冊 9—11 頁。（圖、文）

《咸陽碑刻》上冊 5 頁（圖），下冊 383—385 頁（文、跋）。

《漢魏六朝碑刻校注》4 冊 334—335 頁。（圖、文）

《漢魏六朝碑刻校注·總目提要》編號 1368。（目）

《北朝隋代墓誌所在總合目錄》編號 181。（目）

熙平 031
張宜世子墓誌

熙平二年（517）三月廿三日葬於北原長陵東三里。1996 年在陝西省咸陽市渭城區正陽鎮後排村徵集到，石藏陝西省咸陽市渭城區文物管理委員會。石殘高 12.5、寬 30、厚 9.5 釐米。正書，6 行，滿行 11 字。

著錄：

《咸陽碑刻》上冊 6 頁（圖），下冊 384—385 頁（文、跋）

《漢魏六朝碑刻校注》4 冊 337—338 頁。（圖、文）

《漢魏六朝碑刻校注·總目提要》編號 1369。（目）

《北朝隋代墓誌所在総合目錄》編號 182。（目）

熙平 032
張宜世子妻閻氏墓誌

正始四年（507）六月八日亡，熙平二年（517）三月二十三日葬於北原長陵南三里。1996 年在陝西省咸陽市渭城區正陽鎮後排村徵集到，石藏陝西省咸陽市渭城區文物管理委員會。誌高 42、寬 29、厚 9 釐米。正書，6 行，滿行 11 字。

著錄：

《咸陽碑刻》上冊 7 頁（圖），下冊 384—385 頁（文、跋）。

《漢魏六朝碑刻校注》4 冊 339—340 頁。（圖、文）

《漢魏六朝碑刻校注·總目提要》編號 1370、1371。（目）

《北朝隋代墓誌所在総合目錄》編號 183。（目）

備考：《漢魏六朝碑刻校注》編號 1370 所著錄的"張宜世子妻墓誌"，據誌文其妻姓閻氏，故與編號 1371 著錄的"張君妻閻氏墓誌"實則同一方墓誌。

熙平 033
裴敬墓誌

延昌四年（515）二月卒於洛陽敬義里之第，熙平二年（517）三月葬於聞憙之東原。山西聞喜縣出土。拓本長、寬均 50 釐米。正書，25 行，滿行 25 字。首題：魏故新平太守裴府君墓誌銘。

圖版著錄：

《秦晉豫新出墓誌蒐佚續編》1冊45頁。

《北京大學圖書館新藏金石拓本菁華1996—2012》78頁。

碑目著錄：

《北朝隋代墓誌所在總合目錄》編號180。

《北京大學圖書館藏歷代墓誌拓片目錄》編號00183。

熙平034

張雷墓銘磚

熙平二年（517）六月二日。溴陽端方舊藏，又歸南皮張仁蠡，後歸北京大學文科研究所，1952年後藏故宮博物院。磚高26.5、寬14、厚4釐米。正書，2行，行4或8字。

著錄：

《中國古代磚刻銘文集》上、下冊編號0955。（圖、文）

《匋齋藏甎記》卷下/19b，《新編》1/11/8455上。（文、跋）

《雪堂專錄·專誌徵存》4b–5a，《羅雪堂先生全集》五編3冊1272—1273頁。（文）

《全北魏東魏西魏文補遺》141頁。（文）

《石刻名彙》12/205a，《新編》2/2/1130下。（目）

《蒿里遺文目錄》3上/2b，《新編》2/20/14981下。（目）

《北朝隋代墓誌所在總合目錄》編號184。（目）

《北京大學圖書館藏歷代墓誌拓片目錄》編號00184。（目）

熙平035

王誦妻元貴妃墓誌

北魏丁酉歲（熙平二年，517）二月十四日亡於洛陽之學里宅，八月廿日葬於河陰之西北山。1919年洛陽城北北陳莊村東出土，曾歸武進陶蘭泉、上虞羅振玉，今存遼寧省博物館。誌高63、廣63.5釐米。文正書，16行，滿行19字。首題：魏徐州琅耶郡臨沂縣都鄉南仁里通直散騎常侍王誦妻元氏誌銘。

圖版著錄：

《漢魏南北朝墓誌集釋》圖版二六六，《新編》3/3/607。
《北京圖書館藏中國歷代石刻拓本匯編》4 冊 45 頁。
《遼寧省博物館藏碑誌精粹》58 頁。
《洛陽出土北魏墓誌選編》圖版五八，272 頁。
《漢魏六朝碑刻校注》4 冊 348 頁。
錄文著錄：
《芒洛冢墓遺文四編》1/11a－b，《新編》1/19/14154 上。
《滿洲金石志別錄》卷上/11a－12a，《新編》1/23/17403 上—下。
《誌石文錄》卷上/12b－13a，《新編》2/19/13747 下—13748 上。
《魯迅輯校石刻手稿·墓誌》上冊 88—89 頁。
《洛陽出土北魏墓誌選編》熙平九，41 頁。
《漢魏南北朝墓誌彙編》92—93 頁。
《遼寧省博物館藏碑誌精粹》58 頁。
《漢魏六朝碑刻校注》4 冊 349 頁。
《全北魏東魏西魏文補遺》141—142 頁。
碑目題跋著錄：
《滿洲金石志別錄》卷上/12a，《新編》1/23/17403 下。
《石刻題跋索引》136 頁左，《新編》1/30/22474。
《石刻名彙》2/9b、14a，《新編》2/2/1029 上、1031 下。
《崇雅堂碑錄》1/15b，《新編》2/6/4491 上。
《崇雅堂碑錄補》1/8b，《新編》2/6/4554 下。
《古誌新目初編》1/4b，《新編》2/18/13693 下。
《蒿里遺文目錄》2（3）/4b，《新編》2/20/14978 下。
《漢魏南北朝墓誌集釋》4/35b、6/57a，《新編》3/3/104、147。
《國立北平圖書館藏碑目》4b，《新編》3/36/250 下。
《循園古冢遺文跋尾》2/16a，《新編》3/38/20 上。
《元氏誌錄》2a，《新編》3/38/47 下。
《墓誌徵存目錄》卷 1，《羅振玉學術論著集》第五集，563 頁。
《洛陽出土石刻時地記》北魏熙平 009，19 頁。
《歷代墓誌銘拓片目錄》10 頁。

《增補校碑隨筆》（修訂本）187—188 頁。

《六朝墓誌檢要》（修訂本）60—61 頁。

《遼寧省博物館藏碑誌精粹》59 頁。

《漢魏六朝碑刻校注·總目提要》編號 1374。

淑德大學《中國石刻拓本目錄》"墓誌"編號 70

《北朝隋代墓誌所在總合目錄》編號 186。

《北京大學圖書館藏歷代墓誌拓片目錄》編號 00185。

熙平 036

元懷墓誌

熙平二年（517）三月廿六日薨，秋八月廿日葬於西郊之兆。1925 年洛陽城北張羊村北陵出土，曾歸河南圖書館，現存開封市博物館，一說存河南博物院。誌高 82.3、寬 80.2。文正書，16 行，滿行 20 字。

圖版著錄：

《漢魏南北朝墓誌集釋》圖版一九三，《新編》3/3/500。

《北京圖書館藏中國歷代石刻拓本匯編》4 冊 46 頁。

《中國金石集萃》7 函 3 輯編號 24。

《洛陽出土北魏墓誌選編》圖版五七，271 頁。

《漢魏六朝碑刻校注》4 冊 346 頁。

《中國北朝石刻拓片精品集》58—63 頁。

錄文著錄：

《洛陽出土北魏墓誌選編》熙平八，40—41 頁。

《漢魏南北朝墓誌彙編》92 頁。

《漢魏六朝碑刻校注》4 冊 347 頁。

《全北魏東魏西魏文補遺》141 頁。

碑目題跋著錄：

《石刻名彙》2/9b，《新編》2/2/1029 上。

《崇雅堂碑錄補》1/6a，《新編》2/6/4553 下。

《古誌新目初編》1/4b，《新編》2/18/13693 下。

《蒿里遺文目錄補遺》10a，《新編》2/20/15000 下。

《漢魏南北朝墓誌集釋》4/39a,《新編》3/3/111。

《國立北平圖書館藏碑目》4b,《新編》3/36/250下。

《元氏誌錄補遺》1b,《新編》3/38/55上。

《墓誌徵存目錄》卷1,《羅振玉學術論著集》第五集,563頁。

《松翁近稿》,《羅振玉學術論著集》第十集(上)59頁。

《洛陽出土石刻時地記》北魏熙平008,19頁。

《歷代墓誌銘拓片目錄》10頁。

《碑帖敘錄》20頁。

《六朝墓誌檢要》(修訂本)60頁。

《漢魏六朝碑刻校注·總目提要》編號1375。

淑德大學《中國石刻拓本目錄》"墓誌"編號69

《北朝隋代墓誌所在總合目錄》編號185。

《北京大學圖書館藏歷代墓誌拓片目錄》編號00186。

論文:

湯淑君:《元懷墓誌》,《中原文物》1992年第3期。

周春曉:《元懷墓誌摭論》,《福建廣播電視大學學報》2017年第2期。

備考:元懷,《魏書》卷二二、《北史》卷一九有傳。

熙平037

楊舒墓誌

延昌四年(515)九月九日卒於洛陽依仁里第,以熙平二年(517)九月二日葬於本縣之舊塋。1985年8月陝西省華陰縣五方鄉出土,石藏西安碑林博物館。誌石長、寬均54.5釐米。蓋長、寬均54、厚6釐米。誌文28行,滿行28字,正書。蓋2行16字,正書。首題:魏故鎮遠將軍華州刺史楊君墓誌銘。蓋題:魏故鎮遠將軍華州刺史楊君之墓誌蓋。

著錄:

《漢魏六朝碑刻校注》4冊353—354頁。(圖、文)

《西安碑林博物館新藏墓誌彙編》上冊12—14頁。(圖、文)

《漢魏南北朝墓誌彙編》94—96頁。(文)

《全北魏東魏西魏文補遺》143—144頁。（文）

《漢魏六朝碑刻校注·總目提要》編號1376。（目）

《北朝隋代墓誌所在總合目錄》編號188。（目）

論文：

崔漢林、夏振英：《陝西華陰北魏楊舒墓發掘簡報》，《文博》1985年第2期。

董理：《從楊舒墓誌看魏宣武帝時期的南北戰爭——讀《〈魏故鎮遠將軍華州刺史楊君（舒）墓誌銘〉》，《陝西歷史博物館館刊》第14輯，2007年。

備考：楊舒，事見《魏書》卷五八、《北史》卷四一《楊昱傳》。

熙平038

元遙墓誌

熙平二年（517）九月二日薨於第，葬於洛陽西陵。1919年洛陽城北後海資村南凹村一里處出土，曾歸三原于右任，今存西安碑林博物館。誌高60、寬63釐米。文正書，29行，滿行28字。

圖版著錄：

《漢魏南北朝墓誌集釋》圖版一〇六，《新編》3/3/403。

《北京圖書館藏中國歷代石刻拓本匯編》4冊47頁。

《鴛鴦七誌齋藏石》圖42。

《中國金石集萃》8函4輯編號32。

《西安碑林全集》60/204－213。

《漢魏六朝碑刻校注》4冊350頁。

錄文著錄：

《芒洛冢墓遺文四編》1/13a－14a，《新編》1/19/14155上—下。

《誌石文錄》卷上/15b－16b，《新編》2/19/13749上—下。

《洛陽出土北魏墓誌選編》熙平一〇，41—42頁。

《漢魏南北朝墓誌彙編》93—94頁。

《漢魏六朝碑刻校注》4冊351頁。

《全北魏東魏西魏文補遺》142—143頁。

碑目題跋著錄：

《石刻題跋索引》136 頁左、137 頁右，《新編》1/30/22474、22475。

《石刻名彙》2/10a，《新編》2/2/1029 下。

《崇雅堂碑錄補》1/6b，《新編》2/6/4553 下。

《古誌新目初編》1/4b，《新編》2/18/13693 下。

《定庵題跋》63a–b，《新編》2/19/14317 上。

《蒿里遺文目錄》2（3）/1b，《新編》2/20/14977 上。

《夢碧簃石言》5/13b，《新編》3/2/219 上。

《漢魏南北朝墓誌集釋》4/24b，《新編》3/3/82。

《國立北平圖書館藏碑目》4b，《新編》3/36/250 下。

《循園古冢遺文跋尾》3/2b–3b，《新編》3/38/21 下—22 上。

《元氏誌錄》2a、6b，《新編》3/38/47 下、49 下。

《墓誌徵存目錄》卷 1，《羅振玉學術論著集》第五集，563 頁。

《洛陽出土石刻時地記》北魏熙平 010，19—20 頁。

《歷代墓誌銘拓片目錄》10 頁。

《六朝墓誌檢要》（修訂本）61 頁。

《碑帖鑒定》168 頁。

《漢魏六朝碑刻校注·總目提要》編號 1377。

淑德大學《中國石刻拓本目錄》"墓誌"編號 71

《北朝隋代墓誌所在総合目錄》編號 187。

《北京大學圖書館藏歷代墓誌拓片目錄》編號 00187。

論文：

劉軍：《試析北魏元遙墓誌的史料價值》，《史學史研究》2012 年第 4 期。

備考：元遙，《魏書》卷一九上、《北史》卷一七有傳，附《京兆王子推傳》。

熙平 039

刁遵墓誌并陰

俗稱：缺角碑。熙平元年（516）七月廿六日卒於位，二年（517）

十月九日窆於饒安城之西南孝義里。清雍正年間河北南皮縣廢寺址出土（一說在山東廣饒）。曾歸樂陵劉克綸、鹽山葉氏、南皮高氏、南皮張之洞，現存山東省博物館。誌長 74、寬 64.2 釐米。陽面誌文 28 行，滿行 33 字；陰面誌文兩列，上列 14 行，下列 21 行；正書。首題：魏故使持節都督洛兗州諸軍事東平將軍□□惠公刁府君墓誌銘。

圖版著錄：

《漢魏南北朝墓誌集釋》圖版二二二，《新編》3/3/536、538。

（民國）《南皮縣志·故實志上》，《新編》3/23/405。（碑陽）

《北京圖書館藏中國歷代石刻拓本匯編》4 冊 48—49 頁。

《漢魏六朝碑刻校注》4 冊 356—357 頁。

《滄州出土墓誌》7、9 頁。

《山東石刻分類全集·歷代墓誌》12 頁。（碑陽）

錄文著錄：

《金石萃編》28/13a－15b，《新編》1/1/502 上—503 上。（碑陽）

《八瓊室金石補正》15/1b－3b，《新編》1/6/4223 上—4224 上。（碑陰）

《京畿冢墓遺文》上/1b－4b，《新編》1/18/13609 上—13610 下。

《山左金石志》9/8b－10a，《新編》1/19/14462 下—14463 下。（碑陽）

《古誌石華》2/5a－7a，《新編》2/2/1165 上—1166 上。（碑陽）

《宜祿堂收藏金石記》卷 11，《新編》2/5/3417 下—3418 上、3419 下—3420 上。

《漢魏南北朝墓誌集釋》圖版二二二，《新編》3/3/537、539。

（同治）《鹽山縣志·金石志》14/29a－31a，《新編》3/23/339 上—340 上。（碑陽）

（民國）《鹽山新志·金石上》26/1b－3b，《新編》3/23/361 上—362 上。（碑陽）

（民國）《南皮縣志·故實志上》12/3a－5b，《新編》3/23/408 上—409 上。

《雪堂所藏金石文字簿錄》68a－69a，《新編》4/7/403 下—404 上。

（碑陰）

　　《全後魏文》57/2a－3b,《全文》4 冊 3797 下—3798 上。（碑陽）

　　《魯迅輯校石刻手稿・墓誌》上冊 90—96 頁。

　　《增補校碑隨筆》（修訂本）190—191 頁。（碑陰）

　　《漢魏南北朝墓誌彙編》96—98 頁。

　　《漢魏六朝碑刻校注》4 冊 358—359 頁。

　　《滄州出土墓誌》6、8 頁。

　　《全北魏東魏西魏文補遺》144—145 頁。

　　《山東石刻分類全集・歷代墓誌》11 頁。（碑陽）

　　碑目題跋著錄：

　　《八瓊室金石補正》15/3b－5b,《新編》1/6/4224 上—4225 上。

　　《集古求真》1/16b－17a,《新編》1/11/8485 下—8486 上。

　　《集古求真補正》1/8b,《新編》1/11/8635 下。

　　《山左金石志》9/10a－b,《新編》1/19/14463 下。

　　《潛研堂金石文跋尾》2/20a－21a,《新編》1/25/18759 下—18760 上。

　　《潛研堂金石文字目錄》1/10b,《新編》1/25/19011 下。

　　《授堂金石三跋・一跋》3/12b－13b,《新編》1/25/19105 下—19106 上。

　　《平津讀碑記》2/14b,《新編》1/26/19368 下。

　　《藝風堂金石文字目》18/1b,《新編》1/26/19814 上。

　　《寰宇訪碑錄》2/5a,《新編》1/26/19863 上。

　　《寰宇訪碑錄校勘記》1/13b,《新編》1/27/20108 上。

　　《金石彙目分編》3（2）/6b,《新編》1/27/20695 下。

　　《石刻題跋索引》136 頁左—右,《新編》1/30/22474。

　　《石刻名彙》2/9b,《新編》2/2/1029 上。

　　《古誌石華》2/7a－8a,《新編》2/2/1166 上—下。

　　《平津館金石萃編》4/7b,《新編》2/4/2470 上。

　　《宜祿堂收藏金石記》卷 11,《新編》2/5/3419 上。

　　《宜祿堂金石記》2/5b－6a,《新編》2/6/4220 上—下。

《崇雅堂碑錄》1/15b,《新編》2/6/4491 上。

（光緒）《畿輔通志·金石志》143/66b、67a－68b、69b－72a,《新編》2/11/8376 下、8377 上—下、8378 上—8379 下。附汪師韓跋、《滄州志》跋。

（宣統）《山東通志·藝文志》卷152,《新編》2/12/9352 下。

《語石》1/5a、2/5b、4/2b、4/10a,《新編》2/16/11861 上、11878 上、11918 下、11922 下。

《金石萃編校字記》7a,《新編》2/17/12328 上。

《金石例補》1/5a－b、1/6b,《新編》2/17/12363 上、下。

《平安館藏碑目》,《新編》2/18/13401 上。

《石泉書屋金石題跋》6b,《新編》2/19/14193 下。

《寶鴨齋題跋》卷上/20a－b,《新編》2/19/14344 下。

《竹崦盦金石目錄》13a,《新編》2/20/14553 上。

《寰宇貞石圖目錄》卷上/6a、卷下/4a,《新編》2/20/14674 上、14679 上。

《畿輔碑目》卷上/2a,《新編》2/20/14779 下。

《山左碑目》1/40a,《新編》2/20/14837 上。

《山左南北朝石刻存目》2a,《新編》2/20/14885 下。

《蒿里遺文目錄》2（1）/2a,《新編》2/20/14944 下。

《夢碧簃石言》6/24b－25a 引《二金蜨齋尺牘》,《新編》3/2/236 下—237 上。

《漢魏南北朝墓誌集釋》5/45a－47a,《新編》3/3/123－127。附《韓門綴學》五、《曬書堂文集》四、《獨笑齋金石考略》三、《九鐘精舍金石跋尾乙編》等題跋。

（民國）《鹽山新志·金石》26/3b－7a,《新編》3/23/362 上—364 上。

（民國）《南皮縣志·金石》12/3a－b、6a－8a,《新編》3/23/408 上、409 下—410 下。附劉克綸識。

《國立北平圖書館藏碑目》4b,《新編》3/36/250 下。

《非見齋審定六朝正書碑目》2a,《新編》3/36/519 下。

《古誌彙目》1/6a,《新編》3/37/15。

《竹崦盦金石目錄》1/16a,《新編》3/37/347下。

《漢石經室金石跋尾》,《新編》3/38/265上。

《碑版廣例》7/18a－19a,《新編》3/40/322下—323上。

《漢魏六朝志墓金石例》2/14b,《新編》3/40/410下。

《漢魏六朝墓銘纂例》4/3b－4a,《新編》3/40/460上—下。

《寫禮廎讀碑記》7a－8a,《新編》3/40/548上—下。

《激素飛清閣平碑記》卷2,《新編》4/1/203上。

《雪堂所藏金石文字簿錄》67b－71b,《新編》4/7/403上—405上。

《全後魏文》57/3b,《全文》4冊3798上。

《墓誌徵存目錄》卷1,《羅振玉學術論著集》第五集,563頁。

《松翁近稿》,《羅振玉學術論著集》第十集（上）75—79頁。

《增補校碑隨筆》（修訂本）188—192頁。

《六朝墓誌檢要》（修訂本）61—62頁。

《碑帖鑒定》165—166頁。

《善本碑帖錄》2/70－71。

《碑帖敘錄》5—6頁。

《齊魯碑刻墓誌研究》"附表"364頁。

《漢魏六朝碑刻校注·總目提要》編號1378。

淑德大學《中國石刻拓本目錄》"墓誌"編號72—73

《北朝隋代墓誌所在總合目錄》編號189。

《北京大學圖書館藏歷代墓誌拓片目錄》編號00188。

論文：

王大良：《跋〈北魏刁遵墓誌〉》,《許昌學院學報》1992年第3期。

王大良：《從北魏刁遵墓誌看南北朝士族婚姻》,《北朝研究》1992年第2期。

葉其峰：《刁遵先人及刁氏家族的興衰—讀刁遵墓誌銘》,《古代銘刻論叢》,第315—328頁。

吳占良：《北魏〈刁遵墓誌〉新識》,《全國第六屆書學討論會論文集》,第493—496頁。

牟發松：《〈刁遵墓誌〉"僅"字臆釋》，《敦煌吐魯番文書與中古史研究——朱雷先生八秩榮誕祝壽集》，上海古籍出版社 2016 年版，第 112—118 頁。

備考：刁遵，《魏書》卷三八、《北史》卷二六有傳，附《刁雍傳》。

熙平 040

營州刺史崔敬邕墓誌

熙平二年（517）十一月廿一日卒。清康熙十八年河北安平出土，康熙三十年縣令陳宗石砌入縣學鄉賢祠，久佚。正書，29 行，滿行 29 字。首題：魏故持節龍驤將軍督營州諸軍事營州刺史征虜將軍太中大夫臨青男崔公之墓誌銘。

圖版著錄：

《望堂金石二集》，《新編》2/4/3102 上—3106 下。

《漢魏南北朝墓誌集釋》圖版二二三，《新編》3/3/540。

《漢魏六朝碑刻校注》4 冊 361 頁。

錄文著錄：

《古誌石華》2/8b–10a，《新編》2/2/1166 下—1167 下。

《金石文鈔》2/29a–31a，《新編》2/7/5118 上—5119 上。

（宣統）《山東通志·藝文志》卷 151，《新編》2/12/9288 下—9289 下。

（同治）《深州風土記·金石》11 上/1b–3a，《新編》3/24/515 上—516 上。

《續古文苑》16/11a–13a，《新編》4/2/243 上—244 上。

《全後魏文》57/3b–5a，《全文》4 冊 3798 上—3799 上。

《漢魏南北朝墓誌彙編》98—99 頁。

《漢魏六朝碑刻校注》4 冊 362 頁。

碑目題跋著錄：

《集古求真》1/17a，《新編》1/11/8486 上。

《授堂金石文字續跋》1/14b–15b，《新編》1/25/19173 下—19174 上。

《寰宇訪碑錄》2/5a，《新編》1/26/19863 上。

《寰宇訪碑錄校勘記》1/13b,《新編》1/27/20108 上。

《續補寰宇訪碑錄》3/7b,《新編》1/27/20318 上。

《金石彙目分編》3（2）/44a,《新編》1/27/20714 下。

《石刻題跋索引》33 頁左、136 頁右,《新編》1/30/22371、22474。

《石刻名彙》2/9b,《新編》2/2/1029 上。

《古誌石華》2/10a－b,《新編》2/2/1167 下。

《崇雅堂碑錄》1/15b,《新編》2/6/4491 上。

《金石文鈔》2/31a－b,《新編》2/7/5119 上。

（光緒）《畿輔通志·金石十五》152/44a,《新編》2/11/8665 下。

（宣統）《山東通志·藝文志》卷 151,《新編》2/12/9289 下。

《語石》10/4a,《新編》2/16/12021 下。

《續校碑隨筆·孤本》卷下/7a,《新編》2/17/12505 上。

《鐵函齋書跋》3/9b,《新編》2/18/13665 上。

《古墨齋金石跋》2/14b,《新編》2/19/14088 下。

《懷岷精舍金石跋尾》1a－b,《新編》2/19/14201 上。

《竹崦盦金石目錄》13a,《新編》2/20/14553 上。

《畿輔碑目》卷上/2a,《新編》2/20/14779 下。

《漢魏南北朝墓誌集釋》5/47a,《新編》3/3/127。附《獨笑齋金石考略》。

（同治）《深州風土記·金石》11 上/3a－b,《新編》3/24/516 上。

《古誌彙目》1/6a,《新編》3/37/15。

《竹崦盦金石目錄》1/16a,《新編》3/37/347 下。

《金石萃編補目》1/3b,《新編》3/37/485 上。

《雪堂金石文字跋尾》2/20a,《新編》3/38/297 下。

《義門題跋》16b,《新編》3/38/588 下。

《廣川書跋》7/7a－b,《新編》3/38/740 上。

《漢魏六朝志墓金石例》2/15a－b,《新編》3/40/411 上。

《激素飛清閣平碑記》卷 2,《新編》4/1/203 上。

《雪堂所藏金石文字簿錄》71b－72a,《新編》4/7/405 上—下。

《歷代墓誌銘拓片目錄》10 頁。

《善本碑帖錄》2/71。

《增補校碑隨筆》（修訂本）192—194 頁。

《六朝墓誌檢要》（修訂本）62 頁。

《碑帖鑒定》166 頁。

《碑帖敘錄》156 頁。

《漢魏六朝碑刻校注·總目提要》編號 1379。

《北朝隋代墓誌所在總合目錄》編號 190。

《北京大學圖書館藏歷代墓誌拓片目錄》編號 00189。

備考：崔敬邕，《魏書》卷五七、《北史》卷三二有傳，附《崔挺傳》。

熙平 041

元新成妃李氏墓誌

又名：陽平幽王妃李氏墓誌、李太妃墓誌。熙平二年（517）十月二日薨於第，十一月廿八日葬於洛陽之西陵。1920 年洛陽城北張羊村北嶺出土，曾歸武進陶蘭泉。誌高 73、寬 78 釐米。文正書，30 行，滿行 25 字。

圖版著錄：

《漢魏南北朝墓誌集釋》圖版九八，《新編》3/3/395。

《北京圖書館藏中國歷代石刻拓本匯編》4 冊 50 頁。

《中國金石集萃》7 函 3 輯編號 25。

《洛陽出土歷代墓誌輯繩》26 頁。

《洛陽出土北魏墓誌選編》圖版五九，273 頁。

《漢魏六朝碑刻校注》4 冊 364 頁。

錄文著錄：

《芒洛冢墓遺文四編》1/11b–13a，《新編》1/19/14154 上—14155 上。

《誌石文錄續編》2b–3b，《新編》2/19/13777 下—13778 上。

《洛陽出土北魏墓誌選編》熙平一一，42—43 頁。

《漢魏南北朝墓誌彙編》100—101 頁。

《漢魏六朝碑刻校注》4 冊 365 頁。

《全北魏東魏西魏文補遺》146 頁。

碑目題跋著錄：

《石刻題跋索引》136 頁右，《新編》1/30/22474。

《石刻名彙》2/9b，《新編》2/2/1029 上。

《崇雅堂碑錄補》1/6a，《新編》2/6/4553 下。

《古誌新目初編》1/4b，《新編》2/18/13693 下。

《蒿里遺文目錄》2（3）/4a，《新編》2/20/14978 下。

《夢碧簃石言》5/13b，《新編》3/2/219 上。

《漢魏南北朝墓誌集釋》4/23a，《新編》3/3/79。

《國立北平圖書館藏碑目》4b，《新編》3/36/250 下。

《循園古冢遺文跋尾》2/16a–17a，《新編》3/38/20 上—下。

《元氏誌錄》2a、10a，《新編》3/38/47 下、51 下。

《墓誌徵存目錄》卷 1，《羅振玉學術論著集》第五集，563 頁。

《洛陽出土石刻時地記》北魏熙平 011，20 頁。

《歷代墓誌銘拓片目錄》11 頁。

《增補校碑隨筆》（修訂本）194 頁。

《六朝墓誌檢要》（修訂本）62—63 頁。

《漢魏六朝碑刻校注·總目提要》編號 1380。

淑德大學《中國石刻拓本目錄》"墓誌"編號 75。

《北朝隋代墓誌所在總合目錄》編號 191。

《北京大學圖書館藏歷代墓誌拓片目錄》編號 00190。

備考：元新成，《魏書》卷一九上、《北史》卷一七有傳。《洛陽出土石刻時地記》著錄為"元成新妃李氏墓誌"，誤。

熙平 042

乞伏暉墓誌

又名：乞伏瞱墓誌。永平三年（510）五月上旬卒於京第，以熙平二年（517）十二月廿二日遷葬洛陽芒嶺之西垂。2003 年河南省洛陽市孟津縣出土，先歸洛陽張氏，旋歸洛陽師範學院。誌長 44.5、寬 46.5、厚

8.5 釐米。文 18 行，滿行 17 字，正書。首題：魏故直後員外散騎侍郎□□大中正乞伏君之墓誌。

圖版著錄：

《河洛墓刻拾零》上冊 24 頁。

碑目著錄：

《洛陽新出土墓誌釋錄》327 頁。

《漢魏六朝碑刻校注·總目提要》編號 1381。

《北朝隋代墓誌所在総合目錄》編號 192。

熙平 043

兗州刺史羊靈引碑

熙平二年（517）立。

碑目題跋著錄：

《集古錄目》3/8a，《新編》1/24/17959 下。

《寶刻叢編》20/16b－17a，《新編》1/24/18380 下。

《石刻題跋索引》33 頁左，《新編》1/30/22371。

《六藝之一錄》59/22b，《新編》4/5/93 下。

備考：羊靈引，《北史》卷三九有傳。

熙平 044

桓夫人墓記磚

丁酉年（熙平二年，517）。長存三寸六分，廣四寸九分。磚題"丁酉桓夫"四字。陸增祥認為，此與永明磚相距不遠，暫附熙平二年。

著錄：

《八瓊室金石札記》4/9b，《新編》1/8/6179 上。（文、跋）

熙平 045

宇文永妻韓氏墓誌

熙平三年（518）二月廿三日。出土時間地點不詳，河南洛陽張赫坤藏石。誌高、寬均 40.5 釐米。文正書，16 行，滿行 16 字。首題：魏假節員外散騎常侍顯武將軍柔玄武興二鎮將宇文永妻昌黎韓氏墓銘。

著錄：

《邙洛碑誌三百種》13 頁。（圖）

《漢魏六朝碑刻校注》4 冊 367—368 頁。（圖、文）

《洛陽新獲墓誌續編》5 頁（圖）、310—311 頁（文、跋）。

《全北魏東魏西魏文補遺》148 頁。（文）

《漢魏六朝碑刻校注·總目提要》編號 1383。（目）

《北朝隋代墓誌所在総合目錄》編號 194。（目）

備考：宇文永，事見《周書》卷二七、《北史》卷五七《宇文測傳》和《宇文深傳》。

熙平 046

楊無醜墓誌并蓋

熙平三年（518）正月十八日於白馬鄉寢疾而終，粵以二月廿三日葬於定城里。陝西華陰縣楊氏家族墳塋出土，香港中文大學文物館藏石。誌高 37.4、寬 37、厚 8 釐米；誌蓋高 37.2、寬 36.8、厚 10 釐米。文正書，15 行，滿行 16 字。蓋正書，5 行，行 5 字。蓋題：魏故使持節洛州刺史弘農蕑公楊懿第四子之女墓誌銘之蓋。

著錄：

《漢魏六朝碑刻校注》4 冊 369—370 頁。（圖、文）

《北京大學圖書館新藏金石拓本菁華 1996—2012》，79 頁。（圖）

《新出魏晉南北朝墓誌疏證》（修訂本）84—85 頁。（文、跋）

《全北魏東魏西魏文補遺》147—148 頁。（文）

《漢魏六朝碑刻校注·總目提要》編號 1384。（目）

《北朝隋代墓誌所在総合目錄》編號 193。（目）

《北京大學圖書館藏歷代墓誌拓片目錄》編號 00191。（目）

熙平 047

堯遵墓誌

熙平元年（516）二月薨於洛陽篤恭里，三年（518）二月廿三日葬於西陵之北崗。出土時地不詳，據云出土於河南省洛陽市偃師市。誌高 62、寬 64 釐米。文 23 行，滿行 21 字，正書。

圖版著錄：

《洛陽新見墓誌》2 頁。

《洛陽新獲七朝墓誌》12 頁。

《秦晉豫新出墓誌蒐佚續編》1 冊 46 頁。

碑目著錄：

《北朝隋代墓誌所在綜合目錄》編號 195。

備考：堯遵，其事見《魏書》卷四二、《北史》卷二七《堯暄傳》。《秦晉豫新出墓誌蒐佚續編》誤作"元遵墓誌"。

熙平 048

楊泰墓誌

熙平二年（517）五月三日卒，以熙平三年（518）二月遷葬於華岳之東北十有五里。1969 年陝西省華陰縣五方鄉五方村出土，今存陝西歷史博物館。誌高、寬均 65 釐米。文正書，20 行，滿行 22 字。首題：魏故朔州刺史華陰伯楊君墓誌銘。

著錄：

《陝西碑石精華》11 頁。（圖）

《華山碑石》11 頁（圖）、236—237 頁（文）。

《新中國出土墓誌·陝西（壹）》上冊 17 頁（圖）、下冊 15 頁（文）。

《漢魏六朝碑刻校注》4 冊 371—372 頁。（圖、文）

《風引薤歌：陝西歷史博物館藏墓誌萃編》8—9 頁。（圖、文）

《全北魏東魏西魏文補遺》147 頁。（文）

《漢魏六朝碑刻校注·總目提要》編號 1385。（目）

《北朝隋代墓誌所在綜合目錄》編號 196。（目）

《北京大學圖書館藏歷代墓誌拓片目錄》編號 00192。（目）

論文：

杜葆仁、夏振英：《華陰潼關出土的北魏楊氏墓誌考證》，《考古與文物》1984 年第 5 期。

李文才：《華陰出土北魏楊氏墓誌考釋》，《陝西歷史博物館館刊》第 14 輯，2007 年。

熙平 049

劉使君德化頌并陰

熙平三年（518）十一月。

碑目著錄：

《金石錄》2/8b，《新編》1/12/8809 下。

《通志·金石略》卷上/32a，《新編》1/24/18035 上。

《佩文齋書畫譜·金石》62/9b 上，《新編》3/2/55 下。

《六藝之一錄》59/18a，《新編》4/5/91 下。

熙平 050

兗州刺史元匡（字建扶）碑

熙平中（516—518）立，一作熙平二年（517）。

碑目著錄：

《金石錄》2/8b，《新編》1/12/8809 下。

《通志·金石略》卷上/29b、32a，《新編》1/24/18033 下、18035 上。

《佩文齋書畫譜·金石》62/9b 上，《新編》3/2/55 下。

《六藝之一錄》59/18b，《新編》4/5/91 下。

備考：濟南王元匡，《魏書》卷一九上、《北史》卷一七有傳。《通志·金石略》卷上 32a 載有"後魏兗州刺史元康碑，熙平中立"，僅一家著錄，從時間和碑目來看，疑是《元匡碑》，故附此。

神 龜

神龜 001

氾純光磚銘

又名：□光墓塼。神龜元年（518）三月五日。高一尺二寸三分，廣六寸六分。正書，3 行，計 20 字。

錄文著錄：

《雪堂專錄·專誌徵存》5a，《羅雪堂先生全集》五編 3 冊 1273 頁。

碑目著錄：

《石刻名彙》12/205a，《新編》2/2/1130 下。

《蒿里遺文目錄》3 上/3a，《新編》2/20/14982 上。

神龜 002

元濬妃耿壽姬墓誌并蓋

又名"高宗嬪耿壽姬墓誌"。神龜元年（518）三月八日卒。河南洛陽城北安駕溝南出土，曾歸武進陶蘭泉，誌蓋存洛陽李銘三家中，誌今存北京故宮博物院。誌高、寬均40.5釐米。文12行，滿行13字，正書。蓋題：耿嬪墓誌；首題：魏故高宗耿嬪墓誌銘。

圖版著錄：

《漢魏南北朝墓誌集釋》圖版二七，《新編》3/3/305-306。

《北京圖書館藏中國歷代石刻拓本匯編》4冊51頁。（誌）

《中國金石集萃》8函4輯編號33。（誌）

《洛陽出土北魏墓誌選編》圖版六〇，274頁。（誌）

《漢魏六朝碑刻校注》4冊374頁。

《故宫博物院藏歷代墓誌彙編》1冊63頁。（誌）

錄文著錄：

《芒洛冢墓遺文四編》1/14b，《新編》1/19/14155 下。

《誌石文錄》卷上/13a-b，《新編》2/19/13748 上。

《洛陽出土北魏墓誌選編》神龜一，43頁。

《漢魏南北朝墓誌彙編》102頁。

《漢魏六朝碑刻校注》4冊375頁。

《故宫博物院藏歷代墓誌彙編》1冊62頁。

《全北魏東魏西魏文補遺》148頁。

碑目題跋著錄：

《石刻題跋索引》137頁左，《新編》1/30/22475。

《石刻名彙》2/10a，《新編》2/2/1029 下。

《崇雅堂碑錄補》1/6b，《新編》2/6/4553 下。

《古誌新目初編》1/4b，《新編》2/18/13693 下。

《蒿里遺文目錄》2（3）/3a，《新編》2/20/14978 上。

《夢碧簃石言》5/13b，《新編》3/2/219 上。

《漢魏南北朝墓誌集釋》2/6b，《新編》3/3/46。

《國立北平圖書館藏碑目》4b，《新編》3/36/250 下。

《循園古冢遺文跋尾》3/1a，《新編》3/38/21 上。

《元氏誌錄》2a，《新編》3/38/47 下。

《墓誌徵存目錄》卷1，《羅振玉學術論著集》第五集，564 頁。

《洛陽出土石刻時地記》北魏神龜001，20 頁。

《歷代墓誌銘拓片目錄》11 頁。

《六朝墓誌檢要》（修訂本）63 頁。

《漢魏六朝碑刻校注・總目提要》編號1388。

淑德大學《中國石刻拓本目錄》"墓誌"編號76。

《北朝隋代墓誌所在總合目錄》編號197。

《北京大學圖書館藏歷代墓誌拓片目錄》編號00193。

神龜 003

卓吳仁妻蘇阿女墓誌

神龜元年（518）三月六日喪於洛陽，四月廿四日葬於京東廿五里。出土時地不詳，據云出土於河南省洛陽市偃師市。誌高33、寬32 釐米。文正書，15 行，滿行15 字。首題：大魏故臣武威太守章儀卓吳仁妻武功蘇阿女墓誌銘。

圖版著錄：

《秦晉豫新出墓誌蒐佚續編》1 冊47 頁。

神龜 004

安東將軍孫惠蔚墓誌

又名：孫蔚墓誌。神龜元年（518）五月。河南洛陽出土，世邑武遂、河南洛陽雷氏舊藏。正書。

碑目題跋著錄：

《金石錄》2/8b、21/6b，《新編》1/12/8809 下、8925 下。

《通志・金石略》卷上/32a，《新編》1/24/18035 上。

《寶刻叢編》20/17a，《新編》1/24/18381 上。

《石刻題跋索引》137 頁左，《新編》1/30/22475。

《石刻名彙》2/10a、15b，《新編》2/2/1029下、1032上。

《崇雅堂碑錄補》1/6b，《新編》2/6/4553下。

（光緒）《畿輔通志·金石十五》152/40a，《新編》2/11/8663下。

《佩文齋書畫譜·金石》62/9b上，《新編》3/2/55下。

（同治）《深州風土記·金石》11上/4a，《新編》3/24/516下。

《古誌彙目》1/6a、7b，《新編》3/37/15、18。

《六藝之一錄》59/18b，《新編》4/5/91下。

《六朝墓誌檢要》（修訂本）63頁。

《漢魏六朝碑刻校注·總目提要》編號1391。

《北朝隋代墓誌所在總合目錄》編號198。

備考：孫惠蔚，《魏書》卷八四、《北史》卷八一有傳。《古誌彙目》重複著錄。

神龜005

高英墓誌

別名"瑤光寺尼慈義墓誌"、"元恪妻高英墓誌"、"世宗后高英墓誌"。神龜元年（518）九月廿四日薨於寺，十月十五日遷葬於芒山。1929年洛陽東北三十里鋪村南出土，曾歸三原于右任。誌高83、寬84.8釐米。文15行，滿行15字，正書。首題：魏瑤光寺尼慈義墓誌銘。

圖版著錄：

《漢魏南北朝墓誌集釋》圖版二八，《新編》3/3/307。

《北京圖書館藏中國歷代石刻拓本匯編》4冊57頁。

《中國金石集萃》8函4輯編號34。

《洛陽出土北魏墓誌選編》圖版六一，275頁。

《漢魏六朝碑刻校注》4冊382頁。

錄文著錄：

《洛陽出土北魏墓誌選編》神龜二，43—44頁。

《漢魏南北朝墓誌彙編》102頁。

《漢魏六朝碑刻校注》4冊383頁。

《全北魏東魏西魏文補遺》149頁。

碑目題跋著錄：

《石刻題跋索引》137 頁左，《新編》1/30/22475。

《古誌新目初編》1/4b，《新編》2/18/13693 下。

《漢魏南北朝墓誌集釋》2/6b，《新編》3/3/46。

《遼居乙稿》45a–46a，《新編》3/38/357 上—下。

《洛陽出土石刻時地記》北魏神龜 002，20 頁。

《墓誌徵存目錄》卷 1，《羅振玉學術論著集》第五集，564 頁。

《六朝墓誌檢要》（修訂本）64 頁。

《漢魏六朝碑刻校注·總目提要》編號 1394。

《北朝隋代墓誌所在總合目錄》編號 199。

《北京大學圖書館藏歷代墓誌拓片目錄》編號 00194。

神龜 006
胡國寶墓誌

神龜元年（518）十一月四日。陝西新平縣出土。文 10 行，行字不等，正書兼隸書。

碑目著錄：

《北朝隋代墓誌所在總合目錄》編號 200。

論文：

石松：《新見北魏〈胡國寶墓誌〉書法考》，《書法賞析》2015 年第 1 期。（圖、文）

神龜 007
鄧羨妻李渠蘭墓誌

又名"鄧羨妻李榘蘭墓誌"。太和廿一年（497）十一月廿日薨於新安里第，神龜元年（518）十二月九日遷葬於洛陽北芒山之陽樂氏之里。1920 年洛陽東北馬坡村馬文秀家發現，曾歸三原于右任，今存西安碑林博物館。誌高、寬均 59 釐米。文正書，25 行，滿行 25 字。

圖版著錄：

《漢魏南北朝墓誌集釋》圖版二二四，《新編》3/3/541。

《北京圖書館藏中國歷代石刻拓本匯編》4 冊 58 頁。

《鴛鴦七誌齋藏石》圖 43。

《西安碑林全集》60/214－219。

《洛陽出土北魏墓誌選編》圖版六二，276 頁。

《漢魏六朝碑刻校注》4 冊 384 頁。

錄文著錄：

《洛陽出土北魏墓誌選編》神龜三，44 頁。

《漢魏南北朝墓誌彙編》103—104 頁。

《漢魏六朝碑刻校注》4 冊 385 頁。

《全北魏東魏西魏文補遺》149—150 頁。

碑目題跋著錄：

《石刻題跋索引》137 頁左，《新編》1/30/22475。

《漢魏南北朝墓誌集釋》/47b，《新編》3/3/128。

《國立北平圖書館藏碑目》4b，《新編》3/36/250 下。

《墓誌徵存目錄》卷 1，《羅振玉學術論著集》第五集，564 頁。

《洛陽出土石刻時地記》北魏神龜003，20 頁。

《六朝墓誌檢要》（修訂本）64 頁。

《漢魏六朝碑刻校注·總目提要》編號 1395。

《北朝隋代墓誌所在總合目錄》編號 201。

《北京大學圖書館藏歷代墓誌拓片目錄》編號 00195。

備考：鄧羨，《魏書》卷二四有傳，附《鄧淵傳》。

神龜 008

李緬妻常敬蘭墓誌

神龜元年（518）七月十八日薨於洛陽之宜都里，其年十二月廿二日葬伊闕西北十里。2009 年冬河南洛陽關林鎮出土。高 56、寬 46 釐米。文正書，16 行，滿行 19 字。首題：夏州刺史趙郡李緬妻常夫人墓誌銘。

著錄：

《洛陽新獲七朝墓誌》13 頁。（圖）

《秦晉豫新出墓誌蒐佚續編》1 冊 48 頁。（圖）

《北京大學圖書館新藏金石拓本菁華 1996—2012》80 頁。（圖）

《新見北朝墓誌集釋》40—42 頁。（圖、文、跋）

《北朝隋代墓誌所在總合目錄》編號 202。（目）

《北京大學圖書館藏歷代墓誌拓片目錄》編號 00196。（目）

神龜 009

高道悅墓誌并陰

太和廿年（496）八月十二日暴喪於金墉宮，其年秋九月遷葬冀州勃海郡條縣之西南，後遷葬於王莽河東岸之平崗，神龜二年（519）二月廿日葬於崇仁鄉孝義里昔太和之世壙內。1969 年山東省德州城北胡官營出土，現藏山東省石刻藝術博物館。高 82、寬 83、厚 10 釐米。文正書，28 行，滿行 30 字。背面刻 12 行，行 17 字不等，僅《山東石刻分類全集》有誌背拓本和錄文。

著錄：

《漢魏六朝碑刻校注》5 冊 3—4 頁。（碑陽圖、文）

《山東石刻分類全集·歷代墓誌》13—15 頁。（圖、文）

《北京大學圖書館新藏金石拓本菁華 1996—2012》81 頁。（碑陽圖）

《漢魏南北朝墓誌彙編》104—105 頁。（碑陽文）

《全北魏東魏西魏文補遺》150—151 頁。（碑陽文）

《碑帖敘錄》140 頁。（跋）

《齊魯碑刻墓誌研究》248—254、364 頁。（跋、目）

《漢魏六朝碑刻校注·總目提要》編號 1398。（目）

《北朝隋代墓誌所在總合目錄》編號 204。（目）

《北京大學圖書館藏歷代墓誌拓片目錄》編號 00197。（目）

論文：

秦公：《釋北魏高道悅墓誌》，《文物》1979 年第 9 期；又載於《德州考古文集》，第 226—230 頁。

賴非：《北魏高道悅墓地調查及其墓誌補釋》，《德州考古文集》，第 1—9 頁。

備考：高道悅，《魏書》卷六三、《北史》卷四〇有傳。

神龜 010

高道悅妻李氏墓誌

神龜元年（518）戊戌夏月十八日卒於信都城之武邑里，殯於西階，

北　朝　1533

（二年，519）二月廿日遷葬於縣之崇仁鄉孝義里。1969 年山東省德州城北胡官營出土，現藏山東省石刻藝術博物館。拓本長 80、寬均 82.5 釐米。文正書，33 行，滿行 33 字。首題：魏故伏波將軍司空中兵參軍高輝之太夫人墓誌銘并序。

著錄：

《北京大學圖書館新藏金石拓本菁華 1996—2012》82 頁。（圖）

《山東石刻分類全集·歷代墓誌》16—17 頁。（圖、文）

《齊魯碑刻墓誌研究》254—255、364 頁。（跋、目）

《北朝隋代墓誌所在總合目錄》編號 203。（目）

《北京大學圖書館藏歷代墓誌拓片目錄》編號 00198。（目）

論文：

賴非：《北魏高道悅墓地調查及其墓誌補釋》，《德州考古文集》，第 6—7 頁。

許東方：《北魏〈高道悅夫人李氏墓誌〉》，《中國書法》2009 年第 9 期。

神龜 011

涇州刺史齊郡王元祐墓誌

神龜二年（519）正月六日薨於第，其年二月廿三日遷窆於河南洛陽北芒之舊塋。清末洛陽城北高溝村西出土，曾歸洛陽雷氏、項城袁氏、武進陶蘭泉、日本東京太倉氏、今存遼寧省博物館。誌高 59.2、廣 62.8 釐米。文正書，24 行，滿行 23 字。首題：持節督涇州諸軍事征虜將軍涇州刺史齊郡王墓誌銘。

圖版著錄：

《漢魏南北朝墓誌集釋》圖版一六五，《新編》3/3/470。

《北京圖書館藏中國歷代石刻拓本匯編》4 冊 61 頁。

《中國金石集萃》7 函 3 輯編號 26。

《漢魏六朝碑刻校注》5 冊 6 頁。

《洛陽出土北魏墓誌選編》圖版六五，279 頁。

《遼寧省博物館藏碑誌精粹》60 頁。

錄文著錄：

《芒洛冢墓遺文》卷上/5b-6a,《新編》1/19/13982 上—下。

《滿洲金石志別錄》卷上/12a-13a,《新編》1/23/17403 下—17404 上。

《石刻題跋索引》137 頁左,《新編》1/30/22475。

《誌石文錄》卷上/13b-14a,《新編》2/19/13748 上—下。

《魯迅輯校石刻手稿·墓誌》上冊 103—105 頁。

《洛陽出土北魏墓誌選編》神龜六,46—47 頁。

《漢魏南北朝墓誌彙編》107—108 頁。

《漢魏六朝碑刻校注》5 冊 7 頁。

《遼寧省博物館藏碑誌精粹》60 頁。

《全北魏東魏西魏文補遺》153 頁。

碑目題跋著錄:

《滿洲金石志別錄》卷上/13b,《新編》1/23/17404 上。

《續補寰宇訪碑錄》3/7b,《新編》1/27/20318 上。

《石刻名彙》2/10a,《新編》2/2/1029 下。

《崇雅堂碑錄補》1/6b,《新編》2/6/4553 下。

《蒿里遺文目錄》2(3)/1b,《新編》2/20/14977 上。

《夢碧簃石言》5/13b,《新編》3/2/219 上。

《漢魏南北朝墓誌集釋》4/34b,《新編》3/3/102。

《國立北平圖書館藏碑目》4b,《新編》3/36/250 下。

《循園古冢遺文跋尾》3/1a-b,《新編》3/38/21 上。

《洹洛訪古記》卷下/30b,《新編》3/29/574 下。

《古誌彙目》1/6a,《新編》3/37/15。

《元氏誌錄》2a、7a,《新編》3/38/47 下、50 上。

《墓誌徵存目錄》卷1,《羅振玉學術論著集》第五集,564 頁。

《洛陽出土石刻時地記》北魏神龜004,20 頁。

《歷代墓誌銘拓片目錄》11 頁。

《增補校碑隨筆》(修訂本)196 頁。

《六朝墓誌檢要》(修訂本)65 頁。

《碑帖鑒定》166—167 頁。

《遼寧省博物館藏碑誌精粹》61 頁。

《漢魏六朝碑刻校注·總目提要》編號 1399。

淑德大學《中國石刻拓本目錄》"墓誌"編號 77。

《北朝隋代墓誌所在總合目錄》編號 207。

《北京大學圖書館藏歷代墓誌拓片目錄》編號 00199。

備考：元祐，《魏書》卷二〇、《北史》卷一九有傳，附《齊郡王簡傳》。

神龜 012

寇憑墓誌

神龜元年（518）七月廿六日卒於中京，葬洛陽都西廿里北芒上，神龜二年（519）二月廿三日葬於大墓。1918 年洛陽城東北攔駕溝北嶺上出土，曾歸雲南騰衝李氏、江蘇吳縣古物保存會，抗日戰爭時石毀。誌高 53.2、寬 64 釐米。文 24 行，滿行 20 字，正書。首題：魏故本郡功曹行高陽縣省兼郡丞寇君墓誌。

圖版著錄：

《漢魏南北朝墓誌集釋》圖版二二五，《新編》3/3/542。

《北京圖書館藏中國歷代石刻拓本匯編》4 冊 63 頁。

《中國金石集萃》8 函 4 輯編號 35。

《洛陽出土北魏墓誌選編》圖版六三，277 頁。

《漢魏六朝碑刻校注》5 冊 9 頁。

錄文著錄：

《芒洛冢墓遺文三編》5b－6b，《新編》1/19/14110 上—下。

《誌石文錄》卷上/14a－15a，《新編》2/19/13748 下—13749 上。

《魯迅輯校石刻手稿·墓誌》上冊 106—108 頁。

《洛陽出土北魏墓誌選編》神龜四，45 頁。

《漢魏南北朝墓誌彙編》105—106 頁。

《漢魏六朝碑刻校注》5 冊 10 頁。

《全北魏東魏西魏文補遺》151—152 頁。

碑目題跋著錄：

《石刻題跋索引》137 頁左，《新編》1/30/22475。

《石刻名彙》2/10a，《新編》2/2/1029 下。

《崇雅堂碑錄》1/16a,《新編》2/6/4491 下。

《古誌新目初編》1/4b,《新編》2/18/13693 下。

《蒿里遺文目錄》2（1）/2a,《新編》2/20/14944 下。

《漢魏南北朝墓誌集釋》5/47b,《新編》3/3/128。附《九鐘精舍金石跋尾乙編》。

《國立北平圖書館藏碑目》4b,《新編》3/36/250 下。

《循園古冢遺文跋尾》3/1b－2a,《新編》3/38/21 上—下。

《碑帖跋》72—73 頁,《新編》3/38/220－221、4/7/432 下—433 上。

《雪堂金石文字跋尾》2/21b,《新編》3/38/298 上。

《墓誌徵存目錄》卷1,《羅振玉學術論著集》第五集,564 頁。

《洛陽出土石刻時地記》北魏神龜005,20 頁。

《歷代墓誌銘拓片目錄》11 頁。

《增補校碑隨筆》（修訂本）196 頁。

《六朝墓誌檢要》（修訂本）64 頁。

《漢魏六朝碑刻校注·總目提要》編號1400。

淑德大學《中國石刻拓本目錄》"墓誌"編號81。

《北朝隋代墓誌所在總合目錄》編號205。

《北京大學圖書館藏歷代墓誌拓片目錄》編號00200。

神龜013

寇演墓誌

神龜元年（518）七月廿七日薨於位,神龜二年（519）二月廿三日葬於洛陽城西北芒。1918年（一說1919年）洛陽城東北攔駕溝北嶺上出土,曾歸雲南騰衝李氏、江蘇吳縣古物保存會,抗日戰爭時期石毀。誌高47.3、廣46.5釐米。文20行,滿行21字,正書。首題：魏故汝南太守寇府君墓誌。

圖版著錄：

《漢魏南北朝墓誌集釋》圖版二二六,《新編》3/3/543。

《六朝墓誌菁英二編》,《新編》4/3/208 上右—下左。

《北京圖書館藏中國歷代石刻拓本匯編》4 冊62 頁。

《中國金石集萃》8函4輯編號36。
《洛陽出土北魏墓誌選編》圖版六四，278頁。
《漢魏六朝碑刻校注》5冊12頁。
錄文著錄：
《芒洛冢墓遺文三編》6b-7b，《新編》1/19/14110下—14111上。
《誌石文錄》卷上/15a-b，《新編》2/19/13749上。
《魯迅輯校石刻手稿·墓誌》上冊109—110頁。
《洛陽出土北魏墓誌選編》神龜五，45—46頁。
《漢魏南北朝墓誌彙編》106—107頁。
《漢魏六朝碑刻校注》5冊13頁。
《全北魏東魏西魏文補遺》152頁。
碑目題跋著錄：
《石刻題跋索引》137頁左—右，《新編》1/30/22475。
《石刻名彙》2/10a，《新編》2/2/1029下。
《崇雅堂碑錄》1/16a，《新編》2/6/4491下。
《古誌新目初編》1/4b，《新編》2/18/13693下。
《蒿里遺文目錄》2（1）/2a，《新編》2/20/14944下。
《漢魏南北朝墓誌集釋》5/47b-48a，《新編》3/3/128-129。附《九鐘精舍金石跋尾乙編》。
《國立北平圖書館藏碑目》4b，《新編》3/36/250下。
《循園古冢遺文跋尾》3/2a-b，《新編》3/38/21下。
《雪堂金石文字跋尾》2/20b-21b，《新編》3/38/297下—298上。
《墓誌徵存目錄》卷1，《羅振玉學術論著集》第五集，564頁。
《洛陽出土石刻時地記》北魏神龜006，20—21頁。
《歷代墓誌銘拓片目錄》11頁。
《增補校碑隨筆》（修訂本）195—196頁。
《六朝墓誌檢要》（修訂本）65頁。
《漢魏六朝碑刻校注·總目提要》編號1401。
淑德大學《中國石刻拓本目錄》"墓誌"編號78。
《北朝隋代墓誌所在總合目錄》編號206。

《北京大學圖書館藏歷代墓誌拓片目錄》編號00201。

神龜014
楊璉墓誌

太和廿二年（498）正月十一日卒於洛陽靜恭里，神龜二年（519）三月六日葬於旦甫之西山塋域。2004年河南省洛陽市出土，存洛陽民間。誌長48、寬48.2釐米。文23行，滿行24字，正書。

圖版著錄：

《秦晉豫新出墓誌蒐佚》1冊19頁。

《新出土墓誌精粹》（北朝卷）上冊32—39頁。

碑目著錄：

《漢魏六朝碑刻校注·總目提要》編號1415。

《北朝隋代墓誌所在總合目錄》編號208。

神龜015
元琛墓誌

神龜二年（519）正月八日卒於洛陽之昭明里宅，三月十八日葬於緱氏原少室□□陰廿許里。1997年12月洛陽古代藝術館徵集，在偃師市顧縣鄉營坊口村附近出土。誌長80.5、寬46.5、厚13釐米。文25行，滿行44字，正書。首題：□□□□□□騎常侍鎮北將軍定州刺史元公之墓誌銘。

碑目著錄：

《北朝隋代墓誌所在總合目錄》編號209。

論文：

趙振華：《北魏〈元琛墓誌〉跋》，《洛陽古代銘刻文獻研究》，第272—275頁。（圖、文）

備考：元琛，《魏書》卷一五附《元崇傳》。

神龜016
賈思伯碑

又名：兗州賈使君碑。神龜二年（519）四月廿日。碑立於山東兗州府學戟門下。拓片通高175、寬83釐米；陰通高158、寬70釐米；側高139、寬20釐米。文正書，24行，滿行44字。額正書，3行共8字。額題：魏兗州賈使君之碑。碑陰、碑側為後人題記。

圖版著錄：

《金石圖說》乙上/8a－b，《新編》2/2/988 下。（局部）

《金石圖》，《新編》4/10/579 上。（局部）

《北京圖書館藏中國歷代石刻拓本匯編》4 冊 65—66 頁。

《漢魏六朝碑刻校注》5 冊 17—18 頁。

錄文著錄：

《金石萃編》28/19b－22a，《新編》1/1/505 上—506 下。

《山左金石志》9/10b－13a，《新編》1/19/14463 下—14465 上。

《宜祿堂收藏金石記》卷 11，《新編》2/5/3420 下—3421 下、3422 上—下。

《全後魏文》58/3b－5a，《全文》4 冊 3802 上—3803 上。

《魯迅輯校石刻手稿·碑銘》中冊 225—229 頁。

《漢魏六朝碑刻校注》5 冊 19—20 頁。

碑目題跋著錄：

《金石萃編》28/22a－23a、24b－25b，《新編》1/1/506 下—508 上。

《集古求真》3/9a，《新編》1/11/8506 上。

《集古求真補正》1/15b，《新編》1/11/8639 上。

《金石錄》2/9a，《新編》1/12/8810 上。

《金石錄補》8/1a－b、25/17b，《新編》1/12/9028 上、9123 上。

《山左金石志》9/13a－b，《新編》1/19/14465 上。

《通志·金石略》卷上/29b，《新編》1/24/18033 下。

《潛研堂金石文跋尾》2/21a－b，《新編》1/25/18760 上。

《潛研堂金石文字目錄》1/10b，《新編》1/25/19011 下。

《平津讀碑記》2/14b－15a，《新編》1/26/19368 下—19369 上。

《藝風堂金石文字目》2/13a，《新編》1/26/19540 上。

《寰宇訪碑錄》2/5b，《新編》1/26/19863 上。

《寰宇訪碑錄刊謬》2b，《新編》1/26/20085 下。

《寰宇訪碑錄校勘記》1/14a，《新編》1/27/20108 下。

《金石彙目分編》10（2）/1a，《新編》1/28/21141 上。

《石刻題跋索引》33 頁左—右，《新編》1/30/22371。

《金石圖說》乙上/8b，《新編》2/2/988 下。

《平津館金石萃編》4/8a，《新編》2/4/2470 下。

《宜祿堂收藏金石記》卷 11，《新編》2/5/3421 下、3422 下。

《宜祿堂金石記》2/6a，《新編》2/6/4220 下。

《墨華通考》卷 7、8，《新編》2/6/4372 上、4391 下。

《崇雅堂碑錄》1/16a，《新編》2/6/4491 下。

《山左訪碑錄》6/1a，《新編》2/12/9082 下。

（宣統）《山東通志・藝文志》卷 152，《新編》2/12/9354 上。

《語石》3/9b、6/31b，《新編》2/16/11902 上、11978 上。

《金石萃編校字記》7b－8a，《新編》2/17/12328 上—下。

《古今碑帖考》10b，《新編》2/18/13167 下。

《平安館藏碑目》，《新編》2/18/13402 上。

《古墨齋金石跋》2/15a－b，《新編》2/19/14089 上。

《定庵題跋》38a－b，《新編》2/19/14304 下。

《竹崦盦金石目錄》13a，《新編》2/20/14553 上。

《寰宇貞石圖目錄》卷上/6a，《新編》2/20/14674 上。

《山左碑目》2/1a，《新編》2/20/14839 上。

《山左南北朝石刻存目》1b，《新編》2/20/14885 上。

《佩文齋書畫譜・金石》62/9b 下，《新編》3/2/55 下。

《夢碧簃石言》6/26a－b，《新編》3/2/237 下。

（光緒）《滋陽縣志・古蹟志》6/4b，《新編》3/26/93 上。

（乾隆）《河南府志・金石志》108/10a，《新編》3/28/119 下。

《石目》，《新編》3/36/46 上。

《話雨樓碑帖目錄》1/13b，《新編》3/36/552。

《古誌彙目》1/6a，《新編》3/37/15。

《竹崦盦金石目錄》1/16a，《新編》3/37/347 下。

《碑帖跋》53 頁，《新編》3/38/201、4/7/428 上。

《漢魏六朝志墓金石例》2/13a－b，《新編》3/40/410 上。

《漢魏六朝墓銘纂例》4/4a－b，《新編》3/40/460 下。

《激素飛清閣平碑記》卷 2，《新編》4/1/203 上。

《六藝之一錄》59/19a，《新編》4/5/92 上。

《墨池篇》6/5b，《新編》4/9/669 上。

《魯迅輯校石刻手稿・碑銘》中冊 231—232 頁；附金一鳳、翁方綱識。

《增補校碑隨筆》（修訂本）223 頁。

《碑帖鑒定》167 頁。

《善本碑帖錄》2/71。

《碑帖敘錄》199 頁。

《漢魏六朝碑刻校注・總目提要》編號 1403。

淑德大學《中國石刻拓本目錄》"碑碣等刻石" 編號 424—427。

備考：賈思伯，《魏書》卷七二、《北史》卷四七有傳。

神龜 017

李叔胤妻崔賓媛墓誌

神龜元年（518）十一月廿五日卒於洛陽東安里，以神龜二年（519）四月合葬趙郡李府君墓。河北正定墨香閣藏石。誌石長、寬均 66 釐米。文 33 行，滿行 33 字，正書。首題：魏故南趙郡太守李府君夫人崔氏墓誌銘。

著錄：

《墨香閣藏北朝墓誌》14—15 頁。（圖、文）

論文：

陶鈞：《北魏崔賓媛墓誌考釋》，《收藏家》2012 年第 6 期。

趙家棟：《北魏崔賓媛墓誌錄文校正》，《出土文獻綜合研究集刊》第六輯，2017 年。

神龜 018

劉榮先妻馬羅墓記磚

神龜二年（519）七月五日。河南洛陽出土，藏洛陽民間。磚高 23.5、寬 22、厚 11 釐米。正書，3 行，行 4 至 8 字不等。

著錄：

《中國古代磚刻銘文集》上、下冊編號 0956。（圖、文）

《新出魏晉南北朝墓誌疏證》（修訂本）88 頁。（文、跋）

《全北魏東魏西魏文補遺》154 頁。（文）

《北朝隋代墓誌所在總合目錄》編號 211。（目）

論文：

王木鐸：《洛陽新獲磚誌說略》，《中國書法》2001 年第 4 期。

神龜 019

楊胤季女墓誌

神龜二年（519）七月廿九日記，葬華山華陰潼鄉南原。1981 年陝西省潼關縣南原五方村出土，石存潼關縣文物管理委員會。誌高 35.2、寬 34.5 釐米。文正書，11 行，滿行 12 字。首題：魏故華荊秦濟四州刺史楊胤季女之墓誌。

著錄：

《新中國出土墓誌·陝西（壹）》上冊 18 頁（圖）、下冊 16 頁（文）。

《漢魏六朝碑刻校注》5 冊 29—30 頁。（圖、文）

《漢魏南北朝墓誌彙編》108 頁。（文）

《全北魏東魏西魏文補遺》154 頁。（文）

《漢魏六朝碑刻校注·總目提要》編號 1407。（目）

《北朝隋代墓誌所在總合目錄》編號 212。（目）

《北京大學圖書館藏歷代墓誌拓片目錄》編號 00202。（目）

論文：

杜葆仁、夏振英：《華陰潼關出土的北魏楊氏墓誌考證》，《考古與文物》1984 年第 5 期。

神龜 020

元遙妻梁氏墓誌

北魏己亥年（神龜二年，519）八月合葬。1919 年洛陽城北後海資村南凹一里處出土，曾歸三原于右任，今存西安碑林博物館。誌高 38、寬 49 釐米。文正書，10 行，滿行 7 字。首題：大魏正始元年歲次甲申八月乙亥朔十日甲申故京兆王息遙使持節平西將軍都督涇州諸軍事涇州刺史饒陽男妻梁墓。

圖版著錄：

《漢魏南北朝墓誌集釋》圖版一〇七，《新編》3/3/404。

《北京圖書館藏中國歷代石刻拓本匯編》4冊70頁。

《鴛鴦七誌齋藏石》圖45。

《中國金石集萃》8函4輯編號37。

《西安碑林全集》60/220–224。

《漢魏六朝碑刻校注》5冊31頁。

錄文著錄：

《芒洛冢墓遺文四編》1/14b–15a，《新編》1/19/14155下—14156上。

《誌石文錄》卷上/16b，《新編》2/19/13749下。

《洛陽出土北魏墓誌選編》神龜八，47頁。

《漢魏南北朝墓誌彙編》108頁。

《漢魏六朝碑刻校注》5冊32頁。

《全北魏東魏西魏文補遺》154頁。

碑目題跋著錄：

《石刻題跋索引》137頁右，《新編》1/30/22475。

《石刻名彙》2/10a，《新編》2/2/1029下。

《崇雅堂碑錄》1/16a，《新編》2/6/4491下。

《古誌新目初編》1/4b，《新編》2/18/13693下。

《蒿里遺文目錄》2（3）/4a，《新編》2/20/14978下。

《夢碧簃石言》5/13b，《新編》3/2/219上。

《漢魏南北朝墓誌集釋》4/24b，《新編》3/3/82。

《國立北平圖書館藏碑目》4b，《新編》3/36/250下。

《循園古冢遺文跋尾》3/3b，《新編》3/38/22上。

《元氏誌錄》2a、9a，《新編》3/38/47下、51上。

《墓誌徵存目錄》卷1，《羅振玉學術論著集》第五集，564頁。

《洛陽出土石刻時地記》北魏神龜008，21頁。

《歷代墓誌銘拓片目錄》11頁。

《六朝墓誌檢要》（修訂本）66頁。

《漢魏六朝碑刻校注·總目提要》編號1409。

淑德大學《中國石刻拓本目錄》"墓誌"編號83。

《北朝隋代墓誌所在總合目錄》編號213。

《北京大學圖書館藏歷代墓誌拓片目錄》編號00203。

備考：元遙，《魏書》卷一九上有傳。

神龜021

元玠妻穆玉容墓誌并蓋

神龜二年（519）九月十九日卒於河陰遵讓里，十月廿七日葬於長陵大堰之東。1922年洛陽南陳莊村南出土，曾歸三原于右任，今存西安碑林博物館。誌高48、寬49釐米。蓋高、寬均37釐米。蓋及誌文均正書，蓋文6行，滿行5字；文20行，滿行20字。蓋題：魏羽林監輕車將軍太尉府中兵參軍元玠字珍平妻穆夫人墓誌銘；首題：魏輕車將軍太尉中兵參軍元玠妻穆夫人墓誌銘。

圖版著錄：

《漢魏南北朝墓誌集釋》圖版一五九，《新編》3/3/462－463。

《北京圖書館藏中國歷代石刻拓本匯編》4冊72—73頁。

《鴛鴦七誌齋藏石》圖44。

《中國金石集萃》7函3輯編號27。（誌）

《西安碑林全集》60/225－233。

《洛陽出土北魏墓誌選編》圖版六七，281頁。

《漢魏六朝碑刻校注》5冊37頁。

錄文著錄：

《芒洛冢墓遺文四編》1/15a－b，《新編》1/19/14156上。

《洛陽出土北魏墓誌選編》神龜九，47—48頁。

《漢魏南北朝墓誌彙編》109頁。

《漢魏六朝碑刻校注》5冊38頁。

《全北魏東魏西魏文補遺》155頁。

碑目題跋著錄：

《石刻題跋索引》137頁右，《新編》1/30/22475。

《石刻名彙》2/10a，《新編》2/2/1029下。

《崇雅堂碑錄補》1/6b，《新編》2/6/4553 下。
《古誌新目初編》1/4b，《新編》2/18/13693 下。
《定庵題跋》63b，《新編》2/19/14317 上。
《蒿里遺文目錄》2（3）/4a，《新編》2/20/14978 下。
《夢碧簃石言》5/13b，《新編》3/2/219 上。
《漢魏南北朝墓誌集釋》4/33b，《新編》3/3/100。
《國立北平圖書館藏碑目》4b，《新編》3/36/250 下。
《元氏誌錄補遺》1b，《新編》3/38/55 上。
《墓誌徵存目錄》卷1，《羅振玉學術論著集》第五集，564 頁。
《松翁近稿》，《羅振玉學術論著集》第十集（上）66 頁。
《洛陽出土石刻時地記》北魏神龜009，21 頁。
《歷代墓誌銘拓片目錄》12 頁。
《碑帖鑒定》168 頁。
《碑帖敘錄》17 頁。
《增補校碑隨筆》（修訂本）197 頁。
《六朝墓誌檢要》（修訂本）66 頁。
《漢魏六朝碑刻校注·總目提要》編號1413。
淑德大學《中國石刻拓本目錄》"墓誌"編號80。
《北朝隋代墓誌所在總合目錄》編號215。
《北京大學圖書館藏歷代墓誌拓片目錄》編號00204。

論文：

劉東平、段志凌：《南書北傳的典範之作—北魏〈元瑛妻穆玉容墓誌〉》，《文博》2012年第6期。

神龜 022

堯君妻元妙墓誌

神龜二年（519）五月二十日卒於篤恭里，十月葬於邙芒。出土時地不詳，存洛陽民間。誌長、寬均48釐米。文18行，滿行20字。首題：魏故堯氏元夫人墓誌銘。

圖版著錄：

《秦晉豫新出墓誌蒐佚》1 冊 20 頁。

碑目著錄：

《北朝隋代墓誌所在總合目錄》編號 214。

神龜 023

城門校尉元騰暨妻程法珠墓誌

正始四年（507）四月十一日薨於第，夫人程氏神龜二年（519）七月十四日薨，其年十一月九日合葬於長陵之東北皇宗之兆。1925 年洛陽城北徐家溝村東北出土，歸河南省博物院，今存開封市博物館。誌高 51.3、寬 55.5 釐米。文正書，18 行，行 18 字。首題：大魏故城門校尉元騰墓誌銘。

圖版著錄：

《漢魏南北朝墓誌集釋》圖版八五，《新編》3/3/379。

《北京圖書館藏中國歷代石刻拓本匯編》4 冊 74 頁。

《中國金石集萃》8 函 4 輯編號 38。

《洛陽出土北魏墓誌選編》圖版六八，282 頁。

《漢魏六朝碑刻校注》5 冊 40 頁。

錄文著錄：

《洛陽出土北魏墓誌選編》神龜一〇，48 頁。

《漢魏南北朝墓誌彙編》109—110 頁。

《漢魏六朝碑刻校注》5 冊 41 頁。

《全北魏東魏西魏文補遺》155—156 頁。

碑目題跋著錄：

《石刻題跋索引》137 頁右，《新編》1/30/22475。

《石刻名彙》2/10a，《新編》2/2/1029 下。

《崇雅堂碑錄補》1/6b，《新編》2/6/4553 下。

《古誌新目初編》1/4b，《新編》2/18/13693 下。

《蒿里遺文目錄補遺》10a，《新編》2/20/15000 下。

《漢魏南北朝墓誌集釋》3/20a，《新編》3/3/73。

《國立北平圖書館藏碑目》4b，《新編》3/36/250 下。

《元氏誌錄補遺》1b，《新編》3/38/55上。

《墓誌徵存目錄》卷1，《羅振玉學術論著集》第五集，564頁。

《松翁近稿》，《羅振玉學術論著集》第十集（上）60頁。

《丙寅稿》，《羅振玉學術論著集》第十集（上）135—136頁。

《洛陽出土石刻時地記》北魏神龜010，21頁。

《歷代墓誌銘拓片目錄》12頁。

《六朝墓誌檢要》（修訂本）67頁。

《漢魏六朝碑刻校注·總目提要》編號1414。

淑德大學《中國石刻拓本目錄》"墓誌"編號82。

《北朝隋代墓誌所在總合目錄》編號216。

《北京大學圖書館藏歷代墓誌拓片目錄》編號00205。

神龜024

元瓚墓誌

熙平元年（516）十一月六日卒於第，以神龜二年（519）十一月十日葬於長陵之左。2004年河南省洛陽市孟津縣出土，旋歸鄭州王氏。誌高48.5、寬48釐米。文23行，滿行23字，正書。首題：魏故持節鎮遠將軍朔州刺史元使君墓誌銘。

著錄：

《河洛墓刻拾零》上冊25頁。（圖）

《新見北朝墓誌集釋》30—39頁。（圖、文、跋）

《北朝隋代墓誌所在總合目錄》編號217。（目）

論文：

胡鴻：《北魏宣武孝明之際的于高之爭——跋北魏元瓚夫婦墓誌》，《紀念西安碑林九百二十周年華誕國際學術研討會論文集》，第397—410頁。

胡鴻：《小人物、大歷史——北魏元瓚夫婦墓誌中的三個故事》，《文史》2008年第2輯。

繆韻：《〈北魏元瓚墓誌〉及其相關問題》，《河洛文化論叢》第5輯，2010年。

神龜 025

羅宗墓誌

神龜元年（518）九月二十日卒，神龜二年（519）十一月廿七日葬於邙山。2004 年河南省洛陽市北邙山出土，旋歸洛陽張氏。誌高 58、寬 79.5 釐米。文 30 行，滿行 22 字，正書。首題：魏故持節輔國將軍洛州刺史趙郡武公羅使君墓誌銘。

圖版著錄：

《河洛墓刻拾零》上冊 26 頁。

《洛陽新獲七朝墓誌》14 頁。

《龍門區系石刻文萃》415 頁。

碑目著錄：

《北朝隋代墓誌所在總合目錄》編號 218。

論文：

凌文超：《北魏〈羅宗夫婦墓誌〉考釋》，《出土文獻研究》第九輯，2010 年。

神龜 026

神龜殘誌

又名：平西將軍殘墓誌、兗州刺史殘墓誌。誌文中有神龜二年（519），故暫附此。河南洛陽出土，端方舊藏。誌四周皆斷，僅存片石，如斜角形。長 25、寬 20 釐米。行字不計，殘存 8 行，行存 2 至 8 字，正書。

圖版著錄：

《北京圖書館藏中國歷代石刻拓本匯編》4 冊 75 頁。

錄文著錄：

《匋齋藏石記》6/20b－21a，《新編》1/11/8039 下—8040 上。

《魯迅輯校石刻手稿・墓誌》上冊 242 頁。

《漢魏南北朝墓誌彙編》509 頁。

《全北魏東魏西魏文補遺》414 頁。

碑目題跋著錄：

《匋齋藏石記》6/21a－22a，《新編》1/11/8040 上—下。

《藝風堂金石文字目》18/1b，《新編》1/26/19814 上。
《石刻題跋索引》137 頁右，《新編》1/30/22475。
《古誌彙目》1/6a，《新編》3/37/15。
《北朝隋代墓誌所在總合目錄》編號 1174。
《北京大學圖書館藏歷代墓誌拓片目錄》編號 00206。

神龜 027
青州刺史殘墓誌
神龜二年（519）。京兆端氏舊藏。正書。
碑目著錄：
《石刻名彙》2/10b，《新編》2/2/1029 下。
《崇雅堂碑錄》1/16a，《新編》2/6/4491 下。
《崇雅堂碑錄補》1/6b，《新編》2/6/4553 下。

神龜 028
文昭皇后高照容墓誌
以北魏太和廿年（496）薨於洛宮，以神龜二年（519）祔高祖長陵之右。1946 年二月洛陽城北官莊村出土，曾歸郭玉堂，今存洛陽王城公園碑林。殘高 66、寬 55、厚 20 釐米。正書，16 行，滿行 19 字。首題：魏文昭皇太后山陵誌銘并序。

著錄：
《洛陽出土歷代墓誌輯繩》28 頁。（圖）
《北魏皇家墓誌二十品》編號 9。（圖）
《洛陽出土北魏墓誌選編》圖版六九，283 頁；神龜一一，49 頁。（圖、文）
《漢魏六朝碑刻校注》5 冊 42—43 頁。（圖、文）
《新出魏晉南北朝墓誌疏證》（修訂本）86—87 頁。（文、跋）
《全北魏東魏西魏文補遺》156 頁。（文）
《碑帖鑒定》167 頁。（跋）
《洛陽出土石刻時地記》北魏神龜 011，21 頁。（目）
《漢魏六朝碑刻校注·總目提要》編號 1418。（目）

《北朝隋代墓誌所在總合目錄》編號219。(目)

論文：

河南省文化局文物工作隊：《洛陽北魏長陵遺址調查》，《考古》1966年第3期。

備考：文昭皇后高照容，《魏書》卷一三、《北史》卷一三有傳。

神龜029

郭翼墓誌并蓋

神龜二年（519）二月卒於都西三門將解，三年（520）正月十日葬於旦甫山陽。河南洛陽出土，石藏河南省新安縣千唐誌齋博物館。誌拓本長41.5、寬42釐米；蓋拓本長、寬均43.5釐米。蓋題：魏故右中郎將城陽郭府君之墓誌銘；首題：魏故右中郎將城陽太守郭府君之墓誌銘。

圖版著錄：

《北京大學圖書館新藏金石拓本菁華1996—2012》，83頁。

錄文著錄：

《全唐文補遺·千唐誌齋新藏專輯》436頁。

碑目著錄：

《漢魏六朝碑刻校注·總目提要》編號1420。

《北朝隋代墓誌所在總合目錄》編號221。

《北京大學圖書館藏歷代墓誌拓片目錄》編號00207。

神龜030

定州刺史崔亮頌

神龜三年（520）正月立，一說三月立。在定州。額題：定州刺史崔使君至化之頌。首題：魏鎮北將軍定州刺史崔使君至化之頌。

碑目題跋著錄：

《金石錄》2/9a、21/6b－7a，《新編》1/12/8810上、8925下—8926上。

《集古錄目》3/8a－b，《新編》1/24/17959下。

《通志·金石略》卷上/32a，《新編》1/24/18035上。

《寶刻叢編》6/37b，《新編》1/24/18182上。

《金石彙目分編》3（2）/46b，《新編》1/27/20715下。

《石刻題跋索引》33 頁右,《新編》1/30/22371。

(光緒)《畿輔通志·金石十五》152/47b－48a,《新編》2/11/8667上—下。

《京畿金石考》卷下/21a,《新編》2/12/8778 上。

《畿輔待訪碑目》卷上/3a,《新編》2/20/14802 上。

《佩文齋書畫譜·金石》62/9b 下,《新編》3/2/55 下。

(民國)《定縣志·志餘》18/5a－b,《新編》3/24/269 上。

《六藝之一錄》59/19a,《新編》4/5/92 上。

備考:崔亮,《魏書》卷六六、《北史》卷四四有傳。

神龜 031

常襲妻崔氏墓記(崔隆宗之女)

神龜三年(520)二月廿八日。1971 年河北省遷安縣出土,現藏唐山市文物管理所。誌、蓋均長 38.5、寬 42 釐米,誌厚 9.3、蓋厚 7.5 釐米。蓋無文字,誌文 10 行,滿行 8 字,正書。

著錄:

《新中國出土墓誌·河北〔壹〕》上冊 3 頁(圖)、下冊 2 頁(文)。

《漢魏六朝碑刻校注》5 冊 44—45 頁。(圖、文)

《全北魏東魏西魏文補遺》156 頁。(文)

《新出魏晉南北朝墓誌疏證》(修訂本)89—90 頁。(文、跋)

《漢魏六朝碑刻校注·總目提要》編號 1421。(目)

《北朝隋代墓誌所在總合目錄》編號 222。(目)

論文:

李子春、劉學梓:《遷安發現北魏墓誌》,《文物春秋》1993 年第 3 期。

李子春、劉學梓:《河北遷安縣發現北魏墓誌》,《文物》1998 年第 11 期。

神龜 032

元暉(字景襲)墓誌

神龜二年(519)九月卒,三年(520)三月遷葬於洛陽西四十里長陵西北一十里西鄉瀍源里瀍澗之濱。1926 年洛陽城北四十里陳凹村西出土，曾歸三原于右任，今存西安碑林博物館，誌高 67、寬 67.8 釐米。文正書，31 行，滿行 31 字。首題：魏故使持節侍中都督中外諸軍事司空公領雍州刺史文憲元公墓誌銘。

圖版著錄：

《漢魏南北朝墓誌集釋》圖版五五，《新編》3/3/342。

《鴛鴦七誌齋藏石》圖 49。

《中國金石集萃》7 函 3 輯編號 28。

《西安碑林全集》60/234-246。

《洛陽出土北魏墓誌選編》圖版七〇，284 頁。

《漢魏六朝碑刻校注》5 冊 46 頁。

錄文著錄：

《洛陽出土北魏墓誌選編》神龜一二，49—50 頁。

《漢魏南北朝墓誌彙編》110—112 頁。

《漢魏六朝碑刻校注》5 冊 47—48 頁。

《全北魏東魏西魏文補遺》157—158 頁。

碑目題跋著錄：

《石刻題跋索引》137 頁右，《新編》1/30/22475。

《古誌新目初編》1/5a，《新編》2/18/13694 上。

《漢魏南北朝墓誌集釋》3/14b-15a，《新編》3/3/62-63。

《國立北平圖書館藏碑目》5a，《新編》3/36/251 上。

《元氏誌錄補遺》1b，《新編》3/38/55 上。

《墓誌徵存目錄》卷 1，《羅振玉學術論著集》第五集，564 頁。

《洛陽出土石刻時地記》神龜 012，21—22 頁。

《六朝墓誌檢要》（修訂本）67 頁。

《碑帖敘錄》19 頁。

《漢魏六朝碑刻校注·總目提要》編號 1422。

淑德大學《中國石刻拓本目錄》"墓誌"編號 84。

《北朝隋代墓誌所在總合目錄》編號 223。

《北京大學圖書館藏歷代墓誌拓片目錄》編號 00208。

備考：元暉，《魏書》卷一五、《北史》卷一五有傳。淑德大學《中國石刻拓本目錄》誤作"王暉"。

神龜 033

辛祥墓誌

神龜元年（518）八月十三日卒於洛陽永年里宅，神龜三年（520）四月三十日遷葬并州太原郡看山之陽。1975年2月在山西省太原市南郊東太堡磚廠辛祥夫婦墓出土，石藏山西省博物館。高72、寬75釐米。文正書，39行，滿行33字。首題：魏故征虜安定王長史義陽太守辛府君墓誌銘。

著錄：
《漢魏六朝碑刻校注》5冊63—65頁。（圖、文）
《晉陽古刻選·北朝墓誌》"序"7—8頁，上冊1—18頁。（圖）
《全北魏東魏西魏文補遺》158—159頁。（文）
《漢魏六朝碑刻校注·總目提要》編號1428。（目）
《北朝隋代墓誌所在總合目錄》編號224。（目）

論文：
代尊德：《太原北魏辛祥墓》，《考古學集刊》第1集，1981年。
胡順利：《太原出土北魏辛祥墓誌考釋補說》，《考古學集刊》第3集，1983年。
王天麻：《北魏辛祥家族三墓誌》，《文物季刊》1992年第3期。
羅新：《跋北魏辛鳳麟妻胡顯明、辛祥及妻李慶容墓誌》，西安碑林博物館編：《紀念西安碑林九百二十周年華誕學術研討會論文集》，第255—261頁。

備考：辛祥，《魏書》卷四五、《北史》卷二六有傳，附《辛紹先傳》。

神龜 034

穆亮妻尉太妃墓誌

神龜二年（519）十一月十日薨於洛陽之安貴里第，神龜三年（520）六月卅日附葬於景山之舊塋。1925年洛陽城東北西山嶺頭村西南出土，曾歸三原于右任，今存西安碑林博物館。誌石高54、寬55釐米。誌文正書，16行，滿行24字。首題：故太尉公穆妻尉太妃墓誌銘。

　　圖版著錄：

《漢魏南北朝墓誌集釋》圖版二〇二,《新編》3/3/513。

《北京圖書館藏中國歷代石刻拓本匯編》4冊82頁。

《鴛鴦七誌齋藏石》圖47。

《中國金石集萃》8函4輯編號39。

《西安碑林全集》60/247–250。

《洛陽出土北魏墓誌選編》圖版七一,285頁。

《漢魏六朝碑刻校注》5冊67頁。

　　錄文著錄：

《洛陽出土北魏墓誌選編》神龜一三,50—51頁。

《漢魏南北朝墓誌彙編》112頁。

《漢魏六朝碑刻校注》5冊68頁。

《全北魏東魏西魏文補遺》159—160頁。

　　碑目題跋著錄：

《石刻題跋索引》137頁右,《新編》1/30/22475。

《石刻名彙》2/10b,《新編》2/2/1029下。

《崇雅堂碑錄補》1/6b,《新編》2/6/4553下。

《古誌新目初編》1/5a,《新編》2/18/13694上。

《蒿里遺文目錄補遺》1a,《新編》2/20/14996上。

《漢魏南北朝墓誌集釋》5/41a–b,《新編》3/3/115–116。

《國立北平圖書館藏碑目》5a,《新編》3/36/251上。

《墓誌徵存目錄》卷1,《羅振玉學術論著集》第五集,564頁。

《洛陽出土石刻時地記》神龜013,22頁。

《歷代墓誌銘拓片目錄》12頁。

《碑帖鑒定》168頁。

《六朝墓誌檢要》(修訂本)67—68頁。

《漢魏六朝碑刻校注・總目提要》編號1429。

淑德大學《中國石刻拓本目錄》"墓誌"編號85。

《北朝隋代墓誌所在綜合目錄》編號225。

《北京大學圖書館藏歷代墓誌拓片目錄》編號00210。

神龜 035
　　高偃墓誌
　　神龜三年（520）。山東省德州市出土，在田氏家。高二尺五寸，寬一尺九寸。正書。
　　碑目題跋著錄：
　　《山左碑目》1/13a，《新編》2/20/14823 下。
　　《齊魯碑刻墓誌研究》"附表"364 頁。
　　《漢魏六朝碑刻校注·總目提要》編號1417。
　　《北朝隋代墓誌所在総合目錄》編號220。
　　備考：清代成書的《山左碑目》作"神龜三年"，而《齊魯碑刻墓誌研究》作"神龜二年"，餘兩書皆從後書作"二年，"恐有誤。

神龜 036
　　高植墓誌
　　神龜年間（518—520），或作"神龜三年（520）"，暫從前者。清康熙年間山東景州城東十八里六屯村出土，曾歸德州田雯，原石已佚。石高三尺四寸，廣二尺三寸五分。文正書，21 行，行 28 字。側 2 行，首行接銘 22 字，末行字殘泐。首題：魏故濟青相涼朔恒六州刺史（下缺）。
　　圖版著錄：
　　《漢魏南北朝墓誌集釋》圖版二二七，《新編》3/3/544。
　　《漢魏六朝碑刻校注》5 冊 69 頁。
　　錄文著錄：
　　《金石萃編》29/1a－b，《新編》1/1/509 上。
　　《山左金石志》9/13b－14b，《新編》1/19/14465 上一下。
　　《山左冢墓遺文補遺》1a－b，《新編》1/20/14924 上。
　　《古誌石華》2/10b，《新編》2/2/1167 下。
　　《宜祿堂收藏金石記》卷 11，《新編》2/5/3423 上一下。
　　《濟南金石志》4/88a－b，《新編》2/13/9928 下。

《全後魏文》57/5a,《全文》4 冊 3799 上。

《漢魏南北朝墓誌彙編》112—113 頁。

《漢魏六朝碑刻校注》5 冊 70 頁。

碑目題跋著錄：

《金石萃編》29/2b – 3b,《新編》1/1/509 下—510 上。

《集古求真續編》2/5b – 6a,《新編》1/11/8723 上—下。

《山左金石志》9/14b,《新編》1/19/14465 下。

《潛研堂金石文跋尾》2/23a – 24a,《新編》1/25/18761 上—下。

《潛研堂金石文字目錄》1/11a,《新編》1/25/19012 上。

《平津讀碑記》2/15a – b,《新編》1/26/19369 上。

《寰宇訪碑錄》2/6a,《新編》1/26/19863 下。

《寰宇訪碑錄校勘記》1/14a – b,《新編》1/27/20108 下。

《金石彙目分編》10（1）/20a,《新編》1/28/21110 下。

《石刻題跋索引》137 頁右—138 頁左,《新編》1/30/22475 – 22476。

《石刻名彙》2/11a,《新編》2/2/1030 上。

《古誌石華》2/11a,《新編》2/2/1168 上。

《平津館金石萃編》4/8a,《新編》2/4/2470 下。

《望堂金石初集》,《新編》2/4/2778 上。

《宜祿堂收藏金石記》卷 11,《新編》2/5/3423 下—3424 上。

《宜祿堂金石記》2/6a – b,《新編》2/6/4220 下。

《崇雅堂碑錄》1/16b,《新編》2/6/4491 下。

（光緒）《畿輔通志·金石六》143/45a,《新編》2/11/8366 上。附《長河志籍考》《蛾術編》。

《山左訪碑錄》1/16b,《新編》2/12/9062 下。

（宣統）《山東通志·藝文志》卷 152,《新編》2/12/9324 上。

《語石》4/2b、9/11b,《新編》2/16/11918 下、12016 上。

《平安館藏碑目》,《新編》2/18/13402 上。

《山左南北朝石刻存目》2a,《新編》2/20/14885 下。

《蒿里遺文目錄》2（1）/2a,《新編》2/20/14944 下。

《漢魏南北朝墓誌集釋》5/48a,《新編》3/3/129。附《獨笑齋金石考略》。

（民國）《德縣志·輿地志》4/43a，《新編》3/26/425 上。

《古誌彙目》1/6a，《新編》3/37/15。

《竹崦盦金石目錄》1/16b–17a，《新編》3/37/347 下—348 上。

《碑帖跋》51 頁，《新編》3/38/199、4/7/427 下。

《漢魏六朝墓銘纂例》4/4a，《新編》3/40/460 下。

《激素飛清閣平碑記》卷 2，《新編》4/1/203 上。

《墓誌徵存目錄》卷 1，《羅振玉學術論著集》第五集，564 頁。

《歷代墓誌銘拓片目錄》12 頁。

《善本碑帖錄》2/72。

《增補校碑隨筆》（修訂本）198—199 頁。

《六朝墓誌檢要》（修訂本）68—69 頁。

《碑帖鑒定》168—169 頁。

《漢魏六朝碑刻校注·總目提要》編號 1430。

淑德大學《中國石刻拓本目錄》"墓誌" 編號 101。

《北朝隋代墓誌所在総合目錄》編號 227。

備考：高植，《魏書》卷八三下、《北史》卷八〇有傳，附《高肇傳》。

神龜 037

元澄墓誌

神龜年間（518—520）。《漢魏南北朝墓誌集釋》考證，元澄卒於神龜二年（519）十二月，故將之放入 "神龜" 時期。1932 年洛陽城西柿園村西大塚內出土，郭玉堂舊藏。存殘字 5 行，正書。

圖版著錄：

《漢魏南北朝墓誌集釋》圖版一二四，《新編》3/3/424。

錄文著錄：

《漢魏南北朝墓誌彙編》506—507 頁。

《全北魏東魏西魏文補遺》412 頁。

碑目題跋著錄：

《石刻題跋索引》137 頁右,《新編》1/30/22475。

《漢魏南北朝墓誌集釋》4/27a,《新編》3/3/87。

《洛陽出土石刻時地記》北魏建義 008,36 頁。

《北朝隋代墓誌所在総合目錄》編號 226。

備考:元澄,《魏書》卷一九中、《北史》卷一八有傳。

神龜 038

元穆夫人墓誌

神龜年間(518—520)卒。河南洛陽市出土。拓片高、寬均 34 釐米。文正書,4 行,滿行 5 字。

著錄:

《洛陽出土北魏墓誌選編》圖版七三,287 頁;神龜一六,52 頁。(圖、文)

《漢魏六朝碑刻校注》5 冊 71—72 頁。(圖、文)

《全北魏東魏西魏文補遺》160 頁。(文)

《漢魏六朝碑刻校注·總目提要》編號 1432。(目)

《北朝隋代墓誌所在総合目錄》編號 228。(目)

神龜 039

孫方興父石棺銘

神龜年間(518—520)葬在鄉縣。1976 年在山西省榆社縣河峪鄉河洼村出土,今存榆社縣博物館。石棺銘殘缺較多,文 14 行,滿行 7 字,殘留 77 字。《考古》刊布的圖版模糊不清。

著錄:

《滄海遺珍》79、82—83 頁。(文、跋)

論文:

王太明、賈文亮:《山西榆社縣發現北魏畫像石棺》,《考古》1993 年第 8 期。